स्त्री–अधिकारों का औचित्य–साधन

नारीवादी विमर्श की प्रथम सैद्धान्तिक कृति

मूल पुस्तक A Vindication of the Rights of Women का हिन्दी अनुवाद

स्त्री-अधिकारों का औचित्य-साधन

मेरी वोल्सटनक्राफ़्ट

अनुवाद

मीनाक्षी

राजकमल

विश्व क्लासिक

ISBN : 978-81-267-1701-9

मूल्य : ₹300

पहला संस्करण : 2003
दूसरी आवृत्ति : 2014
तीसरी आवृत्ति : 2024

प्रकाशक : राजकमल प्रकाशन प्रा.लि.
1-बी, नेताजी सुभाष मार्ग, दरियागंज
नई दिल्ली-110 002

शाखाएँ : अशोक राजपथ, साइंस कॉलेज के सामने, पटना-800 006
पहली मंजिल, दरबारी बिल्डिंग, महात्मा गांधी मार्ग, प्रयागराज-211 001
1, अनमोल सोराबजी संतुक लेन, धोबी तलाव, मरीन लाइंस, मुम्बई-400 002
वेबसाइट : www.rajkamalprakashan.com
ई-मेल : info@rajkamalprakashan.com

आवरण-चित्र : *फेंग यीगुई का मूर्तिशिल्प 'लाइट ऑफ होप'*
चयन *रामबाबू*
संयोजन *हरीश आनंद*

मुद्रक : बी.के. ऑफसेट
नवीन शाहदरा, दिल्ली-110 032

STREE-ADHIKARON KA AUCHITYA-SADHAN
A Vindication of the Rights of Women by Mery Wollstencraft
Translated by Meenakshi

इस शृंखला के बारे में

स्त्रियों के उत्पीड़न और दासता का इतिहास उतना ही पुराना है जितना असमानता और उत्पीड़न पर आधारित सामाजिक संरचनाओं के उद्भव और विकास का इतिहास। प्राचीन साहित्य में ढेरों मिथक और कथाएँ मौजूद हैं जो पुरुष-स्वामित्व की सामाजिक स्थिति के विरुद्ध स्त्रियों के प्रतिरोध और विद्रोह का साक्ष्य प्रस्तुत करती हैं।

स्त्रियों की दासता और दोयम दर्जे की सामाजिक स्थिति का कई स्त्री-विचारकों (और कुछ पुरुष विचारकों ने भी) ने प्राचीन काल में साहसिक एवं तर्कपूर्ण प्रतिवाद किया था, इसके प्रमाण भारत और पूरी दुनिया के इतिहास और साहित्य में मिलते हैं। मध्यकाल के शताब्दियों लम्बे गतिरोध के दौर में स्त्री-मुक्ति की वैचारिक पीठिका तैयार करने की दिशा में उद्यम लगभग रुके रहे और प्रतिरोध की धारा भी अत्यन्त क्षीण रही। आधुनिक विश्व-इतिहास की ब्राह्म वेला में, पुनर्जागरण काल के महामानवों के मानवतावाद ने और धर्मसुधार आन्दोलनों ने पितृसत्तात्मकता की दारुण दासता के विरुद्ध स्त्री-समुदाय में भी नई चेतना के बीज बोये जिनका अंकुरण प्रबोधन काल में साफ-साफ दिखने लगा। जो देश औपनिवेशिक गुलामी के नीचे दबे होने के चलते मानवतावाद और तर्कबुद्धिसंगति के नवोन्मेष से अप्रभावित रहे और जहाँ इतिहास की गति कुछ विलम्बित रही, वहाँ भी राष्ट्रीय जागरण और मुक्ति संघर्ष काल में स्त्री समुदाय में अपनी मुक्ति की नई चेतना संचरित हुई, हालाँकि उसकी अपनी इतिहास-जनित विशिष्ट कमजोरियाँ थीं जो आज भी बनी हुई हैं और इन उत्तर-औपनिवेशिक समाजों के स्त्री आन्दोलन को वैचारिक सबलता और व्यापक आधार देने का काम किसी एक प्रबल वेगवाही सामाजिक झंझावात को आमंत्रण देने (उसकी तैयारी करने) के दौरान ही पूरा किया जा सकता है।

हमारा यह प्रस्तुत उपक्रम भी इस कार्यभार को पूरा करने के अनगिन और बहुरूपी प्रयासों में से एक है, चाहे यह एक बेहद अदना-सी पहल ही क्यों न हो! हम समझते हैं कि स्त्री-मुक्ति के प्रश्न को भारतीय सन्दर्भ में भली-भाँति समझने और उसे जन-मुक्ति के व्यापक प्रश्न से जोड़ने के लिए,

अध्ययन व प्रयोग के अन्य बहुतेरे उपक्रमों के साथ-साथ, इस प्रश्न की विश्व-ऐतिहासिक पृष्ठभूमि से अवगत होना भी बहुत जरूरी है।

स्त्री-मुक्ति के प्रश्न पर चिन्तन और वैचारिक संघर्षों की शुरुआत, दो शताब्दियों से भी कुछ अधिक समय पहले, अमेरिकी और यूरोपीय बुर्जुआ जनवादी क्रान्तियों की पूर्ववेला में हुई थी, जब प्रबोधनकालीन आदर्शों से प्रभावित और जनान्दोलनों में सक्रिय जागरूक स्त्रियों ने मनुष्य के 'प्राकृतिक' अधिकार और 'स्वतंत्रता-समानता-भ्रातृत्व' की घोषणाओं को स्त्रियों के लिए भी लागू करने की माँग उठाई। तब से लेकर आज तक, विश्व के प्रायः सभी हिस्सों में, स्त्री-आन्दोलनों का, स्त्री-पुरुष समानता एवं स्त्री-अधिकारों के विविध पक्षों को लेकर चली बहसों का और स्त्री-प्रश्न पर चिन्तन का, सुदीर्घ इतिहास हमारे पीछे पसरा पड़ा है। जनवादी क्रान्तियों, सर्वहारा क्रान्तियों, राष्ट्रीय मुक्ति-संघर्षों में स्त्रियों की भागीदारी और विभिन्न सामाजिक क्रान्तियों के बाद स्त्रियों की स्थिति में आए परिवर्तन तथा स्त्री-प्रश्न के नये-नये आयामों का उद्घाटन भी इतिहास का सच है।

अर्द्धांश स्त्री-प्रश्न पर केन्द्रित विमर्श-शृंखला है। हमारी कोशिश है कि विगत दो शताब्दियों से भी कुछ अधिक समय के दौरान, पूरी दुनिया में स्त्री की सामाजिक स्थिति और पुरुष-वर्चस्ववाद के दर्शन, अर्थशास्त्र, राजनीति एवं संस्कृति पर, स्त्री-प्रश्न के विविध पक्षों-आयामों पर तथा स्त्री-मुक्ति-परियोजना के विभिन्न प्रारूपों-प्रकल्पों पर जो कुछ भी महत्त्वपूर्ण लिखा गया है, उसका एक प्रतिनिधि चयन हिन्दी पाठकों के समक्ष प्रस्तुत करें।

स्त्री-दासता या स्त्री-पुरुष असमानता के ऐतिहासिक कारणों पर, स्त्री-उत्पीड़न के राजनीतिक अर्थशास्त्र और विशेषकर घरेलू श्रम की प्रकृति पर, पुरुष-वर्चस्ववाद के दर्शन और मनोविज्ञान पर, सामाजिक-आर्थिक संरचना के साथ यौन-उत्पीड़न के अन्तर्सम्बन्धों पर, यौनिक विभेद और यौन-राजनीति की भूमिका पर तथा स्त्री-आन्दोलन की दिशा और स्वरूप से जुड़े प्रश्नों पर, विशेषकर बीसवीं शताब्दी के दौरान घनघोर बहसें चली हैं।

विशेष तौर पर, सामाजिक संरचना और स्त्री की स्थिति के बीच के रिश्तों को लेकर तथा वर्ग और पुरुष सत्ता के बीच के रिश्तों को लेकर नारीवाद की विविध रैडिकल बुर्जुआ धाराओं और मार्क्सवाद की विविध धाराओं के बीच तनाव और टकराव लगातार मौजूद रहे हैं। द्वितीय विश्वयुद्धोत्तर काल में नारीवाद की विविध सरणियों और मार्क्सवाद की विविध सरणियों के बीच लम्बी बहसें चलती रही हैं जो आज भी जारी हैं। हमारे सामने बीसवीं शताब्दी के प्रारम्भिक समाजवादी प्रयोगों के दौरान स्त्रियों

की जीवन-स्थितियों में आए परिवर्तनों के अनुपेक्षणीय तथ्य भी हैं, कुछ अनसुलझे प्रश्न भी हैं, कुछ प्रयोग भी हैं और कुछ फूटती दिशाएँ भी हैं।

भारत में उन्नीसवीं शताब्दी के पूर्वार्द्ध से कुछ पुरुष सुधारकों ने स्त्रियों की दारुण-बर्बर स्थिति में सुधार की माँग करने की शुरुआत की और शताब्दी के अन्तिम दशकों में कुछ जागरूक स्त्रियों ने भी परिवर्तन की पुरजोर आवाज उठाई। परम्परा, नैतिकता, धर्म, आचार और प्राकृतिक न्याय को लेकर बहसें चलीं। पर कहीं न कहीं विमर्श और सुधार आन्दोलनों का यह पूरा परिदृश्य औपनिवेशिक सामाजिक-आर्थिक पारिस्थितिकी से अनुकूलित था। बीसवीं शताब्दी में, राष्ट्रीय जागरण के उन्मेष में स्त्री- जागृति की धारा भी शामिल थी और स्त्री-प्रश्न भी नये रूप में एजेण्डे पर उपस्थित था, लेकिन राष्ट्रीय आन्दोलन की विभिन्न संघटक धाराओं की वैचारिक निर्बलताओं-विचलनों से स्त्री-मुक्ति विमर्श भी मुक्त या अप्रभावित नहीं था।

बीसवीं शताब्दी के अन्तिम चतुर्थांश में भारत में स्त्री-जागृति की एक नई लहर वैचारिक धरातल पर भी उठी और आन्दोलनात्मक धरातल पर भी। स्वाभाविक तौर पर बहस का माहौल भी काफी उग्र था और विभ्रम भी पर्याप्त मौजूद थे। कमोबेश यही स्थिति आज भी है। भारतीय नारी-आन्दोलन आज परिपक्वता के दौर में प्रविष्ट हो चुका है, लेकिन इसका वैचारिक आधार अब भी कमजोर है।

प्रस्तुत शृंखला स्त्री-प्रश्न के विविध पक्षों पर बहस को संवेग और सार्थक दिशा देगी तथा एक सही-सार्थक परिप्रेक्ष्य और स्त्री-मुक्ति के व्यावहारिक कार्यक्रम तक पहुँचने में सहायक बनेगी, हमें इसकी पूरी उम्मीद है।

–सम्पादक

अनुक्रम

मेरी वोल्सटनक्राफ़्ट : स्त्री-मुक्ति की आदि-सिद्धान्तकार

मेरी वोल्सटनक्राफ़्ट (1759-1797) का नाम भारत के स्त्री-मुक्ति विमर्श में अपरिचित-सा तो है ही, पश्चिम के साहित्यिक-वैचारिक दायरों में भी उसे लगभग भुलाया जा चुका है। हमारे देश में स्त्री-आन्दोलन से जुडे बहुतेरे लोग तक इस तथ्य से अवगत नहीं हैं कि स्त्री-मुक्ति विमर्श की सुदीर्घ परम्परा में जिस कृति को प्रथम क्लासिकी कृति होने का श्रेय प्राप्त है, वह है मेरी वोल्सटनक्राफ़्ट की पुस्तक *'स्त्री-अधिकारों का औचित्य-साधन'* (A Vindication of the Rights of Woman, 1792)।

इस दुर्लभ और बहुमूल्य कृति को पहली बार हिन्दी पाठकों के लिए प्रस्तुत करते हुए हर्ष और गर्व की अनुभूति स्वाभाविक है।

यह सही है और स्वाभाविक भी, कि इक्कीसवीं सदी के इन प्रारम्भिक वर्षों में स्त्री-प्रश्न हमारे सामने उसी रूप में नहीं मौजूद है, जैसा कि मेरी वोल्सटनक्राफ़्ट के समय में था। इसकी अन्तर्वस्तु और रूप में अनेक बुनियादी परिवर्तन हुए हैं, लेकिन स्त्री की पराधीनता के बहुतेरे संघटक तत्त्व आज भी ज्यों के त्यों बने हुए हैं। भारत जैसे पिछड़े देश के लिए तो यह बात और अधिक लागू होती है जो मध्यकालीन गतिरोध से निकलकर 'पुनर्जागरण-प्रबोधन-जनवादी क्रान्ति' की नैसर्गिक प्रक्रिया से गुजरने के बजाय दो सौ वर्ष लम्बी औपनिवेशिक गुलामी के गर्त में जा गिरा और फिर जिसे एक ऐसी रुग्ण-विकलांग स्वतंत्रता और ऐसा निर्वीर्य पूँजीवाद मिला जो स्वस्थ-सकारात्मक पूँजीवादी जनवादी मूल्यों का सर्जक-संवाहक बन ही नहीं सकता था। यहाँ पूँजीवादी समाज की तमाम नई बुराइयों के साथ-साथ सहस्राब्दियों और शताब्दियों पुरानी बुराइयों का–उपभोक्तावाद के अधुनातन रूपों के साथ-साथ पितृसत्तात्मक प्राक्पूँजीवादी समाज की तमाम बर्बरताओं-निरंकुशताओं का 'विचित्र किन्तु सत्य' सहमेल आज भी कायम है। भारत के स्त्री-आन्दोलन के सामने, भूमण्डलीकरण के इस दौर में लगातार नये-नये प्रश्न और नई-नई चुनौतियाँ खड़ी हुई हैं, लेकिन बहुतेरे वैसे प्रश्न भी लगातार अपनी उपस्थिति बनाए हुए हैं, जिनका सामना दो शताब्दियों से भी अधिक पहले, बुर्जुआ जनवादी क्रान्तियों के दौर में, संयुक्त राज्य अमेरिका और यूरोप में **मर्सी वारेन, एबिगेल एडम्स, ओलिम्पी द गूजे** और **मेरी वोल्सटनक्राफ़्ट** को

करना पड़ा था और जो पूरी उन्नीसवीं शताब्दी के दौरान पश्चिमी स्त्री-अधिकार आन्दोलन के एजेण्डे पर केन्द्रीय स्थान हथियाए रहे। निस्सन्देह, भारत में भी बीसवीं शताब्दी के पूर्वार्द्ध में, राष्ट्रीय आन्दोलन के सरगर्म दिनों में, स्त्रियों की सामाजिक-राजनीतिक स्थिति और अधिकारों से जुड़े प्रश्न उठाये गए, लेकिन राष्ट्रीय मुक्ति में उनकी भागीदारी के अतिरिक्त पितृसत्तात्मक सामाजिक तंत्र और मूल्यों से जुड़े प्रश्नों को लगभग हाशिए पर धकेल दिया गया और एक पृथक् अस्तित्व के रूप में, एक सामाजिक आन्दोलन के तौर पर स्त्री-आन्दोलन संगठित ही नहीं हो सका।

विभिन्न प्रकार की रैडिकल और सुधारवादी उपधाराओं से संघटित भारतीय स्त्री आन्दोलन, वास्तव में, विगत लगभग पच्चीस वर्षों के दौरान विकसित हुई परिघटना है। आन्दोलन की व्यावहारिक समस्याओं ने इसकी दिशा और स्वरूप के सवाल पर घनघोर बहसों को जन्म दिया है, लेकिन जैसा कि प्रायः होता है, चीजों को समझने और व्यवहार तय करने की दृष्टि से उपजी बहसों को पार्श्वभूमि में धकेलकर यहाँ भी दिग्भ्रमित करने के लिए निठल्ले बुद्धिविलासी-वाग्जाली विमर्शों का घटाटोप-सा रच दिया गया है। एक ओर जहाँ श्रमिक वर्ग, कृषक वर्ग और निम्न-मध्यवर्ग की स्त्रियाँ समकालीन जीवन-स्थितियों के दबाव में अपनी मुक्ति के प्रश्न को पूरे समाज की बहुसंख्यक आम आबादी की मुक्ति के प्रश्न से जोड़ने की दिशा में आगे बढ़ रही हैं, वहीं दूसरी ओर, बाल की खाल निकालनेवाले नये-नये अकर्मक विमर्शों एवं पाठों-कुपाठों का खूब बोलबाला है। जब स्त्री-उत्पीड़न को ढँके हुए सभी नैतिक-वैधिक-सांस्कृतिक रहस्यावरण स्वतः तार-तार हो रहे हैं, तो नये-नये बौद्धिक रहस्यावरण तरह-तरह से खड़े किए जा रहे हैं। न सिर्फ अंग्रेजी भाषा में नारीवादी प्रकाशनों की और सेमिनारों-वर्कशापों की बाढ़ आई हुई है, बल्कि हिन्दी अखबारों के स्तम्भों और पत्रिकाओं में भी भाँति-भाँति की उत्तर-मार्क्सवादी, और उत्तर-आधुनिकतावादी नारीवादी सामग्री की जूठन परोसी जा रही है। इसमें उच्च मध्यवर्गीय अभिजन समाज की स्त्री-बुद्धिजीवियों के साथ ही एन.जी.ओ. नामधारी उन स्वयंसेवी संगठनों की भी अहम भूमिका है जो पश्चिमी आर्थिक सहायता के बूते, तृणमूल स्तर पर तरह-तरह की सुधारवादी गतिविधियाँ चलाने के साथ ही अकादमिक क्षेत्र में भी गहरी पैठ बनाए हुए हैं।

किसी भी प्रश्न पर जब बहुत अधिक विभ्रम फैल जाता है और साथ ही, परिदृश्य की जटिलता भी सामने गम्भीर चुनौती बनकर खड़ी हो जाती है, तो चीजों को सही ढंग से समझने के लिए हमें, विशेष तौर पर इतिहास की मदद लेनी पड़ती है। जो समस्या हमारे सामने खड़ी है, उसके उद्भव और विकास की पूरी प्रक्रिया को जानना हमें उस समस्या को समझने और समाधान ढूँढ़ने में मदद करता है। साथ ही, हमें उन तमाम प्रयासों के सिलसिले का भी ऐतिहासिक अध्ययन करना होता है, जो अतीत में उक्त

समस्या-विशेष से जूझते हुए हमारी पूर्ववर्ती पीढ़ियों ने किया होता है। सकर्मक, वैज्ञानिक चिन्तन कभी भी इतिहास-विमुख नहीं होता। हो ही नहीं सकता।

इसी दृष्टि से आज स्त्री-प्रश्न को भी देखने की जरूरत है। तमाम विभ्रमों को और वास्तविकता को जानने-समझने के लिए हमें यह जानना होगा कि इतिहास में कब, किन कारणों से पितृसत्तात्मक सामाजिक संरचना और पुरुष-वर्चस्ववादी मूल्यों-मान्यताओं का जन्म हुआ, अलग-अलग रूपों के बावजूद इनकी सार्वभौमिकता के कारण क्या हैं, इनके प्रतिरोध का इतिहास क्या है तथा क्या सामाजिक विकास और क्रान्तियाँ स्त्रियों की जीवन-स्थितियों और स्त्री-प्रश्न की अन्तर्वस्तु एवं स्वरूप को प्रभावित करने में कोई भूमिका निभाती रही हैं? हमें यह भी जानना होगा कि अतीत में स्त्री-प्रश्न पर चिन्तन और विमर्श की क्या परम्पराएँ रही हैं और उनका विकास किस प्रकार हुआ है! अध्ययन के इसी व्यापक एजेण्डे के एक अंग के तौर पर आज **मर्सी वारेन, एबिगेल एडम्स, कोन्दोर्से, ओलिम्पी द गूजे, मेरी वोल्सटनक्राफ़्ट, जॉन स्टुअर्ट मिल, चेर्नीशेव्स्की, मार्क्स-एंगेल्स, बेबेल, लेनिन, अलेक्सान्द्रा कोल्लोन्ताई** आदि के स्त्री-प्रश्न विषयक विचारों के अध्ययन का विशेष महत्त्व है। आज बुर्जुआ नारीवाद की जो विभिन्न धाराएँ-उपधाराएँ सक्रिय हैं, उनकी अन्तर्वस्तु को भी सही ढंग से समझने के लिए **सिमोन द बोवुआ, बेट्टी फ्रीडन, जर्मेन ग्रीयर** आदि बुर्जुआ नारीवादी विचारकों की उन कृतियों का भी ऐतिहासिक परिप्रेक्ष्य में अध्ययन जरूरी है, जो आज क्लासिक्स का दर्जा पा चुकी हैं।

बीसवीं शताब्दी में जिस बुर्जुआ नारीवाद का जन्म और विकास हुआ, वह पुरुष-वर्चस्ववादी और यौनिक आधार पर भेदभाव सहित स्त्री-प्रश्न के सभी पहलुओं को किसी-न-किसी रूप में समाज-विकास की ऐतिहासिक प्रक्रिया से और सामाजिक संरचना के आर्थिक मूलाधार से विच्छिन्न करके देखता रहा है। वह स्त्री-मुक्ति के प्रश्न को समस्त शोषित-उत्पीड़ित जनों की मुक्ति की परियोजना का एक अंग मानने के बजाय एक स्वतंत्र-स्वायत्त प्रश्न मानता रहा है। लेकिन नृतत्वशास्त्र और इतिहास के तथ्य यही बतलाते हैं कि समाज में एक विशेष स्तर तक उत्पादक शक्तियों के विकास के बाद वर्ग-अन्तर्विरोधों और उन पर आधारित सामाजिक संस्थाओं-मूल्यों के उद्भव एवं विकास के साथ-साथ पुरुष-वर्चस्व एवं स्त्री-पराधीनता की भौतिक-आत्मिक स्थितियाँ निर्मित और विकसित हुईं। सिर्फ इस आधार पर ही ऐतिहासिक निगमन की दृष्टि से इस निष्कर्ष पर पहुँचा जा सकता है कि स्त्री-मुक्ति का भवितव्य वर्ग-अन्तर्विरोधों से समाज की मुक्ति की सुदीर्घ प्रक्रिया से जुड़ा हुआ है। इतिहास का तथ्य यह भी है कि ऐतिहासिक युगों के परिवर्तन के साथ-साथ स्त्रियों की पराधीनता की प्रकृति में भी परिवर्तन होते रहे हैं और स्त्री-मुक्ति विषयक विचारों को गढ़ने-बदलने में सामाजिक क्रान्तियों और उनके दार्शनिक विचारों की भूमिका आधारभूत प्रकृति की रही है। स्वयं

मेरी वोल्सटनक्राफ़्ट का कृतित्व भी इसी स्थापना को पुष्ट करता है। मेरी वोल्सटनक्राफ़्ट प्रबोधनकालीन दार्शनिक के विचारों और महान फ्रांसीसी जनवादी क्रान्ति के आदर्शों से अत्यन्त गहराई से प्रभावित थीं और उनका मूल आग्रह यह था कि 'स्वतंत्रता-समानता-भ्रातृत्व' के नारे को सार्विक रूप से लागू करते हुए स्त्रियों की दोयम दर्जे की सामाजिक स्थिति समाप्त की जानी चाहिए। उल्लेखनीय है कि उनका सरोकार सिर्फ स्त्रियों के अधिकारों का प्रश्न ही नहीं था। वह जनवादी क्रान्ति के आदर्शों-बिचारों की उत्कट पक्षधर थीं और जीवनपर्यन्त उनकी हिफाजत के लिए 'कलम के सिपाही' के रूप में संघर्ष करती रहीं। कहना न होगा कि उन्हें इसकी कीमत भी चुकानी पड़ी।

मेरी वोल्सटनक्राफ़्ट के जीवन और कृतित्व की चर्चा से पहले, एक संक्षिप्त पूर्वपीठिका के तौर पर उस ऐतिहासिक युग के बारे में कुछ चर्चा जरूरी है, जिसकी वे उपज थीं।

मेरी वोल्सटनक्राफ़्ट यूरोपीय बुद्धिजीवी वर्ग की उस पीढ़ी की सदस्या थीं जिसका मानस प्रबोधनकालीन दार्शनिकों के क्रान्तिकारी विचारों के आत्मिक परिवेश में निर्मित हुआ था और अमेरिका तथा फ्रांस की महान जनवादी क्रान्ति के झंझावातों से जिसका जीवन ऊर्जस्वित होता रहा था। इस पीढ़ी ने यह भी देखा कि किस प्रकार सत्तासीन होते ही बुजुर्आ वर्ग ने 'स्वतंत्रता-समानता-भ्रातृत्व' के लाल परचम को धूल में फेंककर जनता के साथ विश्वासघात किया, किस प्रकार उसने चर्च से 'पवित्र गठबन्धन' कर लिया तथा किस प्रकार 'तर्कबुद्धि का राज्य' 'बुर्जुआ वर्ग के आदर्शकृत राज्य' के अतिरिक्त और कुछ भी नहीं सिद्ध हुआ और प्रबोधनकालीन महापुरुषों के क्रान्तिकारी आदर्श व्यवहार में एक निराशाजनक व्यंग्यचित्र के रूप में सामने आए।

सस्ती से सस्ती श्रमशक्ति के दोहन से लाभार्जन की बुनियादी प्रवृत्ति के चलते पूँजीवादी उत्पादन-प्रणाली ने पहली बार ऐसी स्थिति पैदा की जिसके अन्तर्गत सामाजिक उत्पादन में स्त्री मजदूरों और अन्य नौकरीपेशा स्त्रियों की भागीदारी बढ़ती चली गई। स्त्रियों का सामाजिक पार्थक्य और घरेलू गुलामी बनी रही लेकिन उनके चौखटे पहले की अपेक्षा काफी ढीले पड़ गए और स्वरूप बदल गए। यौन-भेद एवं यौन-उत्पीड़न के नये रूप, यौनिक आधार पर शोषण के नये रूप तथा पुरुषसत्तात्मक सांस्कृतिक-सामाजिक मूल्यों-संस्थाओं का एक समूचा नया तंत्र विकसित हुआ जिसके संघटक अवयव के तौर पर बहुतेरे प्राक्पूँजीवादी मूल्यों को भी अपना लिया गया था। पूँजीवादी उत्पादन-प्रणाली के अन्तर्गत सामाजिक उत्पादन में स्त्रियों की भागीदारी और साथ ही उनकी अधिकारविहीनता की स्थिति बने रहने के चलते बुर्जुआ समाज में स्त्रियों की सामाजिक स्थिति के प्रति एक अन्तर्विरोधी रुख शुरू से ही मौजूद रहा। यह अन्तर्विरोधी रुख बुर्जुआ जनवादी क्रान्तियों के बाद एकदम स्पष्ट रूप में सामने आया, लेकिन वस्तुतः यह शुरू से ही मौजूद था। पुनर्जागरण काल में एक ओर जहाँ प्राचीन ग्रीक और रोमन

परिवारों के प्रतिदर्शों के अनुकरण ने स्त्रियों की पराधीनता को नये सिरे से एक आधार दिया, वहीं दूसरी ओर पुनर्जागरण के महान सूत्रधारों द्वारा प्रवर्तित मानववाद ने प्रकारान्तर से सामाजिक व्यवस्था की दैवी स्वीकृतियों पर प्रश्नचिह्न उठाकर और लौकिकता के मूल्यों की वकालत करके स्त्रियों की स्वतंत्रता की एक वैचारिक पूर्वपीठिका निर्मित करने का काम किया। सोलहवीं शताब्दी में धर्मसुधार काल के दौरान जहाँ प्यूरिटनिज्म और काल्विनिज्म ने स्त्रियों की सामाजिक स्थिति पर प्रतिकूल प्रभाव डाला, वहीं दूसरी ओर सामाजिक उत्पादन में स्त्रियों की लगातार बढ़ती भागीदारी ने उनके भीतर मुक्ति की चेतना का बीजारोपण किया। स्त्रियों के सामाजिक अधिकारों की और स्त्री-पुरुष समानता की माँग सबसे पहले बुर्जुआ क्रान्तियों की पूर्वबेला में, प्रबोधनकाल (Age of Enlightenment) के दौरान मुखर होकर सामने आई। प्रबोधनकाल के दार्शनिकों के क्रान्तिकारी भौतिकवाद तथा वैज्ञानिक तर्कपरकता, सामाजिक न्याय और जनवाद की अवधारणाओं ने सामाजिक उत्पादन के साथ ही राजनीतिक संघर्ष में भी सीधे भागीदारी कर रही स्त्रियों को गहराई से प्रभावित किया। प्रबोधनकाल के अधिकांश विचारकों का मानना था कि स्त्रियों की पराधीनता मनुष्य के प्राकृतिक अधिकारों का हनन है। **जाँ आँतुआँ कोन्दोर्से** (1743-94) स्त्रियों की समानता का प्रबल पक्षधर था। उसका मानना था कि स्त्रियों के बारे में समाज में मौजूद गहरे पूर्वग्रह उनकी असमानतापूर्ण सामाजिक स्थिति का बुनियादी कारण हैं। वह कानूनी समानता और शिक्षा के जरिए स्त्रियों की मुक्ति को सम्भव मानता था।

अमेरिकी क्रान्ति (1776-83) के दौरान मर्सी वारेन और एबिगेल एडम्स के नेतृत्व में स्त्रियों ने पहली बार, मताधिकार और सम्पत्ति के अधिकार सहित सामाजिक समानता की माँग करते हुए **जॉर्ज वाशिंगटन** और **टॉमस जैफर्सन** पर दबाव डाला कि इन मुद्दों को संविधान में शामिल किया जाए, लेकिन बुर्जुआ वर्ग के एक बड़े हिस्से के विरोध के कारण यह सम्भव नहीं हो सका। यूरोप में संगठित नारी-आन्दोलन की शुरुआत फ्रांसीसी क्रान्ति के दौरान हुई। स्त्रियाँ उस समय जन-प्रदर्शनों सहित सभी राजनीतिक कार्रवाइयों में हिस्सा ले रही थीं। उस दौरान स्त्रियों के क्रान्तिकारी क्लबों के रूप में स्त्रियों के पहले संगठन अस्तित्व में आए जिन्होंने सामन्तवाद-विरोधी संघर्षों में खुलकर भागीदारी करते हुए यह माँग की कि आजादी, समानता और भ्रातृत्व के सिद्धान्तों को बिना किसी लिंगभेद के, सार्विक रूप से लागू किया जाना चाहिए। इस लक्ष्य को समर्पित स्त्रियों की पहली पत्रिका का प्रकाशन भी उसी दौरान शुरू हुआ। *'मनुष्य और नागरिक के अधिकारों की घोषणा'* के मॉडल पर **ओलिम्पी द गूजे** (1748-93) ने *'स्त्री और स्त्री-नागरिक के अधिकारों की घोषणा'* तैयार की और उसे 1791 में राष्ट्रीय असेम्बली में प्रस्तुत किया। इस ऐतिहासिक दस्तावेज में 'स्त्रियों पर पुरुषों के शासन' का विरोध करते हुए सार्विक मताधिकार को अमल में लाने के लिए स्त्री-पुरुष के बीच

पूर्ण सामाजिक-राजनीतिक समानता की माँग की गई थी।

ओलिम्पी द गूजे के दस्तावेज के बाद, बुर्जुआ जनवादी क्रान्तियों के काल में सबसे महत्त्वपूर्ण दस्तावेज **मेरी वोल्सटनक्राफ़्ट** की पुस्तक *'स्त्री के अधिकारों का औचित्य-साधन'* ही मानी जाती है। यह पुस्तक ओलिम्पी द गूजे के दस्तावेज की स्थापनाओं को उन्नत और विस्तृत रूप में प्रस्तुत करती है। इस पुस्तक में हमें उन्नीसवीं शताब्दी के बुर्जुआ क्रान्तिकारी स्त्री-अधिकार आन्दोलन और बीसवीं शताब्दी के नारीवादी आन्दोलन की बुनियादी रूपरेखा देखने को मिलती है। फर्क यह था कि बीसवीं शताब्दी के नारीवादी आन्दोलन में स्त्री-मुक्ति के प्रश्न और आन्दोलन को सामाजिक-राजनीतिक न्याय और समानता के लिए जारी संघर्ष से काटकर देखने की प्रवृत्ति हावी थी जबकि मेरी वोल्सटनक्राफ़्ट ने उन्हें अपने युग की सामाजिक क्रान्ति के एजेण्डे के एक आधारभूत मुद्दे के रूप में देखा। स्त्री-मुक्ति के प्रश्न पर चिन्तन, लेखन ओर सामाजिक सक्रियता उनका एकमात्र सरोकार नहीं था। वे फ्रांसीसी क्रान्ति के आदर्शों की उत्कट पक्षधर थीं और इंग्लैण्ड के रैडिकल बुद्धिजीवियों-लेखकों के उस ग्रुप की सदस्या थीं जो बुर्जुआ जनवाद के क्रान्तिकारी आदर्शों का पक्ष लेते हुए **एडमण्ड बर्क** जैसी हस्तियों से वैचारिक संघर्ष में लोहा ले रहा था।

अपने युग के अन्य क्रान्तिकारी बुद्धिजीवियों की ही तरह मेरी वोल्सटनक्राफ़्ट किताबी कीड़ा नहीं थीं। आरामदेह अध्ययन-कक्षों से बाहर, वे अपने समय के संघर्षों से लगातार जुड़ी रहीं, अपने आदर्शों के लिए जूझती रहीं और उसकी कीमत चुकाती रहीं। उनका निजी जीवन भी सामाजिक-नैतिक रूढ़ियों के विरुद्ध संघर्ष का एक सजीव दस्तावेज था और इसके चलते वे जीवनपर्यन्त विवादास्पद भी बनी रहीं।

उन्नीसवीं शताब्दी में मेरी वोल्सटनक्राफ़्ट की कई जीवनियाँ प्रकाशित हुईं। इनमें से पहली स्वयं उनके पति **विलियम गॉडविन** ने लिखी थी। आज मेरी वोल्सटनक्राफ़्ट को यूरोपीय और अमेरिकी स्त्री-आन्दोलन की जननी का स्थान दिया जाता है, लेकिन उन्नीसवीं शताब्दी में प्रकाशित जीवनियों में मुख्यतः उनके जीवन के अपारम्परिक, रूढ़ि-द्रोही पक्षों को ही सनसनीखेज बनाकर और निन्दात्मक दृष्टि से प्रस्तुत किया गया था। उनके साहित्यिक-वैचारिक कृतित्व पर तब बहुत कम ही ध्यान दिया गया। बीसवीं शताब्दी के उत्तरार्द्ध में, पश्चिम में जब नारीवादी आन्दोलन की नई लहर नागरिक अधिकार-आन्दोलन, छात्र-आन्दोलन, युद्धविरोधी-आन्दोलन और मजदूर-आन्दोलन के साथ-साथ उठ खड़ी हुई तो मेरी वोल्सटनक्राफ़्ट का कृतित्व नये सिरे से चर्चा में आया। इस दौरान उन पर कई पुस्तकें प्रकाशित हुईं और उनकी रचनाओं के नये संस्करण भी निकले। लेकिन नारीवादी आन्दोलन जैसे-जैसे अन्य व्यवस्था-विरोधी आन्दोलनों से विच्छिन्न होकर अकर्मक बौद्धिक विमर्शों और आनुष्ठानिक कार्रवाइयों के तंग बुर्जुआ

कुलीन दायरों में कैद होता चला गया, वैसे-वैसे मेरी वोल्सटनक्राफ़्ट का कृतित्व फिर चर्चा के दायरों से बाहर होता चला गया। बीसवीं शताब्दी के अन्तिम दो दशकों के दौरान उत्तर-आधुनिक विमर्शों के घटाटोप में उन्हें एक बार फिर भुला-सा दिया गया।

मेरी वोल्सटनक्राफ़्ट का जन्म 27 अप्रैल, 1759 को स्पिटलफील्ड्स, लन्दन में हुआ। उनका परिवार किसानी पृष्ठभूमि वाला था, लेकिन उनके पिता रूमाल बुनने का काम करते थे। मेरी के बचपन में उनका परिवार बार-बार यहाँ से वहाँ स्थानान्तरित होता रहा। इस तरह उनके बचपन का समय वेल्स में एपिंग, बार्किंग, बेवर्ली, होक्स्टन, वालवार्थ और लाफार्न आदि स्थानों में बीता। इन हालात में मेरी को आम मेहनतकश परिवारों की स्थिति और इन परिवारों की स्त्रियों के जीवन को नजदीक से देखने का अवसर मिला। कठिन स्थितियों में उनकी पढ़ाई-लिखाई हुई और इसी दौरान उनके भीतर यथास्थिति के विरुद्ध विद्रोह की नींव पड़ी। आजीविका के लिए उन्होंने शिक्षिका और गवर्नेस के रूप में काम किया। प्रबोधनकाल के दार्शनिकों की कृतियों के अध्ययन से उनकी विद्रोही भावना को नया वैचारिक आधार मिला।

1784 में मेरी ने बहन एलिजा और दोस्त फैनी ब्लड के साथ मिलकर हैकनी से सटे नेविंगटन ग्रीन नामक एक छोटे-से गाँव में एक स्कूल खोला। यहीं उनकी दोस्ती **रिचर्ड प्राइस** और **जोसेफ प्रीस्टले** से हुई जो 'रैशनल डिसेंटर्स' नामक ग्रुप के नेता थे। यह एंग्लिकन चर्च से अलग हुए लोगों का ग्रुप था जो फ्रांसीसी प्रबोधन के विचारों से प्रभावित था। प्राइस उस समय तक एक बहुचर्चित व्यक्ति बन चुका था। उसकी कई पुस्तकें प्रकाशित हो चुकी थीं जिनमें 1758 में प्रकाशित *'रिव्यू ऑफ प्रिंसिपल क्वेश्चंस ऑफ मॉरल्स'* सर्वाधिक विवादास्पद और प्रभावी मानी जाती थी। इस पुस्तक में प्राइस का केन्द्रीय तर्क यह था कि नैतिक मूल्यों-मान्यताओं के आधारभूत निर्णायक तत्त्व तर्कबुद्धि और व्यक्ति का अपना अन्तर्विवेक होते हैं। प्राइस मूल पाप और शाश्वत दण्ड के परम्परागत ईसाई विचारों को भी खारिज करता था और इसके चलते एंग्लिकन चर्च के कुछ अनुयाइयों ने उसके ग्रुप पर नास्तिक होने का भी आरोप लगाया। मेरी की परवरिश एक एंग्लिकन के रूप में हुई थी लेकिन प्राइस से प्रभावित होकर वे उस स्थानीय गिरजाघर में जाने लगीं जो प्राइस के सहयोगी भिन्न मतावलम्बियों ने स्थापित किया था। अपने रैडिकल राजनीतिक विचारों के चलते भी प्राइस को लगातार उग्र विरोध का सामना करना पड़ा। अमेरिकी क्रान्ति का समर्थन करने के बाद तो पूरे इंग्लैण्ड के अभिजन समाज में उसके विरुद्ध तूफान उठ खड़ा हुआ था। रिचर्ड प्राइस के घर पर ही मेरी की मुलाकात उस समय के अग्रणी रैडिकल लेखकों-विचारकों-राजनीतिज्ञों से हुई। इनमें सुप्रसिद्ध प्रकाशक **जोसेफ जॉनसन** भी था जो प्रबोधनकालीन आदर्शों-तर्कों से प्रेरित मेरी के शिक्षा-विषयक विचारों से, विशेषकर स्त्री-शिक्षा के बारे में उनके विचारों से, अत्यधिक प्रभावित हुआ।

जॉनसन के आग्रह पर मेरी ने *'थॉट्स ऑन एजुकेशन ऑफ डॉटर्स'* नामक पुस्तक लिखी जो 1787 में प्रकाशित होने के साथ ही चर्चा और विवादों के घेरे में आ गई। अपने स्कूल में लड़कियों को पढ़ाते हुए मेरी ने यह अनुभव किया कि पुरुषों की अधीनता स्वीकारने के लिए उनका मस्तिष्क बचपन में ही पूरी तरह अनुकूलित हो चुका होता है। ऐसे रूढ़िबद्ध संस्कारों को तोड़ने के लिए मेरी ने स्त्रियों की शिक्षा के लिए, विषय और पद्धति की दृष्टि से एक सर्वथा नई प्रणाली प्रस्तावित की और पारम्परिक शिक्षा-प्रणाली की तीखी आलोचना प्रस्तुत की। उन्होंने भरपूर तर्कों सहित यह स्थापना दी कि बौद्धिक सम्भावनाओं और तार्किक ग्रहणशीलता की दृष्टि से स्त्रियाँ पुरुषों से रंचमात्र भी कम नहीं होतीं, सवाल सिर्फ यह है कि उनकी सामाजिक स्थिति को दृष्टि में रखते हुए उन्हें किस प्रकार शिक्षित किया जाए।

नेविंगटन ग्रीन का स्कूल 1786 में ही बन्द हो चुका था। आजीविका का विकट प्रश्न फिर सामने खड़ा था। विवश मेरी ने आयरलैण्ड जाकर लॉर्ड किंग्सबरो के परिवार में गवर्नेस के रूप में काम करना शुरू किया। 1788 में जॉनसन ने मेरी का पहला उपन्यास *'मेरी'* प्रकाशित किया। इसी वर्ष उसने मेरी को अपने प्रकाशन संस्थान में अनुवादक और समीक्षक के रूप में नौकरी दे दी और वे आयरलैण्ड से वापस लन्दन आ गईं। मेरी इन वर्षों के दौरान प्रबोधनकाल की दार्शनिक कृतियों के साथ ही, लगातार फ्रांस में घट रही घटनाओं का गहराई से अध्ययन कर रही थीं जहाँ राजनीतिक-वैचारिक संघर्ष के बाद अब जनउभारों का तूफान उमड़ रहा था और क्रान्ति आसन्न थी। प्रकाशक जॉनसन का घर उस समय इंग्लैण्ड के अग्रणी रैडिकल बुद्धिजीवियों-ऐक्टिविस्टों का अड्डा हुआ करता था। इनमें **टॉमस पेन, विलियम गॉडविन, विलियम ब्लाक, टॉमस होलक्राफ्ट, जॉन कार्टराइट** जैसी प्रसिद्ध हस्तियाँ शामिल थीं। 1793 के बाद प्रसिद्ध कवि **विलियम वड्र्सवर्थ** भी इस मण्डली में शामिल हो गए। लन्दन पहुँचते ही मेरी वोल्सटनक्राफ़्ट इस मण्डली की अनन्य सदस्य बन गईं। मण्डली ने भी इस असाधारण विद्रोहिणी को हाथोंहाथ लिया। जॉनसन ने मेरी की सहायता से प्रसिद्ध रैडिकल पत्रिका *'एनालिटिकल रिव्यू'* की शुरुआत की।

1789 में महान फ्रांसीसी क्रान्ति ने पूरी यूरोप को उद्वेलित कर दिया। इंग्लैण्ड का बुद्धिजीवी समाज भी इसके पक्ष और विपक्ष में पूरी तरह से बँटकर दो ध्रुवान्तों पर जा खड़ा हुआ। नवम्बर, 1789 में अपने एक धार्मिक प्रवचन के दौरान रिचर्ड प्राइस ने फ्रांसीसी क्रान्ति की मुक्त कण्ठ से प्रशंसा की और यह तर्क दिया कि फ्रांसीसियों की तरह ब्रिटिश जनता को भी यह न्यायसंगत अधिकार है कि वह एक बुरे राजा को सिंहासन से हटा दे। रूढ़िवादी अंग्रेज अभिजन समाज इससे बौखला उठा। अपनी ऐतिहासिक पुस्तक *'रिफ्लेक्शंस ऑन दि रिवोल्यूशन इन फ्रांस'* द्वारा **एडमण्ड बर्क** ने तत्काल प्राइस का उग्र प्रतिवाद किया और वंशक्रम उत्तराधिकार द्वारा शासन करने के अधिकार की राजतांत्रिक

प्रणाली के पक्ष में तर्क प्रस्तुत किए। एडमण्ड बर्क के तर्कों को तार-तार करनेवाली और फ्रांसीसी क्रान्ति के जनवादी सिद्धान्तों-आदर्शों के तार्किक आधारों को सविस्तार प्रस्तुत करनेवाली **टॉमस पेन** की क्लासिकी कृति *'राइट्स ऑफ मैन'* इतिहास-प्रसिद्ध है जिसका पहला खण्ड 1791 में और दूसरा 1792 में प्रकाशित हुआ। लेकिन यह तथ्य आज कम लोगों को ज्ञात है कि टॉमस पेन से भी पहले बर्क के विचारों का उग्र एवं प्रभावी प्रतिवाद मेरी वोल्सटनक्राफ़्ट ने अपना पैम्फलेट *'मनुष्य के अधिकारों का औचित्य-साधन'* (A Vindication of the Rights of Man) लिखकर किया था जिसे 1790 में जॉनसन ने प्रकाशित किया। स्वयं टॉमस पेन ने भी मेरी वोल्सटनक्राफ़्ट की कृति की भरपूर प्रशंसा की। इसके तत्काल बाद फ्रांसीसी क्रान्ति के जनवादी आदर्शों की हिफाजत करते हुए **विलियम गॉडविन** की पुस्तक *'पोलिटिकल जस्टिस'* प्रकाशित हुई। मेरी इस पुस्तक के लेखन के दौरान गॉडविन के लगातार सम्पर्क में रहीं और उनकी मित्रता और अधिक प्रगाढ़ हो गई। इस बात का पूरा खतरा था कि मेरी वोल्सटनक्राफ़्ट की पुस्तक प्रतिबन्धित हो सकती है और मेरी को भी सजा दी जा सकती है। लेकिन वे अविचिलित रहीं। बहरहाल, यह खतरा किसी तरह से टल गया। टॉमस पेन की पुस्तक *'मनुष्य के अधिकार'* प्रकाशित होते ही इंग्लैण्ड में प्रतिबन्धित कर दी गई। पेन को देश छोड़कर भागना पड़ा। वे फ्रांस चले गए। उनके ग्रुप के साथी अन्य बुद्धिजीवियों ने देश में रहकर ही प्रतिकूल स्थितियों का मुकाबला करने का निर्णय लिया। 'मनुष्य के अधिकार' के प्रकाशन के तत्काल बाद अग्रणी 'रैशनल डिसेंटर्स' रिचर्ड प्राइस और जोसेफ प्रीस्टले ने *'ऐक्यवादी समाज'* (Unitarian Society) नामक संगठन का निर्माण किया जिसने इंग्लैण्ड के धार्मिक एवं राजनीतिक विचारों पर गहरा प्रभाव डाला।

1792 में मेरी वोल्सटनक्राफ़्ट की सर्वप्रमुख कृति *'स्त्री-अधिकारों का औचित्य-साधन'* प्रकाशित हुई। प्रकाशित होने के साथ ही इसकी ख्याति इंग्लैण्ड के बाहर पूरे यूरोप में और अमेरिका तक में फैल गई। मेरी ने अपनी इस कृति में प्रबोधनकाल की तर्कणा और बुर्जुआ क्रान्ति के 'स्वतंत्रता-समानता-भ्रातृत्व' के सिद्धान्तों को स्त्री-समुदाय के ऊपर भी समान रूप से लागू करते हुए स्पष्ट शब्दों में यह स्थापना दी कि कोई भी समतावादी सामाजिक दर्शन तब तक वास्तविक अर्थों में समतावादी नहीं हो सकता जब तक कि वह स्त्रियों को समान अधिकार और अवसर देने तथा उनकी हिफाजत करने की हिमायत नहीं करता। इस स्मारकीय कृति में मेरी वोल्सटनक्राफ़्ट ने 'शिक्षा की कपटपूर्ण और कृत्रिम प्रणाली' की निर्भीक-विध्वंसक आलोचना प्रस्तुत करते हुए यह तर्क दिया है कि यह मध्यवर्ग की स्त्रियों को 'नारीत्व' (फेमिनिनिटी) के मिथ्याभासी दमघोंटू आदर्शों के दायरे में जीने के लिए तैयार करती है। शैशवावस्था से ही उन्हें यह शिक्षा दी जाती है कि 'सौन्दर्य स्त्रियों का राजदण्ड होता है, कि दिमाग शरीर के हिसाब

से अपने को ढालता है (यानी शारीरिक भिन्नता के चलते स्त्रियों का दिमाग भी अलग किस्म का होता है), और अपने स्वर्णजड़ित पिंजरे में चक्कर काटते हुए वे अपनी जेल को पसन्द करना सीख जाती हैं।' मेरी वोल्सटनक्राफ़्ट ने अपने समाज के उग्र पुरुषवर्चस्ववादी, रूढ़िवादी परिवेश में स्त्रियों को *'तर्कपरक प्राणी'* के रूप में सम्बोधित करने का साहस किया और ऐसे व्यापकतर मानवीय आदर्शों का आकांक्षी बनने के लिए उनका आह्वान किया जिनमें अनुभूति के साथ तर्कणा और स्वतंत्रता के अधिकार का संश्लेषण हो।

अपनी इस पुस्तक में मेरी वोल्सटनक्राफ़्ट ने तत्कालीन परम्परागत शिक्षा-प्रणाली में स्त्रियों के लिए निहित निर्देशों-नियमों-वर्जनाओं और नैतिक-सामाजिक मान्यताओं को इसलिए प्रहार का विशेष निशाना बनाया है, क्योंकि उनका मानना था कि स्त्रियों को 'अज्ञान और दासों जैसी निर्भरता' की स्थिति में बनाए रखने में इनकी विशेष भूमिका होती है। लेकिन वे यहीं तक सीमित नहीं रहतीं। वे पुरुष-आधिपत्य को स्वाभाविक चीज के रूप में स्वीकारनेवाली उन तमाम जड़ीभूत प्रस्तरीकृत मान्यताओं और नैतिक-वैधिक संस्थाओं-मूल्यों पर मारक चोट करती हैं जो प्राकृतिक न्याय और समानता के अधिकार से स्त्रियों को वंचित करते हैं। वे खास तौर पर उस समाज-व्यवस्था की प्रखर आलोचना करती हैं जो 'आज्ञापरायण बनने और अन्य सभी चीजों को छोड़कर अपने सौन्दर्य के प्रति सजग होने के लिए' स्त्रियों को प्रोत्साहित करती है।

मेरी वोल्सटनक्राफ़्ट जिस समय पहली बार पुरुष-वर्चस्ववादी मूल्यों-संस्कारों-नैतिक मान्यताओं और संस्थाओं पर वैज्ञानिक तर्कणा के आधार पर चोट कर रही थीं, ठीक उसके आधी सदी बाद वैज्ञानिक समाजवाद के प्रवर्तक **मार्क्स** और **एंगेल्स** ने निजी स्वामित्व की पूँजीवादी व्यवस्था की समस्त नैतिक मान्यताओं पर सवाल उठाते हुए अपनी स्मारकीय कृति *'कम्युनिस्ट घोषणापत्र'* में पूँजीवादी विवाह को खुली वेश्यावृत्ति के साथ-साथ मौजूद परोक्ष वेश्यावृत्ति बताया और यह विचार प्रस्तुत किया कि *"...उत्पादन की वर्तमान व्यवस्था जब खत्म हो जाएगी, तब स्त्रियों की उस व्यवस्था से उत्पन्न सर्वोपभोग्यता का, अर्थात् बाजारू और खानगी, दोनों प्रकार की वेश्यावृत्ति का, अनिवार्यतः अन्त हो जाएगा।"* मार्क्स-एंगेल्स की इस स्थापना पर परम्परावादी और बुर्जुआ बुद्धिजीवी आज भी काफी चिल्लपों मचाते रहते हैं और इसे तोड़-मरोड़कर कुत्सा-प्रचार भी खूब किया जाता है। लेकिन आज यह तथ्य कम लोगों को ही ज्ञात है कि यह मेरी वोल्सटनक्राफ़्ट थीं जिन्होंने विवाह को सबसे पहले 'कानूनी वेश्यावृत्ति' की संज्ञा दी थी। मार्क्सवाद की यह महत्त्वपूर्ण स्थापना रही है कि स्त्रियों की पराधीनता वर्ग-समाज का एक आधारभूत तत्त्व है और (पुरुष समुदाय सहित) पूरे समाज की दुरवस्था का एक बुनियादी कारक है। उल्लेखनीय है कि मेरी वोल्सटनक्राफ़्ट के स्त्री-प्रश्न विषयक चिन्तन में इस स्थापना के उत्स देखने को मिलते हैं। उनके अनुसार, स्त्रियाँ

"सुविधाजनक गुलाम हो सकती हैं, लेकिन यह गुलामी मालिक को और उसके अधम गुलाम को लगातार नीचे गिराने का काम करती रहेगी।"

राजनीतिक विचारों के इतिहास में स्त्री-प्रश्न को एक बुनियादी प्रश्न बनाकर इसकी विस्तृत विवेचना का काम मेरी ने पहली बार किया। 'स्त्री के अधिकारों का औचित्य-साधन' में उन्होंने इस विचार को खुली चुनौती दी कि स्त्री के अस्तित्व का उद्देश्य सिर्फ पुरुष को सन्तुष्ट करना होता है और यह माँग की कि शिक्षा, काम और राजनीति में स्त्रियों को पूर्णतः समान अवसर दिये जाने चाहिए। यही वह दिग्दर्शक सूत्र था जो आगे चलकर स्त्री-मताधिकार आन्दोलन का आधार बना। मेरी की दृष्टि में स्त्री-पुरुष समानता के सामाजिक दर्शन की बुनियाद यह सच्चाई थी कि तर्कणा का गुण दोनों में साझा होता है। अपने तर्क को आगे बढ़ाते हुए उन्होंने यह भी स्थापना दी कि स्त्री-पुरुष--दोनों के लिए नैतिकता की बुनियाद तर्कणा होनी चाहिए। उनका कहना था कि तर्कणा के 'अभावुक निर्देश' को स्वीकारते हुए स्त्रियों को समाज के सामने अपनी समानता का दावा पेश करना होगा। उनका यह विश्वास था कि रोमैण्टिक प्यार और शारीरिक चाहतों के प्रति जरूरत से ज्यादा सरोकार स्त्री-अस्तित्व की प्राकृतिक शर्त नहीं, बल्कि सामाजिक रूप से आरोपित पुरुष-वर्चस्व का साधन है जिसके द्वारा स्त्रियों को दासता की बेड़ियों में जकड़ने का काम किया जाता है।

स्त्री-पुरुष के बीच के सम्बन्ध विशुद्ध रूप से निजी मामला हों (यानी सम्बन्धित व्यक्तियों के अतिरिक्त इनमें धर्म और समाज का कोई हस्तक्षेप न हो), यहाँ चयन की पूरी आजादी दोनों को हो और ये सम्बन्ध पूरी तरह समानता पर आधारित हों—ऐसे आदर्श समाज के गठन के लिए मेरी वोल्सटनक्राफ़्ट ने सार्वजनिक शिक्षा की पूरी प्रणाली को बदलने के साथ ही राजनीतिक-सामाजिक-सांस्कृतिक तंत्र में बदलाव को भी जरूरी माना। उन्होंने दो-टूक शब्दों में यह स्थापना दी कि सामाजिक समानता के लिए राजतंत्र, चर्च और कुलीन सैन्य-तंत्र से छुटकारा पाना अपरिहार्य है। यहाँ फिर मेरी वोल्सटनक्राफ़्ट अठारहवीं शताब्दी के उन जुझारू भौतिकवादियों की अग्रिम कतार में खड़ी नजर आती हैं जो वैज्ञानिक समाजवाद के पूर्वज थे। हाँ, मेरी वोल्सटनक्राफ़्ट इस नतीजे तक पहुँचने में जरूर विफल रहीं कि पुरुष वर्चस्ववाद पूरी तरह से तभी समाप्त हो सकता है और स्त्री-पुरुष सम्बन्ध के प्रचलित असमानतापूर्ण रूप तभी तक बदल सकते हैं, जब निजी स्वामित्व का उन्मूलन हो जाए जो इनकी आधारशिला है। लेकिन चिन्तन का यह अधूरापन मेरी वोल्सटनक्राफ़्ट की सीमा नहीं, बल्कि यह उनके युग के क्रान्तिकारी चिन्तन की अनिवार्य वस्तुगत ऐतिहासिक सीमा थी। उस समय, जबकि अभी बुर्जुआ जनवादी क्रान्तियाँ हो ही रही थीं, तब यह नहीं सोचा जा सकता था। पूँजीवादी उत्पादन-सम्बन्धों के पर्याप्त विकास के बाद ही इस निष्कर्ष पर पहुँच पाना सम्भव था; बल्कि इसके विपरीत यह मानने के पर्याप्त आधार हैं कि स्त्री-प्रश्न

पर मेरी वोल्सटनक्राफ़्ट का चिन्तन अपने समय के अन्य क्रान्तिकारी विचारकों से अधिक क्रान्तिकारी होने के साथ ही, अधिक गहन-गम्भीर और व्यापक था। कई बार तो वे अपने युग की सीमाओं का अतिक्रमण करके सोचती हुई प्रतीत होती हैं।

'स्त्री के अधिकारों का औचित्य-साधन' पुस्तक ने पूरे इंग्लैण्ड के बुद्धिजीवी जगत में तूफान-सा ला दिया। **जेरेमी बेंथम** और **जॉन कार्टराइट** जैसे जो उदारवादी बुर्जुआ चिन्तक-राजनीतिज्ञ संसदीय व्यवस्था के अग्रणी पैरोकार थे, उन्होंने भी स्त्री-मताधिकार के विचार को पूरी तरह से ठुकरा दिया। चर्च और राजतंत्र का विरोध करनेवाले बुर्जुआ विचारकों का एक बड़ा हिस्सा मेरी की इस स्थापना को मानने को तैयार नहीं था कि स्त्री के अधिकार और पुरुष के अधिकार अलग-अलग चीजें न होकर एक ही हैं। यहाँ तक कि मेरी के विचारों की उग्रता से उनके रैडिकल ग्रुप के कई मित्रों को भी मानो सदमा-सा लग गया। उस समय मेरी की आलोचना का माहौल इतना उग्र हो उठा था कि एक आलोचक ने अपने लेख में उन्हें 'घाघरा पहने मादा लकड़बग्घा' (हाइना इन पेटीकोट्स) तक की संज्ञा दे डाली। तमाम धमकियों और सामाजिक बहिष्कार जैसी स्थिति को झेलती हुई भी मेरी विचलित नहीं हुईं। स्त्री-मुक्ति विषयक अपने विचारों पर अडिग रहने के साथ ही अपने उन रैडिकल मित्रों के साथ वे लगातार सक्रिय रहीं जो फ्रांसीसी क्रान्ति के बुर्जुआ जनवादी आदर्शों के उत्कट समर्थक और राजतंत्र-विरोधी थे। यह समय था जब इन रैडिकल बुद्धिजीवियों के विरुद्ध सभी कंजरवेटिव शक्तियाँ एकदम उग्र रूप में संगठित होकर आक्रमण कर रही थीं। टॉमस पेन की पुस्तक 'मनुष्य के अधिकार' के प्रकाशन के बाद बौखलाया हुआ एडमण्ड बर्क जहर उगल रहा था। रैडिकल बुद्धिजीवियों के मंच *'लन्दन करेस्पॉण्डिंग सोसायटी'* और *'यूनिटेरियन सोसायटी'* को उसने ऐसे *'घृणित कीड़ों'* की संज्ञा दी *"जिन्हें यदि छुट्टा छोड़ दिया गया, तो वे पल-बढ़कर बैलों जितने बड़े दैत्याकार मकड़े बन जाएँगे।"* किंग जॉर्ज तृतीय ने एक घोषणा के द्वारा 'भड़काऊ' लेखन एवं सभाओं-बैठकों पर प्रतिबन्ध लगा दिया और राजा की सत्ता को स्वीकार नहीं करनेवालों को गम्भीर दण्ड देने की चेतावनी दी।

मेरी के मित्रों-शुभचिन्तकों का लगातार यह दबाव बना हुआ था कि वे कुछ समय के लिए इंग्लैण्ड से बाहर चली जाएँ। इधर मेरी की भी हार्दिक इच्छा थी कि वे फ्रांस जाकर आम जनजीवन पर क्रान्ति के प्रभावों का अध्ययन करें। जून, 1793 में मेरी फ्रांस के लिए रवाना हो गईं। वहाँ के अनुभवों के आधार पर उन्होंने अपनी पुस्तक *'हिस्ट्री ऐण्ड मॉरल व्यू ऑफ दि ओरिजिंस ऐण्ड प्रोग्रेस ऑफ दि फ्रेंच रिवोल्यूशन'* लिखी जो 1794 में प्रकाशित हुई। फ्रांस में मेरी की मुलाकात एक अमेरिकी लेखक और व्यापारी **गिलबर्ट इमले** से हुई। उनकी मैत्री जल्दी ही प्रेम-सम्बन्ध में बदल गई। इमले और मेरी

की पहली सन्तान फेनी 1795 में पैदा हुई। इमले की ओर से एक व्यापारिक मिशन पर मेरी ने स्कैण्डेनेविया की यात्रा की। इस यात्रा के अनुभवों पर आधारित उनकी पुस्तक *'लेटर्स रिटेन ड्यूरिंग ए शॉर्ट रेज़िडेंस इन स्वीडन, नॉर्वे ऐण्ड डेनमार्क'* 1796 में प्रकाशित हुई। व्यक्तिगत पत्रों की यह शृंखला शैली के मामले में एक साहित्यिक प्रयोग थी। यह यात्रा-वृत्तान्त, राजनीतिक समालोचना और प्रेम-कहानी का मिला-जुला रूप थी। ऐसा ही साहित्यिक प्रयोग मेरी की अन्तिम कृति *'मारिया'* भी थी, जो उनकी मृत्यु के बाद प्रकाशित हुई। यह कृति लोकप्रिय उपन्यासों की शैली में लिखी गई थी जिसमें एक ऐसे समाज का चित्र उकेरा गया था जहाँ सभी वर्गों की स्त्रियाँ उत्पीड़न और पार्थक्य का शिकार थीं। अन्तर्वस्तु की दृष्टि से यह उपन्यास 'स्त्री-अधिकारों का औचित्य-साधन' की अगली कड़ी थी। उपन्यास में खास तौर पर उन मेहनतकश स्त्रियों के शोषण का जीवन्त चित्रण किया गया था जिनकी जीवन-स्थितियाँ जेलों से किसी भी मायने में बेहतर नहीं थीं।

स्कैण्डेनेविया से लौटकर मेरी ने पाया कि इमले के सम्बन्ध किसी अन्य स्त्री से हैं। भग्नहृदय मेरी इंग्लैण्ड वापस लौटीं। निराशा के क्षणों में एक बार उन्होंने आत्महत्या की कोशिश भी की। फिर धीरे-धीरे इस मनःस्थिति से उबरकर वे एक बार फिर अपनी सामाजिक गतिविधियों में जुट गईं। इस दौरान रैडिकल ग्रुप के अपने पुराने साथी विलियम गॉडविन से उनकी मित्रता प्रेम-सम्बन्ध में बदल गई और गर्भवती होने के बाद, तत्कालीन समाज के व्यावहारिक कानूनी पक्षों को ध्यान में रखकर, दोनों ने 1797 में बाकायदा शादी कर ली। जल्दी ही मेरी वोल्सटनक्राफ़्ट की दूसरी बेटी का जन्म हुआ, जिसे उन्होंने अपना ही नाम दिया—**मेरी**। इसी मेरी ने आगे चलकर सुप्रसिद्ध स्वच्छन्दतावादी कवि **पर्सी बिशी शेली** से विवाह किया और मेरी शेली के नाम से प्रसिद्ध हुईं। उनके लिखे उपन्यास *'फ्रैंकस्टाइन, या आधुनिक प्रोमेथियस'* और अन्य कृतियों की गणना आज भी उन्नीसवीं शताब्दी की महत्त्वपूर्ण अंग्रेजी साहित्यिक रचनाओं में होती है। मेरी शेली के जन्म के बाद मेरी वोल्सटनक्राफ़्ट आठ दिनों तक लगातार तेज बुखार से पीड़ित रहीं और 10 सितम्बर, 1797 को उनकी मृत्यु हो गई।

मेरी वोल्सटनक्राफ़्ट की छोटी-सी जिन्दगी अपने आप में धारा के विरुद्ध खड़ी एक बहादुर औरत की त्रासद महाकाव्यात्मक गाथा थी। उनकी रचनाओं की तरह उनका जीवन भी मुक्ति की एक अनवरत खोज का सजीव दस्तावेज था। मेरी अपने जीवन-काल में स्त्रियों की वैधिक-सामाजिक स्थिति में कोई बदलाव होते नहीं देख सकीं। यहाँ तक कि फ्रांसीसी क्रान्ति के नेतृत्व ने भी स्त्रियों के समान अधिकारों के विचार को स्वीकार नहीं किया। 1791 से 1794 के बीच वहाँ स्त्री-शिक्षा के प्रावधान के साथ ही स्त्रियों को जो कुछ नागरिक अधिकार मिले, वे भी थर्मिडोरियन प्रतिक्रिया के दौरान छिन गए। 1804 के

नेपोलियानिक कोड और अन्य यूरोपीय देशों की ऐसी ही बुर्जुआ नागरिक संहिताओं ने एक बार फिर स्त्रियों के नागरिक अधिकारों को अति सीमित कर दिया। लेकिन 1840 के दशक में, यूरोप और अमेरिका में क्रान्तिकारी जन-उभारों के साथ-साथ स्त्री आन्दोलनों की लहर नये सिरे से और सुसंगठित रूप में जब उठ खड़ी हुई तो उसके पुरोधाओं के लिए मेरी वोल्सटनक्राफ़्ट नये सिरे से प्रेरणा-स्रोत बन गईं। अमेरिकी स्त्री-आन्दोलन की **एलिजाबेथ कैडी स्टैण्टन** और **मार्गरेट फुलर** जैसी नेत्रियाँ मेरी वोल्सटनक्राफ़्ट से विशेष तौर पर प्रभावित थीं। 1848-49 की यूरोपीय क्रान्तियों के बाद इंग्लैण्ड सहित पूरे यूरोप में स्त्री-अधिकार-आन्दोलन जब नये संवेग के साथ आगे बढ़ा तो मेरी वोल्सटनक्राफ़्ट को निर्विवाद रूप से स्त्री-मुक्ति के आदि-सिद्धान्तकार का दर्जा दिया जाने लगा।

उन्नीसवीं शताब्दी के अन्त और बीसवीं शताब्दी के पूर्वार्द्ध की बुर्जुआ नारीवादियों ने मेरी वोल्सटनक्राफ़्ट के अवदान को मुक्तकण्ठ से स्वीकार किया है। लेकिन बीसवीं शताब्दी के बुर्जुआ नारीवाद से मेरी के विचारों की आधारभूत भिन्नता यह है कि बुर्जुआ नारीवाद ने स्त्री-मुक्ति और पुरुष-वर्चस्व के प्रश्न को सामाजिक-राजनीतिक ढाँचे और सामाजिक क्रान्ति से विच्छिन्न करके एक स्वतंत्र-स्वायत्त प्रश्न के रूप में देखा, जबकि मेरी ने इन्हें परस्पर सम्बद्ध रूप में देखा और स्त्री की पराधीनता की जड़ों की शिनाख्त सामाजिक ढाँचे में, चर्च के प्रभुत्व में और राजनीतिक शासन-व्यवस्था के स्वरूप में की। मेरी जनवादी क्रान्ति के आदर्शों के प्रति प्रतिबद्ध थीं और इन्हीं आदर्शों को उन्होंने स्त्रियों के जीवन पर भी लागू करने की बात की। कहा जा सकता है कि 'सेक्सुअल पॉलिटिक्स' को मेरी वोल्सटनक्राफ़्ट ने स्वतंत्र-स्वायत्त रूप में नहीं बल्कि समग्र 'पॉलिटिक्स' के एक अंग के रूप में देखा। स्त्रियों के प्रति होनेवाले अन्याय को उन्होंने अन्यायपूर्ण सामाजिक ढाँचे के साथ जोड़कर देखा। इस मायने में मेरी वोल्सटनक्राफ़्ट का सही वैचारिक उत्तराधिकारी बुर्जुआ नारीवादी आन्दोलन को नहीं, बल्कि सर्वहारा क्रान्ति की विचारधारा से सम्बद्ध नारी-मुक्ति आन्दोलन को माना जाना चाहिए।

और इसीलिए, आज, जबकि पूँजी के विश्वव्यापी निरंकुश वर्चस्व के दौर में, शोषण-उत्पीड़न के नये-नये रूप ईजाद किए जाने के साथ ही पुरुष-वर्चस्ववाद के भी नये-नये रूप सामने आ रहे हैं, तब नारी-मुक्ति की परियोजना के पुनर्निर्माण के कार्यभार की दृष्टि से मेरी वोल्सटनक्राफ़्ट हमें नये सिरे से प्रासंगिक लगने लगती हैं। नये भविष्य-स्वप्नों के लिए इतिहास की स्मृतियों तक जाना ही होता है। यह स्थापित तथ्य है कि स्त्री-मुक्ति-विमर्श की इतिहास-यात्रा में मेरी वोल्सटनक्राफ़्ट की यह पुस्तक पहला मील का पत्थर है। इस पुस्तक की महत्ता के बारे में इससे अधिक भला क्या कहा जा सकता है?

–कात्यायनी

सत्यम

स्त्री-अधिकारों
का
औचित्य-साधन

आमुख

इतिहास के पन्नों को उलटने-पलटने और सजीव जगत् को व्यग्र उत्कण्ठा के साथ देखने के उपरान्त, व्यथापूर्ण क्रोध के सर्वाधिक विषादमय भावों ने मेरी आत्मा को अवसाद से भर दिया है। मुझे एक गहरी टीस के साथ यह स्वीकार करना है कि या तो प्रकृति ने ही मनुष्य और मनुष्य के बीच भारी भेद किया है अथवा विश्व में अब तक विकसित मानव-सभ्यता अत्यन्त पक्षपातपूर्ण रही है। शिक्षाशास्त्रीय विषयों पर लिखित कितनी ही पुस्तकें मैंने उलटी-पलटीं और माता-पिता के आचार-व्यवहार तथा विद्यालयों के प्रबन्ध कौशल का धैर्यपूर्वक अवलोकन किया परन्तु परिणाम क्या निकला? यह दृढ़ विश्वास कि स्त्रियों की उपेक्षित शिक्षा इस दुर्दशा का, सबसे बड़ा स्रोत है और यह कि अनेकानेक प्रकार के सहवर्ती कारण स्त्रियों को दुर्बल और दयनीय बना देते हैं। वस्तुतः स्त्रियों का आचरण एवं व्यवहार स्पष्टतया यह प्रमाणित करता है कि उनका मनोमस्तिष्क स्वस्थ स्थिति में नहीं है क्योंकि उन पुष्पों के समान, जो अति उर्वरा मिट्टी में रोप दिये जाते हैं, उनकी शक्ति और उपादेयता की सौन्दर्य के पक्ष में तिलांजलि दे दी जाती है और परिपक्व होने की ऋतु के पूर्व ही, इतराती पत्तियाँ सुरुचिसम्पन्न नेत्रों को लुभाने के बाद, डंठल पर उपेक्षित-सी, कुम्हला जाती हैं। इस वंध्या प्रस्फुटन का एक कारण मैं झूठ से भरे शिक्षा तंत्र में देखती हूँ। मेरा निष्कर्ष पुरुषों द्वारा इस विषय पर लिखित पुस्तकों पर आधारित है, जो स्त्रियों को मनुष्य नहीं, बल्कि सिर्फ स्त्रियाँ मानते हुए, उन्हें पत्नी की अपेक्षा मनमोहनी प्रेयसी बनाने के लिए कहीं अधिक उद्विग्न रहते हैं। इस दिखावटी श्रद्धा से स्त्री-जाति की समझ इस कदर धुँधला गई है कि वर्तमान शताब्दी की सभ्य औरतें, कुछ एक अपवादों को छोड़कर, बस प्रेम की भावना जगाने के लिए तत्पर रहती हैं जबकि उन्हें कहीं अधिक उदात्त आकांक्षाएँ संजोनी चाहिए और अपनी योग्यताओं व सद्गुणों के दम पर सम्मान की माँग करनी चाहिए।

इसलिए, स्त्री अधिकारों और आचरण पर निबन्ध में उन रचनाओं को नजरंदाज नहीं किया जाना चाहिए जो विशेष रूप से उन्हें सुधारने हेतु लिखी गई हों, खासकर तब जब कि यह स्पष्ट रूप से कहा जा रहा हो कि स्त्रियों का मानस कृत्रिम परिष्करण

से कमजोर हो चुका है कि प्रतिभावान पुरुषों द्वारा लिखित शिक्षाप्रद पुस्तकों की प्रवृत्ति भी वही है जैसी अधिकांश ओछी कृतियों की है, और कि विशुद्ध मोहम्मदी अन्दाज में उन्हें मानव प्रजाति का अंग नहीं, बल्कि मादा के रूप में देखा जा रहा है, और ऐसे तर्क दिये जाते हैं, जो पुरुषों को इस मूढ़ प्राणि से ऊपर प्रतिष्ठित करते हैं तथा दुर्बल हाथों में प्राकृतिक राजदण्ड थमा देते हैं।

बावजूद इसके, मात्र इस कारण से कि मैं एक स्त्री हूँ, मेरे पाठकों को नहीं मान लेना चाहिए कि मैं लैंगिक समानता अथवा हीनता विषयक विवादास्पद प्रश्न पर अपने उग्र विचार प्रस्तुत करना चाहती हूँ। किन्तु यह विषय चूँकि मेरे रास्ते में है और अपनी तर्कप्रणाली की मुख्य प्रवृत्ति को गड़बड़ाये बिना मैं इसे छोड़कर आगे नहीं बढ़ सकती इसलिए एक क्षण ठहरकर, मैं चन्द शब्दों में अपना मत रखना चाहूँगी। प्राकृतिक जगत् में, यह देखा जा सकता है कि मादा सामान्यतः नर से कमजोर होती है। नर पिछुआता है, मादा समर्पण करती है, यह प्रकृति का नियम है और स्त्री के पक्ष में इसे रद्द या स्थगित किया जा सके, ऐसा प्रतीत नहीं होता। इस भौतिक श्रेष्ठता से इनकार नहीं किया जा सकता और यह एक उदार विशेषाधिकार है। परन्तु इस नैसर्गिक प्रधानता से पुरुष तृप्त नहीं होते और भी नीचे, महज क्षणिक सुख देनेवाली वस्तुओं के स्तर पर धकेल देने में लगे रहते हैं। और अपनी इन्द्रियों के वशीभूत पुरुषों की सराहना से बौराई स्त्रियाँ उनके हृदय में स्थायी स्थान पाने का अथवा अपने सह-प्राणियों से जो उनके साहचर्य में बस मन-बहलाव ढूँढ़ते हैं, मित्रता का प्रयास नहीं करतीं।

मैं जानती हूँ कि इससे क्या नतीजा निकाला जाएगा—मैं हर ओर से मर्दाना औरतों के विरुद्ध चीख-पुकार सुन रही हूँ परन्तु वे हैं कहाँ? यदि इस उपाधि से पुरुषों का आशय, शिकार करने और गोली चलाने के प्रति उनके उत्साह की भर्त्सना करना है तो मैं दिल से उनका साथ दूँगी, परन्तु यदि यह शोर पुरुषोचित सद्गुणों के अनुकरण के अथवा और अधिक स्पष्टता से कहें, तो उन योग्यताओं और सद्गुणों को हासिल करने के विरुद्ध है, जिनका प्रयोग मानवीय चरित्र को उदात्त बनाता है और जो पशुओं की श्रेणी से स्त्रियों को ऊपर उठाता है, जब वे व्यापक अर्थों में मनुष्य कहलाती हैं—तो मेरे विचार से, इस मुद्दे पर दार्शनिक दृष्टिकोण रखनेवाले सभी लोगों की यही कामना करनी चाहिए कि स्त्रियाँ प्रतिदिन अधिकाधिक मर्दाना होती जाएँ।

यह चर्चा स्वतः विषय को बाँट देती है। पहले, मैं मनुष्य के रूप में स्त्रियों पर विचार करूँगी, जिन्हें अपनी क्षमताओं को प्रकट करने के लिए पुरुषों के साथ ही इस धरती पर जगह मिली है; और बाद में और अधिक स्पष्टता के साथ मैं उनकी विशिष्ट स्थिति की बात करूँगी।

मैं एक आम गलती से भी दूर रहना चाहती हूँ जो बहुतेरे सम्माननीय लेखकगण करते रहे हैं। अब तक स्त्रियों को सम्बोधित शिक्षाएँ *भद्र महिलाओं* के लिए ही लागू

होती रहीं, बशर्ते सैन्फोर्ड और मर्टन को अपवाद मान लिया जाए। परन्तु अपनी प्रजाति को अपेक्षतया दृढ़ स्वर में सम्बोधित करते हुए मैं उन पर विशेष ध्यान दूँगी जो मध्य वर्ग से आती हैं, क्योंकि वे सर्वाधिक अकृत्रिम अवस्था में लगती हैं। अहम्मन्यता, अनैतिकता व झूठी सजधज के बीज महान लोगों में बिखरे हुए हैं। अपनी जाति के सामान्य अभावों-कमियों से परे अपरिपक्व और अप्राकृतिक ढंग से पली-बढ़ी ये दुर्बल और कृत्रिम स्त्रियाँ सदाचार की नींव ही खोद डालती हैं और सम्पूर्ण समाज में भ्रष्टाचरण को फैला देती हैं! मानव जाति के एक वर्ग के रूप में वे सर्वाधिक दया की पात्र होती हैं; व्यक्तियों की शिक्षा उन्हें रिक्त और असहाय बना देती है और विकासमान मस्तिष्क उन कर्तव्यों के अनुपालन से सामर्थ्यवान नहीं बनता जो मानव-चरित्र को गरिमा प्रदान करते हैं। वे बस मनबहलाव के लिए जीती हैं और प्रकृति के निरपवाद नियम के अभाव से, जल्दी ही वे निष्फल मनोविनोद के ही लायक रह जाती हैं।

परन्तु मैं चूँकि समाज की विभिन्न श्रेणियों पर और प्रत्येक में स्त्रियों के नैतिक चरित्र पर अलग-अलग विचार करने का अभिप्राय रखती हूँ, संकेत इसलिए इतना अभी यथेष्ट होगा। मैंने विषय का परोक्षतः उल्लेख मात्र इसलिए किया है क्योंकि मेरे विचार से प्रस्तावना का सारतत्त्व ही यही है कि वह सरसरी तौर पर विषयवस्तु का विवरण दे सके।

मेरी अपनी प्रजाति, मैं आशा करती हूँ, मुझे क्षमा कर देगी यदि मैं उनकी *मोहक* रमणीयता की सराहना करने और उन्हें इस दृष्टि से देखने के बजाय, मानो वे अकेली खड़े होने में अक्षम, निरन्तर बचपन की अवस्था में हों, उन्हें एक विवेकशील प्राणी के रूप में प्रस्तुत करती हूँ। मैं यह बताना चाहती हूँ कि वास्तविक गरिमा और मानवीय सुख किस बात में निहित है। मैं चाहती हूँ कि स्त्रियों को, मस्तिष्क और काया--दोनों में दृढ़ता अर्जित करने के प्रयास हेतु प्रेरित कर सकूँ और उन्हें विश्वास दिला सकूँ कि हृदय की भावुकता, भावनाओं की कोमलता और परिष्कृत अभिरुचि जैसी नाजुक बातें निर्बलता के विशेषणों की प्रायः समानार्थी हैं और वे स्त्रियाँ जो सिर्फ दया और दया-सरीखा प्रेम जगाती हैं, शीघ्र ही तिरस्कार की पात्र बन जाएँगी।

इसलिए मैं उन कोमल स्त्री सुलभ वाक्यांशों को, जिसका प्रयोग पुरुष हमारी दासवत् निर्भरता को मृदुल बनाने के लिए करते हैं, अस्वीकार करती हूँ; स्त्री-जाति की यौनिक विशिष्टता माने जानेवाले मन के सुकुमार लालित्य, अतिसंवेदनशील भावप्रवणता व आचरण की सौम्य विनम्रता से घृणा करती हूँ, और यह दिखाना चाहती हूँ कि रमणीयता सद्गुण के समक्ष हीन है, कि सराहनीय आकांक्षा का प्रथम लक्ष्य, लिंग-भेद से ऊपर उठकर मनुष्य मात्र का चरित्र अर्जित करना है; और गौण विचारों को इस साधारण कसौटी पर कसा जाना चाहिए।

यह मेरी योजना की एक कच्ची रूपरेखा है। इस विषय पर सोचते हुए मेरे मन

में जैसे ऊर्जस्वी भाव घुमड़ते हैं, वैसे ही प्रबल भावों के साथ यदि मैं अपने विश्वासों को व्यक्त कर सकी तो मेरे अनुभव तथा चिन्तन के निष्कर्ष कम-से-कम कुछ पाठकों तक पहुँच सकेंगे। इस महत्त्वपूर्ण लक्ष्य से अनुप्राणित, मैं न तो अपनी उक्तियों को निरापद बनाऊँगी और न ही अपनी शैली को माँजने की कोशिश करूँगी। मेरा उद्देश्य उपयोगी बनना है और ईमानदारी मुझे निष्कपट रखेगी। मैं भाषा के लालित्य से चकाचौंध करने की अपेक्षा अपने तर्कों के बल से कायल करने की इच्छा रखती हूँ और मैं वाक्यों को गुंजायमान बनाने और कृत्रिम भावनाओं की स्फीत आडम्बरपूर्ण भाषा गढ़ने में समय नष्ट नहीं करूँगी जो मस्तिष्क से निकलती है और हृदय तक कदापि नहीं पहुँचती। समय नष्ट नहीं करूँगी। तथ्यों और तर्कों पर होगा। अपनी जाति को समाज की अधिक सम्माननीय सदस्य बनाने के लिए चिन्ताकुल, मैं उस सजावटी भाषा से बचने का प्रयास करूँगी, जो साहित्यिक निबन्धों से उपन्यासों में और उपन्यासों से अन्तरंग पत्रों और आपसी बातचीत तक सरक आई है।

कानों को भले लगनेवाले निस्सार शब्द—संवेदनशीलता के वास्तविक सौन्दर्य के ये विद्रूप, जुबान से धाराप्रवाह टपकते, अभिरुचि को दूषित कर देते हैं और एक प्रकार की ऐसी रुग्ण कोमलता पैदा करते हैं, जो सरल अनलंकृत यथार्थ से मुँह मोड़ लेती है। कृत्रिम भावुकता की बाढ़ और हृदय के नैसर्गिक भावावेगों का गला घोंटनेवाली अतिरंजित भावनाएँ उस घरेलू आनन्द को फीका कर देती हैं, जो उन कठिन कर्तव्यों का भार हल्का करते हैं। ये ही कर्तव्य एक तर्कसंगत और चिरस्मरणीय प्राणी को एक उदात्त कर्म के क्षेत्र हेतु शिक्षित करते हैं।

इन दिनों स्त्रियों की शिक्षा पर पहले की तुलना में अधिक ध्यान दिया जाता है। फिर भी उन्हें अब तक ओछा ही समझा जाता है, और लेखक उन्हें उपहास अथवा करुणा का पात्र समझते हैं, तथा निर्देश अथवा व्यंग्य से उन्हें सुधारने का प्रयास करते हैं। यह माना जाता है कि निजी जीवन के प्रारम्भिक वर्षों का अधिकांश, वे सतही उपलब्धियाँ अर्जित करने में व्यतीत करती हैं। जब कि इसी दौरान शारीरिक और मानसिक क्षमता की बलि चढ़ा दी जाती है—सौन्दर्य की विलासी धारणाओं की वेदी पर, विवाह द्वारा स्वयं को सुव्यवस्थित करने की कामना की वेदी पर, जो स्त्रियों के लिए संसार में ऊपर चढ़ने की एकमात्र राह है। और यह कामना उन्हें मात्र पशु बना देती है। जब वे विवाह करती हैं तो उनका आचरण बच्चों जैसा होता है—वे अच्छे वस्त्र धारण करती हैं, रंग लेपकर सजती-सँवरती हैं और बचकाने खेलें खेलती हैं—निस्सन्देह ये निर्बल प्राणी अन्तःपुर के ही योग्य हैं! क्या ये कोई परिवार चला सकती हैं अथवा उन बेचारे शिशुओं की देखभाल कर सकती हैं जिन्हें वे इस संसार में लाती हैं?

ऐसे में, स्त्री-जाति के वर्तमान आचरण से, आनन्द के प्रति प्रबल आसक्ति से, जो आत्मा को उदार और खुला बनानेवाली आकांक्षा और उदात्त आवेगों का, स्थान

ले लेती हैं, प्रत्यक्षतः यह निष्कर्ष निकाला जा सकता है कि स्त्रियों को मिलनेवाली शिक्षा ने सभ्य समाज के संगठन के साथ ही, उन्हें सिर्फ कामना की तुच्छ वस्तु—मूर्खों की जन्मदात्री बना देने का काम किया है। यदि यह प्रमाणित कर दिया जाए कि उनकी प्रज्ञा का परिष्कार किए बिना उन्हें सम्पूर्ण बनाने के प्रयोजन से उन्हें उनके कर्तव्यों के क्षेत्र से दूर कर दिया जाता है जिसके परिणामस्वरूप सौन्दर्य का अल्पजीवी बसन्त बीतते ही वे उपहासयोग्य और अनुपयोगी हो जाती हैं,[1] तो मैं यह आशा करती हूँ कि *विवेकवान* पुरुष मुझे इस बात के लिए क्षमा कर देंगे कि मैं उन्हें और पुरुषोचित तथा सम्माननीय बनाना चाहती हूँ।

वस्तुतः यह शब्द—पुरुषोचित—मात्र एक हौव्वा है। इस भय का कोई कारण नहीं कि स्त्रियाँ कुछ ज्यादा ही साहस अथवा शक्ति अर्जित कर लेंगी क्योंकि शारीरिक क्षमता के सन्दर्भ में उनकी प्रकट अधीनता किसी सीमा तक उन्हें जीवन के विविध सम्बन्धों में पुरुषों पर निर्भर बनाएँगी ही। परन्तु इसे उन पूर्वग्रहों द्वारा इतना बड़ा क्यों कर दिया जाता है, जो एक पूरी जाति को सद्गुण के हवाले कर देते हैं और सीधी-सरल सच्चाइयों पर ऐन्द्रिक दिवास्वप्नों का पर्दा डाल देते हैं?

दरअसल, स्त्री-उत्कृष्टता की भ्रान्त धारणाएँ स्त्रियों को इतना नीचे गिरा देती हैं कि यह कृत्रिम निर्बलता उनमें निरंकुशता की प्रवृत्ति पैदा करती है और शक्ति की स्वाभाविक विरोधी, चालाकी को जन्म देती है, जो उन्हें ऐसी घृणित बचकानी अदाएँ दिखाने की ओर ले जाती हैं जो देखनेवालों में कामना भले ही जगाती हों, पर स्त्रियों की गरिमा घटाती ही हैं। ऐसी पूर्वग्रहों को पोषित मत करिए और वे जीवन में अधीनस्थ ही सही, पर सम्मानजनक स्थिति अर्जित कर लेंगी।

कहने की आवश्यकता नहीं कि सामान्य रूप में स्त्री-जाति की चर्चा कर रही हूँ। अनेक स्त्रियों के पास अपने पुरुष सम्बन्धियों की तुलना में अधिक बुद्धि होती है और जहाँ एक सन्तुलन के लिए निरन्तर संघर्ष में चूँकि कुछ भी गुरुतर नहीं होता है, जिसके अभाव में इसमें (बुद्धि-अनु.) गुरुता अधिक होती है, कतिपय स्त्रियाँ स्वयं को पदावनत किए बिना अपने पतियों पर शासन करती हैं, कारण बुद्धि सदैव शासन करती है।

टिप्पणी

1. एक लेखक ने, उसका नाम मुझे याद नहीं आ रहा है, सवाल उठाया है कि चालीस की हो चुकी स्त्रियों का संसार में भला क्या काम है?

अध्याय एक

मनुष्य के अधिकारों व संलग्न कर्तव्यों पर विचार

समाज की वर्तमान अवस्था में यह आवश्यक प्रतीत होता है कि सरलतम सच्चाइयों की तलाश के लिए बुनियादी सिद्धान्तों की ओर लौटा जाए और कदम-कदम पर किसी प्रचलित पूर्वग्रह पर सवाल खड़े किए जाएँ। अपना रास्ता साफ करने के लिए, मुझे कुछ प्रश्न पूछने की अनुमति दी जानी चाहिए और इनके उत्तर कदाचित् उतने ही असन्दिग्ध प्रतीत होंगे जितने वे स्वयंसिद्ध तथ्य, जिन पर तर्कणा निर्मित होती है। यह अलग बात है कि वास्तविक कार्रवाई में वे पुरुषों के शब्द अथवा आचरण उनका औपचारिक रूप से, खण्डन देते हैं।

पशु-जगत् पर मनुष्य की श्रेष्ठता किस बात में निहित है? उत्तर उतना ही स्पष्ट है जितना यह कि आधा पूरे से कम होता है—तर्कबुद्धि में।

कौन-सी उपलब्धि एक प्राणी को दूसरे से उदात्त बनाती है? हमारा उत्तर स्वतःस्फूर्त होगा—सद्गुण।

भावनाओं के आवेग मनुष्य में क्यों रोपे गए? इसलिए कि मनुष्य न जूझते हुए वह ज्ञान अर्जित कर सके, जिससे पशुओं को वंचित रखा गया है; अनुभव फुसफुसाकर कहता है।

इसलिए, हमारी प्रकृति की परिपूर्णता और आनन्द की क्षमता का आकलन तर्क, सद्गुण और ज्ञान से किया जाना चाहिए, जो व्यक्ति को विशिष्ट बनाते हैं और समाज को बाँधनेवाले नियमों को निर्देशित करते हैं। और इतना ही अकाट्य तथ्य यह भी है कि यदि हम समग्रता में मनुष्य जाति को देखें तो तर्कबुद्धि के प्रयोग से ज्ञान व सद्गुण सहज ही प्रवाहित होते हैं।

मनुष्य के अधिकार और कर्तव्यों को इस तरह सरलीकृत करने के बाद उन सत्यों के चित्रण का प्रयास लगभग धृष्टता प्रतीत होगी, जो इतना अकाट्य दिखाई देते हैं। लेकिन गहरे पूर्वग्रहों ने तर्कबुद्धि को इस प्रकार धुँधला दिया है और ऐसे खोटे गुणों को सद्गुण का नाम दे दिया गया है कि तर्कबुद्धि की राह पर आगे बढ़ना आवश्यक

हो जाता है, क्योंकि विभिन्न आकस्मिक परिस्थितियों के कारण यह किंकर्तव्यविमूढ़ और विच्युतियों से अन्तर्ग्रस्त होता रहा है।

पुरुष, सामान्यतः अपनी तर्कबुद्धि का प्रयोग पूर्वग्रहों को दूर करने के बजाय उन्हें युक्तिसंगत ठहराने के लिए करते प्रतीत होते हैं जिन्हें ये पूर्वग्रह उन्होंने कहाँ से ग्रहण किए, ये वे खुद नहीं जानते। एक समर्थ मस्तिष्क ही दृढ़तापूर्वक अपने सिद्धान्त गढ़ता है; क्योंकि एक ऐसी बौद्धिक भीरुता हावी है जो अनेक मनुष्यों को जिम्मेदारी से कतराने अथवा इसे मात्र आधा-अधूरा करने की ओर प्रवृत्त करती है। लेकिन, इस प्रकार निकाले गए निष्कर्ष बहुधा सत्याभासी होते हैं क्योंकि वे आंशिक अनुभव पर, न्यायोचित, परन्तु संकीर्ण दृष्टिकोण पर आधारित होते हैं।

बुनियादी सिद्धान्तों की ओर लौटा जाए; बुराई अपनी समस्त जन्मजात कुरूपता के साथ, सघन छानबीन से मुँह चुराती है। परन्तु उथले विचारवानों की मण्डली सदैव यह शोर मचाती रहती है कि इस तर्क-वितर्क से कुछ भी प्रमाणित नहीं होता, और कोई मूलतः सड़ चुका उपाय भी व्यावहारिक हो सकता है। इस प्रकार, व्यावहारिकता को बार-बार सामान्य उसूलों के विरोध में प्रस्तुत किया जाता रहता है, जब तक कि सत्य शब्दों के कुहासे में और सद्गुण, आडम्बर में लुप्त न हो जाए और ज्ञान उन सत्याभासी पूर्वग्रहों द्वारा, जो इसका नाम धारण कर लेते हैं, एक खोखले शून्य मं न बदल दिया जाए।

समाज सर्वाधिक बुद्धिमत्तापूर्ण रीति से निर्मित हुआ है, और इसका संघटन मनुष्य की प्रकृति पर आधारित है, यह सोच प्रत्येक चिन्तनशील प्राणी को इतनी प्रबलता के साथ प्रभावित करती है कि प्रमाण प्रस्तुत करने का प्रयास दुराशा प्रतीत होगी। इसके बावजूद, प्रमाण प्रस्तुत होना चाहिए, अन्यथा रूढ़िगत निर्देशों की मजबूत पकड़ तर्कबुद्धि द्वारा तोड़ी नहीं जा सकेगी। फिर भी, पुरुषों (अथवा स्त्रियों) को उनके नैसर्गिक अधिकारों से वंचित करने को न्यायोचित ठहराने के लिए रूढ़िगत निर्देश को एक दलील के रूप में पेश करना एक बेतुका छलपूर्ण तर्क है, जो सामान्य बुद्धि को अपमानित करता है।

यूरोप के बहुलांश जन की सभ्यता अत्यन्त पक्षपातपूर्ण है; बल्कि यह प्रश्न उठाया जाना चाहिए कि क्या उन्होंने निष्कपटता के बदले कोई सद्गुण अर्जित किया है? क्योंकि निष्कपटता खोकर उन्होंने कुरूप अज्ञान में लिथड़ी बुराइयों से उत्पन्न दुर्दशा पाई है और स्वतंत्रता को बेचकर चमक-दमक से पूरी दसता हासिल की है। समृद्धि द्वारा चकाचौंध करने की आकांक्षा, दूसरों से श्रेष्ठ होने की इच्छा, ठकुरसुहाती करनेवाले चाटुकारों पर प्रभुत्व का आनन्द और आत्ममुग्ध/स्वार्थ के दूसरे अनेक जटिल क्षुद्र जोड़-तोड़ इन सभी ने मानवजाति के बड़े हिस्से को अधीन बना देने एवं स्वतंत्रता को छद्म देशभक्ति के लिए एक बहाना बना देने में योगदान किया है। अब जबकि नाम

और पदवी सर्वाधिक महत्त्वपूर्ण माने जाते हैं, जिसके समक्ष मेधावी व्यक्ति को 'अपना अवमानित चेहरा छुपा लेना पड़ता है' ऐसे में यह किसी देश के लिए यह अत्यन्त दुर्भाग्यपूर्ण है कि बिना पद और सम्पत्तिवाले एक प्रतिभावान व्यक्ति को ध्यान आकर्षित करने के लिए स्वयं को आगे धकेलना पड़ता है। ओह, एक अज्ञात षड्यंत्रकारी दुस्साहसवादी के लिए, जो राजकुमारों की पंक्ति में स्थान पाने हेतु लालायित था अथवा (पोप के) त्रिमुकुट पर कब्जा करके उनसे ऊपर उठना चाहता था, एक कार्डिनल का टोप हासिल करने हेतु हजारों लोगों को कैसी तकलीफें उठानी पड़ीं!

वंशानुगत मर्यादा, समृद्धि और राजतंत्र ने इस हद तक दुख और बदहाली को जन्म दिया है कि संवेदनशील मनुष्य को नियति के विधान को औचित्य प्रदान करने के लिए धर्म-निन्दा जैसे तर्क देने पड़ते हैं। मनुष्य को अपने परम शक्तिमान सृष्टा से स्वतंत्र सत्ता के रूप में अथवा तर्क की स्वर्गिक अग्नि चुरा लाने के लिए अपने परिक्रमः पथ से भटकनेवाले एक आवारा ग्रह के सदृश प्रस्तुत किया गया। और दैवी प्रकोप ने जग को बुराइयों से परिचित कराकर, उसकी धृष्टता को यथेष्ट रूप से दण्डित किया।

समाज में व्याप्त विपत्ति और अव्यवस्था के इस परिदृश्य से प्रभावित और चालबाज मूर्खों से भिड़ते रहने से क्लान्त रूसो को एकाकीपन भाने लगता है परन्तु साथ ही आशावादी होने के नाते वह असाधारण वाक्पटुता से यह प्रमाणित करने के लिए परिश्रम करते हैं कि मनुष्य स्वभावतः एक एकान्तप्रेमी प्राणि होता है। जिस ईश्वर ने निस्सन्देह सुख के संचार मात्र के लिए जीवन प्रदान किया है—इस बात पर ज्ञान और संवेदनशक्ति से युक्त कौन व्यक्ति सन्देह करेगा—उसके भले होने के प्रति अपनी श्रद्धा से भ्रम में पड़कर वह बुराई को सकारात्मक और मनुष्य का कृत्य मानते हैं, बिना इस बात को जाने कि वे एक गुण को दूसरे की कीमत पर, प्रतिष्ठित कर रहे हैं।

प्राकृत अवस्था के पक्ष में, खोखली परिकल्पना पर निर्मित उनके तर्क सत्याभासी परन्तु अस्थिर हैं। मैंने कहा, अस्थिर क्योंकि यह कहना कि एक प्राकृत अवस्था, सभ्यता की तुलना में श्रेयस्कर है, सर्वोच्च न्याय पर एक तरह से खुलेआम अभियोग लगाना है। और यह विरोधाभासी विस्मयबोधक उद्गार—कि ईश्वर ने सम्पूर्ण सृष्टि को न्यायपूर्ण बनाया है और बुराई मनुष्य ने पैदा की है, जिसे उसने खुद पैदा किया, यह जानते हुए कि उसने क्या पैदा किया—उतना ही अतात्त्विक है जितना अपवित्र।

जब उस परम ज्ञानी ने, जिसने हमें सृजित किया और यहाँ हमें जगह दी, इस सन्तोषजनक विचार को देखा, तो तथास्तु कहते हुए उसने आज्ञा दी कि भावावेग हमारे तर्कबुद्धि की तहें खोल दे क्योंकि यह वह देख सकता था कि वर्तमान बुराई भविष्य की भलाई को जन्म देगी। क्या वह निरीह प्राणी जिसे उसने शून्य में से उत्पन्न किया था, उसकी आज्ञा के बिना, उसके नियति-विधान के बन्धनों से मुक्त हो सकता था और निर्भीकतापूर्वक, बुराइयों को आचरण में उतारकर भलाई करना सीख सकता

था? नहीं, भला अवशता का वह ऊर्जस्वी समर्थक इतना असंगतपूर्ण ढंग से तर्क किस प्रकार दे सकता था? यदि मानव-जाति चिरकाल तक प्राकृत पशु-अवस्था में बनी रहती, जिसे उसकी जादुई लेखनी भी एक ऐसी अवस्था के रूप में चित्रित नहीं कर सकती थी जहाँ एक भी सद्‌गुण ने जड़ न जमाई हो, तो यह बात स्पष्ट हो जाती—भले ही यह संवेदनशील, मस्तमौला घुमन्तू के लिए न होती—कि मनुष्य का जन्म जीवन और मृत्यु के चक्र को पूरा करने के लिए और कुछ ऐसे उद्‌देश्यों के लिए हुआ है जो उसके सहज गुणों के साथ सरलता से मेल नहीं खाते थे।

परन्तु, यदि इस सबके ऊपर, तर्कबुद्धिसम्पन्न प्राणियों का जन्म होना ही था, उन्हें दी गई शक्तियों के प्रयोग से श्रेष्ठता अर्जित करनी ही थी; यदि स्वयं परम सत्ता ने पशुओं से उच्चतर ऐसे प्राणी की उत्पत्ति को उचित समझा[1] जो सोच सकता था और स्वयं को उन्नत कर सकता था, तो इस अमूल्य वरदान को—और यह भेंट ही था कि मनुष्य की सृष्टि उस अवस्था से ऊपर उठने की क्षमता के साथ की गई जिसमें इन्द्रियानुभूति पाशविक सुखभोग उत्पन्न करती है, इसे भला अभिशाप क्यों माना जाना चाहिए? इसे अभिशाप माना जा सकता था यदि हमारा सम्पूर्ण अस्तित्व महज इस जगत्‌ में बने रहने तक ही सीमित होता। जीवन का सोता हमें भावनाओं का आवेग और सोचने की शक्ति भला क्यों प्रदान करता है? क्या सिर्फ हमारे दिनों को कटुतापूर्ण बनाने और हममें गरिमा की झूठी धारणाएँ जगाने के लिए? उसने हमें आत्म प्रेम से उन उदात्त भावनाओं की ओर क्यों उन्मुख किया जो बुद्धिमता और भलाई हममें जगाती हैं? क्या ये भावनाएँ हमारी प्रकृति को, जिसका वे एक अंश होती है,[2] सुधारने और हमें सुख का और अधिक आनन्द लेने में सक्षम बनाने के लिए ही हमें नहीं दी गई थीं? अन्त में, इस बात को दृढ़तापूर्वक मानते हुए कि संसार में कोई भी बुराई ईश्वर की इच्छा के बिना घटित नहीं हो सकती, मैं अपने विचारों को ईश्वर की परिपूर्णता पर आधारित करूँगी।

रूसो ने यह प्रमाणित करने के लिए परिश्रम किया कि प्रारम्भ में सब कुछ सही था; लेखकों की एक भीड़ कहती है कि अभी सब कुछ सही है; और मैं यह कहती हूँ कि अब सब कुछ सही *होगा*।

परन्तु, प्राकृत अवस्था के आगे, अपनी पहली अवस्थिति पर दृढ़ता के साथ खड़ा रूसो बर्बरता का उत्सव मनाता है तथा फैब्रिसियस की प्रेतात्मा को सम्बोधित करते हुए वह यह भूल जाता है कि रोमनों ने विश्व-विजय करते समय स्वयं अपनी मुक्ति सुदृढ़ आधार पर स्थापित करने अथवा सद्‌गुण का साम्राज्य विस्तारित करने का स्वप्न कभी नहीं देखा। अपने सिद्धान्त को प्रमाणित करने की उत्कण्ठा में वह प्रतिभावान व्यक्तियों के प्रत्येक प्रयास को घातक कहकर लांछित करता है और आदिम सद्‌गुणों का प्रशस्तिगान करते हुए वह उन लोगों को देवपुरुष के रूप में प्रतिष्ठा देता है जो बिरले ही मनुष्य

थे—वे बर्बर स्पार्टावासी, जो न्याय और कृतज्ञता को ताक पर धरकर उन दासों की नृशंसतापूर्वक बलि चढ़ा देते हैं, जिन्होंने अपने उत्पीड़कों को बचानेवाले इनसानों के रूप में स्वयं को उपस्थित किया था।

कृत्रिम सद्गुणों और आचरण से क्षुब्ध, जिनेवा के उस नागरिक ने, विषय की उचित छानबीन करने के स्थान पर, भूसी के साथ-साथ अनाज के दानों को भी फेंक दिया, यह जानने की प्रतीक्षा किए बिना कि उसकी उत्तप्त आत्मा को रोष से भर देनेवाली ये बुराइयाँ सभ्यता का परिणाम थीं अथवा बर्बरता का अवशेष। उसने दुर्गुण को सद्गुण को पददलित करते और अच्छाई के आडम्बर को यथार्थ का स्थान लेते देखा। उसने प्रतिभाओं को अमंगलकारी अभीष्ट के लिए ताकत द्वारा झुकाये जाते देखा। लेकिन कभी भी इस विराट दुष्कृत्य के सूत्र को उस निरंकुश सत्ता तक, उन वंशानुगत विशेषाधिकारों तक खोज निकालने के बारे में नहीं सोचा, जिनका ऐसी मानसिक श्रेष्ठता के साथ टकराव होता है जो मनुष्य को अपने बन्धुओं से ऊपर उठाती है, उसे इसका बोध नहीं हुआ कि राजसी सत्ता कुछ ही पीढ़ियों में कुलीन वंश में जड़बुद्धिता पैदा कर देती है और हजारों को आलसी और दुराचारी बना देने के लिए प्रलोभन देती है।

राजसी चरित्र का सर्वाधिक घृणित रूप दिखाते हैं वे अपराध जिनके सहारे लोग सर्वोच्च सम्मान के पद पर पहुँचते हैं।—घटिया षड्यंत्र, अप्राकृतिक अपराध, और मानव प्रकृति को पतित करनेवाली हर बुराई इस सम्माननीय श्रेष्ठता की सीढ़ी बनी है; फिर भी करोड़ों मनुष्य ऐसे हिंस्र-लोभी शिकारियों की सन्ततियों के निर्बल अंगों को उनके रक्तरंजित सिंहासनों पर टिके रहने देते हैं और कुछ नहीं करते हैं।[3]

समाज पर घातक कोहरे की धुन्ध मँडराने के अतिरिक्त और हो ही क्या सकता है जब उसे दिशा देनेवाला मात्र अपराधों को ईजाद करने और बचकाने समारोहों की मूर्खतापूर्ण दिनचर्या के लिए ही प्रशिक्षित किया गया हो? क्या मनुष्य कभी समझदार नहीं होंगे? क्या वे जंगली घास से मक्का और कँटीले झाड़ों से अंजीर पाने की आशा कभी नहीं छोड़ेंगे?

किसी भी मनुष्य के लिए, सर्वाधिक अनुकूल परिस्थितियों में भी, अनियंत्रित शक्ति-प्राप्त राजा के कर्तव्यों का निर्वहन करने हेतु यथेष्ट ज्ञान और बौद्धिक सामर्थ्य अर्जित करना असम्भव है; ऐसे में यह समझना कठिन नहीं है कि जब इस पद पर उसका उत्थान ही बुद्धिमत्ता या सद्गुण की कीमत पर हुआ हो, जब मनुष्य की समस्त संवेदनाओं का चाटुकारिता द्वारा और सोच का आमोद द्वारा गला घोंट दिया जाता हो तो इन कर्तव्यों का भला कैसे निर्वाह होता होगा! निश्चय ही हजारों लोगों के भाग्य को एक ऐसे कमजोर व्यक्ति की सनक पर आश्रित बना देना पागलपन है। परन्तु एक सत्ता को प्रतिष्ठित करने के लिए दूसरी सत्ता धराशायी करना अभीष्ट नहीं है,

क्योंकि समस्त प्रकार की सत्ता दुर्बलचित्त मनुष्य को मदोन्मत्त कर देती है और इसका दुरुपयोग यह प्रमाणित करता है कि मनुष्यों के बीच जितनी अधिक समानता लाई जाएगी, समाज में उतना ही आनन्द और सद्‌गुण का राज होगा। परन्तु इस और साधारण तर्क से निगमित ऐसी ही किसी बात पर यदि पुरातन की बुद्धिमत्ता में आस्था न रखी गई तो हो-हल्ला मचता है कि राज्य और चर्च संकट में पड़ जाएँगे। और वे, जो मानवीय आपदा के दृश्य से उत्तेजित होकर मानवीय सत्ता पर प्रहार करने का साहस करते हैं, मनुष्यता के शत्रु और ईश्वर का तिरस्कार करनेवाले के रूप में धिक्कारे जाते हैं। ये कलंक दुखद हैं, तथापि इसने एक ऐसे श्रेष्ठ मनुष्य को लपेट में ले लिया था[4] जिसकी अस्थियाँ अभी तक शान्ति का उपदेश देती हैं और जिसकी स्मृति माँग करती है कि जब, उनके प्रिय विषयों पर चर्चा हो तो एक सम्मानजनक विराम रखा जाए।

राजाओं की पवित्र सत्ता पर धावा बोलने के बाद, मेरी इस धारणा से किसी को शायद ही आश्चर्य होगा कि जिस भी पेशे में श्रेणीक्रम की अधीनता हो, उसकी शक्ति होती है, वह नैतिकता के लिए अत्यन्त हानिकर होता है।

उदाहरणार्थ, एक स्थायी सेना स्वतंत्रता के साथ असंयोज्य है क्योंकि अधीनता और कठोर नियंत्रण सैन्य अनुशासन का आधार है और उन उपक्रमों को ताकतवर ढंग से चलाने के लिए निरंकुशता आवश्यक है जो एक व्यक्ति की इच्छा से निर्देशित होते हैं। सम्मान के भावुकतावादी बोध से प्रेरित साहस का, उस युग में प्रचलित पद्धति पर आधारित एक प्रकार की नैतिकता का अहसास चन्द अधिकारियों को ही होता है जबकि मुख्य भाग सागर की तरंगों के समान आदेश पर आगे बढ़ता है; क्योंकि प्राधिकार की तीव्र आँधी अधीनस्थों की भीड़ को उतावले आवेश के साथ आगे धकेल देती है। वे न तो इसके उद्‌देश्य से परिचित होते हैं और न ही जानने की फिक्र करते हैं।

इसके अलावा प्रान्तीय नगर निवासियों के नैतिक बल के लिए इतनी अहितकर अन्य कोई चीज नहीं हो सकती जितनी खोखले निठल्ले नवयुवकों की टोलियों का इन नगरों में होनेवाला अनियत निवास, जिनका इस दौरान एकमात्र काम बस युवतियों को लुभाना होता है और जिनके परिष्कृत हाव-भाव बुराई की विद्रूपता पर चटख सजावटी पर्दे डालकर उसे और खतरनाक बना देते हैं। रूप-रंग का प्रदर्शन, जो दासता का ही एक चिह्न होता है और जो इस बात का पुष्टि करता है कि आत्मा का कोई दृढ़ वैयक्तिक चरित्र नहीं है, सरल देहाती लोगों को विस्मयविमुग्ध कर इन बुराइयों के भोंडे अनुकरण की ओर प्रवृत्त करता है, क्योंकि विनयशीलता के कपटपूर्ण शिष्ट आचरण को तो वह पकड़ नहीं पाते। हर सैन्य कोर निरंकुश स्वेच्छाचारियों की एक श्रृंखला होती है जो तर्कबुद्धि का प्रयोग किए बिना, आत्मसमर्पण और निरंकुश आचरण करते

हुए, जन समुदाय पर मूर्खता और बुराई के भारी बोझ बन जाते हैं। ऊँची पदवी अथवा सम्पत्तिवाले एक व्यक्ति को, जो ब्याज के दम पर उन्नति के लिए आश्वस्त होता है, उच्छृंखल सनक की पूर्ति में लगे रहने के अतिरिक्त अन्य कुछ भी नहीं करना होता है; जबकि जरूरतमन्द भलेमानस जिसे अपनी योग्यताओं के माध्यम से उन्नति करनी होती है, दासवृत्ति का परजीवी अथवा घृणित दलाल बन जाता है।

नाविक और नौसैनिक इसी विवरण के अन्तर्गत आते हैं, बस उनकी दुष्प्रवृत्तियाँ एक भिन्न व अधिक लज्जास्पद स्वरूप ग्रहण कर लेती हैं। वे जब अपने पद के कर्मकाण्डों का पालन नहीं कर रहे होते हैं तो असन्दिग्ध रूप से अधिक अकर्मण्य हो जाते हैं, जबकि सैनिकों का निरर्थक मँडराना सक्रिय निष्क्रियता कही जा सकती है। नौसैनिक ज्यादातर पुरुषों के समाज में सीमित रहते हैं और उनमें हँसी-ठिठोली और शरारतपूर्ण मजाकों का शौक पैदा हो जाता है जब कि सेना के अफसर सुशील महिलाओं के साथ प्रायः मिलने-जुलने के कारण एक ढोंगी भावुकतापूर्ण रंगढंग अर्जित कर लेते हैं लेकिन दोनों ही सूरतों में दिमाग का इस्तेमाल गायब रहता है, चाहे छतफाड़ ठहाके लगाये जा रहे हों, या विनम्रतापूर्ण कृत्रिम मुस्कान बिखेरी जा रही हो।

मैं यह तुलना एक ऐसे पेशे तक विस्तारित करने की अनुमति चाहूँगी जहाँ निश्चय ही अधिक बुद्धि पाई जाती है क्योंकि पुरोहित वर्ग को सुधार के बेहतर अवसर प्राप्त हैं। यद्यपि अधीनता उनकी योग्यताओं को भी वैसे ही बाधित करती है। धर्म परिषद में आस्था के स्वरूपों के प्रति बाध्यकारी अन्धसमर्पण उस पुरोहित के लिए आरम्भिक दीक्षा का काम करता है जिसे अपने पेशे में ऊपर चढ़ने के लिए अपने संरक्षक अथवा प्रधान पुरोहित के मत का कर्तव्यनिष्ठा से सम्मान करना पड़ता है। एक दीनहीन पल्ली पुरोहित की दासवत् पराश्रित चाल-ढाल और एक धर्माध्यक्ष के दरबारी रंगढंग से अधिक प्रचण्ड विषमता कदाचित् और नहीं हो सकती। और वे जो सम्मान या तिरस्कार जगाते हैं, वह उनके अलग-अलग कार्यों को समान रूप से व्यर्थ बना देता है।

यह प्रेक्षण अत्यन्त महत्त्वपूर्ण है कि प्रत्येक व्यक्ति का चरित्र, एक अंश तक, उसके व्यवसाय से निर्मित होता है। एक विवेकवान मनुष्य के पास मात्र चेहरे का एक मुखौटा होता है जो क्रमशः लुप्त हो जाता है, जब उसकी वैयक्तिकता की खोज की जाती है, परन्तु दुर्बलचित्त सामान्य मनुष्य की बिरले ही कोई चरित्र छवि होती है सिवाय उसके जो देह से सम्बन्धित होता है। उसके समस्त अभिमत सत्ता के प्रभाव में इस कदर डूबे होते हैं कि उसके स्वयं के चरित्र से उपजी भावना को, उत्साह को बमुश्किल पहचाना जा सकता है।

उत्तरोत्तर प्रबुद्ध होते हुए समाज को मनुष्यों की ऐसी संस्थाएँ स्थापित करने में अत्यन्त सतर्क होना चाहिए जिन्हें उनके व्यवसाय की संरचना अनिवार्यतः मूर्ख अथवा

भ्रष्ट बनाती है।

समाज के शैशवकाल में, जब मनुष्य अभी बर्बरता से निकल ही रहा था, मुखिया और पुरोहित आदिम जीवन के प्रबलतम चालकों—आशा और भय के सहारे निर्बन्ध राज करते होंगे। जाहिर है, एक किस्म कुलीनतंत्र किसी शासन-व्यवस्था का प्रथम रूप है। परन्तु स्वार्थों का टकराव से शीघ्र ही सन्तुलन बिगड़ जाता है, महत्त्वाकांक्षी संघर्षों की अव्यवस्था से राजतंत्र और धर्मतंत्र का उदय होता है और सामन्ती व्यवस्था द्वारा इन दोनों की बुनियाद सुरक्षित रखती है। राजतंत्रीय तथा पुरोहिती सत्ता का उद्भव और सभ्यता का उषाकाल प्रतीत होता है। परन्तु इस प्रकार के दहनशील पदार्थ लम्बी अवधि तक दबे नहीं रह सकते और बाह्य युद्धों और आन्तरिक संघर्षों के रूप में फूट पड़ते हैं; जनता इस हलचल की अवधि में किंचित् शक्ति अर्जित कर लेती है जो शासकों को बाध्य कर देता है कि वे उनके उत्पीड़न पर न्याय के दिखावे का मुलम्मा चढ़ाएँ। इस प्रकार, युद्ध, कृषि, वाणिज्य और साहित्य जैसे-जैसे बुद्धि का विस्तार करते हैं, निरंकुश शासक प्रच्छन्न भ्रष्टाचरण से सत्ता पर पकड़ मजबूत करने हेतु बाध्य होते हैं, जिसे अतीत में खुले बल प्रयोग द्वारा हथियाया गया था।[5] और यह विनाशकारी कोढ़ महत्त्वाकांक्षा की अपरिहार्य तलछट, विलासिता व अन्धविश्वास द्वारा अत्यन्त त्वरित गति से फैलता है। दरबार का अकर्मण्य कठपुतला पहले एक विलासप्रिय दैत्य अथवा नकचढ़ा इन्द्रियभोगवादी बनता है और फिर अपने अस्वाभाविक ठाट-बाट से फैलनेवाले संक्रामक रोग को निरंकुश शासन का उपकरण बना देती है।

यह राजकुल की छुतही आनबान ही है, जो सभ्यता की प्रगति को एक अभिशाप बना देती है और समझ को भ्रष्ट करती है, तब तक, जब तक कि विवेकवान व्यक्ति इस बात पर सन्देह नहीं करने लगते कि बुद्धि का विस्तार समाज में सुख को बढ़ाता है या दुख को। परन्तु विष की प्रकृति खुद ही इसकी काट की ओर संकेत करती है। यदि रूसो अपनी जाँच-पड़ताल में एक सीढ़ी और ऊपर चढ़े होते अथवा अगर उनकी दृष्टि उस कुहासावृत्त परिवेश को बेध सकी होती, जिसमें वे साँस लेना भी नहीं चाहते थे, तो विषयासक्तिपूर्ण अज्ञान के अन्धकार की ओर अपने पलायन के स्थान पर उनका क्रियाशील मस्तिष्क वास्तविक सभ्यता की स्थापना में मनुष्य की पूर्णता पर चिन्तन करने हेतु आगे बढ़ा होता।

टिप्पणियाँ

1. शरीर-रचना वैज्ञानिकों की राय के विपरीत, जो दाँत, आमाशय व आँतों की संरचना के उदाहरण से तर्क देते हैं, रूसो मनुष्य का मांसभक्षी प्राणी होना स्वीकार नहीं करता। और व्यवस्था के प्रति प्रेम के कारण प्रकृति से विमुख होकर वह इस पर विवाद करता है कि क्या मनुष्य एक यूथचारी समूहप्रिय प्राणी हो सकता है, भले ही शैशवकाल की लम्बी और

असहाय अवस्था इस बात का संकेत है कि वह युग्म बनाने के लिए विशेषतया प्रेरित होता है?

2. आप उस कारीगर को क्या कहेंगे, जिसे आप घंटों में समय बितानेवाली एक घड़ी बनाने को कहते हैं और वह अपनी पटुता प्रदर्शित करने के लिए उसमें एक चिर्री और जोड़कर इसे 'रिपीटर' बना डाले जिससे घड़ी के सारे यंत्र ही गड़बड़ा जाएँ? खुद को बचाने के लिए अगर वह कहे कि यदि आपने फलाँ कमानी को हाथ न लगाया होता तो आपको इस मामले का कुछ पता नहीं चलता और वह आपको कोई नुकसान पहुँचाये बिना एक *प्रयोग* करने का आनन्द अनुभव कर लेता। क्या आप उसे यह जवाब नहीं देते, जो बिल्कुल सही होता, कि अगर उसने ये बेकार की घिर्रिया कमानियाँ लगाई ही न होतीं तो दुर्घटना होती ही नहीं?
3. क्या मनुष्य के अधिकारों का इससे बड़ा कोई अपमान सम्भव हो सकता है जितना फ्रांस में न्यायनिष्ठा के मूल सिद्धान्तों द्वारा, जब एक अवयस्क को घृणित द्यूब्वा का साधन बना दिया गया।
4. डॉ. प्राइस
5. योग्य मनुष्य बीज बिखेरते हैं जो उगते हैं और बनती हुई धारणाओं पर महती प्रभाव डालते हैं; और जब एक बार तर्कबुद्धि के उद्यम से लोकमत प्रभावी हो जाता है, तो निरंकुश सत्ता का विध्वंस बहुत दूर नहीं रह जाता।

अध्याय दो

यौनिक चरित्र की प्रचलित धारणा की विवेचना

पुरुष की निरंकुश स्वेच्छाचारिता के पक्ष में स्पष्टीकरण देने और उसे जायज ठहराने के उद्देश्य से अनेक कुशल तर्क यह प्रमाणित करने के लिए प्रस्तुत किए गए हैं कि सद्गुण अर्जित करने की राह में स्त्री-पुरुष दोनों का लक्ष्य एक-दूसरे से नितान्त भिन्न चरित्र हासिल करना चाहिए; अथवा स्पष्टतः कहें तो, स्त्रियों को इतनी बौद्धिक शक्ति प्राप्त करने की अनुमति नहीं है जिससे वे वास्तव में सद्गुण अर्जित कर सकें। लेकिन ऐसा लगता है कि उन्हें आत्मा प्रदान कर नियति ने सद्गुण अथवा आनन्द की ओर *मनुष्य जाति* के आगे बढ़ने का एक ही मार्ग तय किया है।

स्त्रियाँ यदि अल्पजीवी तुच्छ बकवादियों का झुण्ड नहीं हैं, तब क्यों उन्हें अबोधता के दिखावटी आकर्षण के नाम पर अज्ञान में रखा जाता है? पुरुष जिस समय हमारे हठधर्मी भावोद्रेकों और अधम दुष्प्रवृत्तियों पर व्यंग्य नहीं कर रहे होते हैं उस समय वे हमारी जाति की मूर्खताओं और अस्थिरचित्तता की शिकायत करते हैं, और इसमें दम होता है। मेरा उत्तर होगा, देखिए, यह है अज्ञान का सहज प्रभाव! वह मन सदैव अस्थिर होगा जिसका अवलम्ब ही पूर्वग्रह होते हैं और यह धारा विध्वंसकारी आक्रोश से प्रवाहित होती रहेगी यदि इसकी प्रचण्डता को खण्डित करने के अवरोधक नहीं होंगे। स्त्रियों को उनके शैशवास्था से बताया जाता है, उनके माँ के उदाहरण से यह शिक्षा दी जाती है कि मानवीय दुर्बलता का अल्पज्ञान, जिसे उचित ही चालाकी का नाम दिया गया है, मिजाज की मृदुलता, ऊपरी आज्ञाकारिता और बचकाने प्रकार के स्वामित्व के प्रति कर्तव्यनिष्ठ अवधान, उन्हें पुरुषों की सुरक्षा सुलभ करायेगा और यदि वे कहीं रूपसी हुईं तो अन्य सभी वस्तुएँ अनावश्यक होंगी, कम-से-कम उनके जीवन के बीस वर्षों तक।

मिल्टन इस तरह हमारी प्रथम सुकुमारी माँ का वर्णन करते हैं, यद्यपि जब वे हमें यह बताते हैं कि स्त्रियाँ कमनीयता और मधुर आकर्षक लावण्य के लिए ही सृजित होती हैं तो मैं उनका आशय समझ नहीं पाती, बशर्ते वह खाँटी मुहम्मदी शैली में हमें

आत्मा से वंचित कर देना और परोक्षतः यह इंगित करना न चाहते हों कि हम ऐसे प्राणी हैं जिसे मात्र पुरुष के इन्द्रिय भोग को, जब वह चिन्तन के डैने पर ऊँची उड़ान भरने में अक्षम हो जाता है, तृप्त करने के उद्देश्य से मुग्धकारी लावण्य और विनयशील अन्धी आज्ञापरायणता के गुणों से सजाया गया हो।

कितनी अशिष्टता से वे हमारी अवमानना करते हैं जो हमें इस तरह सौम्य पालतू निम्न पशु सदृश स्वयं को प्रस्तुत करने का परामर्श देते हैं! उदाहरणार्थ, उस रमणीय मृदुलता को ही लें जिसे इतने उत्साह के साथ और बारम्बार सराहा जाता है, जो आज्ञापरायणता के द्वारा राज करती है। कितनी बचकानी अभिव्यक्तियाँ हैं ये और कैसा तुच्छ प्राणी होगा वह—क्या वह चिरस्मरणीय रहेगा? ऐसे घातक तरीकों से कौन राज करना चाहेगा! लार्ड बेकन कहते हैं, "निश्चय ही, मनुष्य अपनी देह से पशुओं के निकट होता है और यदि वह अपनी आत्मा से ईश्वर का निकटतम नहीं है तो वह एक अत्यन्त निम्न और अधम प्राणी होगा!" जब पुरुष स्त्रियों को चिरकाल तक बचपन की अवस्था में ही रखने के प्रयास द्वारा उनके अच्छे आचरण को सुनिश्चित करने की चेष्टा करते हैं तो मेरे खयाल से वे अत्यन्त अदार्शनिक ढंग से व्यवहार करते हैं। रूसो अधिक सुसंगत था जब उसने स्त्री-पुरुष दोनों ही में तर्कबुद्धि की प्रगति को रोक देने की इच्छा प्रकट की क्योंकि पुरुष यदि ज्ञान के वृक्ष के फल खाएँगे तो स्त्रियाँ भी चखने आ जाएँगी; लेकिन अभी तो उनकी सोच-समझ को जैसे दोषपूर्ण संस्कार मिलते हैं, उनसे वे केवल बुराई का ही ज्ञान ग्रहण करती हैं।

मैं स्वीकार करती हूँ कि बच्चों को मासूम होना चाहिए परन्तु यही विशेषण जब स्त्रियों अथवा पुरुषों के लिए प्रयुक्त किया जाता है, तो यह दुर्बलता प्रकट करने की मात्र एक शिष्ट शैली ही होती है। क्योंकि यदि इसे मान लिया जाए कि स्त्रियाँ मानव सद्गुणों को अर्जित करने के लिए विधि के विधान द्वारा निर्दिष्ट होती हैं, और अपने विवेक के प्रयोग से, चरित्र की उस स्थिरता के लिए भी जो हमारी भविष्य की आशाओं के टिकने का सर्वाधिक सुदृढ़ आधार बनता है, तो उन्हें प्रकाश के पुंज की ओर उन्मुख होने की अनुमति मिलनी चाहिए न कि मात्र एक उपग्रह की टिमटिमाहट से अपने मार्ग को निर्धारित करने की बाध्यता होनी चाहिए। मैं मानती हूँ, मिल्टन की एक अत्यन्त भिन्न धारणा है, वह मात्र सौन्दर्य के अजेय अधिकार को शीश नवाता है, यद्यपि दो पद्यांशों को, जिनमें वैषम्य प्रकट करना मेरा अभिप्राय है, सुसंगत व्यक्त करना कठिन होगा। परन्तु महान पुरुषों को उनकी इन्द्रियाँ बहुधा ऐसी असंगतियों तक पहुँचा देती हैं। "इस प्रकार *परिपूर्ण सौन्दर्य* से सज्जित हव्वा कहती है, मेरे रचयिता और भाग्य विधाता जो तेरी आज्ञा होगी, *निर्विवाद,* मैं उसका पालन करूँगी। यही ईश्वर का आदेश है, ईश्वर ही *तेरा विधान है, यही मेरा।* इससे अधिक न जानना ही स्त्री का *सौभाग्यशाली* ज्ञान है और इसी में उसकी प्रशंसा है।"

ये ठीक वही तर्क हैं जिनका प्रयोग मैंने बच्चों के सन्दर्भ में किया है, परन्तु मैंने यह भी जोड़ दिया है, तुम्हारी तर्कबुद्धि अब शक्ति ग्रहण कर रही है और जब तक यह किंचित् परिपक्वता तक पहुँचे, तुम्हें मुझसे परामर्श लेना ही चाहिए—तदुपरान्त तुम्हें *सोचना* होगा और मात्र ईश्वर पर भरोसा करना होगा।

फिर भी, निम्नलिखित पंक्तियों में मिल्टन मुझसे सहमत होते प्रतीत होते हैं जब वे आदम को अपने सर्जक को इस प्रकार उलाहना देते प्रस्तुत करते हैं : क्या तूने मुझे यहाँ अपना स्थानापन्न नहीं बनाया है और इन हीन व्यक्तियों को मुझसे कहीं निचले धरातल पर अवस्थित नहीं किया है? *असमानों* के बीच समाज क्या चयन कर सकता है, भला कैसी समरसता या कैसा वास्तविक आह्लाद हो सकता है? पारस्परिक क्या हो, उचित अनुपात में अर्पण और ग्रहण या विषमतापूर्ण स्थिति? एक तीव्र उत्कट, दूसरा अभी भी श्लथ शिथिल, दोनों एक समान नीरस : *साहचर्य के सम्बन्ध* में, समस्त तर्कसंगत आनन्द में सहभागी बनने हेतु उपयुक्त होता है।

अतः स्त्रियों के आचरण का निरूपण करने में आइए हम, इन्द्रिय-भोग सम्बन्धी तर्कों को दरकिनार कर, यह खोजें कि उन्हें परम सत्ता के साथ सहयोग हेतु तत्पर करने के लिए हमें क्या उद्यम करना चाहिए।

वैयक्तिक शिक्षा से मेरा तात्पर्य है, बच्चे पर इस भाँति ध्यान देना जो शरीर के परिपक्वता तक पहुँचने के पूर्व इन्द्रियों को क्रमशः कुशाग्र बनाए, मनोदशा को निर्मित करे, उम्र के साथ उठते भावोद्रेकों को नियंत्रित और बुद्धि के क्रियाशील होने को प्रेरित करे, जिससे व्यक्ति को चिन्तन और तर्क करना सीखने की ओर मात्र अग्रसर होना हो। आरम्भ नहीं करना पड़े।

किसी भी प्रकार की भ्रान्ति के निवारण हेतु, मैं यह जोड़ना चाहूँगी कि मुझे यह विश्वास नहीं होता कि निजी शिक्षा, जिसे कतिपय उत्साही लेखक श्रेय देते हैं, कोई चमत्कार कर सकती है। स्त्री और पुरुषों को, व्यापक अंश में, उस समाज की धारणाओं और रीतियों द्वारा शिक्षित करना अभीष्ट होगा, जिसमें वे निवास करते हैं। प्रत्येक युग में लोक-प्रचलित धारणा की एक ऐसी धारा रही है जो अपने समक्ष आई समस्त चीजों को साथ बहा ले गई है और जिसने एक कुटुम्ब को वह चरित्र प्रदान किया है, जैसा कि, उस शताब्दी का रहा है। अतः स्पष्टतया यह निष्कर्ष निकाला जा सकता है कि जब तक समाज एक भिन्न रूप में गठित नहीं होगा, शिक्षा से बहुत अपेक्षा नहीं की जा सकती। हालाँकि, यह कहना मेरे प्रयोजन के लिए यथेष्ट होगा कि परिस्थितियाँ योग्यताओं को चाहे जिस रूप में भी प्रभावित करती हों, प्रत्येक प्राणी अपनी निजी तर्कबुद्धि के प्रयोग से सदाचारी बन सकता है, क्योंकि यदि कहीं दुष्चारित्रिक रुझान से मात्र एक भी प्राणी की उत्पत्ति हो गई, जो स्पष्टतः बुरा हो, तो निरीश्वरवाद से कौन हमें बचाएगा? अथवा यदि हम ईश्वर की उपासना करते हैं, तो क्या वह ईश्वर एक

शैतान नहीं होगा?

फलतः मेरी राय में सर्वसम्पन्न आदर्श शिक्षा बोधशक्ति की एक ऐसी मानसिक साधना है जो काया को सुदृढ़ बनाने और अन्तःकरण निर्मित करने हेतु सर्वाधिक उपयुक्त होती है। अथवा, दूसरे शब्दों में कहें, तो व्यक्ति को सदाचार के ऐसे स्वभाव की सिद्धि के लिए शक्ति प्रदान करने हेतु निर्दिष्ट होती है जो उसे स्वाधीन बनाता है। वस्तुतः यह एक झूठा शिष्टाचार होगा कि किसी ऐसे व्यक्ति को सद्गुणी कहा जाए जिसके सद्गुण उसके स्वयं की तर्कणाशक्ति के प्रयोग से परिणत नहीं होते हैं। यह पुरुषों के सन्दर्भ में रूसो की धारणा थी। मैं इसे स्त्रियों तक विस्तारित कर देती हूँ और यह मैं विश्वासपूर्वक दावा कर सकती हूँ कि पुरुषोचित गुणों को अर्जित करने के प्रयत्न ने नहीं अपितु कृत्रिम परिष्कार के प्रयासों ने उन्हें अपने दायरे से बाहर कर दिया है तथापि जो राजसी सम्मान वे ग्रहण करती हैं वह इतना मादक होता है कि उस काल की रीतियाँ जब तक परिवर्तित और अधिक तर्कसंगत सिद्धान्तों पर निर्मित नहीं होती हैं तब तक उन्हें इस बात का कायल करना दुसाध्य होगा कि स्वयं को नीचे गिराकर वे जो अवैध शक्ति अर्जित करती हैं, वह एक अभिशाप है और यदि वे शान्तिदायी निश्चितता, निष्कपट अनुराग से मिलनेवाली, पाने की कामना करती हैं तो उन्हें नैसर्गिकता और समता की ओर लौटना होगा। परन्तु इस युगान्तर के लिए हमें तब तक प्रतीक्षा करनी होगी, कदाचित्, जब तक राजा-महाराजा और आभिजात्य वर्ग, अपनी तर्कबुद्धि से ज्ञानसम्पन्न होकर और मनुष्य के यथार्थ गौरव को बचकानी अवस्था की अपेक्षा श्रेयस्कर स्वीकार कर अपने आडम्बरपूर्ण वंशानुगत पाश को फेंक नहीं देते, और, यदि स्त्रियाँ तब भी सौन्दर्य की स्वेच्छाचारी सत्ता का त्याग नहीं करतीं तो वे यह पुष्ट करेंगी कि उनका मस्तिष्क पुरुषों की अपेक्षा *न्यूनतर* है।

मेरे ऊपर अहम्मन्यता का आरोप लगाया जा सकता है, फिर भी मैं घोषित रूप से कहना चाहूँगी, जिस पर मैं दृढ़तापूर्वक विश्वास करती हूँ, कि रूसो से डॉ. ग्रेगरी तक, वे समस्त लेखक जिन्होंने स्त्री-शिक्षा और आचरण के विषय पर लिखा है, स्त्रियों के अपेक्षतया अधिक कृत्रिम, दुर्बल चरित्र गढ़ने में, जितनी वे अन्यथा होतीं, और फलस्वरूप समाज की अपेक्षाकृत अधिक अनुपयोगी सदस्य बना देने में सहयोगी रहे हैं। मैंने यह दृढ़ विश्वास सम्भव है कि मन्द स्वर में प्रकट किया होता, परन्तु मुझे भय है कि तब यह मेरी अनुभूतियों के उस स्पष्ट निष्कर्ष की, जहाँ तक पहुँचने में अनुभव और चिन्तन ने मेरा मार्गदर्शन किया था, विश्वसनीय अभिव्यक्ति नहीं, वरन् दिखावे का रोना-झींकना बन गया होता। जब मैं विषय के उस हिस्से तक पहुँचूँगी, लेखकों की कृतियों में जिसको मैंने अभी इंगित किया है, तो मैं उन अंशों का उल्लेख करना चाहूँगी जिन्हें मैं अधिक विशिष्टता के साथ निन्दनीय समझी हूँ; परन्तु पहले यह प्रेक्षण करना अनिवार्य होगा कि मेरी आपत्ति उन पुस्तकों के समग्र उद्देश्य तक है, जो मेरे

मत से, मानव जाति के आधे भाग को नीचे गिराने का कारण बनता है, और हर ठोस सद्गुण की कीमत पर स्त्रियों को बस प्रीतिकर बनाकर प्रस्तुत करता है।

रूसो की पृष्ठभूमि से तर्क करने पर, यदि मनुष्य, जब कि उसका शरीर पूर्ण विकास को प्राप्त करता है, बुद्धि की परिपूर्णता का एक अंश सिद्ध भी कर लेता है, तो एक पुरुष और उसकी पत्नी में एकात्म स्थापित करने के प्रयोजन से, यह उचित होगा कि वह (पत्नी) पूर्णतः उसकी (पति) प्रज्ञा पर आश्रित रहे। उसे अवलम्ब देनेवाले शाहबलूत से कसकर लिपटी वह श्रीयुक्त लता एक सम्पूर्ण की रचना करेगी, जहाँ शक्ति और सौन्दर्य समान रूप से प्रकट होंगे। पर काश, ऐसा होता, पति और साथ ही उनकी सहधर्मिणी बहुधा अतिवर्धित बच्चे मात्र होते हैं; बल्कि, प्रारम्भिक विषयलोलुपता के कारण, पुरुष कठिनाई से ही अपना बाह्य रूपरंग स्थापित कर पाता है—और यदि कोई नेत्रहीन व्यक्ति किसी नेत्रहीन का मार्गदर्शन करता है तो इसका परिणाम क्या होगा, यह बताने के लिए किसी को स्वर्ग से अवतरित होने की आवश्यकता नहीं।

समाज की वर्तमान दूषित अवस्था में अनेकानेक ऐसे कारण हैं जिनका स्त्रियों की बोधशक्ति को बाधित कर और उनकी ऐन्द्रियता को तीक्ष्ण बनाकर, उन्हें दास बना देने में योगदान रहता है। एक, जो कदाचित् मौन भाव से अन्य किसी भी वस्तु की अपेक्षा अधिक क्षति पहुँचाता है, वह है व्यवस्था के प्रति उनका अनादर।

प्रत्येक कार्य का व्यवस्थित ढंग से निष्पादन सर्वाधिक महत्त्वपूर्ण नियम होता है, जिस पर स्त्रियाँ, जो सामान्यतः अव्यवस्थित विधि से ही शिक्षा ग्रहण कर पाती हैं, बिरले ही परिशुद्धता के उस अंश तक ध्यान देती हैं, जिस हद तक पुरुष, जो शैशवावस्था से सुव्यवस्था के प्रति सधाये हुए होते हैं, उसका अनुपालन करते हैं। यह एक लापरवाह किस्म की अटकलबाजी है—इसके अतिरिक्त भला अन्य कौन-सा विशेषण एक प्रकार की नैसर्गिक सामान्य बुद्धि के अटकलपच्चू प्रयोगों के लिए इस्तेमाल किया जा सकता है? यह उन्हें तथ्यों के सामान्यीकरण से रोकता है, अतः वे जो कल करती थीं वही आज मात्र इसलिए करती हैं क्योंकि उसे उन्होंने विगत में भी किया था।

प्रारम्भिक जीवन में प्रज्ञा के इस तिरस्कार का जितना अनुमान साधारणतः लगाया जा सकता है, उसकी अपेक्षा कहीं अधिक अनिष्टकारी परिणाम निकलता है; कारण वह अल्पज्ञान जिसे सबल मनोमस्तिष्क की स्त्रियाँ, विभिन्न परिस्थितियों में, ग्रहण करती हैं, पुरुषों के ज्ञान की तुलना में अधिक असम्बद्ध प्रकार का होता है, और वैयक्तिक रूप से जो कुछ प्रेक्षित किया गया है, उसकी चिन्तन-मनन द्वारा सामान्यीकृत अनुभवजन्य निष्कर्षों के साथ तुलना करने की अपेक्षा इसे यथार्थ जीवन के निरे प्रेक्षण से अधिक अर्जित किया गया है। समाज में अधिकांशतः अपनी पराश्रित स्थिति व घरेलू कार्यों से निर्देशित, वे एक प्रकार से अंशों में ज्ञान अर्जित करती हैं, और क्योंकि ज्ञानप्राप्ति उनके लिए सामान्यतया एक गौण वस्तु मात्र है अतः समझदारी को स्पष्टता

व क्षमताओं को ऊर्जस्विता प्रदान करने हेतु अनिवार्य किसी भी एक विधा में वे अथक उत्साह के साथ सतत उद्यमशील नहीं रहतीं। समाज की वर्तमान अवस्था में एक भद्र पुरुष के उत्थान के लिए थोड़े ज्ञान की आवश्यकता होती ही है और लड़कों को अनिवार्यतः कुछ वर्षों तक अनुशासित ढंग से शिक्षा लेनी पड़ती है। परन्तु स्त्रियों की शिक्षा में, प्रज्ञा का परिष्कार किंचित् दैहिक उपलब्धियाँ अर्जित करने के सदैव अधीनस्थ होता है, भले ही बन्धनों और मर्यादा की भ्रमपूर्ण धारणाओं से निस्तेज देह, वह सौन्दर्य और लालित्य धारण करने से निषिद्ध कर दी जाती है जिसे श्लथ अल्प विकसित अंग कदापि प्रदर्शित नहीं कर पाते। इसके अतिरिक्त, युवाओं में उनकी क्षमताओं को प्रतिस्पर्धा द्वारा आगे नहीं लाया जाता, और किसी गम्भीर विज्ञानसंगत अध्ययन के अभाव में, यदि उनके पास नैसर्गिक विचक्षणता होती है, तो शीघ्र ही जीवन और आचार की ओर उसका प्रत्यावर्तन हो जाता है। वे प्रभावों और परिवर्तनों पर, उसके कारणों तक पहुँचने का सिरा पकड़े बिना, विचार करते हैं, परन्तु व्यवहार को समायोजित करने हेतु, जटिल नियम सरल सारभूत कारणों के कमजोर स्थानापन्न ही हो सकते हैं।

शिक्षा स्त्रियों को दुर्बलता का यह बाना प्रदान करती है, इसके प्रमाणस्वरूप हम सैनिकों का उदाहरण प्रस्तुत कर सकते हैं, जिन्हें स्त्रियों के ही समान, इसके पूर्व कि उनका मस्तिष्क ज्ञान से संचित अथवा सिद्धान्तों द्वारा सुदृढ़ीकृत हो, संसार में भेज दिया जाता है। निष्कर्ष भी ऐसे ही होते हैं, सैनिक प्रचलित मूर्खतापूर्ण संवाद से, अंशों में किंचित् सतही ज्ञान अर्जित करते हैं और समाज के साथ निरन्तर घुलने-मिलने से वे, जिसे दुनियादारी का ज्ञान कहा जाता है, प्राप्त करते हैं। आचार-व्यवहार तथा रीति-रिवाजों से यह परिचय मानव-हृदय के ज्ञान के साथ प्रायः गड्डमड्ड कर दिया जाता है। परन्तु क्या सांयोगिक प्रेक्षण का अपरिपक्व परिणाम, जिसे अनुभव व चिन्तन की तुलना से स्थापित निर्णय की कसौटी पर कभी कसा नहीं गया, इस महत्त्व के योग्य है? सैनिक, और साथ में स्त्रियाँ भी, नगण्य सद्गुणों को अतिशिष्टाचारी विनम्रता के साथ व्यवहार में ढालते हैं। शिक्षा जब समान होती है तब यौनिक भिन्नता का प्रश्न ही किस प्रकार उठता है? जो भी भिन्नता मैं समझ पा रही हूँ, वह मुक्ति की उस श्रेष्ठतर अनुकूल परिस्थितियों से उत्पन्न होता है जो सैनिकों के जीवन को अधिक देखने-समझने का अवसर प्रदान करती हैं।

मेरी मूल बात से यह विषयान्तर सम्भवतः, एक राजनीतिक टिप्पणी प्रस्तुत करने के प्रयोजन से हो गया हो, परन्तु यह मेरे स्वाभाविक विचारक्रम से उद्भूत हुआ है। अतः मौन भाव से मैं इसकी उपेक्षा कर आगे नहीं बढ़ सकती।

स्थायी सेना दृढ़निश्चयी और सख्त व्यक्तियों से कदापि निर्मित नहीं हो सकती। वे अच्छी तरह, अनुशासित मशीनें हो सकती हैं परन्तु बिरले ही उनमें ऐसे व्यक्ति होंगे जो उत्कट भावावेग से संचालित अथवा अत्यन्त ऊर्जस्वी क्षमताओं से सम्पन्न हों।

और जहाँ तक किसी किस्म की गहरी समझदारी का प्रश्न है, मैं साहस के साथ दृढ़तापूर्वक स्वीकार करना चाहूँगी कि सेना में यह उतना ही दुर्लभ है जितना स्त्रियों के मध्य। इसका कारण मैं पुनः कहूँगी, एक ही है। यह भी देखा जा सकता है कि सैन्य अधिकारी अपने व्यक्तित्व के प्रति विशेष रूप से सचेत रहते हैं, नृत्य, भीड़भरे कमरों, साहसपूर्ण कारनामों व बेतुकी बातों के शौकीन होते हैं।[1] स्त्रियों के समान उनके जीवन की वृत्ति शृंगारिकता है—उन्हें रिझाना सिखाया जाता है और वे रिझाने हेतु ही जीते हैं। तथापि स्त्री-पुरुष विभेदीकरण में उन्हें अपनी पदवी से हाथ नहीं धोना पड़ता, क्योंकि वे फिर भी स्त्रियों से श्रेष्ठ समझे जाते हैं, भले ही उनकी श्रेष्ठता किस बात में निहित है यह ढूँढ़ पाना कठिन हो।

सबसे बड़े दुर्भाग्य की बात यह है कि वे दोनों ही सदाचार के पूर्व शिष्टाचार, और अनुचिन्तन द्वारा मानव प्रकृति की गौरवशाली आदर्श रूपरेखा से किसी प्रकार का परिचय प्राप्त करने से पूर्व जीवन का ज्ञान ग्रहण कर लेते हैं। परिणाम स्वाभाविक है, सामान्य प्रकृति से तुष्ट, वे पूर्वग्रहों के शिकार हो जाते हैं और दूसरों की धारणाओं को उधार लेकर वे प्राधिकार के समक्ष आँख मूँदकर आत्मसमर्पण कर देते हैं। इस प्रकार, यदि उनके पास कोई विवेक होता भी है तो वह एक प्रकार की नैसर्गिक विहंगम दृष्टि ही होती है जो अंशों को पकड़ती है और शिष्टाचार विषयक निर्णय करती है। परन्तु जब सतह से नीचे उतरकर तर्क गहराई में जाते हैं अथवा धारणाओं का विश्लेषण करना होता है तो वह चूक जाती है।

क्या यही टिप्पणी स्त्रियों के लिए प्रयुक्त नहीं की जानी चाहिए? नहीं, इस तर्क को अभी और आगे बढ़ाना इसलिए अभीष्ट होगा क्योंकि वे दोनों ही सभ्य जीवन में स्थापित अस्वाभाविक भिन्नता द्वारा एक उपयोगी स्थिति से बाहर धकेलकर दिये जाते हैं। समृद्धि और आनुवंशिक गौरव ने स्त्रियों को शून्य बना दिया है ताकि अंकों को सार्थक बनाया जा सके तथा अकर्मण्यता ने शृंगारिकता व स्वेच्छाचारिता का एक सम्मिश्रण उत्पन्न किया है जो ठीक उन्हीं पुरुषों को, जो अपनी प्रेयसी के दास होते हैं, अपनी भगिनी, पुत्रियों और पत्नियों पर निरंकुश शासन के लिए प्रवृत्त करता है। यह उन्हें निचली श्रेणी में पदस्थ करना मात्र है, यही यथार्थ है। स्त्री बुद्धि को परिवर्धित कर सक्षम बनाइए और अन्ध आज्ञापरायणता का अन्त हो जाएगा, परन्तु अन्ध आज्ञाकारिता सत्ता हेतु सदैव अभीष्ट है, अतः निरंकुश शासक और इन्द्रिय सुखभोगी उचित ही करते हैं जब वे स्त्रियों को अँधेरे में रखने की चेष्टा करते हैं। कारण, पहले प्रकार के लोग मात्र दासों की आवश्यकता अनुभव करते हैं और बादवाले, क्रीड़ा कौतुक की। निरंकुश शासकों में विषयभोगवादी वस्तुतः सर्वाधिक खतरनाक होते हैं और स्त्रियाँ अपने प्रणयी द्वारा ऐसे ही छली जाती हैं जैसे राजकुँवर अपने मंत्रियों द्वारा जबकि वे उन पर शासन करने का स्वप्न देख रहे होते हैं।

मैं अब मुख्यतः रूसो का उल्लेख करूँगी, क्योंकि सोफिया का उसका चरित्र निस्सन्देह सम्मोहनकारी है, हालाँकि मुझे वह बिल्कुल अस्वाभाविक प्रतीत होता है। हालाँकि, अधिरचना नहीं, अपितु उसके चरित्र की नींव पर, उन सिद्धान्तों पर जिन पर उसकी शिक्षा का ढाँचा निर्मित है, प्रहार करना मेरा मन्तव्य है। उस योग्य लेखक की प्रतिभा की, जिसके मत का बहुधा उल्लेख करने का सुअवसर मुझे सुलभ होता रहेगा, भले ही मैं ऊष्मीयता से सराहना करती हूँ, पर जब मैं, उसके विषय-वासनोत्तेजक दिवास्वप्न सदृश विचारों को पढ़ती हूँ तो क्रोध सदैव सराहना का स्थान ले लेता है और तिरस्कृत सद्गुण की कठोर तनी भृकुटी उस आत्मतोष की मुस्कान को पोंछ डालती है, जिसे उसकी वाग्मितापूर्ण प्रभावी भाषा उत्पन्न करने की अभ्यस्त होती है। क्या यह वही व्यक्ति हो सकता है जो सद्गुण हेतु अपनी उमंग में शान्ति की समस्त सौम्य कलाओं को निर्वासित कर दे और हमें पुनः स्पार्टा के कठोर अनुशासन के अधीन वापस पहुँचा दे? क्या यही वह व्यक्ति है जो उत्कट भावोद्रेक के सार्थक संघर्षों, उत्तम प्रकृति की विजय और उन शौर्यपूर्ण उड़ानों, जो उद्दीप्त आत्मा को स्वयं से बाहर ले जाती हैं, चत्रित करने में आनन्द पाता है? किस प्रकार उन सशक्त भावनाओं का अधोपतन हो जाता है जब वह अपनी नन्हीं स्नेहपात्र के कमनीय पैर और प्रलोभनकारी हावभाव का वर्णन करता है! परन्तु अभी के लिए मैं इस विषय को टाल रही हूँ और अतिवादी संवेदनशीलता के क्षणिक निस्सरण को कठोरतापूर्वक धिक्कारने के बजाय मैं मात्र इस बात पर ध्यान दूँगी कि जिसने भी समाज पर एक अनुग्रहपूर्ण दृष्टि डाली वह बहुधा मृदु पारस्परिक प्रेम के दृश्य से पुरस्कृत हुआ है जो न तो भावनाओं से गौरवमंडित था और न ही बौद्धिक उद्यमों के संयोग से सुदृढ़ हुआ था। दैनन्दिन के अति साधारण घरेलू काम प्रफुल्ल बातचीत का विषय सुलभ कराते हैं और निश्छल लाड़-दुलार ऐसे कार्यों को हल्का कर देते हैं जिसके लिए मस्तिष्क पर जोर डालने अथवा विचारों को खींचने की आवश्यकता नहीं पड़ती। फिर भी इस तुष्टकारी सौभाग्य का दृश्य क्या आदर से अधिक कोमलता का भाव जागृत नहीं करता? बच्चों के धमाचौकड़ी मचाने अथवा पशुओं के उछलकूद करने पर जैसी हमें अनुभूति होती है वैसा ही भाव उस समय उपजता है,[2] जबकि कष्ट भोगती अच्छाई के गौरवपूर्ण संघर्षों का अवलोकन प्रशंसा भाव उत्पन्न करता है और हमारे विचारों को उस संसार में ले जाता है, जहाँ इन्द्रिय संवेदन का स्थान विवेक ले लेगा।

फलतः, स्त्रियाँ इतनी नैतिक जीव अथवा इतनी दुर्बल समझी जाती हैं कि उन्हें पुरुषों की श्रेष्ठतर क्षमताओं के पूर्णतः अधीन रखना ही उचित है।

आइए, हम इस प्रश्न पर विचार करें। रूसो कहता है कि एक स्त्री को क्षण मात्र के लिए भी स्वयं को कदापि स्वाधीन नहीं अनुभव करना चाहिए, कि उस पर अपनी *नैसर्गिक* चालाकी का प्रयोग कर बैठने के भय द्वारा नियंत्रण होना चाहिए और उसे

एक नखरीले हावभाववाला दास बनाना आवश्यक है जिससे कि वह कामना की एक अधिक प्रलोभनकारी वस्तु के रूप में, पुरुष के लिए, जब भी वह स्वयं को तनावमुक्त करना पसन्द करता है, एक अधिक *रमणीय* संगिनी के रूप में प्रस्तुत की जा सके। वह इन तर्कों को, जिसे वह प्रकृति के संकेतों से निगमित करने का स्वाँग रचता है, और आगे विस्तार देता है और युक्तिपूर्वक हृदय में यह अंकित कर देता है कि समस्त मानव सदाचार की आधारशिला सत्यनिष्ठा और धीरज, किंचित् प्रतिबन्धों के साथ विकसित किया जाना चाहिए। कारण, नारी चरित्र के सन्दर्भ में, आज्ञापरायणता वह महान शिक्षा है जिसे अनमनीय दृढ़ता के साथ मन का संस्कार बनाया जाना चाहिए।

क्या बकवास है! यथेष्ट बौद्धिक शक्तिमानता के साथ एक महान पुरुष का, उस धुएँ को फूँककर उड़ा देने हेतु, कब उदय होगा, जिससे अहंकार और इन्द्रियभोग ने विषय को इस तरह ढँक रखा है। अगर स्त्रियाँ नैसर्गिक रूप से पुरुषों से हीन हैं, अथवा सद्गुण एक सापेक्षिक विचार है, तब उनकी सच्चरित्रता यदि अंशों में नहीं तो गुणवत्ता में अभिन्न होनी चाहिए। फलतः, उनका आचरण समान सिद्धान्तों पर आधारित, और लक्ष्य अभिन्न होना चाहिए।

पुरुष के साथ पुत्रियों, पत्नियों और माताओं के रूप में आबद्ध, उनके सामान्य कर्तव्यपालन की शैली से उनके नैतिक चरित्र का आकलन किया जा सकता है। परन्तु उसकी सिद्धि, उनके उद्यम की महान सिद्धि उनके स्वयं की क्षमताओं को प्रस्फुटित व सचेतन सद्गुण की गरिमा को अर्जित करने में निहित होनी चाहिए। वे अपने मार्ग को आनन्ददायक बना सकती हैं परन्तु इसे पुरुष की ही भाँति, कदापि विस्मृत नहीं किया जाना चाहिए कि जीवन वह उल्लास सुलभ नहीं कराता जो एक अनश्वर आत्मा को सन्तोष प्रदान कर सकता हो। परोक्षतः यह संकेत करना मेरा अभिप्राय नहीं है कि स्त्री-पुरुष, दोनों में से कोई भी अमूर्त चिन्तन अथवा अति दूरस्थ आभासों में इस प्रकार डूबा हो कि उस स्नेह और कर्तव्य को बिसरा दे जो उसके समक्ष हो और जिसे वास्तव में जीवन की सार्थकता पैदा करने का साधन निर्धारित किया गया हो। इसके विपरीत, मैं सहृदयता के साथ उनकी सराहना करूँगी, जब कि यह दावे के साथ मैं कहती भी हूँ, कि वे उस समय परम सन्तुष्टि पाने में समर्थ होते हैं जब उन्हें उनके वास्तविक अधीनस्थ आलोक में देखा जाता है।

सम्भवतः इस प्रचलित धारणा ने कि स्त्रियों की सृष्टि पुरुषों के लिए हुई है, अपना उद्गम मूसा की काव्यात्मक गाथा से पाया हो, तथापि यह माना जाता है कि इने-गिने लोग ही, जिन्होंने इस विषय पर किसी प्रकार का गम्भीर चिन्तन दिया, कदाचित् यह समझते हैं कि हव्वा, आदम की एक पसली थी। इस निगमन को निष्फल होने अथवा मात्र उतना ही स्वीकार करने की अनुमति मिलनी चाहिए जितने से यह पुष्ट होता हो कि अति प्राचीन काल में पुरुष ने, अपनी सहचर को पराभूत करने में

अपनी शक्ति झोंक देने को, और यह प्रमाणित करने में कि जुवे के नीचे अपनी ग्रीवा नत कर देना स्त्री का कर्तव्य है, अपना दिमाग लगा देने को सुविधाजनक पाया, कि पशु-जगत् के साथ स्त्री की भी उत्पत्ति पुरुष के आमोद-प्रमोद के लिए हुई थी।

इससे यह निष्कर्ष निकालना उचित नहीं होगा कि मैं व्यवस्था क्रम को उलट-पुलट देने की इच्छा रखती हूँ। मैं पहले ही यह स्वीकार कर चुकी हूँ कि अपनी दैहिक संरचना से पुरुष एक उच्चतर कोटि का सद्गुण अर्जित करने हेतु विधाता द्वारा रूपायित प्रतीत होते हैं। मैं समष्टि में समग्र जाति को व्यक्त करना चाहूँगी। परन्तु यह निष्कर्ष निकालने के लिए, कि उनकी प्रकृति के अनुरूप उनके सद्गुणों में भिन्नता होनी चाहिए, मैं किसी युक्ति का लेशमात्र भी नहीं देख पाती हूँ। वस्तुतः यह हो भी कैसे सकता है, जब कि सद्गुण का एकमात्र शाश्वत प्रतिमान होता है? अतः यदि मेरे तर्क सही हैं तो मुझे उतनी ही दृढ़ता से इस बात पर कायम रहना चाहिए कि उनकी दिशा भी वैसी ही स्पष्ट है, जैसे कि यहाँ एक ईश्वर का अस्तित्व है।

तब इससे यह परिणाम निकलता है कि चालाकी को बुद्धिमानी का, साधारण जिम्मेदारियों को महान उद्यमों का, अथवा रुचिहीन दुर्बलता को, जो विनम्रता नामधारी रंगरोगन से चमकाई गई हो, उस धीरज का विरोधी नहीं होना चाहिए जिसे केवल महान विचार ही उत्प्रेरित कर सकते हैं।

मुझे यह बताया जाएगा कि स्त्रियाँ तब अपनी विशिष्ट रमणीयता का अधिकांश खो देंगी और मेरे कथन के खण्डन हेतु किसी यशस्वी कवि का मत उद्धृत किया जाएगा। कारण कि पोप (कवि अलेक्जेंडर पोप—अनु.) ने सम्पूर्ण पुरुष जाति के नाम पर, "कुछ नया रचने के लिए हममें भावावेग का ज्वार तभी आता है, जब वह उन चीजों को हाथ लगाती है जिनसे हम घृणा करते हैं।"

यह व्यंग्योक्ति किस दृष्टिकोण से स्त्रियों और पुरुषों का स्थान नियत करता है, इसका निर्णय मैंने विवेकवान व्यक्तियों पर छोड़ दिया है। मैं बस इतना कहूँगी कि क्या कारण है जिसे मैं पता नहीं कर पाई हूँ, स्त्रियों को प्रणय अथवा कामातुर बना नीचा दिखाया जाता है।

प्रेम का अनादरपूर्वक उल्लेख करना, मैं जानती हूँ, भावनाओं और सुकोमल अनुभूतियों के प्रति घोर विश्वासघात है। परन्तु मैं सत्य की सीधी सरल भाषा बोलना, और हृदय के बदले मस्तिष्क को सम्बोधित करना चाहती हूँ। प्रेम को इस जगत से बाहर करने हेतु तर्क गढ़ने का उद्यम करना, सर्वान्तेस से क्विकजोट का बाहर करना और सामान्य विवेक को, समान रूप से तिरस्कृत कर देना होगा। परन्तु इस अशान्त भावोद्रेक को निग्रह करने का, और यह प्रमाणित करने का प्रयास, कि इसे श्रेष्ठकर शक्तियों को च्युत करने अथवा राजदण्ड को, जिसे बोधशक्ति अत्यन्त धैर्यपूर्वक नियंत्रित कर सकती है, बलात् ग्रहण करने की अनुमति नहीं दी जानी चाहिए, कम

जोखिमपूर्ण प्रतीत होता है।

स्त्री-पुरुष दोनों ही में यौवन प्रणय का वसन्त होता है। परन्तु विचारशून्य आमोद-प्रमोद के उन दिनों में भी, जीवन के अधिक महत्त्वपूर्ण वर्षों का, जब विचार चिन्तन स्पर्श-संवेदन का स्थान ले लेता है, पूर्वोपाय करना अभीष्ट होगा। परन्तु रूसो, और उसके पदचिन्हों पर चलनेवाले अधिकांश पुरुष लेखकों ने हृदयस्पर्शी रीति से यह निर्दिष्ट कर दिया है कि स्त्री-शिक्षा की समग्र प्रवृत्ति एक ही लक्ष्य के प्रति निर्देशित होनी चाहिए—उन्हें प्रीतिकर बनाने की दिशा में।

इस मत के अनुयाइयों के साथ, जिन्हें मानव प्रकृति का किंचित् अनुभव है, मुझे तर्क करने की अनुमति दी जाए। क्या वे यह कल्पना करते हैं कि विवाह जीवन की आदतों का उन्मूलन कर देगा? वह स्त्री जिसे रिझाने की शिक्षा मात्र दी गई है, शीघ्र ही यह समझ जाएगी कि उसका आकर्षण अस्ताचल सूर्य की तिरछी किरणें हैं, और उसके पति के हृदय पर उनका कोई विशेष प्रभाव अंकित नहीं हो सकता, क्योंकि वे प्रतिदिन ही दिखाई देती हैं, जबकि उमंग की ऋतु बीत जाती है और अतीत बन जाती है, तब उसके पास सुख-साधन के लिए क्या अन्तर्मन में झाँकने और अपनी प्रसुप्त क्षमताओं को परिमार्जित करने की यथेष्ट जन्मजात ऊर्जा शेष रहेगी? अथवा, यह अपेक्षा करना क्या अधिक युक्तिसंगत प्रतीत होता है कि वह अन्य पुरुषों को रिझाने का प्रयास करेगी, और नूतन विजय की सम्भावनाओं से उपजी भावनाओं के आवेग में, उस अपमान को, जिसे उसके प्रेम और आत्मगौरव ने सहा है, विस्मृत करने का प्रयत्न करेगी? पति जब प्रेमी नहीं रह जाता—और यह समय अपरिहार्यतः आएगा, उसकी रिझाने की आकांक्षा तब शिथिल पड़ जाएगी अथवा कटुता का स्रोत बन जाएगी। और कदाचित्, समस्त भावोद्रेक से सर्वाधिक क्षणभंगुर प्रेम, द्वेष और अहम्मन्यता के लिए स्थान छोड़ देता है।

अब मैं उन स्त्रियों की चर्चा करूँगी जो सिद्धान्तों और पूर्वग्रहों द्वारा निषिद्ध कर दी गई हैं। ऐसी स्त्रियाँ, यद्यपि, सच्ची घृणा के साथ चालबाजी-भरे प्रणय-व्यापार से मुँह मोड़ लेती हैं, इसके बावजूद, वे भी चाहती हैं कि कोई भी दिलफेंक आशिक उन्हें यह बताये कि वे उनके पतियों द्वारा निर्ममतापूर्वक उपेक्षित हैं। अथवा, सौहार्दपूर्ण आत्माओं द्वारा भोगे गए सुखों के स्वप्न में, दिन और सप्ताह तब तक व्यतीत होते रहते हैं, जब तक कि असन्तोष स्वास्थ्य का क्षरण नहीं कर देता अथवा साहस नहीं टूट जाता। तब रिझाने की महान कला इतनी अनिवार्य शिक्षा भला किस प्रकार हो सकती है? यह मात्र प्रेयसी के लिए उपयोगी है। एक संयमित पत्नी और गम्भीर माँ को तुष्ट करने की अपनी शक्तिमत्ता को सद्गुणों पर मुलम्मा तथा अपने पति के स्नेह को अनेक सुख-सुविधाओं में से एक समझना चाहिए, जो उनके कार्यों को कम कठिन और जीवन को अधिक सुखी बनाते हैं। परन्तु चाहे वह प्रेम पात्र हो अथवा उपेक्षित

उसकी पहली आकांक्षा, स्वयं को सम्माननीय बनाना होना चाहिए, अपने समस्त सुखों के लिए स्वयं के दौर्बल्य पर निर्भर नहीं करना चाहिए।

सहृदय डॉ. ग्रेगरी एक ऐसी ही चूक करते हैं। मैं उनकी भावनाओं का सम्मान करती हूँ परन्तु अपनी पुत्रियों को समर्पित उनकी यशस्वी विरासत को पूर्णतः अस्वीकार करती हूँ।

वह उन्हें शृंगार-प्रसाधन के प्रति चाव उत्पन्न करने का परामर्श देते हैं क्योंकि शृंगार करने का चाव, वे दावा करते हैं कि, उनके लिए नैसर्गिक है। मैं यह समझने में असमर्थ हूँ कि जब वे अथवा रूसो इस अनिश्चित शब्दावली का प्रयोग करते हैं तो उनका अभिप्राय क्या होता है। यदि वे हमें यह बताना चाहते हैं कि जन्म-पूर्व अवस्था में ही आत्मा को शृंगार का चाव था और अपनी इस प्रवृत्ति के साथ ही वह नई काया को धारण करती है तो मैं उनकी इस बात को मन्द हास्य के साथ सुनूँगी जैसा कि मैं बहुधा तब करती हूँ जब कि मैं किसी अन्तर्निष्ठ सुरुचिसम्पन्नता सम्बन्धी कोई प्रलाप सुनती हूँ। परन्तु यदि उनके कहने का अभिप्राय मात्र इतना है कि आत्मिक ऊर्जा का प्रयोग यह चाव उत्पन्न कर देगा—तो मैं इसे अस्वीकार करती हूँ—यह स्वाभाविक नहीं है, बल्कि पुरुषों में मिथ्या महत्त्वाकांक्षा के सदृश यह सत्ता के प्रेम से उद्भूत होता है।

डॉ. ग्रेगरी और आगे जाते हैं। वह वस्तुतः ढोंग-पाखण्ड की अनुशंसा करते हैं और एक अल्हड़ बाला को अपनी भावनाओं को झुठलाने का और जिस समय उसके हृदय का उल्लास उसकी भाव मुद्राओं को निर्लज्ज बनाए बिना उसके पाँवों को वाचाल बना देता है, उसे उमंग से भरकर नृत्य न करने का सुझाव देते हैं। सामान्य विवेक और सत्य के नाम पर एक भी स्त्री यह क्यों स्वीकार नहीं करती कि वह किसी अन्य की तुलना में अधिक परिश्रम का बोझ सँभाल सकती है, अथवा दूसरे शब्दों में, वह गहन-स्थिर संरचना की स्वामिनी होती है। तब क्यों, अबोध जीवन्तता को निरुत्साहित करने के लिए उससे पुरुषों के निष्कर्ष निकालने की, जिसके विषय में वह किंचित् ही सोचती हो, रहस्यात्मक ढंग से चर्चा की जानी चाहिए? वे स्वेच्छाचारी जो भी चाहे निष्कर्ष निकालें परन्तु मैं यह आशा करती हूँ कि कोई भी समझदार माँ ऐसी अशोभन चेतावनियाँ मन में बैठा कर यौवन की नैसर्गिक उन्मुक्तता को निरुद्ध करेगी। हृदय की परिपूर्णता के अनुरूप मुख को वाणी मिलती है। सोलोमन से भी अधिक बुद्धिमान किसी व्यक्ति ने कहा है कि हृदय को, जिसे आशंकापूर्ण आग्रहों से पूर्ण करना कदाचित् अधिक कठिन नहीं होगा जब कि हृदय पर कदाचार का राज हो, निर्मल बनाना अभीष्ट होगा, क्षुद्र कर्मकाण्डों पर ध्यान देना नहीं।

स्त्रियों को निश्चय ही अपने हृदय के शुद्धिकरण का उद्यम करना चाहिए परन्तु ऐसा करना क्या उनके लिए सम्भव होगा जबकि उनकी अपरिपक्व बोधशक्ति उन्हें नियोजन और मनोविनोद हेतु अपनी ऐन्द्रियता पर पूर्णतः निर्भर बनाए रखती है, जब

कोई भी महान लक्ष्य दैनन्दिन के तुच्छ आत्म-प्रदर्शनों से उन्हें ऊपर उठने की ओर प्रवृत्त नहीं करता, अथवा उन्हें निरंकुश भावावेगों को नियंत्रित करने के योग्य नहीं बनाता। एक सदाचारी व्यक्ति का स्नेह-भाजन बनने हेतु क्या यह ढोंग आवश्यक है? प्रकृति ने स्त्रियों को पुरुषों की तुलना में एक निर्बल शारीरिक संरचना प्रदान की है, परन्तु अपने पति का स्नेह सुनिश्चित करने हेतु, क्या किसी पत्नी को, जिसने एक पुत्री, पत्नी और माँ के कर्तव्यों का निर्वाह करते हुए अपनी शारीरिक और मानसिक क्षमताओं के प्रयोग से अपने शारीरिक गठन को उसकी स्वाभाविक ऊर्जा को कायम रखा है और स्नायु स्वस्थ रखे हैं, मैं कहती हूँ, क्या उसे अपने पति का प्रेम पाने में सफल होने के लिए अपने कला-कौशल का लाभ उठाने और एक रुग्ण सुकुमारता का स्वाँग रचने की नीचता करनी चाहिए? निर्बलता, भले ही करुणा भाव को उद्दीप्त और पुरुष के अहम्मन्यतापूर्ण अभिमान को सन्तुष्ट करती है, परन्तु एक शरणदाता का स्वामित्वपूर्ण लाड़-दुलार एक उच्च विचारवाले ऐसे व्यक्ति को तुष्ट नहीं कर सकता जो सम्मान पाने के लिए लालायित और उसका अधिकारी होता है। लाड़-प्यार मित्रता का एक घटिया स्थानापन्न है।

राजमहलों के अन्तःपुर में, मैं मानती हूँ, ये समस्त कला-कौशल अनिवार्य हो सकते हैं। स्वादलोलुप व्यक्ति को अपनी स्वादेन्द्रियों में चटखारे की अपेक्षा होती है अन्यथा वह विरक्ति के सागर में डूब जाएगा। परन्तु स्त्रियों की क्या इतनी तुच्छ-सी महत्त्वाकांक्षा होती है कि एक ऐसी स्थिति से सन्तुष्ट हुआ जा सके? तर्कसंगत आनन्द पाने के अधिकार को दृढ़तापूर्वक स्थापित करने और ऐसे सद्गुणों को, जो मानवजाति को गौरव प्रदान करते हैं, आचरण में ढालकर स्वयं को विशिष्ट बनाने के स्थान पर क्या उन्हें आनन्द के उत्सर्ग में अथवा क्लान्ति के मनःसन्ताप में जीवन को निष्क्रिय स्वप्न में व्यतीत कर देना चाहिए? उसके पास निश्चय ही कोई अमर आत्मा नहीं होती जो उसकी काया में रहते हुए मात्र इसलिए जीवन को यूँ ही नष्ट करती रहे ताकि वह अपने संगी का निष्क्रिय घंटों में मनोरंजन कर सके जो जीवन के गम्भीर कार्यों से निवृत्त होने के उपरान्त उसकी मुस्कान और शरारतों से प्रफुल्लित होने के लिए तत्पर रहता है।

इसके अतिरिक्त, वह स्त्री जो अपनी बुद्धि का प्रयोग करती है और काया को शक्तिसम्पन्न बनाती है, अपने कुटुम्ब की देखभाल व विभिन्न सदाचार के अभ्यास द्वारा अपने पति की विनम्र पराश्रिता नहीं अपितु मित्र बन सकती है और ऐसी तात्त्विक विशिष्टताओं से सम्पन्न होकर वह यदि उसके सम्मान की अधिकारी होती है, तो न तो अपने स्नेह को छिपाने की और न ही अपने पति के भावावेग को उद्दीपित करने हेतु अपनी मनोवृत्ति की अस्वाभाविक उदासीनता का ढोंग करने की उसे आवश्यकता अनुभव होगी। वस्तुतः यदि हम इतिहास को उलटें तो हम यह पाएँगे

कि जिन स्त्रियों ने स्वयं को लब्धप्रतिष्ठ बनाया, वे अपनी जाति की सर्वश्रेष्ठ रूपवती नहीं थीं और न ही सर्वाधिक सुकोमल थीं।

प्रकृति, अथवा कठोर मर्यादा के साथ कहें तो, ईश्वर ने समस्त वस्तुओं की यथोचित रचना की है, परन्तु मनुष्य ने इस सृजन को स्वयं की अनेक कपोलकल्पनाओं के आविष्कार से विरूपित किया है। अब मैं डॉ. ग्रेगरी के शोध प्रबन्ध के उस अंश का उल्लेख करूँगी जहाँ उन्होंने पत्नी को अपने अनुराग व संवेदनशीलता की व्यापकता से अपने पति को कदापि अभिज्ञ न रखने का परामर्श दिया है। विषय-वासना का पूर्वावधान, और जितना निष्प्रभावी उतना ही बेतुका प्रेम, अपनी प्रकृति से ही अनित्य है। एक ऐसे रहस्य का भेदन करना जो उसे चिरन्तनता प्रदान करे, किसी पारसमणि अथवा महा रामबाण औषधि की खोज करने जैसी ही एक निरर्थक खोजबीन होगी और यह अनुसन्धान मानवजाति के लिए भी व्यर्थ, बल्कि अनिष्टकारी होगा। एक चतुर व्यंग्य लेखक के द्वारा उचित ही कहा गया है, "सच्चा प्रेम दुर्लभ है, उससे भी दुर्लभ सच्ची मित्रता है।"

यह एक प्रकट सत्य है, और इसका कारण, जो बहुत गहरे निहित नहीं है, जाँच-पड़ताल की किंचित् सरसरी दृष्टि से भी बच नहीं पाएगा।

प्रेम, वह सामान्य भावावेग, जिसमें संयोग और उत्तेजना पसन्द और तर्कबुद्धि का स्थान ग्रहण कर लेते हैं, समस्त मनुष्य जाति द्वारा किंचित अंश तक अनुभूत किया जाता है। अन्य भावनाओं की, जो प्रेम से ऊपर उठती अथवा नीचे गर्त में डूब जाती हैं, वर्तमान समय में चर्चा करना अनिवार्य नहीं है। असमंजस और कठिनाइयों से सहज ही वर्धित, यह भावोद्रेक बुद्धि को अपनी अभ्यस्त अवस्था से बाहर निकालता है और लगाव को तीव्र कर देता है। परन्तु विवाह की सुरक्षा, प्रेम के ज्वर को शान्त करनेवाला, एक आरोग्यपूर्ण ताप, मात्र उन लोगों द्वारा उत्साहहीन समझा जाता है, जो अन्धश्लाघा और लाड़-प्यार की इन्द्रिभोगी मनोभावों के बदले मित्रता की शान्त सुकोमलता और सम्मान के आश्वासन का विकल्प देने की यथेष्ट बुद्धिमत्ता से सम्पन्न नहीं होते।

यही, सम्भवतः प्रकृति का क्रम है--मित्रता अथवा उदासीनता, अनिवार्य रूप से, प्रेम की परवर्ती होती है और यह विन्यास शासन की उस व्यवस्था के साथ, जो नैतिक जगत में हावी है, सम्पूर्णतः सामंजस्य में प्रतीत होता है। भावावेग कर्मण्यता के अश्व को सरपट दौड़ाते और मस्तिष्क को पूर्वग्रहमुक्त करते हैं, परन्तु जब अभीष्ट सिद्ध हो जाता है और अघाया मन आनन्द में शक्ति प्राप्त करता है, वे तृष्णा के गर्त में डूबने लगते हैं, एक वैयक्तिक व क्षणिक पारितोषिक बन जाते हैं। कोई पुरुष, जब किसी ताज के लिए संघर्ष करता है, किंचित् सदाचार से यदि सम्पन्न भी होता है, तो इससे अपना ललाट शोभित होते ही, बहुधा एक विषयासक्त निरंकुश शासक बन जाता है। एक पति के हृदय से जब प्रेमी लुप्त नहीं होता, तो बचकानी तरंग और अनुरागपूर्ण

डाह का शिकार वह अतिमुग्ध प्रणयी, जीवन के महत्त्वपूर्ण कर्तव्यों की उपेक्षा करता है और वह लाड़-दुलार जो उसके सन्तानों में विश्वास जागृत कर सकता था, अतिवर्द्धित बच्चे यानी अपनी पत्नी पर लुटाता है।

जीवन के कर्तव्यों का निर्वाह करने और विविध उद्यमों में, जिनसे नैतिक चरित्र का निर्माण होता है, ऊर्जस्विता के साथ सतत संलग्न होने की दृष्टि से, किसी परिवार के मुखिया और गृहस्वामिनी का भावों की उत्कटता के साथ परस्पर प्रेम अनवरत रखना उचित नहीं होगा। मेरे कहने का यह अभिप्राय है कि उन्हें ऐसी भावनाओं के आवेग में नहीं बह जाना चाहिए जो समाज की व्यवस्था में विघ्न डालें, और उन विचारों पर पूर्णाधिपत्य कर लें, जो अन्यत्र प्रयुक्त हो सकते थे। उस मस्तिष्क को, जो किसी एक उद्‌देश्य में कभी तल्लीन नहीं हो पाया, ऊर्जा की आवश्यकता होती है—यदि ऐसा दीर्घ काल तक चलता है, तो यह दुर्बल हो जाता है।

एक त्रुटिपूर्ण शिक्षा, एक संकीर्ण, अपरिष्कृत मनमस्तिष्क और अनेक यौन पूर्वग्रह स्त्रियों को पुरुषों की अपेक्षा अधिक एकनिष्ठ बनने की ओर प्रवृत्त करते हैं। परन्तु इस समय मैं विषय की इस शाखा को छूना नहीं चाहूँगी। मैं इससे भी आगे की बात करूँगी और किसी असंगति की कल्पना से रहित, यह पहले ही बताना चाहूँगी कि एक दुर्भाग्यपूर्ण परिणयसूत्र परिवार के लिए बहुधा हितकर होता है एवं एक उपेक्षित पत्नी सामान्य रूप से सर्वश्रेष्ठ माँ होती है। और प्रायः यही परिणति सर्वथा होगी यदि स्त्रियों की मेधा अधिक व्यापक हो। कारण कि यह सामान्य ईश्वरीय विधान प्रतीत होता है कि वर्तमान काल के आनन्द से हम जो अर्जित करते हैं, जीवन की संचित निधि यानी अनुभव से उसे निकालकर पृथक् कर देने की आवश्यकता पड़ती है। और जब हम जीवन के विशिष्ट दिनों में यौवन प्रसूनों को समेटते हैं और आनन्द कल्लोल कर रहे होते हैं तो बुद्धिमत्ता व कठिन परिश्रम के ठोस घनीभूत लाभ का उसी अवधि में बोध अभीष्ट नहीं होगा। मार्ग हमारे समक्ष है, चाहे हम वाम दिशा में मुड़ें अथवा दक्षिण की ओर। जिसका जीवन एक आमोद-प्रमोद से दूसरे पर छलाँग मारते हुए निरर्थक व्यतीत होता हो, यदि वह मेधा और न ही चरित्र की प्रतिष्ठा अर्जित कर पाया, तो उसे इसका दुखड़ा नहीं रोना चाहिए।

एक क्षण के लिए यदि यह मान लिया जाए कि आत्मा अमर नहीं होती, और मनुष्य को वर्तमान दृश्य अभिनय के लिए ही सृजित किया गया है, तो मैं समझती हूँ कि यह शिकायत करने का हमारे पास कारण होगा कि प्रेम, शिशुवत् लाड़-दुलार इन्द्रियभोग के समक्ष सर्वथा विवर्ण और धूमिल पड़ जाते हैं। खाओ, पिओ और प्रेम भोग करो, क्योंकि कल किसने देखा है—यही वस्तुतः तर्क की भाषा व जीवन की नैतिकता हो जाएगी और वह कौन मूर्ख होगा जो एक क्षणिक मरीचिका के लिए यथार्थ को त्याग देगा? परन्तु यदि मन की शक्तियों के प्रेक्षण से आतंकित, हम अपनी

आकांक्षाओं और विचारों को कर्म के तुलनात्मक रूप से एक ऐसे निकृष्ट क्षेत्र तक सीमित करने को तिरस्करणीय समझते हैं, असीमित सम्भावनाओं व उदात्त आशाओं से सन्नद्ध होने के कारण, जो केवल महान और महत्त्वपूर्ण ही दृष्टिगत होता हो, तो आचरण में कपट की क्या आवश्यकता है और क्यों एक पाखण्डपूर्ण भलाई को, जो सदाचार के मूल का सत्य निचोड़ती है, रोक रखने के प्रयोजन से सत्य की पावन तेजस्विता को दूषित किया जाना चाहिए? विलासी पुरुष को तुष्ट करने के लिए अदाओं के प्रदर्शन की कला द्वारा स्त्री मन को कलंकित करना, और प्रेम को मित्रता अथवा सदय सुकोमलता तक मन्दित करने से रोकना क्यों उचित होगा? सत्यनिष्ठ हृदय को स्वयं को प्रकट करने दो और तर्कबुद्धि को, भावावेग को आवश्यकता के समक्ष नतमस्तक होने की शिक्षा देने दो, अथवा सद्गुण का गौरवशाली अनुसरण एवं ज्ञान को, मस्तिष्क को उन भावनाओं से ऊपर उठने की अनुमति दो, जिन्हें यदि निश्चित सीमा में निरुद्ध नहीं किया गया, तो वे जीवन के पात्र में माधुर्य के बदले कड़ुवाहट घोल देंगी।

उस स्वच्छन्द भावोद्रेक को इंगित करना मेरा आशय नहीं है, जो प्रवृत्ति का सहवर्ती होता है—उसके पंख कौन कतर सकता है? परन्तु वह गौरवपूर्ण भावावेग जीवन के अदना सुखभोग के समानुपाती न होकर संवेदन-शक्ति का सत्य होता है और स्वयं से ऊर्जा ग्रहण करता है। वे उत्कट भाव जो अपनी स्थिरता के लिए यश प्राप्त करते हैं, सर्वथा दुर्भाग्यपूर्ण रहे हैं। उन्होंने अपनी शक्ति अन्यमनस्कता और सघन विषाद से अर्जित की है। कल्पनाविलास एक धूमिल सौन्दर्य की आकृति के इर्दगिर्द मँडराता है—परन्तु अन्तरंगता अनुरक्ति को विरक्ति अथवा न्यूनातिन्यून उदासीनता में परिवर्तित कर देती है और कल्पनाशक्ति को नूतन क्रीड़ा आरम्भ करने का अवसर प्रदान करती है। इस दृष्टिकोण से देखा जाए तो पूरे औचित्य के साथ रूसो ने अपने हृदय की अधिष्ठात्री, इलोयसा को सेण्ट प्रो से प्रेम करने के लिए उस समय तत्पर किया था जब जीवन उसके समक्ष कुम्हला रहा था; परन्तु भावावेग की अनश्वरता का यह कोई प्रमाण नहीं है।

भावना की सुकुमारता के सन्दर्भ में डॉ. ग्रेगरी का परामर्श भी ऐसा ही है, जिसे वह एक एक स्त्री को अर्जित नहीं करने का सुझाव देते हैं, यदि उसने परिणय-सूत्र में बँधने का निश्चय कर लिया है। इस निश्चय को, हालाँकि, यह उनके पूर्व परामर्श की पूर्ण संगति में होता है, वह अशालीन कहते हैं और अपनी पुत्रियों को इसे गोपन रखने के लिए इस तरह समझाते हैं मानो मानव प्रकृति की सामान्य तृष्णा की कामना अशालीन होती है!

उदात्त नैतिकता जो एक नन्ही-सी आत्मा के सतर्क विवेक के साथ, जो अस्तित्व के वर्तमान सूक्ष्म विभाजन से परे अपने दृष्टिकोण को व्यापक नहीं कर सकती,

सामंजस्य रखती है। यदि स्त्री मस्तिष्क की समस्त क्षमताएँ मात्र इसलिए परिष्कृत की जाएँ कि वे पुरुषों पर उसकी निर्भरता का अनुचित पक्षपात करती हैं, यदि एक पति उपलब्ध होते ही उसका लक्ष्य पूरा हो जाता है और एक ऐसे क्षुद्र ताज से उसका अहंकार निकृष्ट ढंग से तृप्त होता है तो उसे प्रसन्न होकर भूमि पर रेंगने दो, अपने उद्यमों से वह कदाचित् ही पशु-जगत् से ऊपर उठ सकेगी। परन्तु यदि वह श्रेष्ठ वृत्ति की स्पर्धा हेतु संघर्ष कर रही है तो सोचने की इस प्रक्रिया पर विराम लगाये बिना कि उस पति का चरित्र क्या होना चाहिए जिसके साथ परिणय उसका भवितव्य है, उसे अपनी बोधशक्ति को परिष्कृत करने दो। उसे वर्तमान सुख के लिए अति उत्सुक हुए बिना उन गुणों के आत्मसात् का निश्चय करने दो जो एक तर्कशील प्राणी को विशिष्ट बनाते हैं, ऐसे में, एक अभद्र बेढंगा पति उसकी अभिरुचि को सहसा आघात पहुँचा सकता है पर इससे उसके मन की शान्ति नष्ट नहीं होगी। तब वह अपने संगी की चंचलवृत्तियों के अनुरूप अपनी आत्मा को नहीं ढालेगी अपितु उनके साथ धैर्यपूर्वक निर्वाह करेगी। पति का चरित्र एक विपदा हो सकता है, परन्तु सदाचार के लिए बाधा नहीं।

यदि डॉ. ग्रेगरी अपनी टिप्पणी चिरन्तन प्रेम की कल्पनाविलासी अपेक्षाओं व सौहार्दपूर्ण भावनाओं तक सीमित रखते तो उन्हें यह स्मरण रहता कि तर्कबुद्धि की कीमत पर जब कल्पनाएँ जीवित रखी जाती हैं, तो परामर्श उसकी कामना से हमें कदापि रोक नहीं पाता, जिसे अनुभव निर्वासित कर देता है।

बहुधा ऐसा होता है, मैं इसे स्वीकार करती हूँ, कि वे स्त्रियाँ जो प्रेमानुरक्त अस्वाभाविक भावों की सुकुमारता को संजाए रखती हैं,[3] अपना जीवन यह दिवास्वप्न देखते हुए नष्ट कर देती हैं कि वे एक ऐसे पति के साथ किस भाँति प्रसन्न रहतीं जो उत्कट अनुराग के साथ प्रेम करता। वे एकल की ही भाँति दाम्पत्य जीवन में भी तृषित हो सकती हैं और एक अच्छे पति के लिए लालसा की तुलना में एक बुरे पति के साथ लेशमात्र भी अधिक अप्रसन्न नहीं होंगी। मैं मानती हूँ कि उचित शिक्षा अथवा अधिक स्पष्टता के साथ कहें तो एक भली-भाँति संगृहीत मस्तिष्क एक स्त्री को एकल जीवन को गरिमा के साथ निर्वाह करने योग्य बनाता है। परन्तु वह अपनी अभिरुचि को मात्र इस कारण से परिष्कृत न करे कि उसका पति यदा-कदा उस पर आघात पहुँचायेगा, एक मरीचिका के लिए एक सारवान वस्तु को त्याग देना होगा। सच कहूँ तो मैं नहीं जानती कि एक उन्नत रुचि की क्या उपयोगिता हो सकती है यदि व्यक्ति जीवन की आकस्मिकताओं से अपेक्षाकृत अधिक स्वतंत्र नहीं हो पाता; यदि आनन्द के अभिनव स्रोत जो मात्र मस्तिष्क की क्रियाशीलता पर निर्भर होते हैं, खोले नहीं जाते। सुरुचिसम्पन्न लोग विवाहित हों अथवा अकेले, ऐसी कई चीजों से जुगुप्सा अनुभव करते जो कम प्रेक्षणीय मस्तिष्क की दृष्टि से अछूती होती हैं। इस निष्कर्ष पर वाद-विवाद को स्थगित

होने की अनुमति नहीं दी जानी चाहिए, बल्कि आनन्द के समग्र योग में क्या अभिरुचि को वरदान माना जाना चाहिए?

प्रश्न यह उठता है कि इससे आनन्द की उपलब्धि होती है अथवा दुख की? इसका उत्तर, डॉ. ग्रेगरी के परामर्श का औचित्य निर्धारित करेगा और यह दर्शायेगा कि इस प्रकार एक दास व्यवस्था की स्थापना, अथवा नैतिक प्राणियों को उस विशुद्ध तर्क से, जो समग्र प्रजाति के प्रति प्रयुक्त होता है, निगमित नियमों के बजाय दूसरे नियमों से शिक्षित करने का प्रयास कितना बेतुका व निरंकुश है।

आचरण की विनम्रता, सहिष्णुता एवं वेदना इस प्रकार के सौम्य देवोपम गुण हैं कि उदात्त काव्यात्मक कृतियों में देव इनसे आभूषित होते हैं और कदाचित्, उनकी साधुता का कोई चित्र मनुष्य को इतनी प्रबलता के साथ आकर्षित नहीं करता जितना कि वह जिनमें वे दयालुता व क्षमाशीलता को बहुलता से प्रदर्शित करते हैं। इस दृष्टिकोण के अन्तर्गत विचारित विनम्रता अनुग्रह की मोहक शालीनता से सन्नद्ध गौरव की समस्त अभिलाक्षणिकताएँ अपने अग्रतम भाग में धारण करती है परन्तु उस समय यह कितना भिन्न रूप ग्रहण करती है जब वह परवशता का ऐसा दब्बू आचरण बनता है, दुर्बलता का वह अवलम्ब बनता है जो प्रेम इसलिए करता है कि इसे सुरक्षा की आवश्यकता होती है और सहिष्णु इसलिए होता है क्योंकि इसे कोड़े के प्रहार के नीचे मुस्कुराते, क्रोध के स्वर को मुखरित करने का साहस दिखाये बिना, मौन भाव से पीड़ा सहन करना पड़ता है। यह चित्र भले ही कितना घृणित प्रतीत होता हो, निरर्थक तर्कशास्त्रियों द्वारा मानव प्रकर्ष से पृथक् किए गए, स्त्री उत्कृष्टता के स्वीकृत मत के अनुसार, एक सम्पूर्ण स्त्री का चित्र है, अथवा वे कृपापूर्वक[4] पसली को पुनर्स्थापित करते हैं और एक नैतिक प्राणी की रचना करते हैं, जिसे समस्त 'विनीत आकर्षण' प्रदान करने की बात वे नहीं भूलते।

स्त्रियाँ ऐसी अवस्था में किस प्रकार जीवित रहें, जहाँ न तो परिणय की और न ही पाणिग्रहण में अर्पण की सम्भावना होती है, यह हमें बताया नहीं गया—क्योंकि नैतिकतावादी यद्यपि इस बात से सहमत हैं कि जीवन प्रवाह यह प्रमाणित करता प्रतीत होता है कि पुरुष विभिन्न परिस्थितियों द्वारा भावी अवस्था हेतु तैयार किए जाते हैं, वे इस बात पर सहमत होते हैं कि स्त्रियों को बस वर्तमान हेतु तैयारी करनी चाहिए। इस आधार पर, इस जाति के मूल सद्गुणों के रूप में विनम्रता, आज्ञापरायणता व स्तुति सदृश अनुराग की दृढ़तापूर्वक अनुशंसा की जाती है, तथा प्रकृति के स्वैच्छिक विधान की अवहेलना करते हुए एक लेखक ने यह घोषित रूप से कहा है कि स्त्रियों के लिए अवसादग्रस्त होना पुरुषों के गुणों की नकल करना है। उसे पुरुषों के क्रीडा कौतुक के लिए, उसका झुनझुना बनने के लिए सृजित किया गया है, और पुरुष जब भी, तर्कबुद्धि को किनारे लगाकर, मनबहलाव की कामना करता है तो इस झुनझुने को

उसके कानों में टुनटुनाते रहना चाहिए।

वस्तुतः एक व्यापक आधार पर विनम्रता की अनुशंसा करना, पूर्ण रूप से तात्त्विक होता है। एक सुकुमार प्राणी को विनम्र बनने हेतु परिश्रम करना चाहिए। परन्तु सहिष्णुता जब उचित व अनुचित को एक दूसरे के साथ गड्डमड्ड कर देती है तब वह एक सद्गुण नहीं रह जाता, और एक संगी में यह चाहे जितना सुखकर दृष्टिगत होता हो—वह संगी सदैव हीन ही समझा जाएगा और मात्र एक ऐसी नीरस सुकोमलता उत्प्रेरित कर सकेगा जो सरलता से तिरस्कार में अपक्षयित हो जाती है। यदि परामर्श फिर भी एक प्राणी को सचमुच विनम्र बना सकता जिसका नैसर्गिक मनोभाव इस प्रकार की उत्कृष्ट परिष्कृति से रहित होता, तो एक हद तक प्रगति की जा सकती थी। परन्तु यदि इस परामर्श से मात्र ढोंग पैदा किया जा सकता है जो क्रमिक उन्नति के मार्ग में, चित्तप्रकृति के वास्तविक उत्कर्ष में रोड़ा है, तो यह जाति थोथी शालीनता अर्जित करने में यथार्थ सद्गुणों का बलिदान कर विशेष उपकृत नहीं होती, यद्यपि कतिपय वर्षों के लिए वे राजसी प्रभाव से कुछ लोगों को प्रेरित कर सकती हैं।

एक दार्शनिक के रूप में, मैं उन आडम्बरपूर्ण विशेषणों को, जिसे पुरुष उनके अपमान को हल्का बनाने हेतु प्रयोग करते हैं, रोषपूर्वक पढ़ती हूँ। और एक नैतिकतावादी के रूप में, मैं यह प्रश्न करना चाहती हूँ कि इस प्रकार के विषमतापूर्ण संयोजनों, यथा स्नेहशील दुर्बलता, निष्कलंक दोष, इत्यादि का क्या अभिप्राय है? यदि नैतिकता की मात्र एक कसौटी होती है, पुरुष का एकमात्र आद्य प्ररूप होता है तो मोहम्मदी ताबूत की परिष्कृत गाथा के अनुसार स्त्रियाँ नियति द्वारा अधर में लटकाई गई प्रतीत होती हैं। वे न तो पशुओं की अमोघ मूल वृत्ति से सम्पन्न नहीं होतीं और न ही एक आदर्श प्रतिमान पर उन्हें तर्क की दृष्टि गड़ाने की अनुमति प्राप्त है। वे प्रेम करने के लिए बनाई गई हैं और उन्हें सम्मान प्राप्ति का लक्ष्य नहीं रखना चाहिए अन्यथा वे मर्दाना बनाकर समाज से बाहर हाँक दी जाएँगी।

परन्तु इस विषय को दूसरे दृष्टिकोण से देखें। क्या निष्क्रिय व अकर्मण्य स्त्रियाँ सर्वश्रेष्ठ पत्नियाँ प्रमाणित होती हैं? अपनी चर्चा को वर्तमान समय तक सीमित रखते हुए आइए, हम यह देखें कि ऐसी दुर्बलचित्त प्राणी किस प्रकार अपनी भूमिका का निर्वाह करते हैं? क्या ये स्त्रियाँ जिन्होंने कतिपय सतही उपलब्धियाँ अर्जित कर प्रचलित पूर्वग्रह को सुदृढ़ बनाया है, मात्र अपने पतियों की सुख-शान्ति में सहयोग करती हैं? क्या वे अपने रूप का प्रदर्शन उनके मनोविलास हेतु करती हैं? और क्या ऐसी स्त्रियाँ, जो आरम्भ में निष्क्रिय आज्ञापरायणता के भाव आत्मसात् कर चुकी हैं, एक कुटुम्ब की देखभाल व सन्तान की शिक्षा-दीक्षा के लिए यथोचित चरित्र-बल से सम्पन्न होती हैं? बल्कि इससे नितान्त पृथक्, स्त्री के इतिहास का पर्यवलोकन करने के उपरान्त, मैं उस सर्वाधिक कटु व्यंग्यकार.से सहमत हुए बिना नहीं रह सकती जो

इस स्त्री जाति को मानव प्रजाति के दुर्बलतम और साथ ही सर्वाधिक उत्पीड़ित अर्द्ध भाग के रूप में देखता है। इतिहास अधीनता के चिह्नों के अतिरिक्त भला और क्या उद्घाटित करता है और कितनी गिनी-चुनी स्त्रियों ने प्रभुसत्ता सम्पन्न पुरुष के क्षोभकारी जुवे से स्वयं को मुक्त किया है? इतनी कम स्त्रियों ने, कि ऐसे अपवाद मुझे न्यूटन के सन्दर्भ में कही गई एक बात का स्मरण कराते हैं, कि सम्भवतः वह कोई उच्चतर जगत का प्राणि था जिसने संयोगवश मानव-काया धारण कर ली थी। इसी शैली में, मैं यह अनुमान करने के लिए बाध्य हुई हूँ कि वे किंचित् विलक्षण स्त्रियाँ जो अपनी जाति हेतु निर्धारित परिक्रमा पथ से वेगपूर्वक बाहर निकल आईं, भूल से एक स्त्री देह-पिंजर में बन्दी, पुरुष-मना थीं। परन्तु जिस समय आत्मा की चर्चा हो रही हो, जाति के विषय में विचार करना यदि अति दार्शनिकता नहीं है, तो कहना होगा कि अधीनता इन्द्रियों पर निर्भर है; और वह दिव्य अग्नि जिसे मिट्टी को तपाना होता है, समान अंशों में वितरित नहीं की गई है।

परन्तु, सामूहिक रूप से दोनों जातियों की किसी प्रकार की प्रत्यक्ष तुलना से बचते हुए, जैसा कि मैंने अभी तक किया है, अथवा स्त्रियों की हीनता को प्रत्यक्षतः स्वीकारते हुए, चीजों के वर्तमान स्वरूप के अनुसार, मैं मात्र इस बात पर जोर देना चाहूँगी कि पुरुषों ने स्त्रियों की हीनता को इतना बढ़ा दिया है कि स्त्रियाँ तर्कशील प्राणियों के स्तर से भी प्रायः नीचे गिर चुकी हैं। उनकी क्षमताओं को अनावृत्त होने व उनके सद्गुणों को दृढ़ता पाने की सम्भावनाएँ प्रस्तुत कीजिए और इसका निर्णय करिए कि बौद्धिकता के मापक्रम में समग्र जाति कहाँ स्थित है। लेकिन यह ध्यान दिलाना आवश्यक है कि लब्धप्रतिष्ठ स्त्रियों की गिनी-चुनी संख्या को मैं स्थान देने की माँग नहीं करती।

हम मन्दबुद्धि नश्वर प्राणियों के लिए यह कहना कठिन होगा कि जब उस निरंकुश सत्ता का अन्धकार छँट जाएगा जो प्रत्येक पग पर हमें लड़खड़ाने को विवश कर देता है, तो मानव अनुसन्धान और उन्नयन किस ऊँचाई तक पहुँच सकता है? परन्तु नैतिकता को यदि एक अधिक ठोस आधार पर निर्धारित किया जा सके तो एक पैगम्बरी आत्मा से सम्पन्न हुए बिना मैं यह भविष्यवाणी करने का जोखिम उठा सकती हूँ कि स्त्री या तो पुरुष की मित्र होगी अथवा दासी। हमें, वर्तमान काल की भाँति, यह आशंका नहीं होगी, कि वह एक नैतिक उत्प्रेरक है अथवा ऐसी कड़ी जो पुरुष को पशु के साथ जोड़ती है। परन्तु तब यदि यह प्रकट हो जाए कि पशुओं के ही समान वे भी मुख्यतः पुरुषों के उपयोग हेतु सृजित की गई हैं, तो वह उन्हें धैर्यपूर्वक लगाम को ढीली करने की अनुमति देगा और खोखली प्रशंसा से उनका उपहास नहीं उड़ायेगा। अथवा उनकी तर्कशीलता यदि प्रमाणित हो जाए, तो वह अपनी ऐन्द्रिय क्षुधा को मात्र तृप्त करने हेतु उनकी उन्नति को अवरुद्ध नहीं करेगा। वह, अलंकृत वाग्मिता के

सम्पूर्ण लालित्य के साथ, उन्हें निर्विवाद रूप से अपनी बोधक्षमता को पुरुष नेतृत्व के सम्मुख समर्पित करने का परामर्श नहीं देगा। स्त्रियों की शिक्षा के सन्दर्भ में विचार करते हुए, उसका जोर उन्हें तर्कबुद्धि के स्वतंत्र प्रयोग से वंचित करने पर नहीं होगा, न ही वह उन प्राणियों के लिए धूर्तता एवं ढोंग-पाखण्ड का सुझाव देगा, जो उसी के समान मानवता के सद्‌गुणों को अर्जित कर रही हैं।

निश्चय ही, यदि नैतिकता का एक शाश्वत आधार है और जो भी वर्तमान सुविधाओं के पक्ष में सद्‌गुण का त्याग कर देता है अथवा ऐसी रीति से व्यवहार करना जिसका कर्तव्य होता है, वह मात्र आज के लिए जीता है, और एक उत्तरदायी प्राणी नहीं हो सकता।

तो न्याय का मात्र एक ही नियम हो सकता है।

कवि को अपनी उपहासपूर्ण मुद्रा त्याग देनी चाहिए जब वह यह कहता है कि "दुर्बल स्त्री यदि भटक जाती है, तो इसमें उससे अधिक सितारों का दोष है।" वे भाग्य की दुर्भेद्य शृंखला से जकड़ी होती हैं यह बात नितान्त अवश्यम्भावी है, यदि यह प्रमाणित किया जा सके कि वे अपनी तर्कबुद्धि का कदापि प्रयोग नहीं कर पाईं, कभी स्वाधीन नहीं रह सकीं, सम्मति से आगे जिनका कदापि उत्थान नहीं हो सका अथवा एक तर्कसंगत संकल्प की ऐसी गरिमा की कभी अनुभूति कर पाई हों जो मात्र ईश्वर के समक्ष नत होता है, और बहुधा यह विस्मृति कर देती हों कि जगत में उसके और आदर्श के उस प्रतिरूप के अतिरिक्त भी कोई प्राणी है जिसकी ओर उसकी उत्कंठित दृष्टि टिकी होती है, उन सहज लक्षणों को पूजने के लिए, जिसका सद्‌गुणों की कोमलता में ढलने पर, स्वरूप में अनुसरण किया जा सकता हो, बावजूद इसके कि मात्रा सम्मोहित मस्तिष्क को अभिभूत कर देती है।

यदि मैं कहूँ, क्योंकि ओजपूर्ण भाषण से मैं प्रभावित करना नहीं चाहूँगी, कि जब प्राकृत तर्कबुद्धि अपनी ज्ञान की शान्त ज्योति अर्पित करती है, तब यथार्थ में यदि वे तर्कशील प्राणियों के सदृश आचरण करने के योग्य होती हैं, उनके साथ अथवा उन पशुओं के साथ दासी समान व्यवहार नहीं होना चाहिए, जो पुरुष की तर्कबुद्धि पर, आश्रित होते हैं, अपितु उनके मस्तिष्क को परिमार्जित करना चाहिए। उन पर सिद्धान्तों का हितकारी, उदात्त नियंत्रण अभीष्ट होना चाहिए और स्वयं को मात्र ईश्वर पर आश्रित अनुभव कर उन्हें सचेत गौरव अर्जित करने की अनुमति प्राप्त होनी चाहिए। पुरुष के साथ-साथ उन्हें भी, नीतिशास्त्र के प्रति सम्मोहनकारी जाति के रूप प्रस्तुत करने के स्थान पर, आवश्यकता के अधीन होने की शिक्षा देनी चाहिए।

इसके अतिरिक्त, यदि अनुभव इसे प्रमाणित कर देता है कि वे समान कोटि की मानसिक दृढ़ता, लगन व शक्ति अर्जित नहीं कर सकतीं तो वे समान कोटि के लिए निष्फल संघर्ष करती हैं, उनके सद्‌गुणों को स्वरूप में समान होने की अनुमति दी जानी

चाहिए। और पुरुष की श्रेष्ठता यदि अधिक नहीं तो उसी अनुपात में होगी, एवं सत्य, चूँकि यह एक सरल सिद्धान्त है जो किसी विकृति को स्वीकार नहीं करता, दोनों के लिए समान होगा। नहीं, समाज की व्यवस्था, जिस प्रकार वर्तमान समय में संचालित हो रही है, उसके विपरीत नहीं बनाई जा सकती क्योंकि तब स्त्री के पास मात्र वह ओहदा होगा जिसे तर्कबुद्धि ने उसे सौंपा है, और कला-कौशल का प्रयोग, उसे पलटना तो दूर रहा, सन्तुलन स्थापित करने हेतु भी नहीं किया जा सकता।

इन्हें आदर्शवादी स्वप्न कहा जा सकता है। उस विधाता की मैं कृतज्ञ हूँ जिसने मेरी आत्मा पर उन्हें अंकित कर दिया और अपनी स्वयं की तर्कबुद्धि के प्रयोग का साहस जुटाने के लिए मुझे यथेष्ट मानसिक बल प्रदान किया। और अपने सद्‌गुण के अवलम्ब हेतु मात्र उस पर आश्रित रहते हुए मैं उन भ्रान्तिपूर्ण धारणाओं को, जिसने मेरी जाति को बन्दी बना लिया, रोषपूर्ण दृष्टि से देखती हूँ।

मैं पुरुष को अपने बन्धु की भाँति प्रेम करती हूँ। उसका राजदण्ड चाहे वास्तविक हो या छीना हुआ, मुझ पर लागू नहीं होता बशर्ते कि एक व्यक्ति की तर्कबुद्धि मेरी श्रद्धा की माँग नहीं करती। यह समर्पण भी तर्कबुद्धि के प्रति होता है, उस पुरुष के प्रति नहीं। वस्तुतः एक उत्तरदायी प्राणी का आचरण स्वयं उसकी तर्कबुद्धि की क्रियाशीलता से संचालित होता है, अन्यथा, ईश्वर का सिंहासन किस नींव पर खड़ा रह पाएगा?

इन प्रकट सच्चाइयों पर विस्तृत विचार करना मुझे अनिवार्य प्रतीत होता है, क्योंकि स्त्रियों को एक तरह से पृथक् कर दिया गया है, और एक ओर वे उन सद्‌गुणों से निरावृत्त कर दी जाती हैं, जिनसे मानवता को सज्जित करना होता है, दूसरी ओर उन कृत्रिम अदाओं से अलंकृत की जाती है जो उन्हें एक अल्पकालिक निरंकुश सत्ता के प्रयोग में सक्षम बनाती हैं। उनके अन्तःस्थलों में प्रेम प्रत्येक उदात्त भाव का स्थान, ग्रहण कर लेता है; सुरूपा होना, सम्मान जागृत करने के स्थान पर भावावेग उत्पन्न करना उनकी अनन्य आकांक्षा होती है और यह अधम लालसा, निरंकुश राजतंत्र में चाटुकारिता की ही भाँति, चरित्र की सम्पूर्ण दृढ़ता को नष्ट कर देती है। मुक्ति सदाचार की जननी है; और, स्त्रियाँ यदि अपने विन्यास से ही दास होती हैं तथा उन्हें मुक्ति की प्रबल शक्तिदायिनी वायु से अनुप्राणित होने की अनुमति नहीं दी जाती तो वे अन्यस्थानिक पौधों की भाँति मुरझा जाएँगी और उन्हें प्रकृति में एक मुग्धकारी दोष ही माना जाएगा।

जहाँ तक अधीनीकरण सम्बन्धी, जिसमें स्त्री-जाति चिरन्तन कैद रही है, तर्क का प्रश्न है, वह उल्टे पुरुष को मुँहतोड़ जवाब देता है। बहुलांश को सदैव मुट्ठी भर लोगों द्वारा वशीभूत किया जाता रहा है, और वे अतिक्रूर व्यक्ति, जिन्होंने बिरले ही मानवीय श्रेष्ठता का किसी प्रकार का परिचय प्रकट दिया है, अपने करोड़ों सहप्राणियों पर अत्याचार करते रहे हैं। श्रेष्ठ नैसर्गिक प्रवृत्तियों से सम्पन्न मनुष्य क्यों इस प्रकार की

अध्याय तीन

इसी विषय पर कुछ और बातें

शारीरिक बल नायकों की विशिष्टता बनने की जगह अब ऐसे अनर्जित तिरस्कार के गर्त में धँस चुका है कि पुरुष और साथ ही स्त्रियाँ भी इसे अनावश्यक मानते प्रतीत होते हैं। स्त्रियाँ इसलिए कि यह उनके नारी-सुलभ लावण्य और उस प्रीतिकर दुर्बलता से उनकी अनुचित शक्ति का स्रोत हर लेता है तथा पुरुष इस कारण से कि यह एक भद्रपुरुष के चरित्र के प्रतिकूल दिखाई पड़ता है।

इस तथ्य को, कि दोनों ही, एक छोर से दूसरे छोर तक जा पहुँवे हैं, अत्यन्त सरलता से प्रमाणित किया जा सकता है। परन्तु पहले यह प्रेक्षण करना उचित होगा कि एक भोंडी गलती ने एक सीमा तक विश्वास अर्जित कर लिया है। इसने एक ऐसे असत्य निष्कर्ष को शक्ति प्रदान की, जहाँ प्रभाव को कारण समझने की चूक की गई है।

प्रतिभा सम्पन्न व्यक्ति बहुधा ही अपनी कायिक संरचना को अध्ययन-मनन द्वारा अथवा अपने स्वास्थ्य के प्रति लापरवाहीभरी उपेक्षा से क्षति पहुँचाते हैं तथा उनके भावोद्रेक की उग्रता क्योंकि उनकी बौद्धिक उर्जस्विता का एक अंश धारण करती है और खड्ग के म्यान को नष्ट कर देने की लोकोक्ति चरितार्थ होने लगती है। पल्लवग्राही प्रेक्षकों ने इससे यह निष्कर्ष निकालना आरम्भ कर दिया कि प्रतिभावान व्यक्तियों की देहयष्टि साधारणतया दुर्बल अथवा, अधिक प्रचलित उक्ति का प्रयोग करें तो, सुकुमार होती है, तथापि मुझे विश्वास है कि इसका विपरीत ही वास्तविकता होगी। कारण, सघन जाँच-पड़ताल द्वारा मैं यह पाती हूँ कि अधिकांश मामलों में मन की ऊर्जा के साथ-साथ तन की श्रेयस्कर शक्ति संलग्न होती है। मेरा आशय शारीरिक सौष्ठव की नैसर्गिक हृष्ट-पुष्टता से है, नसों का सख्त खिंचाव अथवा पेशियों का वह बल नहीं, जो शारीरिक श्रम से उत्पन्न होता है, जिसमें मस्तिष्क निष्क्रिय रहता है अथवा मात्र हाथों को निर्देश देता है।

डॉ. प्रीस्टले ने अपनी आत्मकथा के प्राक्कथन में यह टिप्पणी की है कि अधिकांश

महान पुरुष पैंतालिस वर्षों से अधिक काल तक जीवित रहे हैं। और यह सोचकर कि जिस विचारशून्य ढंग से उन्होंने अपनी शक्ति को उदारतापूर्वक गँवा दिया—जबकि वे अपने एक प्रिय विज्ञान का अनुसन्धान करते समय, मध्यरात्रि में विस्मरणशील होकर अपने जीवन की बाती को तिल-तिल जलाते रहे अथवा जिस समय वे काव्यात्मक स्वप्नों में तल्लीन रहे, और आत्मा उद्वेलित हो उठी, जब तक कि इसने शरीर विन्यास को भावों के उस आवेग द्वारा मथ नहीं डाला जो गम्भीर चिन्तन से उद्‌भूत हुए थे, जिसका लक्ष्य, कल्पनाशीलता का एक निराधार ढाँचा श्रान्त नेत्रों के समक्ष तिरोहित हो जाता है, ऐसे में उनकी काया अवश्य इस्पाती रही होगी। शेक्सपियर ने वायवीय कटार को कदापि शिथिल हाथों से ग्रहण नहीं किया और न ही मिल्टन के हाथ काँपे जब वे शैतान को उसके अरुचिकर बन्दीगृह की सीमाओं से परे ले गए।—ये हीनबुद्धिता का प्रलाप नहीं हैं, अस्वस्थ मस्तिष्क के दूषित उद्‌गार नहीं हैं, अपितु कल्पनाशीलता की उर्वरता है जिसे 'एक परिष्कृत उन्मत्त' विचरणशीलता में, उसकी भौतिक बेड़ियों का निरन्तर स्मरण नहीं कराया जा सकता।

मैं इससे अवगत हूँ कि यह विवाद, जहाँ तक जाने की मेरी इच्छा है, उससे मुझे आगे ले जाएगा। परन्तु मैं सत्य के पक्ष में हूँ और अभी भी अपनी पहले की अवस्थिति पर दृढ़ रहकर मैं यह स्वीकार करूँगी कि शारीरिक बलिष्ठता पुरुष को स्त्री पर एक नैसर्गिक श्रेष्ठता प्रदान करती प्रतीत होती है और यही मात्र वह ठोस आधार है जिस पर यौनिक वरीयता निर्मित की जा सकती है। परन्तु फिर भी मैं यह आग्रह करूँगी कि स्त्री-पुरुष के मात्र सद्‌गुण ही नहीं बल्कि ज्ञान को भी, यदि कोटि में न हो तो, प्रकृति में समान होना चाहिए और स्त्रियों को, जो नैतिक ही नहीं अपितु तर्कशील प्राणी समझी जाती हैं, एक विलक्षण प्रकार के अर्द्ध प्राणी—रूसो के अद्‌भुताकार जंगली जन्तुओं[1] में से एक के समान शिक्षित होने के स्थान पर, उन्हें मानवीय सद्‌गुणों (अथवा आदर्श) को पुरुषों की भाँति उसी विधि से अर्जित करने का प्रयास करना चाहिए।

यदि दैहिक बलिष्ठता, तर्कबुद्धि के किंचित् प्रदर्शन सहित, पुरुषों की आत्मश्लाघा का कारण बनती है, तो स्त्रियाँ ही इतनी सम्मोहित क्यों रहती हैं कि एक दोष पर गर्व करें? रूसो ने उन्हें एक ऐसा सत्याभासी बहाना उपलब्ध कराया है, जो मात्र एक पुरुष को ही सूझ सकता था, जिससे कल्पना के घोड़े दौड़ाने की और सूक्ष्म इन्द्रियों द्वारा गृहीत प्रभाव के परिष्कार की अनुमति प्राप्त है, जिससे उन्हें निःसन्देह एक सहज भोगवृत्ति से, विनम्रता के उस रोमानी स्वरूप का अतिक्रमण किए बिना पराजित होने का बहाना सुलभ हो गया, जो पुरुष के अहंकार और विलासिता को तुष्ट करता है।

स्त्रियाँ, इन भावनाओं से भ्रमित होकर, यदा-कदा अपनी कोमलता की डींग मारती हैं, पुरुषों की कमजोरी का अनुचित लाभ उठाकर धूर्ततापूर्वक सत्ता अर्जित कर

लेती हैं। वे भले ही अपने अयुक्त अधिकार पर इसलिए गर्व करें कि तुर्की पाशाओं की भाँति वे अपने स्वामियों से अधिक वास्तविक शक्ति से सम्पन्न होती हैं। परन्तु अल्पकालिक सन्तोष के लिए सद्गुण की तिलांजलि दे दी जाती है और एक घंटे के विजयोत्सव हेतु जीवनभर की सम्माननीयता की।

स्त्रियाँ, और साथ ही निरंकुश शासक, आज, सम्भवतः उससे अधिक शक्ति सम्पन्न हैं जितना वे वास्तव में रहते यदि राज्यों व कुटुम्ब में विभाजित और उपविभाजित विश्व, तर्कबुद्धि के प्रयोग से निगमित नियमों द्वारा संचालित होता। परन्तु इसे अर्जित करने में, उनका चरित्र नीचे गिरता है और सम्पूर्ण समाज में स्वेच्छाचार व्याप जाता है। मुट्ठीभर लोग बहुजन पर हावी हो जाते हैं। अतः मैं निश्चयपूर्वक यह कहने का साहस करूँगी कि स्त्रियों को जब तक तर्कपरक विधि से शिक्षित करने की सम्भावना नहीं बनती, मानवीय सद्गुण की प्रगति एवं ज्ञान में संवृद्धि की अविच्छिन्न जाँच-पड़ताल होनी चाहिए। और यदि यह मान लिया जाए कि स्त्री मात्र पुरुष की तृष्णा को तृप्त करने हेतु और ऐसा उच्चपदेन सेवक होने के लिए, जो उसके भोजन-पानी का प्रबन्ध व उसके पहनने-ओढ़ने की देखभाल करता है, सृजित नहीं की गई हैं, तो इससे यह निष्कर्ष निकलता है कि उन माँओं और पिताओं का प्रथम दायित्व, जो बालिकाओं की शिक्षा-दीक्षा पर वास्तव में ध्यान देते हैं, यदि काया को हृष्ट-पुष्ट बनाना नहीं हो तो कम से कम, शारीरिक संरचना को स्त्रियोचित विशिष्टता व सौन्दर्य की भ्रान्त धारणाओं से नष्ट करना तो नहीं होना चाहिए; और न ही कन्याओं को कदापि यह घातक धारणा हृदयंगम करने की स्वीकृति मिलनी चाहिए कि कोई दोष तर्कणा की किसी भी रासायनिक प्रक्रिया द्वारा एक विशिष्टता बन सकता है। इस सन्दर्भ में, मुझे जानकर प्रसन्नता हुई कि हमारे देश में बच्चों की सर्वाधिक शिक्षाप्रद पुस्तकों में से एक के लेखक की राय मुझसे मेल खाती है। मैं अपने तर्क को बल प्रदान करने के लिए उसकी प्रासंगिक टिप्पणियों का उल्लेख करना चाहूँगी।[2]

परन्तु यदि यह सिद्ध भी हो जाता है कि पुरुष की अपेक्षा स्त्री नैसर्गिक रूप से दुर्बल होती है तो भी यह निष्कर्ष कैसे निकलता है कि प्रकृति ने उन्हें जितना दुर्बल बनाने का आशय किया है, उससे अधिक दुर्बल बनने हेतु श्रम करना उनके लिए स्वाभाविक है? इस तरह के तर्क सहज बुद्धि का अपमान है, इसमें भावोद्रेक का पुट होता है। महाराजाओं के दैवी अधिकार की भाँति पतियों के *दिव्य अधिकार* पर, यह आशा की जाती है, कि इस प्रबोधन काल में, बिना आशंका के विवाद उठाया जा सकता है, और यद्यपि कट्टर विश्वास बहुतेरे प्रचण्ड विवादियों का मुँह बन्द नहीं कर सकता, तथापि जब किसी प्रचलित पूर्वग्रह पर आक्रमण होता है तो बुद्धिमान इस पर विचार करते हैं, भले ही संकीर्णमना लोग विचारशून्य उत्कटता के साथ गाली-गलौज करते रहें।

उस माँ को, जो अपनी पुत्री को चरित्र की वास्तविक गरिमा से सम्पन्न करने की अभिलाषी होती है, अज्ञान की उपहासपूर्ण दृष्टि पर ध्यान नहीं देना चाहिए। उसे एक ऐसी योजना पर आगे बढ़ना चाहिए जो उसके ठीक विपरीत हो जिसकी रूसो ने वाक्पटुता के समस्त छलपूर्ण सम्मोहन और दार्शनिक कुतर्क के साथ अनुशंसा की है। कारण कि उसकी वाग्मिता विसंगतियों को युक्तिसंगत बनाकर प्रस्तुत करती है और उसके जड़सूत्रीय निष्कर्ष उलझा देते हैं, भले ही उन लोगों को कायल न कर सकें जो उन्हें खण्डित करने की योग्यता नहीं रखते।

सम्पूर्ण प्राणी जगत् में प्रत्येक शिशु जीव को प्रायः निरन्तर व्यायाम करने की आवश्यकता होती है और बच्चों की शैशवावस्था इस संकेत के अनुरूप, अहानिकर उछलकूद में व्यतीत होनी चाहिए, जिससे एक परिचारिका के सतत ध्यान अथवा मस्तिष्क के अत्यन्त ब्यौरेवार निर्देश की आवश्यकता के बिना हाथों व पैरों का व्यायाम होता है। वस्तुतः आत्म-संरक्षण के लिए अनिवार्य देखभाल बुद्धि का प्रथम नैसर्गिक व्यायाम है जबकि वर्तमान क्षण को रोचक बनाने के छोटे-छोटे आविष्कार कल्पना को प्रस्फुटित करते हैं। परन्तु प्रकृति की इन बुद्धिमतापूर्ण योजनाओं पर भ्रान्तिमूलक अनुराग अथवा अन्ध उत्साह से पानी फिर जाता है। बच्चे को पलभर के लिए भी उसके स्वयं के निर्देशन में नहीं छोड़ा जाता, विशेषतया एक बच्ची को, और इस प्रकार परावलम्बी बना दिया जाता है। परावलम्बिता नैसर्गिक कही जाती है!

शारीरिक सौन्दर्य यानी स्त्रियों की एकमात्र शोभा को संरक्षित करने के लिए क्षमताओं और अंगों को चीनी बन्धनों से भी बदतर शिकंजे में जकड़ दिया जाता है और वह जड़ जीवन जिसे भोगने के लिए वे अभिशप्त होती हैं, जब कि लड़के उन्मुक्त वातावरण में कल्लोल करते हैं, पेशियों को दुर्बल और स्नायु को शिथिल बना देता है। रूसो की इन टिप्पणियों के अनुसार, जो विभिन्न लेखकों द्वारा ध्वनित होती रही हैं, कि वे स्वभावतः अर्थात् अपने जन्म से ही शिक्षा से परे होती हैं, उनमें गुड्डे-गुड़ियों के प्रति, सजने-सँवरने व बतकही के प्रति एक चाव होता है--वे इतनी बचकानी होती हैं कि उनकी बातों का गम्भीर खण्डन करने की जरूरत नहीं होती। एक बच्ची, अल्पबुद्धि दाइयों की व्यर्थ बकवास सुनते घंटों अनवरत बैठे रहने, अथवा अपनी माँ की शृंगार प्रसाधन सम्बन्धी परिचर्या में जुटे रहने का जिसे दण्ड मिला हो, उस बातचीत में सम्मिलित होने का प्रयास करेगी, वस्तुतः यह अत्यन्त नैसर्गिक है तथा वह अपनी माँ अथवा मौसियों का अनुकरण करेगी और अपनी निर्जीव गुड़िया का उसी प्रकार साज-शृंगार कर अपना मन बहलायेगी जैसा वे उसे, असहाय भोली-भाली गुड़िया को सजाने-सँवारने में करती हैं। यह निःसन्देह एक सर्वाधिक स्वाभाविक परिणति है। उत्कृष्टतम क्षमताओं के धनी पुरुष भी इर्दगिर्द के परिवेश से विद्रोह करने की यथोचित शक्ति से कदाचित् ही सम्पन्न होते हैं; और जब प्रतिभाशाली व्यक्तियों का इतिहास हमेशा ही उस युग

के पूर्वग्रहों से धुँधलाया रहा हो, तो उस जाति को कुछ छूट देनी होगी जो राजाओं की भाँति चीजों को सर्वथा एक भ्रामक माध्यम से देखती है।

इस प्रकार, स्त्रियों में वेशभूषा के प्रति चाव को, जिन पर वे अवलम्बित रहती हैं उन पुरुषों को प्रसन्न करने की मनोकामना का परिणाम माने बिना भी, सरलता से समझा जा सकता है। संक्षेप में, यह सोचना कि एक बालिका नैसर्गिक रूप से नखरीली होती है और यह कि प्रजाति को संवर्धित करने की प्रकृति-प्रदत्त प्रेरणा के साथ जड़ी कामना, अनुपयुक्त शिक्षा द्वारा कल्पना को उद्दीप्त कर इसे समय पूर्व ही प्रत्यक्ष करने से पहले ही प्रकट हो जाए, इतना अदार्शनिक है कि रूसो जैसा दूरदर्शी प्रेक्षक ने इसे कदापि अंगीकार नहीं किया होता यदि वह तर्कबुद्धि को असाधारणता की अपनी अभिलाषा और सत्य को एक रुचिकर विरोधाभास के पक्ष में समर्पित करने का अभ्यस्त न होता।

बहरहाल, इस प्रकार, स्त्री-पुरुष के भेद के आधार पर चिन्तन एक ऐसे व्यक्ति के सिद्धान्तों की संगति में नहीं था जो इतनी ऊष्मा के साथ और इतनी भली-भाँति आत्मा की अनश्वरता पर तर्क-वितर्क करता था। परन्तु एक परिकल्पना के मार्ग में आड़े आनेवाला सत्य कितना शक्तिहीन अवरोध होता है! रूसो सद्गुण को आदर की दृष्टि से देखता था, लगभग आराधना करता था, इसके उपरान्त भी उसने स्वयं को इन्द्रियभोगवादी अनुराग के साथ प्रेम करने दिया। उसकी कल्पनाशक्ति उसकी धधकती विषयासक्ति के लिए अविच्छिन्न रूप से ज्वलनशील ईंधन उपलब्ध करा रही थी। परन्तु आत्मनिग्रह, सहनशक्ति अथवा उन वीरोचित सद्गुणों, जिनकी सराहना उसके जैसा मस्तिष्क नहीं कर सकता, के लिए अपने सम्मान के साथ सामंजस्य स्थापित करने के उद्देश्य से वह प्रकृति के नियम को उलटने की चेष्टा करता है और चरम बुद्धिमत्ता की प्रकृति के लिए अवमानना पूर्ण तथा शरारत से भरा एक सिद्धान्त गढ़ता है।

उसकी बेतुकी कहानियाँ, जो दैनन्दिन उदाहरण पर किसी प्रकार का जोर दिये बिना, यह प्रमाणित करने की ओर प्रवृत्त होती हैं कि लड़कियाँ अपने शारीरिक रूप के प्रति स्वभावतः दत्तचित्त रहती हैं, तिरस्कार के योग्य भी नहीं हैं और इस बात को, कि एक छोटी-सी बाला की इतनी सही अभिरुचि हो कि खिलन्दड़ेपन के आनन्ददायी मनोविनोद की मात्र इसलिए उपेक्षा कर सके, क्योंकि उसे यह एक अशिष्ट व्यवहार लगता है, पढ़े-लिखे सुअर के किस्सों के साथ ही रखा जाना चाहिए।[3]

मुझे जे.जे. रूसो की अपेक्षा, सम्भवतः अधिक बालिकाओं का उनके शैशवकाल में अवलोकन करने का अवसर सुलभ हुआ है। मैं स्वयं अपनी भावनाओं का स्मरण करती हूँ और मैंने स्थिरचित्त होकर अपने चतुर्दिक दृष्टिपात किया है तथापि नारी चरित्र के प्रथम प्रकटीकरण सम्बन्धी उसके मत के साथ सहमत होना तो दूर, मैं तो

दृढ़तापूर्वक यह कहने का साहस करूँगी कि एक बालिका, जिसकी आत्मा निष्क्रियता में धँसकर निस्पन्द नहीं पड़ गई है अथवा अबोधता छद्म लज्जा द्वारा कलंकित नहीं हुई है, सर्वथा एक खिलन्दड़ी लड़की रहेगी और वह गुड़िया तब तक कदापि ध्यानाकर्षण करना नहीं चाहेगी जब तक कि प्रतिबन्ध उसके लिए कोई अन्य विकल्प नहीं छोड़ता है। संक्षेप में, लड़कियों और लड़कों का साथ-साथ अहानिकर ढंग से खेलना-कूदना सम्भव हो सकता था, यदि स्त्री-पुरुष के बीच भेद को इससे पहले कि प्रकृति कोई भिन्नता स्थापित करती, उनमें भरा नहीं गया होता। मैं इससे भी आगे जाकर एक निर्विवाद तथ्य के रूप में यह दृढ़तापूर्वक स्वीकार करना चाहूँगी कि मेरे प्रेक्षण की परिधि में स्थित अधिकांश स्त्रियों को, जिन्होंने तर्कशील प्राणियों की भाँति आचरण किया अथवा बुद्धिमत्ता की शक्ति दर्शायी, संयोग से स्वच्छन्द विचरने की उन्मुक्तता प्राप्त हुई थी।

वे घातक परिणाम, जो शैशवकाल व युवावस्था में, स्वास्थ्य के प्रति बरती जानेवाली लापरवाही से उपजते हैं, उससे कहीं अधिक व्यापक होते हैं जिसकी कल्पना की जाती है। शारीरिक परनिर्भरता सहज ही मानसिक परावलम्बिता को जन्म देती है। तब वह एक अच्छी पत्नी अथवा माता भला कैसे हो सकती है जब कि उसका अधिकांश समय रोग सहने अथवा उसका निवारण करने में व्यतीत हो जाता है? न ही यह अपेक्षा की जा सकती है कि एक स्त्री अपनी काया को शक्तिशाली बनाने अथवा शक्तिह्रासक व्यसनों से दूर रहेगी, यदि सौन्दर्य की कृत्रिम धारणाएँ और संवेदनशीलता के मिथ्या विवरण उसके व्यवहार के प्रेरक तत्त्वों के साथ प्रारम्भ से ही गुँथ गए हों। अधिकांश पुरुषों को कभी न कभी दैहिक कष्ट सहन करने पड़ते हैं और यदाकदा प्राकृतिक शक्तियों की कठोरता सहनी पड़ती है। परन्तु, कुलीन स्त्रियाँ, अभिधा में कहें तो, अपने शरीर की दासी होती हैं और अपनी परतंत्रता में गौरव अनुभव करती हैं।

मैं एक समय एक ऐसी आधुनिक रंग ढंगवाली शक्तिहीन स्त्री से परिचित थी जिसे अपनी कमनीयता व संवेदनशीलता का सामान्य से अधिक अभिमान था। उसका विचार था कि एक विशिष्ट रुचि व अदना-सी क्षुधा समस्त मानवीय आदर्श की पराकाष्ठा है और वह व्यवहार भी तदनुरूप करती थी। मैंने इस दुर्बलचित्त परिष्कृत प्राणी को जीवन के समस्त कर्तव्यों से मुँह मोड़ते पाया है, इसके बावजूद वह आत्मतुष्ट भाव से गद्देदार कुर्सी पर पसर जाती है और उस कमनीयता के प्रमाण के रूप में, जो उसकी नाजुक संवेदनशीलता तक विस्तारित अथवा सम्भवतः उससे उद्भूत होती है, अपनी क्षुधा की क्षीणता की शेखी बघारती रहती है। स्पष्टतः इस प्रकार के हास्यास्पद अनर्गल भाष्य को सुबोध बनाना कठिन होता है, तथापि उसी पल मैं उसे एक सम्मानीय बूढ़ी भद्र महिला का जिसे अनपेक्षित दुर्भाग्य ने उसकी आडम्बरपूर्ण दानशीलता पर पराश्रित कर दिया था और अच्छे दिनों में, जो उसकी कृतज्ञता पर दावा रखती थी,

अपमान करते देखती हूँ। क्या यह सम्भव था कि एक मनुष्य इस भाँति दुर्बल और भ्रष्ट जीव बन गया होता, यदि सिबराइटों के समान, विलासिता में डूबकर सद्गुण सदृश समस्त वस्तुएँ क्षरित नहीं हुई रहतीं?

ऐसी स्त्री उन कतिपय रोमन सम्राटों की अपेक्षा अधिक अविवेकी विकट जीव नहीं होती, जो निरंकुश सत्ता से भ्रष्ट हो चुके होते हैं, तथापि जब से राजाओं ने विभिन्न प्रतिबन्धों के और मर्यादा नियंत्रण के अधिक दबाव में रहना प्रारम्भ किया है, इतिहास के अभिलेख मूर्खता और नृशंसता के ऐसे अस्वाभाविक दृष्टान्तों से भरपूर नहीं रहे, न ही निरंकुश शासन, जो सदाचार व प्रतिभा को जन्मना ही नष्ट कर देता है, यूरोप पर उस विध्वंसक अभिशाप के साथ मँडराया, जिसने तुर्की को जनशून्य और मनुष्य के साथ धरती को भी बन्ध्या बना दिया था।

स्त्रियाँ सर्वत्र ऐसी शोचनीय अवस्था में रहती हैं। कारण, उनकी अबोधता, जैसा कि अज्ञान को शालीनतावश अभिहित किया जाता है, संरक्षित करने के उद्देश्य से सत्य को छिपाकर रखा गया और इसके पूर्व कि उनकी क्षमताएँ किसी प्रकार की शक्ति अर्जित कर सकें उन्हें अवास्तविक चरित्र ग्रहण करने को तत्पर किया गया। शैशवावस्था से यह शिक्षा ग्रहण करते कि सौन्दर्य स्त्रियों का राजदण्ड होता है, मानस स्वयं को काया के अनुरूप ढालता है ओर अपने स्वर्णयुक्त पिंजरे में विचरण करते, अपने बन्दीगृह को ही पसन्द करने लगता है। पुरुषों के विभिन्न व्यवसाय और व्यस्तताएँ होती हैं जो उनके ध्यान को बाँधे रखती हैं और उन्मुक्त हो रहे आद्य मन को एक विशिष्टता प्रदान करती हैं। परन्तु स्त्रियाँ, एक से ही परिरुद्ध अपने विचारों को स्वयं के सर्वाधिक महत्त्वहीन अंश पर अनवरत रूप से केन्द्रित रखकर, कदाचित् ही अपनी दृष्टि को तात्कालिक विजय के परे विस्तारित करती हैं। परन्तु यदि उनकी बोधशक्ति उस दासता से एक बार मुक्त हो गई होती, जिसके अधीन पुरुष के अहंकार व विषयभोग तथा उनकी अल्पकालिक लालसा ने वर्तमान निरंकुश शासनों की भाँति उन्हें रखा है तो हम उनकी दुर्बलता के विषय में सम्भवतः अचरज के साथ अध्ययन करते। मुझे इस तर्क को थोड़ा और आगे बढ़ाने की अनुमति मिलनी चाहिए।

सम्भवतः, यदि किसी दुरात्मा के अस्तित्व को स्वीकार कर लिया जाए, जो, धर्मग्रंथ की अन्योक्तिपरक भाषा में कहें तो, इस टोह में भटकती रही है कि किसे निगले, तो वह भी मानव चरित्र को इतना भ्रष्ट नहीं कर सकता जितना कि मनुष्य को निरंकुश सत्ता प्रदान करना।

यह तर्क विभिन्न शाखाओं-प्रशाखाओं में प्रस्फुटित होता है। जन्म, समृद्धि और प्रत्येक बाह्य श्रेष्ठता जो एक मनुष्य को बिना किसी मानसिक परिश्रम के अपने बन्धुओं के ऊपर प्रतिष्ठित करती है, यथार्थ में उसे उनसे नीचे रसातल में धकेल देती है। अपनी दुर्बलता के अनुपात में उसका उपयोग षड्यंत्रकारी व्यक्तियों द्वारा किया

जाता है, जब तक कि अहंकार में फूला हुआ दैत्य मानवता के समस्त चिह्नों से निःशेष नहीं हो जाता। मनुष्य समुदाय को, भेड़ों के झुण्ड की ही भाँति, ऐसे नेता का मौन भाव से अनुसरण करना चाहिए, यह ऐसी बेहूदगी है जिसकी प्रेरणा केवल तात्कालिक सुख की कामना तथा बोधशक्ति की संकीर्णता ही दे सकती है। दासवत् पराधीनता में शिक्षित और विलासिता व अकर्मण्यता से शक्तिहीन, हमें ऐसे मनुष्य कहाँ मिलेंगे जो व्यक्ति के अधिकारों के समर्थन में समक्ष डटे रहें अथवा नैतिक प्राणियों के इस अधिकार का दावा कर सकें, कि उत्कर्ष तक पहुँचने का मात्र एक मार्ग ही अभीष्ट होगा? राजाओं और मंत्रियों के प्रति दासत्व का, जिससे स्वयं को मुक्त करने में विश्व को समय लगेगा और जिसकी घातक पकड़ मानव मस्तिष्क को अवरुद्ध कर देती है, अभी तक उन्मूलन नहीं किया जा सका है।

सत्ता के मद में पुरुषों को, ऐसे ही तर्क के प्रयोग की, जिसका प्रयोग निरंकुश महाराजा और धनलोलुप मंत्री करते हैं, तथा दोषपूर्ण तर्क से यह दावा करने की कि स्त्रियों की पराधीनता आवश्यक है क्योंकि वे सदैव ही ऐसी रही है, अनुमति नहीं होनी चाहिए। परन्तु, तर्कसंगत नियमों द्वारा संचालित पुरुष जब अपनी नैसर्गिक स्वतंत्रता का उपभोग करता है तो उसे स्त्री को हेय समझने का अधिकार है, यदि वह उसके साथ स्वतंत्रता का साझा नहीं करती, और जब तक वह गौरवशाली युग नहीं आता, स्त्री की मूर्खता का राग अलापने में उसे स्वयं की मूर्खता की अनदेखी नहीं करनी चाहिए।

यह सत्य है कि स्त्रियाँ अनुचित साधन द्वारा, दुर्गुण के प्रयोग अथवा पोषण द्वारा सत्ता अर्जित करने में, स्पष्टतः वह पदवी खो देती हैं जिसे तर्कबुद्धि ने उन्हें सौंपा था और वे अधम दास अथवा सनकी निरंकुश शासक बन जाती हैं। वे समस्त सरलता, मन की समस्त ओजस्विता सत्ता प्राप्त करने में गँवा देती हैं और जब उन्हें उन्हीं साधनों से प्रतिष्ठित किया जाता तो वे वैसा ही व्यवहार करती हैं जैसा पुरुष का आचरण दृष्टिगत होता है।

वह घड़ी आ पहुँची है कि स्त्री की आचार शैली में एक क्रान्ति पैदा की जाए, उसकी विलुप्त गरिमा को पुनर्स्थापित किया जाए, और मानव प्रजाति के अंग के रूप में, स्वयं को सुधारते हुए विश्व को सुधारने के लिए उन्हें परिश्रम करने को उद्यत किया जाए। यह वह अवसर है कि अपरिवर्तनीय आचारसंहिता को स्थानीय तौर-तरीकों से पृथक् किया जाए। यदि पुरुष अर्धदेव है, तो उनकी सेवा करना हमारा अभीष्ट क्यों हो! और यदि स्त्री आत्मा की गरिमा इतनी ही विवादास्पद है जितनी पशुओं की—यदि उनकी तर्कबुद्धि उनके आचरण को संचालित करने के लिए, पर्याप्त अन्तर्ज्ञान देने का सामर्थ्य नहीं रखती, तो निश्चय ही वे समस्त प्राणियों में सर्वाधिक दुर्भाग्यशाली हैं तथा नियति के लौह पंजों के नीचे नत, उन्हें सृष्टि में एक *कोमल दोष* मानना चाहिए।

परन्तु उनसे सन्दर्भित विधाता की रीति को, मानव प्रजाति के एक बड़े हिस्से को इस प्रकार उत्तरदायी ठहराने और उत्तरदायी न ठहराने के लिए किंचित् अकाट्य कारण दर्शाकर न्यायसंगत बताना, प्रखरतम धर्माधर्म विचारक को भी किंकर्तव्यविमूढ़ कर देगा।

नैतिकता की एकमात्र ठोस नींव उस सर्वोच्च सत्ता का अभिलक्षण प्रतीत होता है, जिसकी सुसंगति स्वाभाविक गुणों के सन्तुलन से उपजती है और सम्मानपूर्वक कहें तो, एक सहज गुण दूसरे की अनिवार्यता को अर्थ देता प्रतीत होता है। उसे न्यायपूर्ण इसलिए होना चाहिए क्योंकि वह बुद्धिमान है; वह सर्वशक्तिमान है अतः उसे भला होना चाहिए। एक सहज लक्षण को समान रूप से उदात्त और अनिवार्य दूसरे स्वाभाविक गुण की कीमत पर प्रतिष्ठित करना, मनुष्य के भ्रष्ट विवेक की ही पहचान है। मनुष्य जो अपनी आदिम बर्बर अवस्था से ही शक्ति के समक्ष नतमस्तक होने का अभ्यस्त होता है, कदाचित् ही इस बर्बरतापूर्ण पूर्वग्रह से स्वयं को मुक्त कर सकता है, जबकि सभ्यता ने यह निर्धारित भी कर दिया है कि शारीरिक शक्ति से कहीं बढ़कर बौद्धिक शक्ति होती है, तथा उसकी तर्कबुद्धि ऐसे समय भी उन भोंड़ी धारणाओं से आच्छादित रहती है जब वह देवत्व के विषय में सोचता है। उसकी सर्वशक्तिमत्ता को उसके अन्य स्वाभाविक गुणों को लील जाने अथवा उन पर प्रधान बनने दिया जाता है और ऐसे नश्वर प्राणियों से उसकी शक्ति को अवज्ञापूर्वक सीमित करने की अपेक्षा की जाती है जो यह सोचते हैं कि इसे उसकी बुद्धिमत्ता द्वारा नियंत्रित करना आवश्यक है।

मैं उस सत्याभासी विनम्रता को अस्वीकार करती हूँ जिसका प्रकृति का अनुसन्धान करने के उपरान्त, रचयिता तक पहुँचकर अन्त हो जाता है। वह श्रेष्ठ और उदात्त सत्ता जो शाश्वतता में वास करती है, निस्सन्देह ऐसी अनेक विशेषताओं से सम्पन्न होती है जिसके विषय में हम कोई धारणा नहीं बना पाते। परन्तु तर्कबुद्धि मुझे यह बताती है कि इनका उन लक्षणों से विरोध नहीं हो सकता जिनकी मैं प्रशंसक हूँ, और वाणी सुनने को मैं बाध्य हूँ।

मनुष्य के लिए उत्कृष्टता की तलाश स्वाभाविक प्रतीत होती है, चाहे उस पदार्थ में उसे ढूँढ़ निकाले जिसकी वह उपासना करता है अथवा, आँख मूँदकर उसे आदर्श से, एक परिधान की भाँति, आभूषित करे। परन्तु एक तर्कशील प्राणी के नैतिक आचरण पर उपासना की उपरोक्त पद्धति का भला कौन-सा उपयुक्त प्रभाव पड़ सकता है? वह शक्ति के समक्ष नत होता है, वह एक ऐसे घनघोर मेघ की आराधना करता है, जो उसके लिए उज्ज्वल सम्भावनाओं के द्वारा खोलेगा अथवा अपने उसके झुके हुए शीश पर कुपित, अराजक उन्माद में फूट पड़ेगा! और यह मान भी लिया जाए कि ईश्वर एक अनिर्दिष्ट इच्छा के अस्पष्ट आवेग से कार्य करता है, तो मनुष्य को भी स्वयं की इच्छानुरूप व्यवहार करना चाहिए अथवा उन सिद्धान्तों से निगमित, जिन्हें

उसने श्रद्धाहीन मानकर अस्वीकार कर दिया है, नियमों के अनुसार आचरण करना चाहिए। इस धर्मसंकट में अति उत्साही और शान्तचित्त चिन्तक, दोनों ही उलझ जाते हैं जब मनुष्यों को ऐसे अनुकूल प्रतिबन्धों से मुक्त करने का वे उद्यम करते हैं जिसे ईश्वर के चरित्र की एक यथोचित धारणा ने आरोपित किया है।

परम सत्ता के लक्षणों का इस प्रकार अवलोकन करना अधर्म नहीं होता; वस्तुतः अपनी मनीषा का प्रयोग करनेवाला भला कौन इससे बच सकता है? ज्ञान, दयालुता और शक्ति के स्रोत के रूप में ईश्वर से प्रेम अनुभव करना, ऐसे प्राणी के लिए उपयोगी एकमात्र उपासना प्रतीत होता है जिसे सद्‌गुण अथवा ज्ञान अर्जित करने की आकांक्षा रहती है। एक अन्ध असन्तुलित अनुराग, मनुष्य के भावावेग की भाँति, मस्तिष्क को अधिकार में करता है और हृदय को भावुक बना देता है जबकि न्याय करना, करुणा के प्रति प्रीति रखना और विनम्रता के साथ अपने परमात्मा के बताये जीवन-पथ पर चलना विस्मृत कर दिया जाता है। मैं आगे इस विषय पर अभी और बातें उस समय रखना चाहूँगी जब मैं धर्म पर डॉ. ग्रेगरी द्वारा सुझाये गए भिन्न दृष्टि से विचार करूँगी, जो इसे भावना अथवा रुचि के प्रश्न के रूप में देखते हैं।

इस प्रत्यक्ष विषयान्तर से लौटते हैं। ऐसी इच्छा अभिव्यक्त करना कि स्त्रियाँ अपने पतियों के प्रति हृदय में एक अनुराग भाव सँजोये रखें, उसी सिद्धान्त पर आधारित है जिस पर समर्पण भाव का आश्रय लेना अभीष्ट होता है। सम्पूर्ण धरा पर अन्य कोई भी दृढ़ आधार नहीं है जो भावना के छद्‌मपूर्ण प्राण संचरण से इन्हें सावधान करे; एक अपेक्षाकृत शिथिल शब्दावली में बहुधा ही जिसका प्रयोग विषयासक्ति के लिए होता है। अतः मेरे विचार से इससे यह निष्कर्ष निकलता है कि स्त्रियों को अपने शैशवकाल से या तो पूर्वी देश की राजकुमारी के समान पूर्णतया कैद कर देना चाहिए अथवा उन्हें इस ढंग से शिक्षित-दीक्षित किया जाना चाहिए कि स्वयं के लिए सोचने व कार्य करने में समर्थ हो सकें।

पुरुष क्यों दो धारणाओं के बीच आगा-पीछा करते हैं और असम्भव की आशा रखते हैं? क्यों वे एक दास से, एक ऐसे प्राणी से सद्‌गुण की अपेक्षा करते हैं जिसे सभ्य समाज की संरचना ने यदि दुष्ट स्वभाव का न भी कहें तो दुर्बलचित्त बना ही दिया है!

तथापि मैं इससे जानती हूँ कि उन दृढ़तापूर्वक धँसे पूर्वग्रहों का जो इन्द्रियभोगवादियों ने रोप रखे हैं, उन्मूलन करने में यथेष्ट समय की आवश्यकता होगी; कुछ समय स्त्रियों को इस बात से कायल करने के लिए कि स्त्रियों के दुर्गुणों और मूर्खताओं का विषाक्त स्रोत, रीति-रिवाजों के अनुपालन में, सौन्दर्य के प्रति—रूप-आकृति के सौन्दर्य के प्रति इन्द्रियलोलुप श्रद्धासुमन का अर्पण ही रहा है। यह एक जर्मन लेखक द्वारा लक्षित भी किया गया कि कामना की वस्तु के रूप में, एक रूपवती स्त्री की उसी छवि को हर

कोटि के पुरुष, सामान्यतः कायम रहने देना चाहते हैं, जबकि एक सुसंस्कृत स्त्री, जो बौद्धिक सौन्दर्य के प्रदर्शन में अपेक्षाकृत अधिक उदात्त भावों को उत्प्रेरित करती है, उन पुरुषों द्वारा उपेक्षित अथवा उदासीनता के साथ लक्षित की जाती है जो अपनी तृष्णा के शमन में अपनी प्रसन्नता ढूँढ़ते हैं। एक स्पष्ट प्रतिकार का मैं पूर्वानुमान कर रही हूँ--जब तक पुरुष एक ऐसा ही दोषी प्राणी बना रहता है जैसा कि अब तक वह दृष्टिगत होता रहा है, न्यूनाधिक वह अपनी वासनाओं का दास रहेगा। वे स्त्रियाँ अधिकतम शक्ति ग्रहण करती रहेंगी जो प्रबलतम वासना को सन्तुष्ट करेंगी। इससे स्त्री-जाति यदि नैतिक नहीं तो दैहिक आवश्यकता के वशीभूत पतित हो जाती है।

मैं स्वीकार करती हूँ कि इस आपत्ति में थोड़ा दम है, परन्तु जब तक इस प्रकार के उदात्त नीतिवचन का अस्तित्व रहता है, यथा, 'अपने परम पिता परमेश्वर की पवित्रता धारण करो,' तब तक यह प्रतीत होता रहेगा कि मनुष्य के उत्कर्ष को परमसत्ता द्वारा सीमाबद्ध नहीं किया जाता जिसे एकमात्र वही मर्यादित कर सकता है और वह इस बात पर विचार किए बिना अग्रसर होने का दुराग्रह कर सकता है कि एक ऐसी उदात्त महत्त्वाकांक्षा में लिप्त होकर कहीं वह अपनी सीमाक्षेत्र से बाहर तो पग नहीं बढ़ा देता। उत्ताल तरंगों को इस प्रकार सम्बोधित किया गया है, "तुम्हें उस दूरी तक जाना होगा, उसके आगे नहीं, और यहीं तुम्हारी गर्वीली लहरों का ठहरना अभीष्ट है।" व्यर्थ में ही तब वे सर पटकती और फेन उगलती हैं, उस शक्ति द्वारा नियंत्रित होकर जो संघर्षरत ग्रहों को अपनी परिक्रमा पथ में परिरुद्ध रखती है, भौतिक द्रव्य महान नियामक परमात्मा के समक्ष नत मस्तक हो जाता है। परन्तु एक अनश्वर आत्मा, जो यांत्रिक नियमों से बँधी नहीं होती तथा भौतिक काया की बेड़ियों से मुक्ति के लिए संघर्षशील रहकर तब सृष्टि के विधान में, विघ्न डालने के बजाय, सहायक बनती है, जिस समय, जीवात्माओं के जनक की सहयोगी होकर वह स्वयं को उस अपरिवर्तनीय नियम द्वारा संचालित करने का प्रयास करती है जिससे ब्रह्माण्ड विनियमित होता है।

इसके अतिरिक्त, यदि स्त्रियों की शिक्षा परावलम्बन के लिए होती है अर्थात् एक अन्य स्खलनशील प्राणी के इच्छानुरूप आचरण करने और सत्ता के समक्ष, उचित अथवा अनुचित, समर्पण करने के लिए, तो अन्ततः हम विराम कहाँ लगाएँगे? क्या उन्हें एक छोटे-से राज्य पर शासन करने के लिए अधिकृत उपशासक माना जाए जो अपने आचरण के लिए एक उच्चतर न्यायाधिकरण के प्रति उत्तरदायी है, जिसके चूक करने की सम्भावना हो सकती है?

यह प्रमाणित करना कठिन नहीं होगा कि ऐसे प्रतिनिधि भय द्वारा शासित व्यक्तियों के सदृश व्यवहार करेंगे और अपनी सन्तानों व सेवकों को अपना निरंकुश दमन सहने के लिए बाध्य करेंगे। चूँकि उनका समर्पण विवेक से रहित होता है, अतः

वे अपने आचरण को औचित्य प्रदान करनेवाले किन्हीं सुनिश्चित नियमों के अभाव के कारण, उस क्षण की सनक के अनुरूप दयालु अथवा क्रूर हो सकती हैं, और हमें आश्चर्य नहीं होना चाहिए यदि अपने भारी जुवे के बोझ से क्षुब्ध होकर वे उसे अपेक्षतया अधिक दुर्बल कन्धों पर लादने में एक दुर्भावनापूर्ण आनन्द अनुभव करती हैं।

यदि यह मान लिया जाए कि आज्ञापरायणता के लिए प्रशिक्षित स्त्री का एक विवाह ऐसे समझदार पुरुष से होता है जो उसकी अधीनता का दासत्व उसे जताये बिना ही उसके निर्णय को निर्दिष्ट करता हो, और इस परावर्तित प्रकाश से वह उतने औचित्य के साथ कार्य करती है जिसकी ऐसे परोक्ष तर्कबुद्धि से अपेक्षा की जा सकती है तो भी वह अपने शरणदाता का जीवन सुरक्षित नहीं कर सकती; उसकी मृत्यु होती है और उसे एक विशाल कुनबे के साथ छोड़ जाता है।

उस पर दोहरे कर्तव्य का उत्तरदायित्व आ जाता है; माता व पिता दोनों के ढंग से उन्हें शिक्षित-दीक्षित करना; उनकी सिद्धान्तनिष्ठा को निर्मित करना तथा उनकी सम्पत्ति को सुरक्षित रखना। परन्तु, उसने स्वयं के निमित्त कार्य करना तो दूर, कदापि सोचा तक नहीं है। उसने पुरुषों को मात्र प्रसन्न करने का उन पर शालीनतापूर्वक पराश्रित होने का पाठ पढ़ा है।[4] इसके बावजूद बच्चों से भारग्रस्त, वह एक अन्य शरणदाता, यानी ऐसा पति जो विवेक की कमी पूरी कर सके, किस प्रकार प्राप्त करेगी? एक विवेकवान पुरुष, यद्यपि वह उसे एक आज्ञापरायण प्रीतिकर जीव मानता है, प्रेम की खातिर एक कुनबे से विवाह करना पसन्द नहीं करेगा, जब कि यह संसार कहीं अधिक चित्ताकर्षक प्राणियों से भरा है। तब भला उसके भाग्य में क्या बदा है? वह या तो कतिपय निकृष्ट धनलोलुप विवाहेच्छुक पुरुष की सुगमता से शिकार बन जाती है, जो उसकी सन्तानों से उनका पैतृक उत्तराधिकार कपटपूर्वक हस्तगत करता है और उसकी दुर्गति बना देता है अथवा असन्तोष व अन्ध आसक्ति का शिकार हो जाती है। अपने पुत्रों को शिक्षित करने अथवा उनमें अपने प्रति सम्मान जगाने में अक्षम होने के कारण (क्योंकि यह कहना शब्दों के साथ खेलना नहीं है कि उन लोगों को कदापि सम्मान प्राप्त नहीं होता जो सम्माननीय नहीं होते, भले ही वे एक महत्त्वपूर्ण स्थान की पूर्ति करते हैं) वह निष्फल निस्सहाय अनुताप की यंत्रणा में घुलती है। शैतानी सर्प दन्त उसकी आत्मा में धँस जाता है और विषयाग्रही यौवनकाल के व्यसन उसे यदि दरिद्रता सहित नहीं तो विषाद सहित कब्र में पहुँचा देते हैं।

यह अतिरंजनापूर्ण चित्र नहीं है, इसके विपरीत यह एक सम्भावित स्थिति होती है और ऐसी ही कोई घटना प्रत्येक सतर्क दृष्टि के समक्ष आई होगी।

मैंने, हालाँकि, यह पहले ही स्वीकार कर लिया है कि वह सुव्यवस्थित थी, फिर भी अनुभव यह दर्शाता है, कि दृष्टिहीन को गर्त में भी उसी सरलता के साथ ले जाया

जा सकता है जितनी कि सीधी सड़क पर। परन्तु इसे कोई असम्भावित अटकलबाजी ही नहीं माना जाए, कि एक प्राणी जिसे मात्र प्रसन्न रखने की शिक्षा दी गई हो और जो अभी भी रिझाने में ही अपना सुख पाती है, दुर्गुण का न भी हो तो मूर्खता का भला कौन-सा उदाहरण अपनी अबोध बच्चियों के समक्ष प्रस्तुत करेगी! वह माँ चोंचलेबाजी में खोई रहेगी और अपनी पुत्रियों की मित्र बनने के बजाय, उन्हें टेढ़ी दृष्टि से देखेगी कारण वे प्रतिद्वन्द्वी होती हैं, ऐसी प्रतिद्वन्द्वी जो किसी अन्य से कहीं अधिक निष्ठुर हैं, क्योंकि वे एक सादृश्य निरूपण को निमंत्रित करती हैं और सौन्दर्य के सिंहासन से उसे च्युत कर देती हैं, जिसने विवेक के मंच पर आसीन होने के विषय में कभी नहीं सोचा।

ऐसे गृहस्थीजन्य दुर्दशाओं व क्षुद्र व्यसनों को, जिसे परिवार की गृहस्वामिनी फैलाती है, चित्रित करने के लिए किसी जीवन्त तूलिका अथवा कैरिकेचर की आवश्यकता नहीं होती। हालाँकि उसका व्यवहार वैसा ही होता है जैसा रूसो की पद्धति के अनुरूप शिक्षित-दीक्षित एक स्त्री का आचरण होना चाहिए। पुरुषवत् होने अथवा अपने दायरे से बाहर निकलने के लिए उसकी भर्त्सना कदापि नहीं की जा सकती; व्यर्थ है, उसके अन्य महान नियमों का उसे अनुपालन करना चाहिए और अपनी निष्कलंक प्रतिष्ठा को सावधानीपूर्वक सुरक्षित रखते हुए एक भली स्त्री की कोटि में गिनी जानी चाहिए। तथापि किस सन्दर्भ में वह भली कही जाएगी? यह सत्य है कि बिना किसी गम्भीर संघर्ष के, वह घोर अपराधों से विरत रहती है। परन्तु अपने कर्तव्यों की पूर्ति भला वह किस प्रकार करती है? कर्तव्य! वास्तव में उसे अपनी काया को सँजाने-सँवारने और एक दुर्बल शारीरिक संरचना को पोषित करने में ही पर्याप्त सोचना पड़ता है।

धर्म के सन्दर्भ में, वह स्वयं के निमित्त निर्णय लेने की कदापि धृष्टता नहीं करती, बल्कि चर्च के कर्मकाण्डों के अनुरूप, जिसके बीच वह पली-बढ़ी, उसी प्रकार ढल जाती है। जैसा कि एक परावलम्बी व्यक्ति के लिए अभीष्ट होता है, पवित्र भाव से यह विश्वास करते हुए कि उससे अधिक बुद्धिमान लोगों ने यह कार्य-व्यापार निर्धारित किया है और उस पर अविश्वास न करना उसके आदर्श रूप का द्योतक है। अतः वह पुदीना और जीरा का अपना प्रसाद चढ़ाती है और अपने ईश्वर को धन्यवाद देती है कि वह अन्य स्त्रियों की भाँति नहीं है। एक अच्छी शिक्षा के ये पवित्र प्रभाव हैं! पुरुष की सहधर्मिणी के ये सद्गुण हैं![5]

एक भिन्न तस्वीर प्रस्तुत कर मैं स्वयं को भारमुक्त करना चाहती हूँ।

अब सन्तोषजनक समझदारी से सम्पन्न ऐसी स्त्री की कल्पना कीजिए, जिसकी दैहिक संरचना ने व्यायाम से शक्तिशाली होकर उसके शरीर को अपनी सम्पूर्ण ऊर्जस्विता अर्जित करने योग्य बनाया है; उसके मस्तिष्क ने क्रमशः विस्तारित होते हुए जीवन के नैतिक कर्तव्य को, और मानवीय सद्गुण और गरिमा को समझा है।

अपने पद से सम्बद्ध कर्तव्यों के अनुपालन में इस प्रकार गढ़ी जाकर, वह परिणयसूत्र

में, बिना विवेक को दृष्टि से ओझल किए, अनुराग के कारण बँधती है और वैवाहिक सुख-सौभाग्य से परे दृष्टिपात करते हुए वह अपने पति का सम्मान अर्जित करती है, इसके पूर्व कि उसे रिझाने के लिए निकृष्ट कला-कौशल व एक बुझती लौ को प्रज्वलित रखने की आवश्यकता पड़े, जिसका अन्त तय है जब वह वस्तु अन्तरंग बन जाती है, जब मित्रता और सहिष्णुता एक अत्यन्त उत्कट अनुराग का स्थान ग्रहण कर लेती है। यह प्रेम की स्वाभाविक मृत्यु है, और इसके विलोपीकरण को बाधित करने के संघर्षों से दाम्पत्य जीवन की शान्ति भंग नहीं होती।

लेकिन प्रारब्ध इस बन्धन को तोड़ देता है। उस पर वैधव्य की मार पड़ती है, सम्भवतः कोई समुचित प्रबन्ध के बगैर, परन्तु वह अवसादग्रस्त नहीं होती! प्रकृति का दंश अनुभव होता है; परन्तु समय जब दुख की तीव्रता को विषादमय धैर्य में हल्का कर देता है, उसका हृदय दोगुने वात्सल्य से अपने बच्चों की ओर उन्मुख होता है और उनके भविष्य की व्यवस्था के लिए उत्कंठित रहता है, अनुराग उसके मातृवत् कर्तव्यों को एक पावन ओजस्वी स्वरूप प्रदान करता है। वह सोचती है कि न सिर्फ पति के चक्षु उसके सदाचारपूर्ण प्रयासों को देखते हैं जिनसे उसकी समस्त सुविधाओं का अब प्रवाहित हो जाना अभीष्ट है और जिसका अनुमोदन करना जीवन है, बल्कि, व्यथा से किंचित् अव्यावहारिक व उदात्त बना, उसका स्वप्न भी इस झूठी आशा पर जीवित रहता है कि पति के नेत्र जिन्हें उसकी काँपती हथेली ने ढँका था, यह देख पाते हैं कि अपनी सन्तान के प्रति पिता व माता होने के दोहरे कर्तव्य के निर्वाह में वह किस प्रकार मन के हर आवेग का दमन करती है। दुर्भाग्य द्वारा नायकत्व के स्तर तक ऊँचा उठाये जाने से, वह सहज अनुराग की प्रथम धूमिल आभा की प्रतीति को प्रेम में फलीभूत होने से पूर्व दमित कर देती है और जीवन के बसन्तोत्सव में अपने यौन आग्रह को बिसार देती है—जागृत हुई उस उद्दाम कामना की उमंग को विस्मृत कर देती है जो सम्भवतः एक बार फिर किसी का प्रेम पा सकती थी। वह अब रिझाने के सम्बन्ध में सोचती तक नहीं, और उसकी सचेतन गरिमा उस गुणगान के कारण, उसका आचरण जिसकी अपेक्षा रखता है, उसे स्वयं पर अभिमान करने से रोकती है। उसके बच्चों को उसका स्नेह सुलभ रहता है और उसकी उद्दाम आशाएँ उस मृत्यु से परे होती हैं, जिसकी ओर उसकी कल्पना अक्सर भटक जाती है।

मैं उसे अपने सन्तानों से घिरी हुई अपने पालन-पोषण के फल का उपभोग करते दृश्य की कल्पना कर सकती हूँ। वे बुद्धिमान नेत्र उसकी दृष्टि से मिलते हैं, जबकि स्वास्थ्य व निश्छलता की मुस्कान उनके गोलमटोल मुख पर खेलती है और जैसे-जैसे वे परिपक्व होते जाते हैं उनकी कृतज्ञ देखभाल से जीवन की चिन्ताएँ कम होती जाती हैं। वह उन सद्गुणों को देखने के लिए जिसे उसने सिद्धान्त रूप में आदतों में रोपित करने का उद्यम किया था, अपने बच्चों को चरित्र की वह यथेष्ट दृढ़ता अर्जित करते

देखने के लिए जो अपनी माँ का उदाहरण विस्मृत किए बिना उन्हें दुर्भाग्य सहन करने की शक्ति प्रदान करता है, जीवित रहती है।

जीवन के नियत कर्तव्यों को इस प्रकार सम्पन्न कर, वह मृत्यु की गोद में विश्राम करने की शान्त मन से प्रतीक्षा करती है। और कब्र से उठकर यह कह सकती है—ध्यान से देखो! तुमने मुझे एक प्रतिभा दी—और ये रहीं पाँच प्रतिभाएँ।

मैंने जो कुछ भी कहा है, उसका कतिपय शब्दों में सार-संक्षेप प्रस्तुत करना चाहती हूँ क्योंकि, विनम्रता त्यागे बिना, मैं यहाँ चुनौती देने को तत्पर हूँ और यौनिक सद्गुणों के अस्तित्व को अस्वीकार करती हूँ। स्त्री और पुरुष के लिए सत्य, यदि मैं इस शब्द का अभिप्राय समझती हूँ, एक समान होना चाहिए; तथापि स्त्री-चरित्र की कल्पनापूर्ण छवि का कवियों व उपन्यासकारों द्वारा इतने मनोहारी ढंग से चित्रण, सत्य और निष्ठा के बलिदान की माँग करते हुए किया जाता है कि सद्गुण एक सापेक्षित विचार बन जाता है, शुद्ध व्यावहारिकता के अतिरिक्त जिसकी कोई अन्य नींव नहीं होती, और ऐसी उपयोगिता के सम्बन्ध में पुरुष स्वेच्छाचारी ढंग से निर्णय का ढोंग, उसे अपनी स्वयं की सुविधा के अनुरूप ढालने में, करते हैं।

स्त्रियों को, मैं स्वीकार करती हूँ कि, भिन्न प्रकार के कर्तव्यों की पूर्ति करनी होती है; परन्तु ये मानवीय कर्तव्य होते हैं और वे सिद्धान्त जो इनके अनुपालन को संचालित करते हैं, मेरी दृढ़ मान्यता है कि समान होने चाहिए।

सम्माननीय बनने के लिए उनके विवेक का प्रयोग अनिवार्य है, चरित्र की स्वतंत्रता का कोई अन्य आलम्ब नहीं होता; मैं स्पष्टतया यह कहना चाहूँगी कि पूर्वधारणाओं की विनम्र दास बनने के बजाय वे केवल तर्कणा के प्राधिकार के समक्ष शीश नत करें।

समाज की उच्चतर श्रेणियों के बीच कदाचित् कितनी बार उत्कृष्ट योग्यताओं से सम्पन्न अथवा सामान्य उपलब्धियोंवाले ही किसी मनुष्य से हमारा साक्षात्कार होता है? कारण मेरे समक्ष स्पष्ट है, उनका जन्म जिस स्थिति में होता है वह एक अस्वाभाविक स्थिति है। मानव चरित्र उस व्यवसाय से निर्मित होता है जिसमें कोई व्यक्ति अथवा वर्ग लगा रहता है और यदि क्षमताओं को आवश्यकता द्वारा प्रखर नहीं बनाया जाता तो वे कुंठित रह जाती हैं। इस तर्क को निश्चय ही स्त्रियों तक विस्तारित किया जा सकता है; कारण, गम्भीर उद्यम में बिरले ही व्यस्त, आनन्द की खोज में भागते रहना उनके चरित्र को वह नगण्यता प्रदान करता है जो 'महान' जन के समाज को नितान्त नीरस बना देती है। समान कारण से उत्पन्न, दृढ़ता का वही अभाव उन दोनों को स्वयं भीतर से निकलकर कोलाहलपूर्ण आमोद-प्रमोद और कृत्रिम भावावेग की ओर पलायन करने हेतु बाध्य करता है जब तक कि अहम्मन्यता प्रत्येक सामाजिक अनुराग का स्थान ग्रहण नहीं कर लेती, और जब कि मानवता की अभिलाक्षणिकताएँ कठिनाई से ही पहचानी जा सकती हैं। नागरिक शासन का जैसा कि वह मौजूदा समय में है, ऐसा

अनुग्रह होता है कि समृद्धि और स्त्रैण सुकुमारता मानवता को समान रूप से अवमूल्यित करने की ओर प्रवृत्त होती है और जिसकी उत्पत्ति का कारण एक ही होता है; परन्तु स्त्रियाँ विवेकवान प्राणी बन सकें, इसके लिए उन्हें ऐसे सद्गुण अर्जित करने हेतु प्रोत्साहित करना होगा जिन्हें वह अपना स्वयं का कह सकें, क्योंकि एक तर्कशील प्राणी की प्रतिष्ठा में किसी ऐसी चीज से भला किस प्रकार वृद्धि हो सकती है जिसे उसके स्वयं के उद्योग से अर्जित न किया गया हो?

टिप्पणियाँ

1. अमूर्त और मीमांसात्मक सत्य के अनुसन्धान, विज्ञान के सिद्धान्त व स्वयंसिद्ध तथ्य, संक्षेप में, वह प्रत्येक वस्तु जो हमारे विचारों को सामान्यीकरण की ओर प्रवृत्त करती है, स्त्रियों के यथोचित अधिकार क्षेत्र में नहीं है; उनका अध्ययन व्यवहार के अंश के सापेक्ष होना चाहिए; उनका सम्बन्ध इस बात से है कि उन सिद्धान्तों को प्रयोग में लाया जाए जिन्हें पुरुषों ने अन्वेषित किया है; और यह उनका कर्तव्य होता है कि वे प्रेक्षण करें, जिनके जरिए सामान्य सिद्धान्तों के प्रतिपादन में पुरुष निर्दिष्ट होते हैं। स्त्रियों के समस्त विचारों को, जिनमें कर्तव्योन्मुख होने की तात्कालिक प्रवृत्ति नहीं होती, पुरुषों के अध्ययन की दिशा में तथा उन सुखद उपलब्धियों की सिद्धि की ओर जिन्हें अपने उद्देश्य में रुचि होती है, लक्षित किया जाना चाहिए; क्योंकि जहाँ तक मेधा के कार्यों को सम्पन्न करने का सम्बन्ध है, वे अपनी क्षमता की परिधि से परे होती हैं। उनके पास विज्ञान में, जो परिशुद्धता की माँग करता है, सफलता अर्जित करने के लिए न यथेष्ट सुस्पष्टता और न ही एकाग्रता की शक्ति होती है; इस पर मात्र उनका अधिकार होता है जो सर्वाधिक कर्मठ होते हैं, सर्वाधिक जिज्ञासु होते हैं, जो पदार्थों की व्यापकतम विविधता को समझ सकते हैं। संक्षेप में, यह उनके अधिकार में होता है जो प्रबलतम शक्तियों से सम्पन्न होते हैं और जो उनका अधिकाधिक प्रयोग समझदार प्राणियों व प्रकृति के नियमों के बीच सम्बन्धों को परखने के लिए करते हैं। एक स्त्री जो स्वाभाविक रूप से दुर्बल है और अपने विचारों का वहन अधिक दूर तक नहीं कर सकती, यह जानती है कि वह अपनी दुर्बलता में सहायक होने के लिए उन कार्य-व्यापारों के विषय में, जिन्हें उसे प्रारम्भ करना है, किस प्रकार निर्णय और एक उचित आकलन मूल्यांकन करे, तथा यही कार्य व्यापार पुरुषों को आकर्षित करते हैं। वह उपाय जिसे वह प्रयोग में लाती है, हमारी तुलना में अत्यधिक शक्तिशाली होता है; क्योंकि उसके समस्त उत्तोलक मानव-हृदय को रागात्मक लय देते हैं। उसके पास वह निपुणता होनी चाहिए जो हमें वह सब करने को अभिप्रेरित करे जिसे स्वयं करने के लिए उसका स्त्री होना उसे सक्षम नहीं बनाता और जो उसके लिए अनिवार्य और स्वीकार्य होता है। अतः उसे पुरुष के मस्तिष्क का भली-भाँति अध्ययन करना होगा, सामान्य पुरुष के मनोभाव का निरपेक्ष ढंग से, नहीं अपितु पुरुष विशेष की चित्तवृत्ति का अध्ययन अपने

देश के नियमों अथवा अभिमत की प्रभावशालिता द्वारा जिसके अधीन वह होती है। उनके संवाद से, आचरण से, उनकी दृष्टि और भाव-भंगिमाओं से उनकी यथार्थ भावनाओं की थाह पाना उसे सीखना होगा। उसके पास स्वयं अपने वार्तालाप, आचरण, दृष्टि और भाव-मुद्राओं द्वारा उन भावनाओं को, जिनकी प्रतीति उनके लिए प्रीतिकर हो, ऐसा किसी अनुभूति के बिना, उन्हें सम्प्रेषित करने का कौशल भी होना चाहिए। पुरुष मानव-हृदय के विषय में अधिक दार्शनिक ढंग से तर्क प्रस्तुत करेंगे परन्तु स्त्रियाँ पुरुष-हृदय को उनसे बेहतर ताड़ लेंगी। स्त्रियों के लिए यदि इस अभिव्यक्ति की मुझे अनुमति दी जाए, एक प्रयोगमूलक नीतिशास्त्र निर्मित करना व पुरुष को अध्ययन का विषय बनाने के बजाय इसे पद्धति के अध्ययन में परिणत करना, उचित होगा। स्त्रियों के पास अधिकांशतः प्रत्युत्पन्नमतित्व होता है, पुरुष अधिकतर, प्रतिभा से सम्पन्न होते हैं; स्त्रियाँ प्रेक्षण करती हैं, पुरुष तर्क करते हैं; दोनों के संगमन से हम वह प्रखरतम दृष्टि व सर्व सम्पूर्ण ज्ञान प्राप्त करते हैं मानव मस्तिष्क जिसे स्वयं अर्जित करने में सक्षम होता है। संक्षेप में, यहाँ से हम अपनी प्रकृति के सामर्थ्य अनुरूप, स्वयं अपने तथा अन्य से सर्वाधिक प्रगाढ़ परिचय प्राप्त करते हैं; और इसी तरह से, कला में इन प्रकृति-प्रदत्त सहज प्रवृत्तियों को परिष्कृत करने की रुझान मौजूद होती है।—'यह जगत स्त्रियों की पुस्तक है।'—*रूसो, एमिलियस*। मुझे आशा है कि मेरे पाठकों को स्त्रियों व सैन्य अधिकारियों के मध्य उस तुलना का स्मरण होगा जिसे मैंने प्रस्तुत किया था।

2. एक प्रतिष्ठित वृद्ध सज्जन ने उस पद्धति का निम्नलिखित प्रभावी वृत्तान्त दिया है जिसे वे अपनी पुत्री को शिक्षित करते समय अपनाने का प्रयास करते हैं : "मैंने उसके मस्तिष्क और काया दोनों को एक अंश तक वह ऊर्जस्विता प्रदान करने का यत्न किया, स्त्री समुदाय में जिसे बिरले ही पाया जाता है। जैसे ही कृषि और बागबानी के अपेक्षाकृत हल्के-फुल्के श्रम योग्य शक्ति उसमें यथेष्ट रूप से आई। मैंने उसे अपनी स्थायी सहयोगी नियुक्त कर लिया। सेलीन ने, यही उसका नाम था, इस प्रकार के समस्त ग्रामीण कार्यों में शीघ्र ही दक्षता अर्जित कर ली, जिसे मैं समान पुलक और सराहना के साथ देखता हूँ। यदि स्त्रियाँ सामान्यतः मस्तिष्क व शरीर दोनों से ही क्षीण हैं तो यह शिक्षा की तुलना में प्रकृति की बदौलत कम उत्पन्न होता है। हम एक अहितकर अकर्मण्यता व निष्क्रियता को प्रोत्साहन देते हैं जिसे हम झूठ-मूठ ही कमनीयता कहते हैं; तर्कणा व दर्शन के अपेक्षाकृत कठोर सिद्धान्तों द्वारा उनके मस्तिष्क को अभावुक बनाने के बजाय हम उन्हें निस्सार कृत्रिमता में दीक्षित करते हैं, आडम्बरप्रियता और इन्द्रियभोगवाद में जिसका अन्त होता है। ऐसे अनेक देशों में जहाँ की मैंने यात्रा की है, कण्ठ का किंचित् स्वर-माधुर्य अथवा देहयष्टि की निरर्थक-सी विशिष्ट मुद्राओं के अतिरिक्त उन्हें उच्चतर प्रकृति की अन्य कोई चीज नहीं सिखाई जाती। उनका समय आलस्य और ओछी चुहलबाजियों में व्यतीत होता है और हेय छिछोरापन वह एकमात्र विषय बनता है जो उनमें रुचि जागृत करने की क्षमता रखता है। हमने मानो यह विस्मृत कर दिया है कि स्त्री-जाति के गुणों पर ही हमारी स्वयं की पारिवारिक सुविधाएँ और हमारे सन्तानों की शिक्षा निर्भर होनी चाहिए। और वे कौन-सी सुविधाएँ अथवा शिक्षा है जिसे, अपने शैशवकाल से बिगाड़ी हुई और जीवन के

समस्त कर्तव्यों से अपरिचित, प्राणियों की एक जाति, प्रदान करने में सक्षम होती है? अर्थहीन निपुणता के साथ एक वाद्य यंत्र पर हाथ फेर लेना, अपने नैसर्गिक अथवा कृत्रिम लावण्य को अकर्मण्य और विलासी युवकों की दृष्टि के समक्ष प्रस्तुत करना, अपने पति की पैतृक धनसम्पत्ति अन्धाधुन्ध और अनावश्यक व्यय में उड़ा देना, बस यही, स्त्रियों द्वारा सम्पोषित वे कौशल हैं जिन्हें अधिकांश सुसंस्कृत राष्ट्रों में मैंने देखा है। और इसके परिणाम समान रूप से वैसे ही होते हैं, जैसे इस प्रकार के प्रदूषित स्रोतों से अपेक्षित हैं, यानी निजी व सार्वजनिक दासता। परन्तु सेलीन की शिक्षा-दीक्षा भिन्न दृष्टिकोण से नियोजित और अपेक्षाकृत कठोर सिद्धान्तों से संचालित की गई थी; बशर्ते इसे कठोरता कहा जा सकता हो जो मस्तिष्क को नैतिक व धार्मिक कर्तव्यों का बोध कराता है और जीवन की अपरिहार्य बुराइयों के विरुद्ध इसे सर्वाधिक अचूक ढंग से शस्त्रसज्जित करता है।"—*श्रीमान डे की पुस्तक सेन्फोर्ड और मर्टन,* अनुच्छेद तीन।

3. "मैं कभी एक ऐसी युवती को जानता था जिसने पढ़ने से पूर्व लिखना सीख लिया और इससे पहले कि वह अपनी लेखनी का प्रयोग कर सके, अपनी सुई से लिखने लगी। आरम्भ में, निस्सन्देह, उसने 'ओ' के अतिरिक्त कोई अन्य अक्षर न बनाने की ठानी; इस अक्षर को वह सभी प्रकार के आकारों में अनवरत ढालती रही और सदैव गलत ढंग से। दुर्भाग्य से, एक दिन जिस समय वह इस उद्यम में डूबी हुई थी, तभी उसने स्वयं को दर्पण में देखा, और अपनी उस बँधी हुई मुद्रा के प्रति जिसमें वह बैठी हुई लिख रही थी, ऐसी अरुचि उत्पन्न हुई कि उसने, अपनी सुई उठाकर फेंक दी तथा तय किया अब और 'ओ' नहीं बनाएगी। उसका भाई भी समान रूप से लेखन का अनिच्छुक था; हालाँकि वह बँधी भंगिमा नहीं बल्कि घर में बन्द रहना था जो उसमें विरक्ति पैदा करता था।' *रूसो, एमिलियस।*

4. "स्त्री-पुरुष के एक होने पर, दोनों एक साझा लक्ष्य को सिद्ध करने में लगे रहते हैं, परन्तु एक समान पद्धति से नहीं। उनकी इस विशिष्ट भिन्नता से, प्रत्येक के नैतिक सम्बन्धों में प्रथम सुस्पष्ट अन्तर जन्म लेता है। एक को सक्रिय और शक्तिसम्पन्न होना चाहिए और दूसरे को निष्क्रिय और दुर्बल; यह आवश्यक है कि एक के पास अधिकार और संकल्प हो और दूसरा इसका किंचित् ही प्रतिरोध कर सके। इस सिद्धान्त के प्रतिपादित होते ही, यह निष्कर्ष निकलता है कि स्त्री प्रत्यक्षतः पुरुष को प्रसन्न करने के लिए रची जाती है : यदि यह दायित्व पारस्परिक भी है और अपने क्रम में पुरुष के लिए भी प्रसन्न करना अभीष्ट हो, तो यह तत्काल इतना अनिवार्य नहीं होता है, उसका अधिकार ही उसका सर्वश्रेष्ठ गुण है और वह प्रसन्न मात्र इसलिए करता है क्योंकि वह शक्तिसम्पन्न है। यह, मैं स्वीकार करूँगा, प्रेम की परिष्कृत सूक्ति नहीं है, अवश्य ही यह स्वयं प्रेम के पूर्ववर्ती, प्रकृति के नियमों में एक है। यदि स्त्री पुरुष को रिझाने और उसके अधीनस्थ होने के लिए सृजित की गई है तो उसका महत्त्व, निःसन्देह इस बात में निहित है कि उसकी वासनाओं को चुनौती देने के बजाय स्वयं को उसके लिए स्वीकार्य बनाए। उसकी कामनाओं की प्रचण्डता स्त्री के आकर्षण पर निर्भर होता है। इन्हीं साधनों से वह उस अधिकार-प्रयोग की उसमें

अमानवीय प्रवृत्ति के समक्ष नत हो जाते हैं? क्या यह सार्वभौमिक रूप से स्वीकृत नहीं है कि, समग्रता में, राजे-महाराजे योग्यताओं और सद्‌गुण में, मानव जाति के सामान्य जनसमूह से आए मनुष्यों से सदैव हीन रहे हैं, तथापि क्या उनके साथ एक अंश तक ऐसा श्रद्धापूर्ण व्यवहार नहीं किया गया जो तर्कबुद्धि के प्रति अपमानजनक है। चीन ही मात्र वह देश नहीं है जहाँ एक जीवित मनुष्य को ईश्वर बना दिया जाता है। पुरुषों ने क्षणिक आनन्द का बेधड़क उपभोग करने हेतु श्रेष्ठ शक्ति के समक्ष समर्पण किया है—स्त्रियों ने भी ऐसा ही आचरण किया है, और इसीलिए जब तक यह प्रमाणित नहीं हो जाता कि वे दरबारी जिन्होंने चाटुकारितापूर्वक दासोचित रूप से मनुष्य के जन्मसिद्ध अधिकार को त्याग नहीं दिया है, एक नैतिक उत्प्रेरक नहीं हैं, यह भी प्रदर्शित नहीं किया जा सकता कि स्त्री इस कारण से पुरुष की अपेक्षा हीन होती है क्योंकि उसे सदैव वशीभूत किया जाता रहा है।

पाशविक शक्ति ने अभी तक विश्व पर शासन किया है, और राजनीति का विज्ञान अपनी शैशवावस्था में है, यह इस बात से स्पष्ट है कि दार्शनिकगण मनुष्य को वह सर्वाधिक उपयोगी ज्ञान प्रदान करने में, जो भेदभाव को निर्धारित करता है, संकोच करते हैं।

मैं इस वाद-विवाद को एक सुस्पष्ट निष्कर्ष की स्थापना से आगे बढ़ाना नहीं चाहूँगी कि जितनी युक्तियुक्त ढंग से राजनीति मुक्ति को व्यापक बनाएगी, स्त्रियों समेत, मानवजाति उतनी ही अधिक बुद्धिमान और सदाचारी होती जाएगी।

टिप्पणियाँ

1. स्त्रियाँ दुःशील उग्रता के साथ मात्र इसलिए गलत क्यों ठहराई जाएँ कि एक आकर्षक लाल कोट के प्रति उनमें उत्कट लालसा है? शिक्षा ने पुरुषों के अन्य वर्गों की अपेक्षा क्या उन्हें सैनिकों के ज्यादा समकक्ष नहीं रख दिया है?
2. ऐसी ही अनुभूति मिल्टन के स्वर्गिक आनन्द की सुखदायी कल्पना ने मेरे मनोमस्तिष्क में जागृत की है, तथापि उस आकर्षक युगल से ईर्ष्या के बदले मैंने सचेतन गौरव, अथवा शैतानी आत्माभिमान के साथ, अधिक उदात्त प्रयोजन हेतु नरक की ओर रुख किया है। समान शैली में, मानव कला के कतिपय महान स्मारक पर दृष्टिपात करते हुए मैंने देवता का निर्गमन उसी क्रम में ढूँढ़ निकाला है जिसकी मैं प्रशंसक हूँ जब तक कि चकरानेवाली ऊँचाई से उतरते हुए मैंने स्वयं को समस्त मानव दर्शनीय स्थलों में से महानतम दृश्य पर ध्यान केन्द्रित करते नहीं पा लिया।
3. उदाहरणार्थ, उपन्यासकारों का झुण्ड।
4. देखें रूसो और स्वीडेनबोर्ग।

ललक जगा पाती है जो उसे प्रकृतिप्रदत्त है। उन्हें उद्दीप्त करने की सफलतम पद्धति, ऐसी अधिकार चेष्टा को अपने प्रतिरोध द्वारा अनिवार्य बना देना है, फलतः ऐसी स्थिति में, कामना के साथ स्वप्रेम का संयोग हो जाता है और एक की जीत में दूसरे की भी विजय निहित होती है। अतः स्त्री-पुरुष के मध्य आक्रमण और प्रतिरक्षा की विभिन्न पद्धतियाँ जन्म लेती हैं; एक की निर्भीकता और दूसरे की कातरता, और संक्षेप में कहें तो शक्तिशालियों को अभिभूत करने के उद्देश्य से, वह संकोच और विनम्रता, जिससे दुर्बलों को प्रकृति ने लैस किया है।" *रूसो एमिलियस।* मैं इस कुशल उद्धरण पर यह कहने के सिवाय अन्य कोई टिप्पणी नहीं करना चाहूँगी कि यह कामुकता का दर्शन है।

5. सोफिया की चर्चा करते हुए रूसो यह उद्गार प्रकट करता है, "ओह, कितनी प्रीतिकर है उसकी अबोधता! खुशनसीब है वह जिसे उसे प्रशिक्षित करने का सौभाग्य प्राप्त है! वह अपने पति की शिक्षिका बनने का कदापि ढोंग नहीं करेगी बल्कि उसकी शिष्या बनने में सन्तोष अनुभव करेगी। उस पर अपनी पसन्द लादने के स्थान पर वह स्वयं को उसकी रुचियों के अनुकूल बनाएगी। वह उसके लिए अपेक्षाकृत अधिक आदरणीय होगी जितना वह विदुषी होने पर होती : उसे प्रशिक्षण देना उसके लिए आनन्ददायी होगा।" *रूसो एमिलियस।* मैं मात्र यह पूछकर स्वयं को सन्तुष्ट कर लूँगी; अध्यापक और उसके शिष्या के बीच जब प्रेम दम तोड़ देता है, तो मित्रता किस प्रकार टिकी रह पाएगी?

अध्याय चार

स्त्री की अधोगति के विभिन्न कारणों पर विचार

स्त्रियाँ प्राकृतिक रूप से दुर्बल होती हैं, अथवा परिस्थितियों के कारण नीचे धकेल दी जाती हैं, मैं समझती हूँ, यह स्पष्ट है। परन्तु ऐसी स्थिति को मैं उस निष्कर्ष के मात्र विरोधाभास के रूप में देखूँगी, जिसे मैंने सुधी जनों से, कुलीनतंत्र के पक्ष में, प्रस्तुत होते बहुधा सुना है : वह यह कि मानव जाति का वह बहुजन समुदाय जो उन चाटुकार दासों के पूर्व कुछ हो भी नहीं सकता था, जिन्होंने स्वयं को धैर्यपूर्वक बाड़े में बन्द हो जाने दिया, अपनी महत्ता का अनुभव करेगा और अपनी बेड़ियों को ठोकर मार देगा। पुरुष, वे आगे कहते हैं, मनुष्य सर्वत्र दमन के सम्मुख आत्मसमर्पण कर देते हैं, जबकि इस जुवे को उतार फेंकने के लिए उन्हें मात्र अपना सर ऊँचा करने की आवश्यकता है; इसके बावजूद अपने जन्मसिद्ध अधिकार पर अडिग रहने के बजाय वे निरुद्विग्न भाव से पराजय स्वीकार करते, और कहते हैं, हमें खा-पी लेने दो, क्योंकि कल को हमें काल का ग्रास बनना ही है। सादृश्य निरूपण के जरिये मैं यह तर्क देना चाहूँगी, कि स्त्रियाँ क्षणिक आनन्द भोगने के उसी सहचरोन्मुख प्रवृत्ति से प्रतिष्ठावनत होती हैं। और, अन्ततः स्वाधीनता से घृणा करती हैं, जिसे अर्जित करने के संघर्ष के लिए उनमें पर्याप्त सद्गुण का अभाव होता है। परन्तु मुझे अधिक स्पष्ट होने की आवश्यकता है।

भावनाओं के संवर्धन के परिप्रेक्ष्य में, यह सर्वसम्मति से स्वीकृत है कि स्त्री या पुरुष का भेद प्रश्नातीत है; परन्तु मानसिक शक्तियों के सन्दर्भ में अधीनता के क्रम की अनदेखी नहीं की जा सकती।[1] मात्र 'सौन्दर्य में सम्पूर्ण', स्त्री को प्रदत्त तर्कणा की खुराक वस्तुतः अत्यन्त अल्प होती है; कारण, उसकी प्रतिभा और निर्णयशक्ति का निषेध कर, यह कदाचित् ही सम्भव है कि शेष बचे हुए से प्रज्ञा बुद्धि को विशिष्ट गुणयुक्त बनाने का पूर्व बोध हो सके।

अनश्वरता की शक्ति, यदि मुझे इस शब्दावली के प्रयोग की अनुमति दी जाए, मानव तर्कबुद्धि की पूरणीयता का आदर्श है : कारण, यदि मनुष्य की सृष्टि आदर्श रूप में हुई होती अथवा उस पर ज्ञान का एक सैलाब उमड़ पड़ता जब वह उस परिपक्वता

तक पहुँचता है जो त्रुटि को प्रतिबाधित करती है, तब मुझे यह सन्देह होता है कि उसकी काया के विघटन के उपरान्त भी क्या उसका अस्तित्व बना रह सकेगा? परन्तु, वर्तमान परिस्थितियाँ जिस रूप में हैं, नीतिशास्त्र में प्रत्येक वह कठिनाई जो लोक चर्चा से बच निकलती है और गहन चिन्तन से उपजी जाँच-पड़ताल एवं प्रतिभाशाली व्यक्तियों के तीक्ष्ण विहंगम दृष्टिपात को भ्रमित कर देती है, एक ऐसा तर्क है जिस पर मैंने आत्मा की अनश्वरता सम्बन्धी अपनी आस्था निर्मित की है। परिणामस्वरूप, तर्कबुद्धि सुधार की, अथवा अधिक स्पष्ट कहें तो, सत्य को समझने की, सामान्य-सी क्षमता है। इस सन्दर्भ में, प्रत्येक व्यक्ति स्वयं में एक सृष्टि है। भले ही यह एक प्राणी की तुलना में दूसरे में न्यूनाधिक रूप से सुस्पष्ट होता है परन्तु विवेक की प्रकृति सभी में समान होनी चाहिए, यदि देवत्व, वह कड़ी जो जीवों को उनके सृष्टा से सम्बद्ध करती है, का यह एक प्रसर्जन है; क्योंकि, दैवी प्रतिरूप की छाप क्या अब आत्मा पर छोड़ी जा सकती है, जिसे उसके स्वयं के तर्कबुद्धि के प्रयोग से आदर्शीकृत न किया गया हो?[2]

तथापि संस्कारित देखभाल के साथ बाह्य रूप से अलंकृत और पुरुष को आनन्द प्रदान करने के लिए 'उस आदर के साथ जो उसे प्रीतिकर है'[3], इस प्रकार सजती-सँवरती स्त्री आत्मा को यह सम्मान पाने की अनुमति नहीं है और पुरुष को सर्वथा उसके तथा विवेक के बीच उपस्थित कर, उसे सदैव इस प्रकार प्रस्तुत किया जाता है मानो स्थूल दृष्टि से देखने और चीजों पर सहज विश्वास करने के लिए ही उनकी सृष्टि हुई हो। परन्तु, इस प्रकार के विभिन्न सिद्धान्तों को अस्वीकार करते और चाहे जो हो, स्त्री को पुरुष के एक अंश के बजाय, एक सम्पूर्ण इकाई मानते हुए, प्रश्न यह उठता है कि उसके पास विवेक होता है अथवा नहीं? यदि, उसके पास विवेक होता है, जिसे एक क्षण के लिए, मैं मान लूँगी कि ऐसा है, तो वह मात्र पुरुष की राहत बनने के लिए सृजित नहीं की गई थी, और ऐसा न हो कि यौनिक चरित्र मानव-चरित्र को विनष्ट कर दे।

शिक्षा को एक गलत चश्मे से देखना पुरुषों को सम्भवतः इस भ्रामक निष्कर्ष तक पहुँचाता है; सम्पूर्णता की ओर क्रमशः अग्रसर हो रहे एक प्राणी को गढ़ने में इसे प्रथम सोपान के रूप में नहीं[4] बल्कि जीवन के लिए एक उपक्रम समझा जाता है। इस विषयासक्तिपूर्ण त्रुटि पर, जिसे मैं इसी ढंग से कहना चाहूँगी, स्त्री-आचरण का वह भ्रान्तिपूर्ण शास्त्र रचा गया है जो समग्र स्त्री-जाति को उसके गौरव से वंचित कर देता है, और प्रफुल्लित यौवन के साथ ताम्र व गौर वर्ण में विशिष्टीकरण करता है, जो धरती की शृंगारमात्र बनती है। यह सर्वथा पुरुषों की भाषा रही है एवं एक कल्पित यौनिक चरित्र से च्युत होने के भय ने उन्नत चेतना से सम्पन्न स्त्रियों तक को उन्हीं मनोभावों को अंगीकार करने के लिए बाध्य करता है।[5] इस प्रकार, ठीक-ठीक व्यक्त करें तो, स्त्रियाँ बोधशक्ति से वंचित कर दी गई हैं; और सहज वृत्ति को, जो जीवन

की सार्थकता के लिए, बुद्धिमत्ता व चातुर्य में परिष्कृत हो सकती थी, इसके बदले में प्रतिस्थापित कर दिया गया।

विचारों को सामान्यीकृत करने का, वैयक्तिक प्रेक्षण से व्यापक निष्कर्ष निर्गत करने का सामर्थ्य, किसी अनश्वर प्राणी के लिए, वह एकमात्र उपलब्धि है, जो वास्तव में ज्ञान कहलाने की अधिकारी होती है। किसी भी चीज के प्रति उत्तरदायी होने का प्रयास किए बिना, मात्र प्रेक्षण करते रहना, जीवन के सहज ज्ञान-प्राप्ति (अत्यन्त अपूर्ण ढंग से) में सहायक हो सकता है; परन्तु कहाँ होता है वह भण्डार जो आत्मा को, उसके शरीर त्यागने पर, परिधानित कर सके?

स्त्रियों को इस सामर्थ्य से न केवल वंचित रखा जाता है बल्कि लेखकगण इस पर बल देते हैं कि किंचित् अपवादों को छोड़कर, यह उनके जातीय चरित्र से मेल नहीं खाता। पुरुष इसे प्रमाणित करें, और तब मैं यह मान लूँगी कि स्त्रियों का अस्तित्व मात्र पुरुषों के लिए होता है। बहरहाल, मुझे पहले ही यह टिप्पणी प्रस्तुत कर देनी चाहिए थी, विचारों को सामान्यीकृत करने का सामर्थ्य, किसी भी सीमा तक, पुरुषों अथवा स्त्रियों में बहुत अधिक सामान्य नहीं होता। परन्तु यह अभ्यास बोधक्षमता का वास्तविक संवर्धन है, और प्रत्येक चीज बोधशक्ति के इस परिष्कार को पुरुष-जगत् की अपेक्षा स्त्री-संसार के लिए अधिक दुष्कर बनाने का षड्यंत्र रचती है।

इस तर्कोक्ति के जरिये, वर्तमान परिच्छेद की मुख्य विषयवस्तु की ओर मैं स्वाभाविक रूप से उन्मुख हुई और अब मैं उन कतिपय कारणों को चिह्नित करने का प्रयत्न करूँगी जो स्त्री-जाति को नीचे गिराते हैं, और स्त्रियों को अपना प्रेक्षण सामान्यीकृत करने में बाधा खड़ी करते हैं।

स्त्री के इतिहास का सूत्र ढूँढ़ने के लिए मैं पुराकाल के सुदूर आख्यानों तक नहीं जाऊँगी। यह मान लेना कि वह सदा से ही एक दास अथवा एक निरंकुश शासक रही है, और यह अवलोकन करना कि इनमें प्रत्येक स्थिति तर्कबुद्धि के विकास को समान रूप से अवरुद्ध करती है, पर्याप्त होगा। स्त्री की मूर्खता और दुष्प्रवृत्तियों का वृहत स्रोत जहाँ तक मुझे प्रतीत होता है, मस्तिष्क की संकीर्णता से उपजता है, और नागरिक शासन का ढाँचा ही स्त्री समझदारी को परिष्कृत करने से रोकने के मार्ग में लगभग अजेय बाधाएँ उपस्थित करता है : इसके बावजूद, सद्गुण का निर्माण किसी अन्य नींव पर नहीं किया जा सकता। सर्वथापूर्ण व्यक्तियों के मार्ग में ऐसे ही अवरोध खड़े किए जाएँ, और परिणाम वही होगा।

लोकोक्ति के रूप में यह प्रचलित है कि आवश्यकता आविष्कार की जननी है। इस सूक्ति को सद्गुण तक विस्तारित किया जा सकता है। यह एक उपलब्धि होती है, और ऐसी उपलब्धि जिसके लिए आनन्द को बलिदान कर देना चाहिए। परन्तु आनन्द का भला कौन बलिदान कर पाता है जबकि वह अपनी मुट्ठी में होता है,

किसका मस्तिष्क दुर्भाग्य द्वारा उन्मुक्त और दृढ़ नहीं हुआ रहता अथवा आवश्यकता द्वारा ज्ञान-प्राप्ति के लिए दबाव नहीं बनाया जाता?—यह प्रसन्नता की बात है कि लोगों के पास संघर्ष करने को जीवन की चिन्ताएँ होती हैं क्योंकि ये संघर्ष, मात्र अकर्मण्यता से जन्मे दुर्बलकारी दुर्गुणों का शिकार बनने से उन्हें रोकते हैं। परन्तु जन्म से ही यदि स्त्रियों और पुरुषों को उस क्षेत्र में स्थापित कर दिया जाता है जहाँ आनन्द की रवि रश्मियाँ उन पर प्रत्यक्ष झपटती हैं, तब भला वे किस प्रकार, कर्तव्यों के पालन में अथवा उस स्नेह का रसास्वादन करने के लिए, जो उन्हें स्वयं के भीतर से बाह्योन्मुख करता हो, अपने मस्तिष्क को यथेष्ट रूप से प्रोत्साहित कर सकते हैं?

समाज के वर्तमान रूपान्तरण के अनुरूप, आनन्द स्त्री-जीवन का व्यवसाय होता है, और जब तक यह अविच्छिन्न चिरन्तन रहता है, ऐसे दुर्बलचित्त प्राणियों से अधिक अपेक्षा नहीं की जा सकती। प्रकृति के प्रथम कोमल दोष से एकरेखीय वंशक्रम में, सौन्दर्य की सत्ता को, उत्तराधिकार में प्राप्त कर, उन्हें अपनी शक्तिमत्ता को कायम रखना होता है, उन प्राकृतिक अधिकारों को, तर्कबुद्धि का प्रयोग जिसे उपलब्ध करा सकता था, उन्होंने त्याग दिया था और समानता से उपजे आनन्द अर्जित करने के उद्यम के बजाय अल्पकालिक रानियाँ बनना अधिक पसन्द करती थीं। अपनी हीनता से उन्नत (यह अन्तर्विरोधी भाव प्रतीत होता है) वे स्त्री रूप में अनवरत आदर-पुष्प अर्पित किए जाने की माँग करती हैं, हालाँकि अनुभव से उन्हें यह शिक्षा ग्रहण करनी चाहिए कि वे पुरुष जो नितान्त कर्तव्यनिष्ठ सटीकता के साथ स्त्री-जाति के प्रति, यह उद्यत आदर भाव अर्पित करने में स्वयं को गौरवान्वित अनुभव करते हैं, अत्याचार के लिए सर्वाधिक प्रवृत्त हो जाते हैं और उस दुर्बलता से ही घृणा करने लगते हैं जिसका वे ऊँचा मूल्यांकन करते होते हैं। बहुधा ही वे ह्यूम की भावनाओं को दोहराते हैं; जब एथेन्स व फ्रांसीसी चरित्रों की तुलना करते हुए वह स्त्रियों की ओर संकेत करता है; "परन्तु इस मनमौजी देश में जो चीज अत्यन्त असाधारण है, जिसके बारे में मैं एथेनवासियों को बताना चाहता हूँ कि मद्यपानोत्सव के दिनों में तुम्हारा वह आमोद-प्रमोद, जहाँ दास की सेवा उनके स्वामियों द्वारा की जाती है, उस देश में समूचे वर्ष और उनके सम्पूर्ण जीवन काल में जारी रखा जाता है, उसके साथ ही ऐसी परिस्थितियाँ भी तैयार होती हैं जो इस विसंगति और विद्रूपता को और अधिक आवर्धित कर देती हैं। तुम्हारा क्रीडा-कौतुक कतिपय दिनों के लिए मात्र उनका उत्थान करता है जिन्हें नियति ने रसातल में फेंक दिया है और खेल-खेल में, जिन्हें वह सदा के लिए तुमसे ऊपर भी कर सकती है। परन्तु यह राष्ट्र गम्भीरता से उन्हें उन्नत करता है, जिन्हें प्रकृति ने उनके अधीनस्थ कर रखा है और जिनकी हीनता व दौर्बल्य सर्वथा असाध्य होते हैं। स्त्रियाँ यद्यपि सद्गुण से रहित होती हैं, पर वे ही उनकी स्वामी तथा शासक बनी हुई हैं।"

आह! मैं अनुरागपूर्ण चिन्ता के साथ लिखना चाहूँगी, भला क्यों स्त्रियाँ अपरिचितों

से, उस शिष्टाचार के आदान-प्रदान से भिन्न एक सीमा तक ध्यानाकर्षण और श्रद्धा प्राप्ति की आग्रही होती हैं जिसे मानवता के निर्देश तथा सभ्यता-संस्कृति की विनम्रता ने मनुष्य और मनुष्य के बीच प्राधिकृत किया है? और, क्यों नहीं वे, जब 'सौन्दर्य सत्ता के उत्कर्ष पर' रहती हैं, यह खोज पाती हैं कि उनके साथ रानियों की भाँति व्यवहार मात्र इसलिए होता है ताकि थोथे सम्मान द्वारा भ्रमित किया जा सके, जब तक कि अपने नैसर्गिक परम अधिकारों को त्याग देने अथवा ग्रहण न करने के लिए उन्हें तत्पर नहीं कर दिया जाता? तब पंछियों के समान पिंजड़े में बन्दी होकर, उनके पास, स्वयं पर इतराने और उपहासजनक शान के साथ एक स्थान से दूसरे स्थान पर इठलाने के अतिरिक्त, करने के लिए कुछ नहीं होता। यह सच है कि अन्न व वस्त्र से उनका भरण-पोषण किया जाता है जिसके लिए न वह कताई-बुनाई करती हैं और न एड़ी-चोटी का पसीना एक करती हैं, परन्तु जिसके बदले में स्वास्थ्य, मुक्ति व सदाचार को अर्पित कर देना पड़ता है। परन्तु एक व्यक्ति को इन अतिरिक्त प्राधिकारों को त्याग देने का सामर्थ्य प्रदान किया जा सके, मानवजाति में मस्तिष्क की ऐसी पर्याप्त दृढ़ता भला कहाँ पाई जाती है; वही व्यक्ति जो तर्कणा की प्रशान्त गरिमा के साथ धारणा से ऊपर उठता है, मनुष्य में अन्तर्निहित उन विशेषाधिकारों के प्रति गर्व करने का साहस कर सकता है, इसकी प्रत्याशा करना व्यर्थ है जब कि आनुवंशिक शक्ति स्नेह का गला घोंटती है और जन्मने से पूर्व ही तर्क को नष्ट कर देती है।

इस प्रकार पुरुष भावनाओं की उत्कटता ने स्त्रियों को सिंहासन पर आरूढ़ कर रखा है : और जब तक मानवजाति अधिक तर्कशील नहीं हो जाती, यह भय बना रहेगा कि स्त्रियाँ उस सत्ता से स्वयं को लाभ पहुँचाएँगी, जिसे उन्होंने न्यूनातिन्यून उद्योग से अर्जित किया है, और जो सर्वाधिक निर्विवाद है। वे मुस्कुराएँगी, हाँ, यह बताने पर भी वे मुस्कुराएँगी कि "सौन्दर्य के साम्राज्य में कोई अन्तराल नहीं होता, और स्त्रियाँ, दासी हों या महिषी, जब पूजी नहीं जातीं तब उसी तत्परता के साथ तिरस्कृत होती हैं।" परन्तु आराधना का क्रम पहले आता है एवं तिरस्कार का पूर्वानुमान नहीं होता।

लुई चौदहवें ने विशिष्ट रूप से कृत्रिम रंग-ढंग को प्रसारित किया, और सम्पूर्ण राष्ट्र को छद्मपूर्ण विधि से, अपने फन्दे में जकड़ लिया; कारण, निरंकुश शासन की कौशलपूर्ण जकड़बन्दी को स्थापित करने के लिए उसने व्यापक जनसमुदाय में यह रुचि उत्पन्न कर दी, कि वैयक्तिक रूप से उसके पद और उसकी सत्ता का सम्मान किया जाए। और स्त्रियाँ, सम्पूर्ण जाति के प्रति बचकानी चिन्ता प्रकट कर जिन्हें वह प्रसन्न रखता था, उसके शासन में वह राजसी वैशिष्ट्य प्राप्त कर चुकी थीं जो विवेक व सद्गुण के लिए इतना घातक होता है।

राजा सदैव राजा रहता है और स्त्री सदा एक स्त्री;[6] उसका प्राधिकार और उसकी

जातीयता हमेशा उनके और विवेकपूर्ण व्यवहार के बीच दीवार बने रहते हैं। अपने प्रिय के सान्निध्य में, मैं मानती हूँ, उसे वैसा ही रहना चाहिए और उसकी भावप्रवणता भावनाओं को उद्वेलित करने के प्रयत्न हेतु उसे स्वाभाविक रूप से प्रवृत्त करेगी, उसके मिथ्याभिमान को नहीं बल्कि उसके हृदय को तुष्ट करने के लिए। इसे मैं नखरेबाजी नहीं मानती, यह प्रकृति का सहज आवेग है, मैं तो विजय पाने की उस काम भावना के विरुद्ध आवाज उठाती हूँ, जहाँ हृदय का प्रश्न ही नहीं उठता।

यह कामना स्त्रियों तक सीमित नहीं, लॉर्ड चेस्टरफील्ड का कहना है, "मैंने बीसों ऐसी स्त्रियों का हृदय जीतने का प्रयत्न किया है जिसके शरीर के लिए मैं अदना सी चीज भी नहीं देता।" वह विलासी व्यक्ति, जो भावनाओं के ज्वार में, असन्देहशील कोमलता का लाभ उठाता है, इस निष्ठुर हृदय दुर्जन की तुलना में एक सन्त होता है। इसके बावजूद मात्र प्रसन्न करने के लिए शिक्षित की गई स्त्रियाँ सदा ही रिझाने की ताक में रहती हैं, और सच्ची वीरतापूर्ण उमंग के साथ हृदय पर अधिकार करने का प्रयास मात्र इसलिए करती हैं कि जब विजय सुनिश्चित और सुस्पष्ट हो जाती है, उसे त्यागा और ठुकराया जा सके।

मुझे विषय के संक्षिप्त विवरणों तक आना होगा।

मुझे दुख है कि उस क्षुद्र ध्यानाकर्षण द्वारा, पुरुष जिसे स्त्री समुदाय को अर्पित करना पुरुषोचित समझते हैं, स्त्रियाँ क्रमबद्ध ढंग से अवमूल्यित होती हैं, जबकि वास्तव में वे स्वयं की ही श्रेष्ठता का लज्जाजनक रूप से समर्थन कर रहे होते हैं। एक निम्नतर व्यक्ति के समक्ष नत होना विनम्रता नहीं है। वस्तुतः, ये औपचारिकताएँ मुझे इतनी बेतुकी प्रतीत होती हैं कि मैं कठिनाई से ही ऐसे समय अपनी पेशियों पर नियंत्रण रख पाती हूँ, जब किसी पुरुष को उत्कण्ठित और विकट याचकता के साथ एक रूमाल उठाने अथवा दरवाजा बन्द करने के लिए मैं तत्पर देखती हूँ, जब कि उस भली महिला ने यह काम स्वयं ही कर लिया होता, यदि वह एक-दो कदम आगे बढ़ आती।

एक विचित्र इच्छा अभी-अभी मेरे अन्तर्मन से निकलकर मस्तिष्क तक आई है। मैं इसका गला घोंटना नहीं चाहूँगी हालाँकि इस पर ठहाके लग सकते हैं—समाज में लिंगीय विभेद को पराजित देखने की मेरी हार्दिक अभिलाषा है। सिवाय उस व्यवहार के जो प्रेम से संचालित होता है। क्योंकि यह विभेद, मैं दृढ़तापूर्वक इससे सहमत हूँ, स्त्रियों के मत्थे मढ़ दिये गए चरित्र की दुर्बलता का आधार है; इसका कारण है कि बोधशक्ति उपेक्षित क्यों होती है, जबकि अभीष्ट की सिद्धि अध्यवसायी संलग्नता के साथ की जाती है; और यही कारण उनके ओजस्वी सद्गुणों से पूर्व लालित्यपूर्ण सद्गुणों को वरीयता देने का उत्तरदायी होता है।

मानव-जाति, प्रत्येक विवरण समेत, किसी चीज के लिए प्रेम व आदर पाने की आकांक्षा रखती है और साधारण जनसमुदाय अपनी इच्छाओं की पूर्ति में सदा ही

निकटतम मार्ग पकड़ते हैं। समृद्धि और सौन्दर्य के प्रति सम्मान प्रदर्शित करना सर्वाधिक अपरिहार्य और असन्दिग्ध है, और, निस्सन्देह यह सामान्य मस्तिष्क की कुरुचिपूर्ण दृष्टि को सदैव आकर्षित करेगा। योग्यताएँ व सद्गुण मनुष्य को जीवन के मध्य श्रेणी से विशिष्ट स्थिति तक समुन्नत करने के लिए नितान्त आवश्यक हैं; और स्वाभाविक परिणाम कुख्यात है; मध्य कोटि के लोग सर्वाधिक सद्गुण और योग्यताओं से सम्पन्न होते हैं। इस प्रकार पुरुषों को, न्यूनातिन्यून, एक स्थान पर, गौरव के साथ स्वयं को अध्यवसाय का अवसर उपलब्ध हो जाता है तथा इस उद्यमशीलता से उन्नत होने का अवसर जो एक तर्कशील प्राणी को यथार्थ में श्रेष्ठ बना देता है; परन्तु सम्पूर्ण स्त्री जाति, जब तक उनका चरित्र गढ़ नहीं दिया जाता, उसी अवस्था में रहती है जिसमें समृद्धशाली; क्योंकि उनका जन्म निश्चित यौनिक विशेषाधिकारों के साथ होता है, और जब वे उन्हें अकारण प्राप्त हो जाते हैं, तो श्रेष्ठ जनों की एक छोटी-सी संख्या का सम्मान अर्जित करने के प्रयोजन से थोड़े से लोग ही कर्तव्यों के अतिरिक्त कार्य करने की बात कदाचित् सोचें।

कब सुनते हैं हम ऐसी स्त्रियों के विषय में जो अन्धकार से बाहर कदम बढ़ाकर, अपनी महान योग्यताओं अथवा चुनौतीपूर्ण सद्गुणों के बलबूते पर साहसपूर्वक सम्मान की माँग करती हैं? कहाँ पाई जाती हैं वे?–"सहानुभूति, अतिशिष्टता व अनुमोदन के साथ, निहारे जाने, परिचर्या में तत्परता दिखाने व ध्यान दिये जाने का सम्पूर्ण लाभ वे पाना चाहती हैं"–सत्य है! मेरे पुरुष पाठक सम्भवतः चिल्ला उठेंगे; परन्तु इसके पूर्व कि वे कोई निष्कर्ष निकाल सकें, उन्हें यह स्मरण रखना चाहिए कि यह मूलतः स्त्रियों के चित्रण के रूप में नहीं बल्कि समृद्धिशालियों के लिए लिखा गया था। डॉ. स्मिथ के 'नैतिक भावनाओं के सिद्धान्त' में, मैंने पद और सौभाग्य धारण करनेवाले लोगों में एक आम चरित्र पाया है, जिसे, मेरे मत से, व्यापकतम औचित्य के साथ स्त्री जाति के लिए प्रयुक्त किया जाना चाहिए। मैं अपने विचारवान पाठक को समग्र तुलना का सन्दर्भ देना चाहूँगी, लेकिन, यौनिक चरित्र के विरुद्ध सर्वाधिक निर्णायक समझे जानेवाले उस तर्क को बल प्रदान करने के लिए, जिस पर मैं अडिग रहने का मन्तव्य रखती हूँ, मुझे एक उद्धरण के उल्लेख की अनुमति मिलनी चाहिए, क्योंकि यदि, योद्धाओं के अतिरिक्त, कुलीन वर्ग में किसी भी श्रेणी का कोई महान मनुष्य कभी दृष्टिगोचर ही हुआ न हो, तो क्या यह उचित परिणाम निर्गत नहीं किया जा सकता कि उनकी स्थानिक स्थिति ने पुरुष को लील लिया है और एक ऐसे चरित्र को उत्पन्न किया है जो उन स्त्रियों के समान है जिनका स्थान, उस श्रेणी द्वारा जिसमें शिष्टाचारवश वे प्रतिष्ठापित की जाती हैं, निर्धारित कर दिया जाता है? स्त्रियों का, सामान्यतः जिन्हें भद्र महिला कहा जाता है, समूह में विरोध नहीं किया जाता, किसी शारीरिक बल का प्रयोग उन्हें नहीं करने दिया जाता, और उनसे, जब भी सद्गुणों की अपेक्षा की जाती

है, नकारात्मक सद्गुण की आशा की जाती है जैसे धैर्य, आज्ञापरायणता, विनोदप्रियता और नमनीयता। ऐसे सद्गुण, जो बुद्धि के किसी भी ओजस्वी प्रयोग के साथ होते हैं। इसके अतिरिक्त, एक-दूसरे के संसर्ग में रहने, और नितान्त एकाकी हों, ऐसा कदाचित् ही होने के कारण वे आवेग की अपेक्षा भावनाओं के प्रभाव में अधिक रहती हैं। इच्छाओं को भावावेग का बल प्रदान करने व लक्ष्य को व्यापक तथा उसे सर्वाधिक वांछनीय बनाने में कल्पनाशक्ति को सक्षम करने के लिए, चिन्तन और एकान्त आवश्यक तत्त्व होते हैं। समृद्धिशाली लोगों के विषय में भी यही बात कही जा सकती है; वे चरित्र का वह बल अर्जित करने के लिए, जिस पर महान संकल्प निर्मित होते हैं, आवेगपूर्ण चिन्तन अथवा धैर्यपूर्वक जाँच-पड़ताल द्वारा संचित, सामान्य धारणाओं पर यथेष्ट ढंग से सोच-विचार नहीं करते। लेकिन जरा सुनिये कि महान व्यक्तियों के सम्बन्ध में एक कुशाग्रबुद्धि का प्रेक्षक क्या कहता है!

"क्या महान व्यक्ति उस आसानी से चुकाये गए मूल्य के विषय में, जिसके लिए वे सार्वजनिक प्रशंसा अर्जित कर सकते थे, उदासीन प्रतीत होते हैं, अथवा क्या वे यह कल्पना करने लगते हैं कि उन्हें, अन्य व्यक्तियों की भाँति, यह उपलब्धि खून-पसीना बहाकर प्राप्त होनी चाहिए? कौन-सी महत्त्वपूर्ण उपलब्धि द्वारा कुलीन वर्ग के युवा को अपनी पदवी की उस गरिमा को बनाए रखने, और स्वयं को अपने सह-नागरिकों पर स्थापित उस श्रेष्ठता के योग्य बनाने का निर्देश दिया जाता है, जहाँ तक उसके पूर्वजों के सद्गुण ने उन्हें उन्नत किया है? क्या यह ज्ञान द्वारा होता है, उद्यम द्वारा, धैर्य से, आत्म-त्याग से अथवा किसी भी प्रकार के सद्गुण द्वारा किया जाता है? चूँकि उसके समस्त शब्दों और उसकी समूची चेष्टाओं पर ध्यान दिया जाता है, वह अति सामान्य व्यवहार की प्रत्येक परिस्थिति के प्रति स्वभावगत सतर्कता की शिक्षा ग्रहण करता है और उन समस्त छोटे-छोटे कर्तव्यों को सर्वाधिक सुनिश्चित सटीक योग्यता के साथ सम्पन्न करने के लिए अनुशीलन करता है। चूँकि वह इस बात के प्रति सचेत होता है कि किस प्रकार उसे ध्यान से देखा जाता है, और किस प्रकार उसकी प्रवृत्तियों के प्रति लोग पक्षपात करने के अभ्यस्त होते हैं, वह सर्वाधिक अरुचिकर अवसरों पर भी उस स्वतंत्रता व आनन्दचित्त के साथ निर्णय लेता है, जिसके लिए इसका विचार स्वाभाविक रूप से प्रेरित करता है। उसका रोब-दाब, उसका आचार-व्यवहार, उसकी चाल-ढाल, ये सभी उसकी स्वयं की श्रेष्ठता का वह मनोहारी और शोभन भाव प्रकट करते हैं, निम्नतर स्थिति में जन्मे लोग जहाँ कदाचित् ही पहुँच सकते हैं। ये वे कौशल होते हैं जिसके द्वारा वह मानव-जाति को अपने प्राधिकार के समक्ष अधिक सरलता के साथ समर्पित करने और उनकी प्रवृत्तियों को अपने स्वयं की इच्छा अनुरूप संचालित करने की अपेक्षा रखता है; और इसमें किंचित् ही उसे हताश होना पड़ता है। पद और प्रधानता द्वारा समर्थित ये कौशल, सामान्य अवसरों पर संसार को संचालित करने हेतु

यथेष्ट होते हैं। लुई चौदहवाँ, अपने अधिकांश शासनकाल में, मात्र फ्रांस में ही नहीं, अपितु सम्पूर्ण यूरोप में एक महान युवराज के सर्वाधिक आदर्श प्रतिमान के रूप में आदरणीय था। परन्तु वे कौन-सी योग्यताएँ और सद्गुण थे जिसके बूते पर उसने यह महती प्रतिष्ठा अर्जित की? क्या ये अपने समस्त उत्तरदायित्वों के प्रति सत्यनिष्ठ और अनम्य न्यायशीलता के द्वारा अर्जित थी, उन अनन्त खतरों और कठिनाइयों द्वारा थी जिनके साथ उनसे निपटा गया था अथवा उन कठोर व अथक प्रयासों के द्वारा थी जिनके जरिए उन्हें सम्पन्न करने में वह संलग्न था? क्या यह उसके विस्तृत ज्ञान के द्वारा, उसकी उत्कृष्ट निर्णय क्षमता के द्वारा अथवा उसके वीरोचित पराक्रम के जरिये अर्जित की गई थी? यह इनमें से किसी भी योग्यता द्वारा सम्भव नहीं हुआ था। बल्कि, सर्वप्रथम तो वह यूरोप में सर्वशक्तिमान युवराज था, फलतः राजाओं के मध्य उसका पद सर्वोपरि था; और तब उसके इतिवृत्ति लेखक का यह कहना है कि "शारीरिक सौष्ठव के लालित्य और मुखाकृति के तेजस्वी सौन्दर्य के मामले में उसने अपने समस्त राजदरबारियों को पीछे छोड़ दिया था। उसकी उपस्थिति जिन्हें भयभीत करती थी, उनके हृदय को उसकी वाणी की, प्रभावशाली व गौरवपूर्ण, गूँज ने वशीभूत कर लिया था। उसकी ऐसी चाल और ऐसा रंग-ढंग था जो मात्र उसे और उसके पद को शोभा पाता था और अन्य व्यक्तियों के लिए जो उपहासजनक होता। ऐसे लोगों में, जो उससे सम्भाषण करते, वह जिस किंकर्तव्यविमूढ़ता का कारण बनता था, वह उसके उस गुप्त सन्तोष को सहलाने का कार्य करता जिसके जरिए उसे स्वयं की श्रेष्ठता का अनुभव होता था।"..."इन तुच्छ उपलब्धियों ने, जिसमें उसका पद, और निस्सन्देह एक अंश तक अन्य प्रतिभाएँ व सद्गुण भी सहायक रहे, जो हालाँकि सामान्य योग्यता से ऊपर नहीं थे, इस युवराज को उसके युग में सम्मान के साथ प्रतिष्ठित किया और भावी पीढ़ियों से भी उसकी स्मृति हेतु यथेष्ट सम्मान प्राप्त किया। इनकी तुलना में, उसके युग और उसकी स्वयं की उपस्थिति में, किसी अन्य सद्गुण का कोई मूल्य दिखाई पड़ा हो, ऐसा प्रतीत नहीं होता है। ज्ञान, उद्यम, शौर्य और परोपकारिता इनके समक्ष लड़खड़ा गए, लज्जित हो उठे, और अपनी समस्त प्रतिष्ठा गँवा दी।"

"...ये तुच्छ उपलब्धियाँ प्राप्त कर, इसी प्रकार, 'स्वयं में सम्पूर्ण' स्त्रियाँ भी, वस्तुओं की प्रकृति को इस प्रकार रूपान्तरित कर देती हैं, जिसे वह करने का संकल्प करती हैं अथवा कहती हैं, वही सर्वश्रेष्ठ, सर्वाधिक विवेकपूर्ण, सबसे अधिक नैतिकतापूर्ण व सर्वाधिक बुद्धिमत्तापूर्ण प्रतीत होने लगता है। समस्त उच्चकोटि का ज्ञान उसकी उपस्थिति में प्रतिष्ठाहीन हो जाता है। विवेक उसके साथ तर्क में अप्रतिम होकर पराजित हो जाता है, और मूढ़ के सदृश दिखता है; प्राधिकार और बुद्धि उसकी सेवा में प्रस्तुत रहते हैं"—और यह सर्वस्व उसके रूप-माधुर्य पर टिका होता है!

जीवन की मध्य श्रेणी में, यह तुलना अविच्छिन्न रखने के लिए, पुरुष अपनी

युवावस्था में व्यवसाय की ओर उन्मुख होते हैं और परिणय उनके जीवन की प्रमुख प्रवृत्ति नहीं होती जबकि, इसके विपरीत, स्त्रियों के निकट अपनी क्षमताओं को माँजने की कोई अन्य योजना नहीं रहती है। यह कोई वृत्ति, व्यापक योजनाएँ, अथवा आकांक्षाओं की कोई गगनविहारी उड़ान नहीं होती जो उनके ध्यान को लीन रखती है; नहीं, उनका चिन्तन इस प्रकार की महान रचनाओं को पोषित करने में प्रयुक्त नहीं होता। संसार में प्रगति के लिए और एक आनन्द से दूसरे आनन्द तक दौड़ पाने की स्वतंत्रता के लिए लाभप्रद ढंग से परिणय-सूत्र में बँधना उनका अभीष्ट है और इस उद्देश्य हेतु उन्हें समय की क्षति झेलनी पड़ती है तथा उनकी देह को बहुधा वैधानिक वेश्यावृत्ति में लगना होता है। एक पुरुष जब किसी व्यवसाय में प्रवेश करता है तो अपनी दृष्टि अविचल रूप से किंचित् भविष्यगत लाभ पर केन्द्रित रखता है (और मस्तिष्क उसके समस्त प्रयासों को एक ही दिशा की ओर लक्षित कर महती शक्ति अर्जित कर लेता है) तथा उसके व्यस्तताओं में तल्लीन होने से, आनन्द को मात्र तनाव-मुक्ति का साधन समझा जाता है, जबकि स्त्रियाँ आनन्द को जीवन के मुख्य उद्देश्य के रूप में प्राप्त करना चाहती हैं। वस्तुतः, उस शिक्षा के कारण, जो वे इस समाज से ग्रहण करती हैं आमोद-प्रमोद के प्रति आसक्ति उन सभी को संचालित करती है, परन्तु इससे क्या यह प्रमाणित होता है कि आत्माएँ काम भावना से युक्त हैं? इसका तर्कसंगत होना ठीक वैसा ही होगा जैसे यह घोषित करना कि फ्रांस के राजदरबारी, जबकि एक निरंकुश शासन के विध्वंसक ढाँचे ने उनका चरित्र ढाला था, पुरुष नहीं थे क्योंकि आनन्द और दिखावे के लिए मुक्ति, सद्गुण व मानवता की बलि दे दी गई थी। ये घातक भावावेग हैं जिन्होंने सम्पूर्ण नस्ल पर सदैव अनियंत्रित राज्य किया है।

उनकी शिक्षा की समग्र प्रवृत्ति द्वारा पोषित, आनन्द के प्रति यही आसक्ति, स्त्रियों के आचरण को अधिकांश परिस्थितियों में एक तुच्छ रुझान देती हैं : उदाहरणार्थ वे सर्वथा गौण वस्तुओं के विषय में उत्सुक रहती हैं, और कर्म में लीन होने के स्थान पर, दुस्साहसिक कारनामों की ताक में रहती हैं।

एक पुरुष, जब किसी यात्रा के लिए प्रस्थान करता है तो उसकी दृष्टि में गन्तव्य स्थान रहता है, एक स्त्री आकस्मिक घटनाओं के सम्बन्ध में अधिक सोचती है, वे अद्भुत चीजें जो मार्ग में सम्भवतः घटित हो सकती हैं; वह छाप जो वह अपने सहयात्रियों पर अंकित कर सकती हैं, और, सर्वोपरि, उस अलंकरण की चिन्ता में वह उत्कण्ठापूर्वक दत्तचित्त रहती है, जिसे वह अपने साथ ढो रही होती है, जो सदैव से अधिक उसके स्वयं का एक भाग होता है, जिस समय उसे एक नये दृश्य में समक्ष आना होता है; कब वह एक उपयुक्त फ्रांसीसी जुमले का प्रयोग कर एक सनसनी पैदा कर सकती है? क्या ऐसी तुच्छ चिन्ताओं के साथ मन का गौरव बना रह सकता है?

संक्षेप में, सामान्यतः स्त्रियों ने, और साथ ही दोनों ही जातियों में समृद्धशाली

लोगों ने सभ्यता की समस्त मूर्खताएँ और दुष्प्रवृत्तियाँ अर्जित कीं तथा उपयोगी फल ग्रहण करने में चूक गए। यह मेरे लिए सदैव ही भूमिका में लिखना आवश्यक नहीं है कि मैं सम्पूर्ण जाति की अवस्था की, अपवादों को प्रश्नों की सीमा से किनारे कर, चर्चा करती हूँ। उनकी ऐन्द्रिक कामनाओं को उत्तप्त कर दिया जाता है और उनकी समझदारी की अवहेलना की जाती है, फलतः वे अपनी कामनाओं की, शालीनतावश जिसे संवेदना कहा जाता है, शिकार हो जाती हैं और भावना के प्रत्येक तात्कालिक झोंके से फट पड़ती हैं। वे इस प्रकार इससे कहीं बदतर स्थिति में होती हैं जितना वे हुई होतीं यदि वे प्रकृति के अधिक निकट होतीं। सदैव चिन्ताकुल और अशान्त, संवेदन-शक्ति का उनका अति प्रयोग न सिर्फ स्वयं उनके लिए असुविधाजनक बनता है, बल्कि दूसरे के लिए भी कष्टप्रद होता है। उनका समग्र चिन्तन भावावेग को उत्तेजित करने की दिशा में सुविचारित होता है एवं जिस समय उन्हें तर्क करना चाहिए, वे अनुभव करती हैं कि उनका आचरण अस्थिर व उनकी धारणाएँ डँवाडोल होती हैं और वह अनिश्चितता नहीं, जो विचार-विमर्श अथवा प्रगतिगामी दृष्टिकोण से जन्म लेती है अपितु जो अन्तर्विरोधी भावावेगों से उत्पन्न होती है। मनमौजी ढंग से वे अनेक वृत्तियों की ओर आकर्षित हो जाती हैं, इसके बावजूद यह उत्साह, अध्यवसाय में कदापि सान्द्रित न होकर, स्वयं को तत्क्षण निःशेष कर लेता है, अपने ही ऊष्मा से वाष्प बनने, अथवा किंचित् अन्य क्षणिक भावों के ऐसे आवेग के साथ, जिसे तर्कबुद्धि ने कभी विशिष्ट गुरुता प्रदान न की हो, योग करने से निष्प्रभावित फलित होती है। वे जीवधारी वस्तुतः अभागे दयनीय होते होंगे जिनके मन के पोषण ने उसके प्रबल भाव आवेग को मात्र उद्‌दीप्त करने की ओर प्रवृत्त किया है! उन्हें उत्तेजित व दृढ़ता प्रदान करने के बीच भेद किया जाना चाहिए। भावावेग के इस प्रकार लाड़ से सहलाये जाने से जबकि निर्णय क्षमता अनगढ़ रहती है, भला किस परिणति की अपेक्षा की जा सकती है?—निस्सन्देह, मूर्खता और सनकपन की खिचड़ी की!

इस विचार को मात्र स्त्री-जाति तक सीमित करना अभीष्ट नहीं होगा, बहरहाल, वर्तमान के लिए, मैं इसे मात्र उन्हीं पर लागू करने का आशय रखती हूँ।

उपन्यास, संगीत, कविता और शृंगारिकता, ये सभी स्त्रियों को उत्तेजनाप्रद भावोद्‌दीपक बनाने की ओर उन्मुख होते हैं और उनका चरित्र ऐसे समय में इस प्रकार निर्मित होता है जब वे उन उपलब्धियों को अर्जित कर रही होती हैं, जो वह एकमात्र उन्नत अवस्था है जिसे समाज में अपनी स्थिति द्वारा प्राप्त करने के लिए वे उत्साहित की जाती हैं। यह अतिरंजित संवेदनशक्ति स्वाभाविक रूप से मस्तिष्क की अन्य क्षमताओं को शिथिल कर देती है और बुद्धि को वह सर्वसत्ता प्राप्त करने से रोकता है, जिसे, एक तर्कसम्मत प्राणी को दूसरे के लिए उपयोगी बनाने और अपनी स्वयं की स्थिति से सन्तोष हेतु अर्जित करना इसके लिए आवश्यक हो जाता है; क्योंकि जैसे-जैसे

जीवन प्रगति करता है, भावनाओं के आवेग को शान्त करने के लिए, बोधशक्ति का प्रयोग प्रकृति प्रदत्त एकमात्र पद्धति है।

संतृप्ति का एक अत्यन्त भिन्न प्रभाव पड़ता है और बहुधा नरकदण्ड के दारुण विवरण से मुझे हठात् आघात पहुँचता है, जबकि संवेदनग्राह्य अंगों से हीन, किसी भी चीज का आनन्द भोगने में असमर्थ आत्मा को, निष्फल उत्सुकता के साथ कलुषित देह के चहुँ ओर सतत मँडराते हुए प्रस्तुत किया जाता है। तथापि, स्त्रियाँ अपनी इन्द्रियों की दास बना दी जाती हैं, क्योंकि यह उनकी संवेदनग्राह्यता ही है जिसके द्वारा वह वर्तमान सत्ता अर्जित करती है।

नैतिकतावादी क्या यह दावा करने का ढोंग करेंगे कि ये ही वे परिस्थितियाँ हैं जिसमें मानवजाति का अर्द्ध भाग उदासीन निष्क्रियता और बुद्धिहीन मौन सम्मति के साथ पड़े रहने के लिए प्रोत्साहित किया जाना चाहिए? कृपालु अनुदेशक! किसलिए हमारी सृष्टि हुई है? कहा जा सकता है, अबोध बने रहने के लिए; उनका अभिप्राय बचपन की अवस्था से है, हमारा कदाचित् जन्म ही नहीं हुआ होता जब तक कि यह आवश्यक नहीं बनता कि पुरुष को, विवेक के महान विशेषाधिकार, बुराई से भलाई को पहचानने की क्षमता अर्जित करने में सक्षम बनाने के लिए हमारी सृष्टि हो, जब कि हम उसी धूल में पड़े होते हैं जहाँ से हमारा उद्गम होता है, पुनः कभी न उठने के लिए।

यह एक अन्तहीन कार्य होगा कि उन निकृष्टताओं, चिन्ताओं व पीड़ा-व्यथा के विविध सूत्र तलाशे जाएँ जिसमें स्त्रियाँ इस प्रचलित धारणा द्वारा डुबो दी जाती हैं कि उनकी सृष्टि तर्क करने के लिए नहीं बल्कि अनुभूति के लिए की गई है और समस्त शक्ति जो वे उपलब्ध करती हैं, उनके आकर्षण और दुर्बलता द्वारा अर्जित की जानी चाहिए, "दोष के जरिए उत्कृष्ट व सौजन्यपूर्वक दुर्बल।" तथा इस स्नेहशील दुर्बलता द्वारा, सुरक्षा के उद्देश्य से ही नहीं बल्कि परामर्श के लिए भी, पुरुष पर, सिवाय इसके जिसे वे अनुचित प्रभाव द्वारा प्राप्त करती हैं, पूर्णतया पराश्रित बनाई जाने के उपरान्त भी, क्या यह आश्चर्यजनक है कि वे उन कर्तव्यों की उपेक्षा कर जिसे अकेले विवेक ही इंगित कर सकता है और अपने मस्तिष्क की दृढ़ता के लिए निर्धारित परीक्षण से जो चुराकर मात्र अपने दोषों को एक ऐसा मनोहारी आवरण प्रदान करने में स्वयं को झोंक देती हैं, जो उनके आकर्षण को इन्द्रियभोगियों की दृष्टि में बढ़ाने का कार्य करता है, हालाँकि, यह उन्हें नैतिक उत्कर्ष के मानदण्ड से पतित कर देता है?

शब्द के प्रत्येक निहितार्थ में भंगुर, वे हर एक सान्त्वना के लिए, पुरुष मुखापेक्षिता की आग्रही होती हैं। नितान्त अदना से संकट में, दयनीयतापूर्वक गुहार लगाती वे परोपजीवी चीमड़पन के साथ अपने आश्रयदाता से चिपक जाती हैं; और उनका *स्वाभाविक* रक्षक अपना बाजू आगे बढ़ाता है अथवा अपनी आवाज ऊँची करता है,

उस मनमोहक भयकम्पित जीवन को सुरक्षा प्रदान करने के लिए—किस चीज से? कदाचित् एक बूढ़ी गाय की क्रुद्ध दृष्टि से, अथवा एक चूहे के कूद पड़ने से। एक चूहा गम्भीर संकट बन सकता है। तर्कबुद्धि और सामान्य बोध से भी देखा जाए तो इन प्राणियों को, चाहे वे कितनी भी मृदुल और रूपसी ही क्यों न हों, तिरस्कार से भला कौन बचा सकता है?

ये भय, यदि पाखण्डपूर्ण नहीं तो बड़े प्यारे हो सकते हैं, परन्तु वे ऐसी मानसिक दुर्बलता प्रदर्शित करते हैं, जो एक तर्कसम्मत प्राणी को इस कदर नीचे गिराते हैं, जिससे स्त्रियाँ अनभिज्ञ रहती हैं—कारण, प्रेम और सम्मान नितान्त भिन्न वस्तुएँ हैं।

मैं इस बात से पूर्णतः सहमत हूँ कि ऐसे किसी भी बचकाने हाव-भाव की हम चर्चा ही नहीं सुनेंगे यदि लड़कियों को पर्याप्त व्यायाम करने की अनुमति हो, और उन्हें बन्द कमरों में तब तक सीमित न रखा जाए, जब तक कि उनकी पेशियाँ शिथिल नहीं पड़ जातीं और उनकी पाचनशक्ति नष्ट नहीं हो जाती। लड़कियों में भय को पोषित, सम्भवतः सृजित करने के बजाय, यदि उसी रूप में समझा गया होता जैसा कि लड़कों में भीरुता को, तब स्त्री को हम जल्द ही अधिक महत्त्वपूर्ण रूप में देख सकते थे। यह सत्य है, कि तब उन्हें इसी तरह पुरुष के जीवन पथ पर स्मित हास्य बिखेरनेवाले सौन्दर्य प्रसून नहीं कहा जा सकेगा बल्कि वे समाज की अपेक्षाकृत अधिक सम्माननीय सदस्य होंगी और जीवन के महत्त्वपूर्ण कर्तव्यों का निर्वाह अपनी निज तर्कबुद्धि के प्रकाश में करेंगी। रूसो ने कहा है कि "स्त्रियों को पुरुषों की भाँति शिक्षित करो, और जितना अधिक वे यौनिक रूप से हमारे सदृश होंगी उनका उतना ही न्यून प्रभुत्व हमारे ऊपर होगा।" यह बिल्कुल वही बिन्दु है जिसे मैं अभिलक्षित करना चाहती हूँ। मैं उनके पुरुषों पर आधिपत्य की नहीं बल्कि स्वयं अपने ऊपर आधिपत्य स्थापित करने की पक्षधर हूँ।

इसी शैली में मैंने व्यक्तियों को निर्धनों को शिक्षा देने के विरुद्ध तर्क करते सुना है; क्योंकि कुलीन वर्ग कई रूप धारण करता है। "उन्हें पढ़ने-लिखने की शिक्षा दो," वे कहते हैं, "और तुम प्रकृति प्रदत्त दशा से उन्हें बाहर खींच लाओगे।" एक वाक्पटु फ्रांसीसी सज्जन ने उनका प्रत्युत्तर दिया है। मैं उनकी भावनाओं को यहाँ व्यक्त करती हूँ। वे इससे अनभिज्ञ होते हैं कि जब एक मनुष्य को वे पशु बना देते हैं, तो उन्हें इस बात के लिए भी तैयार रहना चाहिए कि वह किसी भी क्षण एक भयानक पशु में बदल सकता है। ज्ञान के बिना कोई नैतिकता नहीं हो सकती।

सद्‌गुणों के लिए अज्ञानता एक जर्जर आधार है! तथापि लेखकगण द्वारा इस बात पर बल दिया गया है कि स्त्री का गठन ही इसी स्थिति के लिए हुआ है। ये वही लेखक हैं जो पुरुष की श्रेष्ठता के पक्ष में सर्वाधिक प्रचण्ड रूप से तर्क-वितर्क करते हैं, यद्यपि इस दलील को नरम बनाने के लिए उन्होंने विशाल हृदयता के साथ यह

सिद्ध करने का परिश्रम किया है कि स्त्री-पुरुष के बीच तुलना अभीष्ट नहीं होगी। पुरुष की सृष्टि तर्क करने के लिए हुई और स्त्री की भावानुभूति के लिए; और तर्कबुद्धि और संवेदन-शक्ति के एक चरित्र में औचित्यपूर्ण समेकन से वे एक साथ, शरीर और आत्मा की सर्वाधिक आदर्श इकाई बनाते हैं।

और संवेदनशक्ति क्या है? "अनुभूति की तीक्ष्णता, बोध की तीक्ष्णता और सूक्ष्मता," डा. जानसन द्वारा यह इस प्रकार परिभाषित किया गया है; और यह परिभाषा, सर्वाधिक उत्कृष्टतापूर्वक परिष्कृत मूल वृत्ति के अतिरिक्त कोई अन्य विचार मुझे नहीं देती। मैं अनुभूति अथवा पदार्थ में ईश्वर छवि का एक भी चिह्न ढूँढ़ नहीं पाती। भले ही सत्तर बार परिष्कृत किया जाए वे फिर भी पदार्थ ही रहेंगे, उसमें बुद्धिमत्ता का वास नहीं हो सकता और न ही कभी अग्नि सीसे को स्वर्ण बना सकती है।

मैं अपने पुराने तर्क पर पुनश्च वापस लौटती हूँ; यदि स्त्री को एक अविनाशी अन्तःकरण रखने की अनुमति मिल जाए, तो उसके पास, जीवन की वृत्ति के रूप में, समुन्नत होने के लिए एक बोधशक्ति होगी। और जब वर्तमान स्थिति को अधिक सम्पूर्ण बनाने के लिए, हालाँकि प्रत्येक वस्तु इसे महाबली समष्टि का मात्र एक अंश प्रमाणित करती है, वह अपने महान लक्ष्य को विस्मृत करने के प्रयोजन से वर्तमान अनुतोषण द्वारा उत्प्रेरित होती है, प्रकृति का विधान प्रभावहीन हो जाता है, अन्यथा उसका जन्म ही मात्र प्रजनन करने व मुरझा जाने के लिए होता है। अथवा प्रत्येक रूपरंग के जड़ बुद्धिहीनों को एक अन्तःकरण प्रदान करने पर, यद्यपि वह तर्कसंगत नहीं होता, आगामी जीवन में तर्कबुद्धि अर्जित करने की दिशा में, सहज वृत्ति और संवेदनशक्ति का प्रयोग वह पग हो सकता है जिसे इस जन्म में उन्हें उठाना होता है; फलस्वरूप, वे अनन्तकाल तक पुरुष के पीछे घिसटती रहेंगी, जिसे जीवन के प्रथम क्रिया-भाव में ही, यह हमारी समझ से बाहर है कि क्यों विवेक अर्जित करने की शक्ति प्रदान कर दी जाती है।

जब मैं स्त्रियों के विशिष्ट कर्तव्यों के सम्बन्ध में विचार-विमर्श करती हूँ, जैसा कि मुझे एक नागरिक अथवा पिता के विशिष्ट कर्तव्यों के विषय में विवेचन करना चाहिए, यह देखा जा सकता है कि मेरा यह आशय नहीं होता कि स्त्रियाँ अपने परिवारों से, यदि बहुसंख्या की बात की जाए तो, बाहर निकल पड़ें। लार्ड बेकन ने यह कहा है कि "वह व्यक्ति जिसके पास पत्नी और बच्चे हैं, भाग्य का बन्धक होता है, क्योंकि वे महान उद्यमों में, चाहे वह सद्गुण के हों अथवा दुष्कृत्य के, बाधक बनते हैं। निश्चय ही सर्वश्रेष्ठ कार्य, और लोक का महानतम उत्कर्ष, अविवाहित अथवा सन्तानहीन पुरुषों की देन रहे हैं।" मैं स्त्रियों के सन्दर्भ में यही कहना चाहूँगी। परन्तु समाज का कल्याण असाधारण चेष्टाओं पर आश्रित नहीं है तथा इसे यदि अधिक तर्कसम्मत ढंग से संगठित किया जाता तो महान योग्यताओं और शौर्यपूर्ण सद्गुणों की, और भी न्यून

आवश्यकता होती।

एक परिवार को चलाने में, सन्तानों की शिक्षा-दीक्षा में, सरल अर्थ में, समझदारी की, विशेष रूप से आवश्यकता होती है, जो शरीर और मस्तिष्क दोनों की शक्ति बनती है। तथापि वे पुरुष, जो अपने लेखन द्वारा, स्त्रियों को पालतू बनाने के लिए सर्वाधिक गम्भीरतापूर्वक परिश्रम करते हैं, एक भोंडी तृष्णा द्वारा निर्देशित तर्कों से यह बताने का प्रयास करते हैं कि अतिभोग सुकुमार जनों को अपनी काया को शक्तिहीन व अपने मस्तिष्क को संकुचित बनाने के लिए बाध्य कर देता है। परन्तु यदि इन अमंगलकारी रीतियों से वे स्त्रियों को, घर पर रुकने तथा एक जननी व परिवार की स्वामिनी के कर्तव्यों का पालन करने के लिए, उनकी भावनाओं को वशीभूत कर, वास्तव में कायल कर भी देते हैं तो भी मैं सचेतन ढंग से उन धारणाओं का विरोध करूँगी जो कर्तव्य पालन को जीवन की वृत्ति बनाने के लिए, भले ही विवेक अवमानित होता हो, स्त्रियों को सहमत कर, उन्हें उचित आचरण की दिशा में उन्मुख करती हैं। तथापि यदि समझदारी की उपेक्षा कर वे इन गृहस्थी के कर्तव्यों से उतना ही नहीं, बल्कि उससे भी अधिक, विमुख होती हैं जितना सर्वाधिक गम्भीर बौद्धिक व्यवसाय के कारण वे हो सकती थीं, यद्यपि यह ध्यान देना अभीष्ट होगा कि मानव जाति का जनसमुदाय एक बौद्धिक लक्ष्य के लिए कदाचित् ही सम्पूर्ण शक्ति से सतत प्रयत्नशील रहेगा,[7] मुझे यह निष्कर्ष निकालने की अनुमति दी जाए कि किसी भी प्रकार के कर्तव्यपालन में एक स्त्री को सक्षम बनाने के लिए तर्कबुद्धि परम आवश्यक है और मैं पुनः दोहराना चाहूँगी कि संवेदन-शक्ति तर्कबुद्धि नहीं होती।

सम्पन्न जनों के साथ तुलना सम्बन्धी विचार पर अभी भी मेरा ध्यान जाता है, कारण, पुरुष जब मानवता के प्रति कर्तव्यों की अवहेलना करते हैं तो स्त्रियाँ भी वही करेंगी; एक समान प्रवाह विचारहीन वेग से उन दोनों को ही उतावलेपन के साथ बहा ले जाता है। सम्पन्नता व अलंकरण एक पुरुष को अपनी बोधशक्ति को व्यापक बनाने से रोकते हैं और उसकी समस्त शक्तियों को, प्रकृति के उस क्रम को अब उलटकर, निस्तेज बना है जिसने सदैव श्रम के पुरस्कार में वास्तविक आनन्द की सृष्टि की है। इसी प्रकार, आनन्द—ऊर्जाहीन आनन्द, बिना उपार्जित किए ही, स्त्रियों के हाथ लग जाता है। परन्तु जब तक आनुवंशिक स्वत्वधारण सर्वत्र नहीं व्याप जाता, हम किस प्रकार पुरुषों से सद्गुण पर गौरवान्वित होने की अपेक्षा कर सकते हैं? और जब तक वे ऐसे हैं, स्त्रियाँ उस आनन्द को मुट्ठी में बन्द कर पाने के लिए, जो समय के पंखों पर सवार रहता है, अपने नीरस गृह सम्बन्धी कर्तव्यों की अवेहलना करते, सर्वाधिक प्रत्यक्ष साधनों से उन पर शासन करेंगी।

किसी लेखक ने कहा है, "स्त्री की शक्ति उसकी संवेदन-शक्ति में निहित है," और परिणाम से अनभिज्ञ पुरुष, प्रत्येक दूसरे को यह शक्ति निगल जाए, इसके लिए

हर सम्भव प्रयास करते हैं। वे इससे सर्वाधिक सम्पन्न होंगे जो अनवरत अपनी संवेदन-शक्ति से कार्य लेते हैं, उदाहरणस्वरूप—कवि, चित्रकार और संगीतकार।[8] तथापि जब तर्कबुद्धि और यहाँ तक कि कल्पनाशक्ति की कीमत पर संवेदन-शक्ति इस प्रकार वर्धित होती है, तब पुरुष क्यों उनकी चंचलचित्तता का दुखड़ा रोते हैं? स्त्रियों के प्रति पुरुष का यौनाकर्षण उनकी संवेदनशक्ति को प्रभावित करता है, और यह अनुभूति उनकी तरुणाई से ही उभरती रही है। एक पति भावों के उस प्रबल आवेग के साथ, जो जीवन्त भावनाओं को उत्प्रेरित करने के लिए आवश्यक होता है, लम्बी अवधि तक इस प्रकार ध्यान नहीं दे सकता, और सजीव भावनाओं का आदी हृदय एक नई प्रेयसी की ओर उन्मुख होता है, अथवा प्रज्ञा या सद्गुण का शिकार होकर, एकान्त में घुलता है। मेरा आशय है जब हृदय वास्तव में ग्रहणशील हो जाता है, और सुरुचिसम्पन्नता विकसित हो जाती है; क्योंकि इस अधुनातन शैली के जीवन से, मैं यह निष्कर्ष निकालने को उद्यत हूँ कि शिक्षा-पद्धति व स्त्री-पुरुष के बीच संसर्ग के द्वारा संवेदन की तुलना में आडम्बर को ही प्रायः प्रोत्साहित किया जाता रहा है, जिसकी मैंने भर्त्सना की है; और यह कि नाज-नखरे चंचलचित्तता की बजाय जिसे अतिरंजित संवेदन स्वाभाविक रूप से जन्म देता है, आडम्बरप्रियता से उत्पन्न होता है।

एक अन्य तर्क जो मेरे लिए अत्यन्त महत्त्वपूर्ण है, और मैं सोचती हूँ, प्रत्येक विचारशील और उदार हृदय पर भी कुछ प्रभाव डालेगा। लड़कियाँ, जिन्हें इतने ढुलमुल ढंग से शिक्षित किया गया है, बहुधा ही अपने माता-पिता द्वारा बिना किसी प्रबन्ध के निष्ठुरतापूर्वक छोड़ दी जाती हैं, और निस्सन्देह, अपने भाइयों के विवेक पर ही नहीं अपितु दानशीलता पर भी आश्रित रहती हैं। ये भाई, यदि उज्ज्वल पक्ष को देखें तो भले किस्म के व्यक्ति होते हैं, और अनुकम्पा भाव से वह प्रदान करते हैं जिस पर एक ही माँ-बाप की सन्तानों का समान अधिकार होता है। ऐसी अवमाननापूर्ण परिस्थिति में, एक आज्ञापरायण स्त्री किंचित् समय के लिए एक औसत दर्जे की सुविधा के साथ रह सकती है। परन्तु भाई जब परिणय-सूत्र में बँधता है, जो एक सम्भावित स्थिति है, तो परिवार की स्वामिनी समझे-जाने के स्थान पर उसे अनधिकार प्रवेश किए हुए ऐसे व्यक्ति के रूप में देखा जाता है जो गृहस्वामी व उसकी नवेली संगिनी की उदारता पर अनावश्यक बोझ होती है।

उस व्यथा का वर्णन भला कौन कर सकता है, जिसे वे दुर्भाग्यग्रस्त प्राणी, जिनका मस्तिष्क व शरीर समान रूप से दुर्बल होता है, इन परिस्थितियों में सहन करते हैं, जहाँ किसी वृत्ति के लिए वे अक्षम होते हैं और हाथ पसारने में लज्जा अनुभव करते हैं? पत्नी, एक निष्ठुर-हृदय, संकीर्णमना स्त्री, और यह किसी अन्यायपूर्ण कल्पना की बात नहीं है, क्योंकि शिक्षा की वर्तमान पद्धति में हृदय को विशाल बनाने की प्रवृत्ति, बोधशक्ति की तुलना में किसी भी भाँति बेहतर नहीं होती, उस अल्पकृपालुता के प्रति

ईर्ष्यालु होती है जिसे उसका पति अपने सम्बन्धियों के लिए दिखाता है और मानवता की ऊँचाई तक उसकी संवेदनशक्ति उन्नत न होने के कारण, वह अपनी सन्तान के हिस्से की सम्पत्ति एक निस्सहाय बहन पर व्यर्थ गँवाते देख, अप्रसन्न होती है।

ये वे स्थितियाँ है जो मेरी दृष्टि में बारम्बार आई हैं। परिणाम स्पष्ट है, पत्नी उस स्वभावगत अनुराग को क्षीण करने के लिए कपट का सहारा लेती है जिसका प्रत्यक्षतः विरोध करने में वह भय खाती है, इसके लिए न तो आँसुओं और न ही लाड़-प्यार में मितव्ययिता बरती जाती है; जब तक अपनी कठिनाइयों के लिए अप्रस्तुत उस भेदी को अपने घर से बाहर निकाल फेंकने में सफलता नहीं मिल जाती अथवा प्रचुर उदारता के फलस्वरूप या स्वत्व के प्रति सम्मान रखते हुए उसे एक अल्प वृत्ति व एक अशिक्षित मस्तिष्क के साथ आनन्दरहित एकाकीपन भोगने के लिए भेज नहीं दिया जाता।

तर्कबुद्धि और मानवता के सन्दर्भ में ये दोनों स्त्रियाँ अधिकतर समकक्ष होती हैं। और विपरीत स्थितियों में दोनों ने ठीक वही स्वार्थपूर्ण भूमिका निभाई होती, परन्तु यदि उन्हें पृथक् ढंग से शिक्षा दी गई होती तो स्थिति भी नितान्त भिन्न होती। पत्नी के पास ऐसी संवेदनशक्ति नहीं हुई होती जिसके केन्द्र में अहं हो, और विवेक ने उसे प्रत्याशा न रखने की तथा अपने पति की अनुरक्ति से, यदि यह उसे पूर्वनिर्धारित कर्तव्यों के उल्लंघन की ओर उन्मुख करता है, सन्तुष्ट न होने तक की शिक्षा दी होती। वह उससे मात्र इसलिए प्रेम करने की इच्छुक नहीं हुई होती कि वह भी उससे प्रेम करता है अपितु यह उसके सद्‌गुणों के कारण होता। और वह बहन परावलम्बिता की कड़वी रोटी खाने के बजाय स्वयं के लिए संघर्ष करने में सक्षम हो सकती थी।

मैं वस्तुतः, इस बात की कायल हूँ कि हृदय के साथ-साथ बोधशक्ति भी, शिक्षा से और अवयवों की दृढ़ता द्वारा संकीर्णता से मुक्त बनती है। मैं इस समय संवेदनशक्ति के क्षणिक दमन की नहीं बल्कि स्नेह बन्धनों की बात कर रही हूँ। और कदाचित् स्त्री-पुरुष, दोनों की शिक्षा में सर्वाधिक कठिन कार्य शिक्षण को इस प्रकार समायोजित करना है कि बोधशक्ति को संकीर्ण न बनाया जा सके, जब कि हृदय, बसन्त की उस उदार रसमयता से, ऊष्मा से परिपूर्ण हो; और न ही, जीवन से दूर अनुसन्धान में मस्तिष्क को नियोजित कर भावनाओं को शुष्क बना दिया जाए।

जहाँ तक स्त्रियों की बात है, जब वे सुविचारित शिक्षा ग्रहण करती हैं तो उन्हें या तो भावनाओं से लबालब, तरंगित कल्पनाओं से भरपूर, सुसंस्कृत भद्र महिला के रूप में प्रस्तुत किया जाता है अथवा मात्र लब्धप्रतिष्ठ स्त्री के रूप में। ये बहुधा मैत्रीपूर्ण सच्चरित्र महिलाएँ होती हैं और सांसारिक व्यावहारिकता के साथ उनमें एक प्रकार के सयानेपन का भला-सा बोध होता है जो प्रायः उन्हें सुसंस्कृत संवेदनयुवत भद्र महिला की अपेक्षा समाज का अधिक उपयोगी सदस्य बनाता है, हालाँकि उनके पास न मस्तिष्क की विशालता होती है और न सुरुचि की। बौद्धिक जगत् उनके लिए बन्द

होता है; उन्हें उनके कुटुम्ब और परिवेश से पृथक् कर दीजिए और वे जड़ीभूत हो जाएँगी; मस्तिष्क किसी कार्य में नियोजित नहीं हो पाता, कारण साहित्य मनोरंजन की वह निधि देने में समर्थ होता है जिसका रसास्वादन उन्होंने कदापि करना नहीं चाहा, बल्कि उसे हेय ही समझा। अपेक्षाकृत अधिक परिष्कृत मस्तिष्क की संवेदनाएँ और रुचियाँ बेढंगी प्रतीत होती हैं, उनमें भी जिन्हें पारिवारिक सम्बन्धों व संयोग ने प्रेम की ओर उन्मुख किया; परन्तु सामान्य रूप से वे इसे ढोंग समझते हैं।

एक समझदार पुरुष एक ऐसी स्त्री को मात्र उसकी यौनिकता के कारण प्रेम कर सकता है और वह एक विश्वसनीय सेविका होती है, इसलिए उसका सम्मान करता है। वह उसे, अपनी स्वयं की शान्ति को सुरक्षित रखने, चाकरों को डाँटने-डपटने, और सर्वश्रेष्ठ कोटि के वस्त्र से निर्मित परिधान में गिरजाघर जाने की अनुमति देता है। स्वयं उसकी समझदारी के स्तर का पुरुष सम्भवतः, इतने अच्छे ढंग से, उसके साथ संगति न बिठा सके, क्योंकि वह उसके विशेषाधिकार का अतिक्रमण करने का इच्छुक होगा, और कतिपय गृहस्थी सम्बन्धी मामलों का प्रबन्ध स्वयं ही देखना चाहेगा। फिर भी वे स्त्रियाँ, जिनके मस्तिष्क शिक्षा के द्वारा विकसित नहीं हुए रहते अथवा चिन्तन-मनन द्वारा संवेदनशील नैसर्गिक स्वार्थनिष्ठा का विस्तार नहीं हुआ रहता, एक परिवार की व्यवस्था करने के नितान्त अयोग्य होती हैं; कारण, अनुचित शक्तिमत्ता के वितान द्वारा एक श्रेष्ठता को अवलम्ब प्रदान करने के लिए, जो मात्र नियति को स्वेच्छाचारी विभेद पर टिका होता है, वे सदैव निरंकुश व्यवहार करती रहती हैं। यह दुष्कृत्य यदाकदा अधिक गम्भीर हो जाता है, और गृहसेवक सीधे-सीधे अनुग्रह से वंचित कर दिये जाते हैं, तथा उनकी क्षमता से अधिक कार्य लिया जाता है ताकि उस लब्धप्रतिष्ठ स्त्री को भोजन की मेज उत्तम ढंग से सजाने व अलंकरण तथा प्रदर्शन में अपने पड़ोसियों को मात देने में सहायता पहुँचा सकें। यदि वह अपनी सन्तानों पर ध्यान देती है तो सामान्यतः यह उन्हें महँगे ढंग से वस्त्राभूषित करना होता है, और इस प्रकार का ध्यान आडम्बर से उत्पन्न हो अथवा लाड़दुलार से, समान रूप से घातक होता है।

इसके अतिरिक्त, इस साँचे की कितनी ही स्त्रियाँ अपना दिन अथवा कम से कम अपनी संध्या असन्तोषपूर्ण ढंग से व्यतीत करती हैं। उनके पति स्वीकार करते हैं कि वे अच्छी प्रबन्धक और पतिव्रता पत्नियाँ होती हैं, परन्तु अपेक्षतया अधिक प्रीतिकर, और मुझे एक अर्थपूर्ण फ्रांसीसी शब्द के प्रयोग की अनुमति दी जाए तो, *उद्दीपक* सान्निध्य पाने के लिए घर से बाहर चले जाते हैं। और वह धैर्यवान सेविका जो कोल्हू के बैल की तरह कर्तव्य-पूर्ति में लगी रहती है, अपने उचित पारितोषिक से वंचित कर दी जाती हैं; क्योंकि उसके पति का लाड़-दुलार ही उसका दातव्य होता है। और स्त्रियाँ, जिनके पास स्वयं में सूझ-बूझ इतनी कम होती है, एक प्राकृतिक अधिकार से इस प्रकार वंचित किए जाने को बहुत धैयपूर्वक सहन नहीं करती हैं।

इसके विपरीत, एक सुसंस्कृत भद्र महिला को जीवन के अपरिष्कृत कार्यों को हेय दृष्टि से देखने की सीख दी गई होती है; हालाँकि उसे मात्र ऐसी उपलब्धियों को अर्जित करने के लिए उत्प्रेरित किया जाता है जो बुद्धि के ऊपर उपाधि को प्रतिष्ठित करती है। यहाँ तक कि भौतिक उपलब्धियाँ भी तब तक अर्जित नहीं की जा सकतीं। जब तक कि व्यवहार द्वारा समझ को बढ़ाया न गया हो। विचारों की नींव के बिना रुचियाँ सतही होती हैं और शालीन व्यक्तित्व अनुकरण की अपेक्षा किंचित् अधिक गहन तत्त्व से उत्पन्न होता है। बहरहाल, कल्पनाशक्ति उत्तेजित होती है और भावनाएँ यदि परिष्कृत नहीं, तो सुकुमार बना दी जाती हैं, अन्यथा विवेक का एक सन्तुलन अर्जित नहीं किया जा सकता, जबकि हृदय, यद्यपि यह अति सुकुमार बन गया होता है, अभी भी निष्कपट बना रहता है।

ये स्त्रियाँ बहुधा मिलनसार होती हैं और उनका हृदय वस्तुतः उस चौड़ी कोहनीवाली पारिवारिक सेविका की अपेक्षा सामान्य सदाशयता के प्रति अधिक संवेदनशील और उन मनोभावों के प्रति, जो जीवन को सभ्य-सुसंस्कृत करते हैं, अधिक सचेत होता है। परन्तु, स्वशासन और चिन्तन के उचित अनुपात के अभाव में, वे मात्र प्रेम अनुप्राणित करती हैं और अपने पति की, जब तक उसके प्रेम पर उनकी कोई पकड़ बनी रहती है, प्रेयसी व उसके पुरुष परिचितों की आत्मिक मित्र होती हैं। ये ही हैं प्रकृति के स्त्रियोचित दोष; ये स्त्रियाँ, जिनकी सृष्टि पुरुष के बन्धुत्व का आनन्द प्राप्त करने हेतु नहीं, बल्कि उसके चरित्र का विषम पक्ष पोंछ कर, और उस तृष्णा को, जिससे वह उनकी ओर आकर्षित होता है, किंचित् गरिमा प्रदान करने के लिए मुदित मन से टाल-मटोल के जरिए, नितान्त पाशविकता के गर्त में डूबने से बचाने के लिए की गई प्रतीत होती है। सम्पूर्ण मानव-जाति की सृष्टि करनेवाले करुणामय प्रभु! स्त्री के रूप में क्या तूने ऐसे प्राणी को सृजित किया है, जो तेरी कृतियों में तेरे परम ज्ञान को ढूँढ़ सके, और यह अनुभव कर सके कि तेरी सृष्टि में तेरे कौशल ने ही उसे उत्कर्ष पर पहुँचाया—किसी श्रेयस्कर प्रयोजन के बिना ही? क्या वह इस पर विश्वास कर सकती है कि उसे पुरुष—अपने समकक्ष, के आगे मात्र समर्पित होने के लिए रचा गया है, एक ऐसे प्राणी के प्रति जिसे उसकी भाँति ही इस संसार में सद्गुण अर्जित करने हेतु भेजा गया था? क्या उसे पुरुष मात्र को प्रसन्न रखने में, मात्र पृथ्वी को सजाने-सँवारने में, जब कि उसकी आत्मा में उदात्त होने का सामर्थ्य होता है, लगे रहने से सन्तुष्ट होना चाहिए? और क्या वह विवेक के लिए पुरुष पर पराश्रित होकर, अकर्मण्यता के साथ पड़ी रह सकती है जबकि उसे उसके साथ ज्ञान की दुर्गम ऊर्ध्वगामी चट्टानों पर आरोहण करना चाहिए?

फिर भी, यदि प्रेम ही परम सुख है तो स्त्रियों को सिर्फ इसे ही जगाने दी जाए और उनके प्रत्येक सम्मोहक हाव-भाव को इस प्रकार परिष्कृत किया जाए जो

इन्द्रियों को मदोन्मत्त कर दें। परन्तु यदि वे नैतिक प्राणी हैं तो उन्हें प्रज्ञावान बनने का अवसर प्राप्त होना चाहिए, और पुरुष के प्रति प्रेम को सार्वभौमिक प्रेम की उस दीप्त अग्निशिखा का एक अंश मात्र बनना चाहिए, जो मानवता को परिवेष्टित करने के उपरान्त ईश्वर से जा मिलती है।

गृहस्थी सम्बन्धी कर्तव्यों के पालन में अत्यधिक संकल्प व ऐसे गम्भीर अध्यवसाय की आवश्यकता होती है जो भावनाओं से कहीं अधिक दृढ़ अवलम्ब की माँग करता है चाहे वे भावनाएँ कितनी भी जीवन्त और सच्ची क्यों न हों। सम्यक व्यवस्था, जो सद्गुण की आत्मा है, का उदाहरण देने के लिए आचरण में कतिपय अनुशासन अपनाना आवश्यक है, जिसकी अपेक्षा कदाचित् ही किसी ऐसे प्राणी में की जा सकती है, जिसे अपनी शैशवावस्था से ही अपनी हर भावना को प्रकट करने की आदत डाल दी गई हो। जो भी तर्कसम्मत ढंग से सार्थकता पाना चाहता है उसके पास आचार-पद्धति होनी चाहिए, सरलतम कर्तव्य के निर्वाह में हम बहुधा कोमलता व करुणा के तात्कालिक आवेग के विपरीत आचरण करने को बाध्य हो जाते हैं। कठोरता अनुराग का प्रायः सुनिश्चिततम और साथ ही उदात्ततम प्रमाण है और भावनाओं पर इसके वर्चस्व का अभाव तथा वह सम्मानजनक व गौरवपूर्ण स्नेह, जो किसी व्यक्ति को वर्तमान सन्तुष्टि की तुलना में प्रेमपात्र के सुखद भविष्य को वरीयता देने के योग्य बनाता है, कई स्नेहशील माताओं द्वारा अपनी सन्तानों को बिगाड़ देने का कारण होता है। यह विचारणीय है कि उपेक्षा अथवा अत्यधिक दुलार में अधिक अहितकर क्या है; परन्तु मेरा यह मानना है कि अत्यधिक दुलार ने अधिकतम हानि पहुँचाई है।

मानव-जाति इस बात से सहमत होती प्रतीत होती है कि बच्चों को, उनकी बाल्यावस्था में, स्त्रियों की देखरेख में सौंप देना चाहिए। परन्तु अपने समस्त प्रेक्षणों के अनुसार अति संवेदनशील स्त्रियाँ इस कार्य के सर्वाधिक अयोग्य होती हैं क्योंकि वे अपनी भावनाओं में बहकर बच्चे की आदतें अपरिहार्यतः अति लाड़-दुलार से बिगाड़ देंगी। आदतें संस्कारित करना, जो शिक्षा की सर्वप्रथम और सर्वाधिक महत्त्वपूर्ण शाखा होती है, विवेक की धीर मर्यादित दृष्टि की माँग करता है, निरंकुशता व आसक्ति से समान दूरी रखनेवाली एक आचार-पद्धति की माँग करता है। तथापि ये वे छोर होते हैं जिसमें अति भावुक व्यक्ति, सदैव लक्ष्य से परे निशाना साधते हुए, बारी-बारी से उलझ जाते हैं। तर्क के इसी क्रम को आगे बढ़ाते हुए मैं इस निष्कर्ष पर पहुँची हूँ कि महान प्रतिभावान व्यक्ति शिक्षा के क्षेत्र में, निजी अथवा सार्वजनिक, नियोजित होने के सर्वाधिक अयोग्य होता है। ऐसे बिरले मस्तिष्कवाले व्यक्ति चीजों को अत्यन्त बढ़ा-चढ़ाकर देखते हैं और शायद ही कभी खुशमिजाज होते हैं। उस स्वभावगत प्रफुल्लता का, जिसे खुशमिजाजी कहते हैं, दृढ़ता के साथ यदा-कदा ही उतना संयोग हुआ हो जितना प्रबल भावनाओं के साथ होता है। और उन लोगों को, जो रुचि के

साथ व मुग्ध भाव से प्रतिभावान व्यक्ति की कल्पना की उड़ान पर ध्यान देते हैं अथवा अपेक्षाकृत ठण्डे अनुमोदन के साथ उस निर्देश को अपने भीतर सोख लेते हैं जिसे प्रकाण्ड चिन्तक द्वारा उनके निमित्त सुसम्पादित ढंग से तैयार किया गया है, विरक्त नहीं होना चाहिए यदि वे पूर्वोक्त को क्रोधी प्रकृति का और बादवाले को चिड़चिड़ा पाते हैं क्योंकि कल्पना की सक्रियता और एक मस्तिष्क की दुराग्रहपूर्ण समझ कठिनाई से ही उस अनम्य भद्रता से सामंजस्य रख पाते हैं जो एक व्यक्ति को दूसरे के विचारों व पूर्व आग्रहों का रुक्षतापूर्वक विरोध करने के बजाय उनके समक्ष नमनशील होने की ओर उन्मुख करता है।

परन्तु, शिक्षा अथवा आचरण को संसाधित करने के निमित्त, श्रेष्ठ वर्ग के व्यक्तियों के सम्बन्ध में विचार करने की आवश्यकता नहीं, उन्हें सुयोग पर छोड़ देना चाहिए। वे सामान्य योग्यता का जनसमूह हैं जिसे निर्देश की आवश्यकता होती है और जो उस परिवेश का रंग-ढंग ग्रहण कर लेता है जिसमें वह साँस लेता है। मेरा दावा है कि उस सम्मानित जनसमूह, उन स्त्रियों व पुरुषों को अपनी बोधशक्ति की कीमत पर सुखभोगी अकर्मण्यता की गर्म क्यारी पर अपनी उत्तेजनाओं को हवा नहीं देनी चाहिए क्योंकि जब तक बोधशीलता का आधार नहीं होगा, वे सद्गुणी अथवा स्वाधीन कदापि नहीं बन पाएँगे। सम्पत्ति अथवा उत्कृष्ट क्षमताओं पर आधारित कुलीन तंत्र अपने समक्ष भावनाओं के बारी-बारी से कातर और भयंकर होते दासों को कभी भी उड़ा ले जाएगा।

विषय को दूसरे पक्ष से देखने पर अनगिनत ऐसे तर्क हैं जिन्हें विवेक के प्रमाण हेतु समक्ष रखा जा सकता है क्योंकि यह प्रकृति से निगमित हुआ प्रतीत होता है जिसका उपयोग, स्त्री को अवमानित करने हेतु, पुरुषों ने नैतिक और भौतिक रूप से किया है। मैं कुछेक को लक्षित कर सकती हूँ।

पुरुष की तुलना में शीघ्र परिपक्वता ग्रहण करने की ही भाँति, स्त्रियों की समझदारी की चर्चा बहुधा तिरस्कार के साथ की गई है। मैं इस तर्क का उत्तर काउले, मिल्टन व पोप में निहित विवेक एवं साथ ही साथ प्रतिभा के किन्हीं प्रारम्भिक प्रमाणों की ओर संकेत करके नहीं देना चाहूँगी[9] बल्कि अनुभवजन्य ज्ञान से यह निश्चय करने का मेरा आग्रह मात्र होगा कि क्या वे युवा, जो कम उम्र से ही बड़ों के साहचर्य में होते हैं (और इसके अब प्रचुर उदाहरण मिलते हैं), क्या वे भी जल्दी ही परिपक्व नहीं हो जाते हैं? यह तथ्य इतना कुख्यात है कि इसका उल्लेख मात्र ही ऐसे लोगों के समक्ष, जो सार्वजनिक जीवन में थोड़ा भी घुलते-मिलते हों, अनेक हेकड़ीबाज मूर्ख मनुष्यों की छवि प्रस्तुत करता है जिनकी बोधक्षमता संकीर्ण हो जाती है क्योंकि जिस उम्र में उन्हें लट्टू नचाना अथवा फिरकी घुमाना चाहिए था, वे बड़ों के समाज में उतार दिये जाते हैं।

कतिपय प्रकृतिवादियों द्वारा इस बात पर बल दिया गया है कि पुरुष तीस वर्ष की अवस्था तक अपना पूर्ण विकास और शक्ति अर्जित नहीं कर पाते जबकि स्त्रियाँ बीस वर्ष तक आते-आते पूर्ण परिपक्वता प्राप्त कर लेती हैं। मुझे आशंका है कि वे, उस पुरुष पूर्वग्रह के कारण गलत आधार से तर्क करते हैं जो सौन्दर्य को स्त्रियों का आदर्श मानता है, यानी मात्र नाक-नक्श, रूपरंग का सौन्दर्य, जब कि पुरुष सौन्दर्य में बुद्धि का भी कुछ योग माना जाता है। शारीरिक बल और रूप आकृति की वह विशिष्टता, जिसे फ्रांसीसी (*physionomie*) *रूपआकृति का विज्ञान* कहते हैं, स्त्रियाँ तीस के पूर्व, किसी भी रूप में पुरुष से पहले, प्राप्त नहीं करतीं। बच्चों की निष्कपट शरारतें, यह सत्य है कि विशेष रूप से सुखकर और चित्ताकर्षक होती हैं तथापि जब यौवन की प्रीतिकर ताजगी रीत जाती है, ये अपरिष्कृत आकर्षण हाव-भाव बनावटी अदाओं में रूपान्तरित हो जाते हैं और प्रत्येक रुचि सम्पन्न व्यक्ति में जुगुप्सा उत्पन्न करते हैं। बालिकाओं की मुखाकृति में हम महज जीवन्तता और लज्जालु विनम्रता देखना पसन्द करते हैं; परन्तु जीवन की बसन्त ऋतु व्यतीत होते ही, हमारी दृष्टि, पाशविक वृत्ति उत्पन्न करनेवाले कपोल के गड्ढों के बजाय, चेहरे के अपेक्षाकृत गम्भीर भाव और भावावेग के चिह्नों पर रहती है; हमें चरित्र की विशिष्टता, जो अनुराग का एकमात्र बन्धन है, देखने की प्रत्याशा रहती है।[10] तब हम लाड़-दुलार के नहीं बल्कि संवाद के इच्छुक होते हैं; अपनी कल्पनाओं के साथ-साथ अपने हृदय की अनुभूतियों को आयाम देना पसन्द करते हैं।

बीस की आयु में स्त्री और पुरुष दोनों का सौन्दर्य समान होता है। परन्तु पुरुष की विलासिता उसे भेद करने के लिए प्रवृत्त करती है और वार्धक्य के कारण निवृत्त चोंचलेबाजों की भी सामान्यतः यही धारणा होती है; क्योंकि जब वे प्रेम नहीं जगा पाते, तो यौवन की जीवन्तता व ऊर्जस्विता को पैसे देकर खरीदते हैं। फ्रांसीसी व्यक्ति, जो सौन्दर्य की अपनी धारणा में बुद्धि की उपस्थिति को भी स्वीकार करते हैं, तीस की आयु की स्त्रियों को प्राथमिकता देते हैं। मेरे कहने का तात्पर्य यह है कि वे स्त्रियों को उनकी सर्वाधिक आदर्श स्थिति में तब मानते हैं जब जीवन्तता तर्कबुद्धि के लिए व चरित्र की ऐसी तेजस्वी गम्भीरता के लिए स्थान रिक्त कर देती है जो परिपक्वता, अथवा विराम बिन्दु को चिह्नित करती है। युवावस्था में बीस वर्ष की आयु तक शरीर विकसित होता रहता है और तीस तक ठोस पिण्ड एक सीमा तक सघनता प्राप्त करते रहते हैं, नमनीय मांसपेशियाँ प्रतिदिन अधिक ठोस आकार ग्रहण कर, रूपाकृति को विशिष्टता प्रदान करती हैं; अर्थात् वे मस्तिष्क की क्रियाशीलता भाग्य की लौह लेखनी से चिह्नित कर देती हैं और हमें न केवल उसके भीतर की शक्तियों के सम्बन्ध में बताती हैं बल्कि यह भी कि किस प्रकार उनसे कार्य लिया गया है।

यह ध्यान देने योग्य है कि वे पशु जो परिपक्वता तक मन्द गति से पहुँचते हैं,

सर्वाधिक लम्बी आयुवाले व उत्कृष्टतम प्रजाति के होते हैं। बहरहाल, पुरुष दीर्घ आयु के गौरव के कारण किसी प्रकार की स्वाभाविक श्रेष्ठता का दावा नहीं कर सकते; क्योंकि इस मामले में प्रकृति पुरुषों पर विशेष मेहरबान नहीं रही है।

बहुपत्नीत्व एक अन्य भौतिक प्रतिष्ठावनति है और प्रत्येक घरेलू सद्गुण की धज्जियाँ उड़ानेवाली इस प्रथा के पक्ष में एक सत्याभासी तर्क इस भली भाँति सत्यापित तथ्य से निगमित किया गया है कि जिन देशों में यह प्रचलित है, वहाँ पुरुषों की तुलना में स्त्रियाँ अधिक जन्म लेती हैं। यह प्रकृति का संकेत प्रतीत होता है, और प्रकृति के समक्ष, प्रत्यक्षतः उचित चिन्तन को हथियार डाल देना चाहिए। स्पष्टतया इसके आगे एक अन्य निष्कर्ष स्वयं को प्रस्तुत करता है, यदि बहुपत्नीत्व अनिवार्य है तो स्त्री पुरुष के अधीनस्थ और उसके लिए सृजित होगी।

गर्भ में भ्रूण की निर्माण-रचना के सम्बन्ध में हम नितान्त अनभिज्ञ हैं, परन्तु मुझे यही सम्भव लगता है कि कोई आकस्मिक भौतिक कारण इस परिघटना के लिए उत्तरदायी होगा, और इसके प्रकृति का नियम न होने को प्रमाणित किया जा सकेगा। इस विषय पर फोर्सटर के 'दक्षिणी-सागर उपद्वीपों के वृतान्त' से कतिपय ऐसी प्रासंगिक टिप्पणियाँ मेरी दृष्टि में आई हैं जो मेरे मन्तव्य को स्पष्ट कर देंगी। यह प्रेक्षण करने के उपरान्त कि पशु-जगत् के नर और मादा में, सर्वाधिक ऊर्जस्वी व आवेगपूर्ण कायिक संरचना सदैव शक्ति अर्जित करती है और अपनी जाति को आगे बढ़ाती है, वह यह जोड़ते हैं कि "यदि इसे अफ्रीका के निवासियों पर लागू करें तो यह स्पष्ट हो जाता है कि वहाँ, बहुपत्नीत्व के अभ्यस्त पुरुष इतनी अधिक स्त्रियों के उपभोग से शक्तिहीन, और फलतः कम ऊर्जस्वी हो जाते हैं; इसके विपरीत, स्त्रियाँ अपेक्षाकृत अधिक ऊर्जस्वी शारीरिक गठन से सम्पन्न होती हैं, अपने अधिक उत्तेजनशील स्नायुओं, अधिक संवेदनशील आंगिक गठन व अधिक कल्पना के कारण ही नहीं बल्कि इसलिए भी क्योंकि वे अपने दाम्पत्य जीवन में दैहिक प्रेम के उस अंश से वंचित रहती हैं, जिस पर, एकपत्नी प्रथा में, सम्पूर्णतः उनका अधिकार होता। और फलतः उपरोक्त कारणों से बच्चों में अधिकांश बालिकाएँ पैदा होती हैं।"

"यूरोप के अधिक व्यापक भाग में मृत्यु दर की नितान्त परिशुद्ध तालिकाएँ प्रमाणित करती हैं कि पुरुष और स्त्री का अनुपात लगभग समान है अथवा यदि कोई अन्तर होता भी है तो पुरुष जन्म दर की संख्या अधिक, 105:100 के अनुपात में, होती है।"

अतः, बहुपत्नीत्व की कोई आवश्यकता नहीं दिखाई देती; इसके बावजूद, जब एक पुरुष एक स्त्री को फँसाकर उसका शीलभंग करता है, तो मेरे विचार से, इसे *उप-विवाह* कहा जाना चाहिए और पुरुष को इस स्त्री और उसकी सन्तानों के भरणपोषण हेतु *वैधानिक रूप* से तब तक बाध्य होना चाहिए। इस कानून का उतने समय तक

प्रभावी रहना आवश्यक होगा जब तक स्त्रियों की दुर्बलता उनकी चंचलवृत्ति व सिद्धान्तनिष्ठा के अभाव को ढँकने के लिए, फँसाये जाने को एक ढाल के रूप में प्रयोग करने का कारण बनती रहेगी; नहीं तो, ऐसे समय वे अपने हाथों व बुद्धि के श्रम से जीविकोपार्जन करने के बजाय भरणपोषण के लिए पुरुष पर निर्भर रहती हैं। परन्तु ये स्त्रियाँ, सम्बन्ध के वास्तविक अर्थ में, पत्नियाँ नहीं कही जाएँगी अन्यथा विवाह का प्रयोजन ही उलट जाएगा; और वह समस्त हृदयग्राही अनुकम्पा, जो व्यक्तिगत निष्ठा से प्रवाहित होती है, तथा ऐसे समय उस बन्धन को पवित्रता प्रदान करती है, जब न प्रेम और न ही मित्रता हृदय को जोड़ पाता है, स्वार्थपरता में विलीन हो जाएगी। वह स्त्री जो अपनी सन्तान के पिता के प्रति निष्ठावान रहती है, सम्मान के योग्य है और उसके साथ एक वेश्या जैसा व्यवहार नहीं होना चाहिए। यद्यपि मैं इसे स्वीकार करने के लिए प्रस्तुत हूँ कि यदि किसी स्त्री और पुरुष का अपनी सन्तान के पालन-पोषण के उद्देश्य से साथ-साथ रहना आवश्यक भी बन जाए तो प्रकृति का ऐसा कदापि आशय नहीं रहा होगा कि एक पुरुष के पास एक से अधिक पत्नी हो।

हालाँकि मैं विवाह को ऊँचा दर्जा देती हूँ और इसे लगभग प्रत्येक सामाजिक सद्गुण की नींव मानती हूँ, फिर भी उन अभागी स्त्रियों के प्रति गहनतम करुणा का अनुभव करने से मैं बच नहीं सकती, समाज से जिन्हें काटकर पृथक् कर दिया जाता है और एक त्रुटि के कारण उन समस्त स्नेह बन्धनों तथा सम्बन्ध सूत्रों से तोड़ दिया जाता है जो मस्तिष्क व हृदय को उन्नत बनाते हैं। इसे प्रायः त्रुटि का नाम भी नहीं दिया जा सकता; क्योंकि अनेक अबोध बालाएँ एक निष्ठावान व स्नेहशील हृदय के हाथों ठगी जाती हैं और बर्बाद हो जाती हैं, इसके पूर्व कि वे सद्गुण और दुगुर्ण के बीच भेद को समझ सकें, और इस प्रकार कलंक के लिए अपनी शिक्षा-दीक्षा के द्वारा तैयार की जाकर वे कलंकित हो जाती हैं। नारी आश्रम और सुधारगृह ऐसे कृत्यों का उचित उपचार नहीं हैं। संसार में दानशीलता नहीं, बल्कि न्याय की आवश्यकता है।

एक स्त्री जिसने अपनी प्रतिष्ठा खो दी है, यह कल्पना कर लेती है कि इससे अधिक उसका पतन नहीं हो सकता, और जहाँ तक अपनी पूर्व स्थिति को पुनःअर्जित करने का प्रश्न है, यह असम्भव होगा; कोई भी प्रयास इस कलंक को धो नहीं सकता। इस प्रकार प्रत्येक प्रकार के प्रोत्साहन से वंचित होकर और भरण-पोषण के किसी अन्य साधन के अभाव में, वेश्यावृत्ति उनकी एकमात्र शरणस्थली बन जाती है तथा उन परिस्थितियों के कारण चरित्र का अविलम्ब पतन होता है जिन पर उन बेचारी भाग्यहीन स्त्रियों का कोई नियंत्रण नहीं रहता, जब तक कि वे विवेक के असामान्य अंश और साहस से सम्पन्न नहीं होतीं। अनिवार्यता वेश्यावृत्ति को पुरुषों के जीवन का व्यवसाय कदापि नहीं बनाती; हालाँकि ऐसी अनगिनत स्त्रियाँ हैं जो इस प्रकार क्रमबद्ध ढंग से दुराचारी बना दी जाती हैं। निःसन्देह यह, एक वृहत सीमा में, अकर्मण्यता की उस

अवस्था से उद्भूत होता है जिसमें स्त्रियाँ शिक्षित-प्रशिक्षित की जाती हैं, जिन्हें भरण-पोषण हेतु पुरुष का मुँह ताकने की, और उन्हें सहारा देने के उसके प्रयासों के लिए अपनी देह को उचित प्रतिदान मानने की सदैव सीख दी गई है। वेश्याओं जैसी अदाएँ और विलासिता का सम्पूर्ण शास्त्र ऐसी स्थिति में क्षुधा अथवा निस्सारता की अपेक्षा कहीं अधिक प्रबल उद्दीपक का कार्य करता है एवं यह टिप्पणी इस प्रचलित धारणा को बल प्रदान करती है कि सतीत्व के साथ ही स्त्री का वह सर्वस्व नष्ट हो जाता है जो सम्माननीय होता है। उसका चरित्र एक सद्गुण धारण करने पर निर्भर रहता है, हालाँकि एकमात्र आवेगपूर्ण भाव जिसे उसका हृदय सँजोए रखता है—प्रेम है। यही नहीं, एक स्त्री के सम्मान को उसकी इच्छा पर भी निर्भर नहीं रहने दिया जाता।

जब रिचर्डसन क्लेरिसा को लवलेस से यह कहने के लिए बाध्य करता है कि उसने उसका सतीत्व छीन लिया है,[11] तो सतीत्व और सद्गुण के विषय में उसकी विचित्र धारणाएँ रही होंगी। कारण, दुर्भाग्य की समस्त उपाधियों से बढ़कर दयनीय अवस्था उस प्राणी की होती है जिसे उसकी सहमति के बिना ही नीचे गिराया जा सकता है। कठोरता की इस अधिकता को, मैंने एक अभिनन्दनीय त्रुटि के रूप में उचित ठहराए जाते सुना है। मैं लीबनिट्ज के शब्दों में प्रत्युत्तर देना चाहूँगी, "त्रुटियाँ बहुधा उपयोगी होती हैं, परन्तु यह सामान्यतः अन्य त्रुटियों के निराकरण के लिए होती है।"

जीवन की अधिकांश बुराइयाँ, उस तात्कालिक आनन्द की कामना से जन्म लेती हैं, जो कुछ ही समय में खत्म हो जाता है। दाम्पत्य अवस्था में स्त्रियों से आज्ञापरायणता की अपेक्षा इसी विवरण के अन्तर्गत आती है, सत्ता पर परावलम्बिता से स्वभावतः दुर्बल मस्तिष्क अपनी शक्तियों का कदापि प्रयोग नहीं करता और वह आज्ञापरायण पत्नी इस प्रकार एक दुर्बलचित्त निष्क्रिय माता बनती है, अथवा यह मान भी लिया जाए कि सदैव ही ऐसा परिणाम नहीं निकलता, तब भी भावी जीवन के विषय में कदाचित् ही ध्यान दिया जाता है। कारण, नीति शास्त्र के विषय में विचार-विमर्श करते समय, विशेषतया जब स्त्रियों का उल्लेख हो रहा हो, लेखकों ने बहुधा ही सदाचार पर अत्यन्त सीमित अर्थों में विचार किया है और विशुद्ध सांसारिक उपयोगिता को इसकी नींव बनाया है। यही नहीं, एक और अधिक भंगुर आधार इस भारी-भरकम ढाँचे को प्रदान किया गया है, और पुरुषों की सनकपूर्ण अस्थिर भावनाएँ सदाचार की मानक बना दी गई हैं। हाँ, सचमुच सदाचार और साथ ही साथ धर्म को भी रुचि के निर्णयों के अधीन बना दिया गया है।

यदि पुरुष का निरर्थक बेतुकापन हमारे ऊपर चौतरफा वार न करे, तो इसका अवलोकन करना, कि उस स्त्री-जाति की प्रतिष्ठा हरण के लिए पुरुष किस प्रकार उत्सुक रहते हैं जिससे वे जीवन का श्रेष्ठ आनन्द प्राप्त करने का दिखावा करते हैं,

लगभग एक विद्रूप-भरी मुस्कान को जन्म देगा; और मैंने प्रायः ही पूर्ण प्रतिबद्धता के साथ पोप के कटाक्ष से उनका मुँहतोड़ जवाब दिया है; अथवा, स्पष्टतः कहें, तो यह मुझे सम्पूर्ण मानव-जाति पर लागू होने का भान देता है। आनन्द के प्रति प्रेम अथवा नियंत्रण मानव-जाति को विभाजित करता प्रतीत होता है और वह पति जो अपने छोटे से अन्तःपुर में इस पर प्रभुत्व जमा लेता है मात्र अपने आनन्द अथवा सुविधाओं के विषय में सोचता है। वस्तुतः आमोद-प्रमोद के प्रति असंयमित प्रेम निश्चय ही कतिपय विवेकी पुरुषों अथवा छीजे हुए व्यभिचारियों को, जो एक निरापद अंकशायिनी के लिए ही विवाह करते हैं, उस सीमा तक बहा ले जाता है, कि वे अपनी ही पत्नियों को फँसाते हैं। विवाह देवता शील को निर्वासित कर देते हैं और पवित्र प्रेम तिरोहित हो जाता है।

प्रेम, जिसे आदिम तृष्णा माना गया है, अपने आप लम्बे समय तक जीवित नहीं रह सकता। और अपने ही ज्वाला में इस तरह जल मरने को, प्रेम की अकाल मृत्यु कहा जा सकता है। परन्तु इस प्रकार महज यौनाचारिणी बना दी गई पत्नी अपने पति की दिलचस्पी खो देने से उपजी रिक्तता को कदाचित् भरने का प्रयास करती है, क्योंकि एक देवी की भाँति पूजे जाने के उपरान्त वह सन्तुष्टिभाव से मात्र एक उच्च कोटि की दासी नहीं बन सकती। वह अभी भी रूपवती होती है और अपना लाड़-दुलार अपनी सन्तानों को अन्तरित करने के स्थान पर, वह मात्र जीवन के उल्लास का आनन्द उठाने का स्वप्न देखती है। इसके अतिरिक्त, ऐसे बहुतेरे पति होते हैं जो पितृवत् अनुराग और संवेदनशक्ति से इस प्रकार शून्य होते हैं कि विलासितापूर्ण अनुरक्ति के प्रथम उबाल में वे अपने पत्नियों को अपने बच्चों का स्तनपान कराने से भी वंचित कर देते हैं। उन्हें मात्र पति को रिझाने के लिए जीवित रहना और सजना-सँवरना पड़ता है तथा प्रेम, यहाँ तक कि निष्काम प्रेम भी अविलम्ब कामुकता में विलीन हो जाता है, जब कर्तव्यपालन को इसकी तृप्ति के लिए बलिदान कर दिया जाता है।

वैयक्तिक लगाव मित्रता का एक अत्यन्त सुखी आधार होता है; इसके बावजूद, दो सदाचारी युवा भी जब परिणय-सूत्र में बँधते हैं तो सम्भवतः यह तभी सुखद होगा जब कतिपय परिस्थितियाँ उनके भावावेग को नियंत्रित करें; जब किसी पूर्व सम्बन्ध अथवा निष्फल अनुराग की स्मृतियाँ इसे, कम-से-कम एक पक्ष से ऐसा सम्बन्ध बना दें जो सम्मान पर आधारित हो। ऐसी स्थिति में वे वर्तमान के परे देख सकेंगे और सम्पूर्ण जीवन को सम्मानजनक बनाने के लिए एक ऐसी मित्रता स्थापित करने का प्रयास करेंगे जिसका अन्त सिर्फ मृत्यु कर सकेगी।

मित्रता एक संजीदा सम्बन्ध है; समस्त स्नेह सम्बन्धों में उदात्ततम, क्योंकि इसकी इमारत उसूल की नींव पर खड़ी और समय द्वारा मजबूत की गई होती है। नितान्त उल्टी बात प्रेम के सम्बन्ध में कही जा सकती है। काफी हद तक, प्रेम और

मित्रता एक ही दिल में जीवित नहीं रह सकते; दो भिन्न व्यक्तियों द्वारा उत्प्रेरित होने पर भी वे एक-दूसरे को दुर्बल अथवा नष्ट कर देती हैं तथा एक ही व्यक्ति के लिए तो बारी-बारी से ही अनुभव की जा सकती हैं। वृथा भय और मूर्खतापूर्ण डाह, वे हवा जो प्रेम की ज्वाला को भड़का देती हैं, जब बुद्धिमत्तापूर्वक और चतुराई से साधी जाती हैं, तो दोनों ही मित्रता के कोमल विश्वास और निष्ठापूर्ण सम्मान के परस्पर असंगत होती हैं।

प्रेम, जैसा कि प्रतिभाशाली व्यक्तियों की लेखनी ने दर्शाया है, का अस्तित्व इस धरा पर नहीं है अथवा यह मात्र उन तीव्र, आवेशपूर्ण कल्पनाओं में जीवित है, जिसने ऐसे खतरनाक चित्र खींचे हैं। खतरनाक इसलिए कि वे कामी पुरुषों को, जो विशुद्ध इन्द्रियलोलुपता को भावुकता के आवरण में ढँक लेते हैं, न केवल एक कपटपूर्ण बहाना उपलब्ध कराते हैं, बल्कि साथ ही वे इस पाखण्ड को व्यापक बनाते हैं, और सद्गुण की प्रतिष्ठा को हीन कर देते हैं। सद्गुण का स्वरूप, जिसका आशय शब्द से ही प्रकट हो जाता है, यदि अतिसंयम का न भी हो तो, गम्भीरता का अवश्य होना चाहिए; और आनन्द की आड़ में, क्योंकि यह गुणसूचक विशेषण सौन्दर्य के पर्याय के रूप में प्रयोग किया गया है, स्त्री से छल-कपट करने का प्रयास उसे दलदल पर प्रतिष्ठित करना है; यह आभासी प्रतिष्ठा द्वारा उसे अविलम्ब पतित करने का एक विश्वासघाती प्रयत्न है। सदाचार व आनन्द वस्तुतः जीवन में इतनी निकटता से मित्रतापूर्ण सम्बन्ध नहीं रखते जैसा कि कतिपय वाक्पटु लेखकों ने सिद्ध करने का उधम किया है। आनन्द एक विलीन होता पुष्पमाल निर्मित करता है और मादक द्रव्य का प्याला तैयार करता है, परन्तु सद्गुण प्रदत्त फल, जो कठिन परिश्रम का पुरस्कार होता है, और परिपक्व होने के साथ क्रमशः दृष्टिगत होता है, मात्र शक्तिदायी तृप्ति प्रदान करता है। यही नहीं, चीजों की स्वाभाविक प्रवृत्तियों का परिणाम प्रतीत होने के कारण इस पर कदाचित् ही ध्यान जाता है। रोटी, जीवन का अति सामान्य आहार जिसे शायद ही कभी वरदान माना गया हो, शरीर का पोषण करती है और स्वास्थ्य को संरक्षित रखती है; इसके बावजूद दावतें व्यक्ति के हृदय को उल्लास से भर देती हैं, भले ही उस प्याले अथवा सुस्वादु भोजन में, जो आत्मा को प्रमुदित करता व स्वाद को गुदगुदाती है, रोग और यहाँ तक मृत्यु घात लगाये बैठी हो। मन के इन्द्रधनुष के चटख रंगों से प्रेम का यह चित्र खींचती है कि वह इस संसार में अपनी उत्पत्ति को प्रमाणित करने के लिए एक अप्राप्य आदर्श के पीछे भागते रहने को अभिशप्त है जिसे वह स्वयं मात्र क्षणिक स्वप्न मानता है। इस प्रकार की ऊर्जस्वी कल्पना अवास्तविक स्वरूपों को जन्म देती है, और उन छाया रूप दिवास्वप्नों को स्थायित्व प्रदान करती है, जिसमें मन स्वाभाविक रूप से ऐसे समय रमने लगता है जब वास्तविकताएँ नीरस पाई जाती हैं। तब यह प्रेम को दिव्य आकर्षण के साथ चित्रित करती है और महान आदर्श पर मुग्ध रहती है—यह

एक सीमा तक एक ऐसे परस्पर स्नेह की कल्पना करती है जो आत्मा का परिष्कार कर देगा और 'स्वर्गीय आनन्द की सीढ़ी' के रूप में अपनी भूमिका निभाने के उपरान्त भी जिसकी साँस टूट नहीं जाएगी, तथा श्रद्धा की भाँति, इसे प्रत्येक क्षुद्रतर अनुरक्ति और कामना को जज्ब कर लेने को तत्पर करती है। एक-दूसरे से आलिंगनबद्ध, मानो किसी ऐसे देवालय में हों, जिसकी चोटी अम्बर में विलीन हो, संसार से तथा प्रत्येक उस विचार व अभिलाषा से, जो पवित्र स्नेह और स्थायी सद्गुण को पोषित नहीं करता, आँखें मूँद ली जाती हैं। स्थायी सद्गुण! आह! रूसो का प्रतिष्ठित दिवास्वप्न! तेरा स्वर्गलोक किसी अनपेक्षित अतिथि के आगमन से भंग हो जाएगा। मिल्टन के परलोक की भाँति इसमें मात्र देवदूत होंगे अथवा विवेकी प्राणियों की गरिमा से पतित व्यक्ति। आनन्द भौतिक नहीं होता, इसको देखा अथवा स्पर्श नहीं किया जा सकता तथापि उस शुभ के लिए उत्कण्ठा के साथ प्रयत्नशील रहना, जिसे प्रत्येक व्यक्ति अपनी कल्पना के अनुसार गढ़ता है, मनुष्य को इस भूलोक का स्वामी और एक ऐसा बुद्धिमान प्राणी घोषित करता है, जिसे सुख को ग्रहण नहीं, बल्कि अर्जित करना होता है। अतः वे लोग जो भावावेग के मिथ्याभास पर झींकते हैं, यह स्मरण नहीं रख पाते कि वे आत्मा की अनश्वरता के सशक्त प्रमाण के विरुद्ध हाय-तौबा मचा रहे हैं।

श्रेष्ठ मस्तिष्क से सम्पन्न लोगों को, स्वयं के सुधारने तथा अपने अनुभव की महँगी कीमत चुकाने के लिए छोड़कर, इस बात पर ध्यान देना आवश्यक होगा कि यह उत्कट, अक्लान्त भावावेग के विरुद्ध नहीं बल्कि उन भावुकता से भरी, अस्थिर भावनाओं के प्रति है जिनसे मैं स्त्री हृदय को बुद्धि के प्रयोग द्वारा सुरक्षित रखना चाहती हूँ। क्योंकि ये स्वर्गोपम दिवास्वप्न एक सजीव कल्पनाशक्ति की अपेक्षा बहुधा अकर्मण्यता का परिणाम होते हैं।

स्त्रियों के पास अपनी भावनाओं के शमन के लिए किंचित् ही यथेष्ट महत्त्वपूर्ण कार्य होते हैं, नित्यप्रति की छोटी-मोटी चिन्ताओं अथवा निरर्थक व्यस्तताओं में अपने मस्तिष्क और शरीर की सम्पूर्ण शक्ति गँवाने के उपरान्त, वे स्वाभाविक रूप से ऐन्द्रिय वस्तु बन जाती हैं। संक्षेप में, स्त्री शिक्षा (समाज प्रदत्त शिक्षा) की सम्पूर्ण गति सर्वोत्तम विन्यस्त लोगों को भावुक और चपला बनने की दिशा में प्रवृत्त करती है, तथा शेष को अनुपयोगी व क्षुद्र। समाज की वर्तमान परिस्थिति में मुझे आशंका है कि किंचित् ही इस बुराई का किसी भी रूप में निराकरण हो सकता है, यदि एक अधिक स्तुत्य आकांक्षा कभी प्रबल होकर आगे बढ़ी तो वे प्रकृति और विवेक के निकटतर लाई जा सकती हैं; तथा वे सम्मान बढ़ने के साथ ही साथ अधिक सदाचारी व अर्थपूर्ण बन जाती हैं।

परन्तु मैं यह कहने का साहस करूँगी कि जब तक इस जगत् में बाहरी दिखावे से प्रभावित करना मनुष्य जाति के बहुसंख्यकों की प्रथम आकांक्षा रहेगी तब तक

स्त्रियों का विवेक कदापि इतनी शक्ति अर्जित नहीं कर सकेगा कि वे अपने आचरण को संचालित करने के योग्य बन सकें। इस सुकुमार इच्छा के आगे नैसर्गिक अनुराग और सर्वाधिक अर्थगर्भित सद्‌गुण की बलि दे दी जाती है। युवतियाँ, यदि एक उल्लेखनीय प्रचलित उक्ति को उधार लें तो, मात्र *अपना भाग्य चमकाने* के लिए विवाह करती हैं और अपने हृदय पर इतना निपुण नियंत्रण रखती हैं कि स्वयं को *प्रेम में पड़ने* की तब तक अनुमति नहीं देतीं जब तक कि एक श्रेष्ठकर समृद्धि से सम्पन्न पुरुष विवाह का प्रस्ताव नहीं रखता। आगे किसी अध्याय में मैं इस विषय पर विस्तार से चर्चा करना चाहूँगी। इस समय मात्र इसे इंगित कर देने की आवश्यकता है, क्योंकि स्त्रियाँ युग की स्वार्थी दूरदर्शिता के चलते प्रायः यौवन की उमंग का गला घोंट देती हैं।

इसी स्रोत से यह धारणा भी आती है कि किशोरियों को अपना अधिकांश समय सिलाई-कढ़ाई में अर्पित करना चाहिए; यद्यपि यह व्यस्तता, उनके विचारों को उनके व्यक्तित्व की सीमा से बाँधकर, उनकी क्षमताओं को किसी भी अन्य कार्य की तुलना में, जो उनके लिए चुना जा सकता था, अधिक संकुचित करती है। पुरुष अपने वस्त्र बनवाने का आदेश दे देते हैं और उनके लिए बात यहीं समाप्त हो जाती है। पर स्त्रियाँ अपने वस्त्र, कामकाजी हों अथवा सज्जापूर्ण, स्वयं तैयार करती हैं और अनवरत इनके विषय में बातें करती रहती हैं, उनके विचार उनके उँगलियों का अनुसरण करते हैं। जरूरी वस्तुओं को निर्मित करना नहीं, बल्कि वेशभूषा सम्बन्धी यह आडम्बरप्रियता ही है जो मस्तिष्क को दुर्बल बनाती है। जब कोई निम्न सामाजिक स्थितिवाली स्त्री अपने पति और अपने बच्चों के परिधान तैयार करती है तो वह अपना कर्तव्य निभाती है, यह उसके कामों का एक हिस्सा होता है, परन्तु जब स्त्रियाँ, जिस प्रकार के वस्त्रों का व्यय बर्दाश्त कर सकती है, उससे श्रेष्ठ वेशभूषा धारण करने के लिए परिश्रम करती हैं तो यह समय के निरे अपव्यय से ज्यादा और कुछ नहीं हो सकता। अकिंचन स्त्रियों को सदाचारी बनाने के लिए उनका किसी रोजगार में लगना आवश्यक है और मध्य श्रेणी की स्त्रियाँ, जो कुलीन वर्ग के रंगढंग की नकल उनकी सहजता को आत्मसात् किए बिना ही करती हैं, इन स्त्रियों को अपने यहाँ नियुक्त कर सकती हैं, जब कि वे स्वयं परिवार की व्यवस्था देखती हैं, अपने सन्तानों को प्रशिक्षित करती हैं और स्वयं अपने मस्तिष्क का प्रयोग करती हैं। बागबानी, प्रायोगिक दर्शनशास्त्र और साहित्य उन्हें सोचने-विचारने की सामग्री और बातचीत का विषय प्रदान करता है, जिससे उनकी विवेक बुद्धि का एक अंश तक प्रयोग होता है। फ्रांसीसी स्त्रियों का वार्तालाप, जो आँचल लपेटने और वेणी बाँधने के लिए इस कदर कुर्सी से जकड़ी नहीं होती हैं, बहुधा सतही होता है। परन्तु मैं यह दावा करती हूँ उन अंग्रेज स्त्रियों के संवाद की तुलना में यह आधा भी नीरस नहीं होता, जिनका समय टोप और बॉनेट तैयार करने और झालर से सज्जित करने जैसे कामों में या फिर खरीदारी करने और मोलभाव

आदि-आदि में व्यतीत होता है तथा इन रीतियों से वे भद्र, विवेकी स्त्रियाँ ही हैं जो सर्वाधिक अवमूल्यित होती हैं; क्योंकि उनका अभिप्राय मात्र आडम्बर होता है। विलासप्रिय स्त्री जो अपनी रुचि का उपयोग अपने व्यक्तित्व को मोहक बनाने के लिए करती है, उसका प्रयोजन कुछ और होता है।

ये तमाम बातें उसी सामान्य बात से निकली हैं जो मैं पहले कर चुकी हूँ और जिसका बारम्बार आग्रह नहीं किया जा सकता। क्योंकि, स्त्री-पुरुषों अथवा व्यवसाय की चर्चा की जाए तो हम पाते हैं कि विचारों का प्रयोग व्यक्तिगत व सामान्य दोनों ही चरित्र को गढ़ता है। स्त्रियों के विचार सदैव उनके व्यक्तित्व के चतुर्दिक मँडराते रहते हैं और क्या यह आश्चर्यजनक नहीं है कि उनका व्यक्तित्व ही सर्वाधिक मूल्यवान गिना जाता है? लेकिन मस्तिष्क की एक अंश तक स्वतंत्रता व्यक्तित्व गढ़ने के लिए भी अनिवार्य होती है और यह एक कारण हो सकता है कि क्यों कतिपय कुलीन पत्नियों में शृंगारिकता के अलावा कोई भी आकर्षण इतना कम क्यों होता है। इससे भी अधिक यह कि, स्थानबद्ध व्यस्तताएँ बहुसंख्यक स्त्रियों को अस्वस्थ बना देती हैं—तथा स्त्री उत्कृष्टता की भ्रान्त धारणाएँ उन्हें इस सुकुमारता पर गर्व करना सिखाती हैं, यद्यपि यह भी एक अन्य बेड़ी होती है, जो काया की ओर निरन्तर ध्यान आकर्षित रखकर, मस्तिष्क की क्रियाशीलता को जकड़ लेती है।

गुणसम्पन्न स्त्रियाँ अपनी वेशभूषा की तैयारी के हस्त कृत कार्यों में किंचित् ही कोई भागीदारी करती हैं। वे बस अपनी अभिरुचि का प्रयोग करती हैं और प्रसाधन सम्बन्धी कार्य सम्पन्न हो जाने पर उनकी साज-सज्जा की न्यूनतम चिन्ता करती हैं जिससे इनमें सहजता आ जाती है जो कदाचित् ही उन स्त्रियों के व्यवहार में प्रकट होती है जो मात्र सजने-सँवरने के लिए वेशभूषा धारण करती हैं। वस्तुतः, मध्य वर्ग के सन्दर्भ में, वह श्रेणी जिसमें प्रतिभाएँ सर्वश्रेष्ठ ढंग से फलती-फूलती हैं, यह प्रेक्षण महिलाओं तक विस्तारित नहीं होता। जहाँ तक उच्च वर्ग की स्त्रियों का प्रश्न है, वे साहित्य की थोड़ी-बहुत समझ अथवा सामान्य विषयों पर पुरुषों के साथ अधिक संवाद द्वारा उन स्त्रियों की तुलना में अधिक ज्ञान अर्जित कर लेती है जो उनके फैशन व दोषों की नकल करती हैं। सद्गुण के सम्बन्ध में, यदि व्यापक सन्दर्भों में उपयोग किया जाए, तो, इसे अधिकांशतः मैंने निम्न वर्ग के जीवन में पाया है। कई निम्नवर्गीय स्त्रियाँ अपनी एड़ी-चोटी का पसीना एक कर अपनी सन्तानों का भरण-पोषण करती हैं और पिताओं के कदाचार से जो कुटुम्ब भ्रष्ट होकर विखण्डित हो गया होता, उसे एक रखती हैं, परन्तु कुलीन स्त्रियाँ कर्मशील रूप में सद्गुणी होने के लिए अत्यन्त अकर्मण्य होती हैं और सभ्यता द्वारा परिष्कृत नहीं बल्कि सुकोमल बना दी जाती हैं। वस्तुतः एक अच्छी-भली संख्या में मैं जिनसे मिल चुकी हूँ, उन विपन्न स्त्रियों के बीच, जिन्होंने शिक्षा का न्यूनाधिक लाभ पाया है और तदनुसार साहसिक ढंग से कार्य किया

है, मेरी यह धारणा दृढ़तापूर्वक पुष्ट हुई है कि तुच्छ व्यस्तताएँ स्त्री को एक क्षुद्र व्यक्ति बनाती हैं। पुरुष उसकी देह[12] पर अधिकार कर लेते हैं और मस्तिष्क जंग खाने के लिए छोड़ दिया जाता है। अतः जब दैहिक प्रेम पुरुष का प्रिय आमोद-प्रमोद होने के कारण, उन्हें शक्ति से क्षीण कर देता है, जो वह स्त्रियों को दास बनाने का प्रयत्न करने लगते हैं। और भला कौन यह बता सकता है कि ऐसे दासों की मुक्त सन्तानों की प्रतिभाओं और सद्गुण को ऊर्जस्विता प्रदान करने में कितनी पीढ़ियाँ लग जाएँगी।[13]

स्त्री के अधोगति के कारणों के सूत्र खोजते हुए मैंने अपने प्रेक्षण को वहीं तक सीमित किया है जो सम्पूर्ण स्त्री-जाति के आचरण और नैतिकता को सार्वभौमिक रूप से प्रभावित करते हैं और मुझे यह स्पष्ट प्रतीत होता है कि ये सभी बोधशक्ति के अभाव से उद्भूत हुए हैं। ऐसा क्षमताओं की भौतिक अथवा आकस्मिक दुर्बलता के कारण हुआ है, इसका निर्णय स्वयं समय ही कर सकता है क्योंकि मैं उन थोड़ी-सी स्त्रियों[14] के उदाहरणों पर बहुत अधिक बल देना नहीं चाहूँगी जिन्होंने पुरुषोचित शिक्षा ग्रहण करने के कारण साहस और संकल्प अर्जित किया है। मैं मात्र यह दावा कर सकती हूँ कि वे पुरुष जो ऐसी परिस्थितियों में रहे हैं, ऐसा ही चरित्र अर्जित कर सके हैं—मैं पुरुषों की समष्टि की बात कर रही हूँ, और प्रतिभाओं व क्षमताओं से सम्पन्न ऐसे पुरुषों की जो एक ऐसे वर्ग से निकले हैं, जिसमें स्त्रियाँ आज तक कभी सम्मिलित नहीं हो पाई हैं।

टिप्पणियाँ

1. पुरुष कैसी-कैसी विसंगतियों में उलझ जाते हैं जब वे सिद्धान्तों के दिशासूचक से रहित होकर तर्क-वितर्क करते हैं। स्त्रियों, दुर्बल स्त्रियों की, फरिश्ते से तुलना की जाती है। फिर भी, माना जाता है कि एक श्रेष्ठ कोटि के प्राणियों को मनुष्य की अपेक्षा अधिक बुद्धिमत्ता से सम्पन्न होना चाहिए, अन्यथा उसकी श्रेष्ठता भला किस बात में निहित होगी? उसी शैली में, उन्हें अपेक्षाकृत अधिक परोपकारिता, करुणा व हृदय में सद्भाव धारण करने की अनुमति प्राप्त है। इस तथ्य पर मुझे सन्देह है। यद्यपि शिष्टाचारवश इसे तब तक प्रस्तुत किया जा सकता है जबतक कि अज्ञान को निष्ठा की जननी न मान लिया जाए; क्योंकि इस बात पर मेरी दृढ़ सहमति है कि सद्गुण और ज्ञान के बीच सापेक्ष सम्बन्ध, औसत रूप से उसकी अपेक्षा अधिक समतुल्य है जितना सामान्यतः माना जाता है।
2. लार्ड मानबॉडो कहते हैं, "पशु तब तक के लिए उसी अवस्था में बने रहते हैं जिसमें प्रकृति ने इन्हें स्थापित किया होता है जब तक उनकी सहज वृत्ति उस संस्कृति द्वारा, जो *हम* उन्हें प्रदान करते हैं, उन्नत नहीं हो जाती।"

3. देखें, मिल्टन
4. यह शब्द पूर्णतः यथोचित नहीं है परन्तु इससे बेहतर मुझे मिला नहीं।
5. "आनन्द है *निम्न* व्यक्तियों के लिए
पर श्रेष्ठ *पुरुष* के लिए है गौरव और सद्गुण का मार्ग।"
ये पंक्तियाँ लिखने के बाद श्रीमती बारबोल ने निम्नलिखित घटिया पंक्तियाँ भला कैसे लिखीं?

रंगीन फूलों के साथ एक स्त्री के लिए
ओ सुन्दरी : तुम्हारे लिए लाई हूँ मैं ये फूल
और चाहती हूँ बसन्त से तुम्हारा स्वागत करना
तुम्हारी ही तरह सुगन्धित, और रंगीन और ***सुकुमार*** *ये फूल*
हैं मासूमियत और सुन्दरता के प्रतीक
लालित्य की देवियाँ इन्हें गूँथती हैं अपनी सुनहली वेणियों में
और प्रेमी इस पुष्पमाल को
सजाते हैं अपने शीर्ष पर
फूल ही हैं प्रकृति का एकमात्र वैभव
जो उगते हैं स्वर्गोद्यान में शुद्ध और निर्मल
उच्चतर रूपों को दिये गए हैं कठिनतर कार्य
छायादार ओक रोकता है तूफानी हवाओं को
सख्त यू की झाड़ी आक्रान्ता शत्रु की राह रोकती है
और ऊँचा पाइन उगता है भावी नौसेनाओं के निमित्त
लेकिन यह सुकुमार परिवार, चिन्ताओं से मुक्त
जन्मा ही था सुख और आनन्द के वास्ते
प्रसन्न बिना श्रम किए, और आकर्षक बिना छल के
वे खिलते हैं भावनाओं को सहलाने और हृदय को भर देने सुख से
शर्माओ मत, ओ सुन्दरी, इनका अनुसरण करने में
तुम्हारा श्रेष्ठ, तुम्हारा मधुरतम साम्राज्य है—**आनन्द** प्रदान करने में

पुरुष हमें यही बताते हैं; लेकिन *कठिन* श्रम और सांसारिक चिन्ताओं के साथ सार्थक संघर्ष के द्वारा सद्गुण अर्जित किए ही जाने चाहिए।
6. इसके साथ यह भी जोड़ देना चाहिए, विदूषक सदैव विदूषक होता है, क्योंकि ध्यानाकर्षण व दूसरों को परास्त करने के लिए विदूषकों और सुन्दरियों की व्यर्थ चुहलबाजियों में कोई फर्क नहीं होता।
7. मनुष्य जाति के आम जन अपने उत्कट भावों के नहीं बल्कि अपनी तृष्णा के दास होते हैं।
8. इस कोटि के पुरुष इन सकल पदार्थों को रचाने-बसाने के लिए इसे आत्मसात् कर लेते

हैं और भावावेग के साथ इसे गूँथ कर स्पन्दनहीन काया को आत्मा प्रदान करते हैं परन्तु स्त्रियों की कल्पना में, केवल प्रेम ही इन स्वर्गीय किरण पुंजों को केन्द्रित कर सकता है।

9. इसमें कई अन्य नाम जोड़े जा सकते हैं।
10. किसी व्यक्ति में स्नेह बन्धन की दृढ़ता, सामान्यतः, उसी अनुपात में लुप्त होती है जिसमें उस प्रजाति का चरित्र, जिसका वह प्रिय पात्र होता है।
11. डॉ. यंग अपने नाटकों में, जब उस दुर्भाग्य की, जो दिवस के प्रकाश को विकर्षित कर देता है, चर्चा करते हैं तो वे इसी धारणा को पुष्ट करते हैं।
12. रेंजर का कथन है कि "मैं उसकी देह पर अधिकार करता हूँ।"
13. "यह मान भी लिया जाए कि स्त्रियाँ स्वेच्छापूर्वक दास होती हैं तो भी किसी प्रकार का दासत्व मानवीय सुख और समृद्धि के प्रतिकूल होता है।" *नॉक्स के निबन्ध*
14. सैफो, एलोइसा, श्रीमती मैकाले, रूस की सम्राज्ञी, मादाम द'ओन इत्यादि। ये और इन्हीं के समान अनेक स्त्रियों की गणना अपवादों में की जा सकती है; क्या ये सभी नायक या नायिकाएँ, सामान्य नियमों के अपवाद, नहीं होते? मैं स्त्रियों को न तो नायिकाओं के रूप में और न ही पशुओं के रूप में बल्कि विवेकवान प्राणी के रूप में देखने की आकांक्षी हूँ।

अध्याय पाँच

ऐसे कुछ लेखकों की आलोचना जिन्होंने स्त्रियों को लगभग तिरस्कारपूर्ण दया का पात्र बना दिया है

कुछ आधुनिक कृतियों में स्त्रियों के चरित्र और शिक्षा पर छद्मपूर्ण ढंग से ऐसी धारणाओं की पुष्टि की गई है जिन पर मैंने स्त्री-जाति पर अपने प्रेक्षणों में सरसरी दृष्टि से टिप्पणी की है। अब इनका विवेचन किया जाना है।

भाग एक

मैं इसका आरम्भ रूसो से करना चाहूँगी और स्वयं उसके ही शब्दों में, स्त्री के चरित्र की एक रूपरेखा प्रस्तुत करूँगी, बीच-बीच में अपनी टिप्पणियाँ और विचार प्रस्तुत करते हुए। मेरी समस्त टिप्पणियाँ, यह सत्य है कि, किंचित् सरल सिद्धान्तों से प्रस्फुटित हुई होंगी और मेरे अभी तक के पूर्व कथनों से निगमित होंगी, परन्तु यह कृत्रिम ढाँचा इतनी कुशलता से निर्मित किया गया है कि इस पर सूक्ष्म ढंग से प्रहार करना आवश्यक होगा, और यह परिश्रम स्वयं मुझे करना होगा।

रूसो का कथन है कि सोफिया को एक उतनी ही पूर्ण स्त्री होना चाहिए जितना एमिलियस को पूर्ण पुरुष होना और उसे यह पूर्णता प्रदान करने के लिए, उस चरित्र की जाँच-पड़ताल करना, जो स्त्री जाति को प्रकृति प्रदत्त है, अनिवार्य होगा।

फिर वह यह प्रमाणित करने के लिए अग्रसर होता है कि स्त्रियों का दुर्बल व निष्चेष्ट होना अभीष्ट है, क्योंकि उसकी शारीरिक क्षमता पुरुषों की तुलना में कम होती है और फलतः इस निष्कर्ष पर पहुँचता है कि उसकी सृष्टि पुरुषों को प्रसन्न रखने व अधीनता स्वीकार करने के प्रयोजन से हुई है और यह उसका कर्तव्य है कि वह स्वयं को अपने स्वामी के *अनुकूल* प्रस्तुत करें—यही उनके जीवन का चरम लक्ष्य है।[1] तथापि, वास्तविकता यह है कि इन्द्रियभोगी कामना को किंचित् छद्म गौरव प्रदान

करने के लिए, वह इस बात पर जोर देता है कि पुरुष जब स्त्री से विषयसुख पाना चाहे तो उसे अपनी शक्ति का प्रयोग नहीं करना चाहिए अपितु इसे स्त्री की इच्छा पर छोड़ देना चाहिए।

"अतः स्त्री-पुरुष की संरचनाओं में भिन्नता से हम एक तीसरे निष्कर्ष पर पहुँचते हैं, जो इस प्रकार है कि प्रकट रूप में सर्वाधिक शक्तिसम्पन्नों को स्वामी होना चाहिए, और वास्तव में सर्वाधिक शक्तिहीनों के अधीन रहना चाहिए और ऐसा संरक्षकत्व के आडम्बर अथवा प्रेम प्रवणता के कारण नहीं बल्कि प्रकृति के उस अपरिवर्तनीय नियम के फलस्वरूप होता है, जिसके तहत स्त्री को कामना जगाने की उससे अधिक क्षमता से सम्पन्न किया गया है जितना कि पुरुष को उनकी सन्तुष्टि के लिए प्रदान की गई है। यह स्थिति पुरुष को स्त्री की इच्छा पर निर्भर बनाती है और अपनी पारी में सुख देने के प्रयास हेतु उसे बाध्य करती है *ताकि स्त्री से यह सहमति प्राप्त की जा सके कि उसे (पुरुष को) सर्वशक्तिमान होना चाहिए।*[2] इन अवसरों पर एक पुरुष के लिए अपने विजय में सर्वाधिक आह्लादकारी स्थिति यह अटकल लगाना है कि क्या वह स्त्री की दुर्बलचित्तता थी जो उसकी श्रेष्ठ शक्तिमत्ता के सम्मुख नत हो गई अथवा उसके पक्ष में स्त्री का झुकाव अभिव्यक्त हो रहा था; स्त्रियाँ भी सामान्यतः इसमें यथेष्ट रूप से इतनी चतुर होती हैं कि इस विषय को अधर में छोड़ देती हैं। स्त्रियों की बोधशक्ति इस सन्दर्भ में, पूर्णतः उनकी काया के अनुरूप होती है, अपनी दुर्बलता से लज्जा अनुभव करना तो दूर, वे उससे गौरवान्वित होती हैं, उनकी कमनीय पेशियाँ प्रतिरोध नहीं करतीं। वे न्यूनतम बोझ वहन करने में अक्षमता का ढोंग करती हैं और उन्हें बलवान तथा हृष्ट-पुष्ट समझा गया, इस विचार से वे लाल पड़ जाती हैं। यह सब आखिर किसलिए? मात्र सुकुमार दिखाई पड़ने के लिए ही नहीं, बल्कि एक कुशल पूर्वोपाय के माध्यम से, इस प्रकार वे पहले से ही एक बहाना गढ़ सकती हैं अथवा जब भी वे उचित समझें, दुर्बल होने की अधिकारी बन सकती हैं।[3]

मैंने इस अनुच्छेद को इसलिए उद्धृत किया है ताकि मेरे पाठकों को यह सन्देह न रहे कि अपने तर्क के समर्थन में मैंने लेखक के तर्क को विकृत कर दिया है। मेरा पहले से ही इस पर बल रहा है कि स्त्रियों की शिक्षा में ये मूलभूत विचार चालाकी और विलासिता के एक तंत्र को जन्म देते हैं।

यदि यह मान लिया जाए कि स्त्री की सृष्टि मात्र आनन्द प्रदान करने और पुरुष के अधीनस्थ होने के प्रयोजन से हुई है तो यह निष्कर्ष औचित्यपूर्ण है कि उसे स्वयं को पुरुष के सम्मुख प्रीतिकर प्रस्तुत करने के लिए अन्य किसी भी उद्देश्य को त्याग देना चाहिए; और सभी नैतिक अथवा भौतिक विशिष्टताओं पर ध्यान दिये बिना केवल आत्म-संरक्षण की आदिम इच्छा को अपने सम्पूर्ण कर्मों का महान स्रोत बना लेना चाहिए। परन्तु, मेरे विचार से, यदि यह निरूपित किया जा सकता है कि, ऐसे

जीवन का भी अभिप्राय, इस घृणित आधार पर निर्मित व्यावहारिक नियमों द्वारा, समग्रता को देखते हुए, विनष्ट हो जाता है, तो मुझे यह सन्देह करने की अनुमति मिलनी चाहिए कि स्त्री-पुरुष के लिए सृजित की गई है, और भले ही मेरे विरुद्ध अधर्म व यहाँ तक कि नास्तिकता की चीख-पुकार मचायी जाए, मैं मात्र यह घोषित करना चाहूँगी, कि स्वर्गलोक का देवदूत भी यदि मुझसे यह कहे कि मूसा की सौन्दर्यपूर्ण, काव्यात्मक सृष्टिमीमांसा तथा मनुष्य के अधःपतन का वृत्तान्त. अक्षरशः सत्य है, तो मैं उस पर विश्वास नहीं कर सकती जिसे मेरा विवेक उस परम सत्ता के चरित्र के लिए अवमानतापूर्ण बताता है, और शैतान से भयभीत हुए बिना इसे मैं, अपने सुकुमार समुदाय के प्रथम सतीत्वहर्ता के चौड़े कन्धों पर अपनी दुर्बलता को सहारा देने के बजाय, इसे तर्क की व्यंजना कहे जाने का जोखिम मोल लेना चाहूँगी।

रूसो आगे कहता है, ''एक बारगी यह निरूपित हो जाने के उपरान्त कि, स्त्री व पुरुष चित्त-प्रकृति और चरित्र में एक समान संघटित नहीं हैं और न ही ऐसा अभीष्ट है, इससे निःसन्देह यह निष्कर्ष निगमित होता है कि उनकी शिक्षा एक ही ढंग से नहीं होनी चाहिए। प्रकृति प्रदत्त निर्देशों के अनुपालन में उन्हें सामंजस्य में अवश्यमेव कार्य करना चाहिए, परन्तु उनका एक ही वृत्ति में संलग्न होना अभीष्ट नहीं है : उनके कर्मों का लक्ष्य समान हो सकता है, परन्तु उन्हें निष्पादित करने में वे जिन साधनों का प्रयोग करते हैं, और फलतः उनकी रुचियाँ व प्रवृत्तियाँ भिन्न होनी चाहिए।"[4]

..."मैं चाहे इस समुदाय के विशिष्ट लक्ष्य के सम्बन्ध में विचार करूँ, उनकी प्रवृत्तियों का अवलोकन करूँ अथवा उनके कर्तव्यों पर ध्यान दूँ, समस्त चीजें समान रूप से उनके लिए सर्वाधिक अनुकूलित, शिक्षा की विशिष्ट पद्धति की ओर इंगित करती हैं। स्त्री और पुरुष की सृष्टि एक दूसरे के लिए हुई है परन्तु उनकी परस्पर निर्भरता एक समान नहीं है। पुरुष स्त्रियों पर अपनी कामनाओं के कारण आश्रित होते हैं, जब स्त्रियों की पुरुष परावलम्बिता उनकी कामनाओं व उनकी आवश्यकताओं, दोनों के कारण होती हैं। हम उनके बिना उससे कहीं बेहतर ढंग से जीवित रह सकते हैं जितना वे हमारे बगैर रह सकती हैं।"[5]

..."इस दृष्टि से, स्त्रियों की शिक्षा-दीक्षा सदैव पुरुष सापेक्ष होनी चाहिए। सुख प्रदान करना, हमारे लिए उपयोगी बनना, उन्हें प्रेम अथवा सम्मान देने हेतु हमें विवश करना, बचपन में हमें शिक्षित-दीक्षित करना और परिपक्व होने पर हमारा ध्यान रखना, सुझाव देना, हमें ढाढ़स बँधाना और हमारे जीवन को सुगम व सुखमय बनाना : स्त्रियों के यही सर्वकालिक कर्तव्य हैं जिसकी शिक्षा उन्हें उनके बचपन में ही दी जानी चाहिए। जब तक इस सिद्धान्त को अवलम्ब बनाने में हम असफल रहते हैं, हम यथार्थ से परे भाग रहे होते हैं और उन्हें दिये जानेवाले वे समस्त नीतिवचन न उनकी प्रसन्नता में सहायक होते हैं और न ही स्वयं हमारे सुख में।"[6]

..."बालिकाएँ अपनी प्रारम्भिक बाल्यावस्था से ही वस्त्राभूषण के प्रति चाव रखती हैं। वे मात्र सुन्दर होने से ही सन्तुष्ट नहीं होतीं, अपितु सराहा जाना भी चाहती हैं। हम उनके समस्त बालसुलभ हावभाव से देखते हैं कि यही विचार उनके ध्यान को उलझाये रखता है और इसके पूर्व कि उन्हें यह कहकर साध न लिया जाए कि लोग उनके व्यवहार के विषय में क्या सोचेंगे, वे कठिनाई से ही वह समझने में समर्थ हो पाती हैं जो उन्हें बताया जाता है। बहरहाल, बालकों के सम्बन्ध में इसी प्रेरक तत्त्व का विवेकहीन ढंग से प्रयोग समान प्रभाव उत्पन्न नहीं करता। यदि उन्हें आनन्दपूर्वक अपने मनोरंजन में व्यस्त रहने दिया जाए, तो उन्हें किंचित् ही इसकी चिन्ता होती है कि लोग उनके विषय में क्या सोचते हैं। बालक लम्बे समय बाद और काफी प्रयास से ही इस ओर ध्यान देते हैं।"

"लड़कियाँ जब कभी इस प्रथम शिक्षा को ग्रहण करती हैं, यह अत्यन्त शुभ होता है। चूँकि एक तरह से देह की उत्पत्ति आत्मा के पूर्व होती है, अतः हमारी प्रथम चिन्ता काया का परिष्कार होना चाहिए, यह क्रम स्त्री-पुरुष दोनों में ही समान रहता है परन्तु इस परिष्करण का उद्देश्य भिन्न होता है। एक में यह दैहिक क्षमता का विकास होता है, दूसरे में, वैयक्तिक सम्मोहकता का। ऐसा नहीं है कि शक्ति का अथवा सौन्दर्य का गुण केवल किसी एक समुदाय तक सीमित रहता है परन्तु होता मात्र यह है कि दोनों के परिष्कार के क्रम इस सम्बन्ध में उलट जाते हैं। स्त्रियों को निश्चित रूप से उतनी शक्ति की आवश्यकता होती है जो उन्हें गौरवपूर्ण ढंग से गतिमान होने व कार्य करने के योग्य बना सके और पुरुषों को इतना ध्यान चाहिए जो उन्हें सुगमता से कार्य करने की योग्यता प्रदान कर सके।"

..."बालक और बालिकाओं दोनों में ही कई एक मनबहलाव समान होते हैं और वे होने भी चाहिए। उनके परिपक्व होने के उपरान्त भी क्या ऐसे अनेक कार्य और नहीं होते? इस विशिष्टता में भी भेद करने के लिए प्रत्येक समुदाय की अपनी विलक्षण रुचि होती है। लड़के शोरगुल और सक्रियता से भरा खेल पसन्द करते हैं—ढोल पीटना, लट्टू नचाना और छोटी-छोटी हथगाड़ियाँ खींचना। दूसरी ओर, लड़कियाँ दिखावे और शृंगार की चीजों को पसन्द करती हैं, जैसे—झूमर-छल्ला, दर्पण और गुड़िया। गुड़ियों से खेलना लड़कियों का विशिष्ट मनोविनोद होता है; और यहीं से हम पाते हैं कि उनकी रुचि स्पष्टतः उनके भविष्य के अनुरूप ढली होती है। प्रसन्नता प्राप्त करने की कला का भौतिक पक्ष वस्त्राभूषण में निहित होता है। और यही वे समस्त चीजें हैं जिनसे बालिकाएँ उस कला को विकसित करने के योग्य बनती हैं।

..."तब यहाँ हम दृढ़तापूर्वक स्थापित एक प्रारम्भिक प्रवृत्ति देखते हैं, जिसे मात्र आगे बढ़ाने व संचालित करने की आवश्यकता पड़ती है। वह छोटी-सी जीव निस्सन्देह यह जानने को इच्छुक होगी कि वह अपनी गुड़िया को किस प्रकार सजाए-पहनाये,

उसकी आस्तीन की गाँठ लगाये, उसकी झालर और टोप सजाए, आदि। इन कार्यों में वह अपने इर्द-गिर्द लोगों की सहायता के लिए, उनका इतना अधिक आभार मानती है कि अपने स्वयं के उद्यम के बजाय उनके प्रति ऋणी हो जाना उसे कहीं अधिक जँचता है। अतः हमारे पास इस प्रथम पाठ का, जिसकी शिक्षा छोटी बच्चियों को दी जाती है, एक उचित कारण है, जिसमें हम उनके लिए कोई कार्य निर्धारित करते प्रतीत नहीं होत अपितु उनके लिए तत्काल क्या उपयोगी होगा, इसकी सीख देकर उन्हें अनुग्रहित करते हैं। वस्तुतः उनमें से लगभग सभी पढ़ना-लिखना सीखने की इच्छुक कम होती हैं परन्तु सुइयों के प्रयोग में स्वयं को अत्यन्त तत्परता से लगा देती हैं। वे अपने बड़ी हो चुकने की अभी से कल्पना करती हैं और यह सोचकर प्रसन्न होती हैं कि ये गुण उन्हें स्वयं को सुसज्जित करने में सक्षम बनाएँगे।"

यह निश्चित रूप से मात्र शरीर की शिक्षा है, परन्तु केवल रूसो ही वह व्यक्ति नहीं है जिसने परोक्षतः यह कहा है कि मस्तिष्क से रहित एक युवा स्त्री की काया मात्र, बहुत रुचिकर होती है। इसे सुकुमार, जिसे कतिपय लोग सुन्दर कह सकते हैं, प्रस्तुत करने के लिए, बोधशक्ति की उपेक्षा की जाती है और बच्चियों को शान्तिपूर्वक बैठने, गुड़ियों के साथ खेलने और मूर्खतापूर्ण सम्भाषण सुनने के लिए बाध्य किया जाता है। प्रकृति के असन्दिग्ध संकेत के रूप में शारीरिक विन्यास के प्रभाव पर बल दिया जाता है। मैं जानती हूँ कि रूसो की राय थी कि युवावस्था के प्रथम वर्षों का उपयोग शारीरिक विकास में लगना चाहिए। हालाँकि एमिलियस को शिक्षित करने में वह इस योजना से विच्युत हो जाता है, तथापि शरीर को शक्तिशाली बनाने, जिस पर व्यापक रूप में मस्तिष्क की दृढ़ता निर्भर करती है, और उसे मात्र एक सुगम गतिमानता प्रदान करने के बीच आकाश-पाताल का अन्तर होता है।

यह बता देना उचित होगा कि, रूसो की टिप्पणियाँ एक ऐसे देश में की गई थीं जहाँ प्रसन्न रखने की कला कदाचार की गम्भीरता को कम करने भर के लिए परिष्कृत हुई थी। वह प्रकृति की ओर वापस नहीं लौटा, अथवा उसकी प्रबल तृष्णा ने बुद्धि के प्रयोग में कोई विघ्न पहुँचाया था अन्यथा वह इतने असंस्कृत निष्कर्षों पर नहीं पहुँचता।

फ्रांस में लड़के और लड़कियाँ, विशेषकर लड़कियाँ, मात्र रिझाने, अपने देह की सार-सँभाल करने और बाह्य व्यवहार को नियंत्रित करने की शिक्षा ग्रहण करती हैं और उनका मस्तिष्क अत्यन्त आरम्भिक अवस्था में ही उन सांसारिक और पवित्र चेतावनियों द्वारा भ्रष्ट हो जाता है जिसे वे स्वयं को धृष्टता से बचाने के लिए प्राप्त करती हैं। मैं बीते समय की बात कर रही हूँ। गिरजाघर में वे आत्मस्वीकृतियाँ जो मात्र बच्चों को करनी पड़ती थीं और वे प्रश्न जो पादरियों द्वारा पूछे जाते, मैं पूर्ण अधिकार के साथ दृढ़तापूर्वक यह कह सकती हूँ कि यौनिक भेदभाव का प्रभाव डालने के लिए पर्याप्त होते थे तथा समाज की शिक्षा चोंचलेबाजी और कृत्रिमता की पाठशाला थी। दस या

बारह की वय से, बल्कि बहुधा उससे भी पहले, लड़कियाँ नखरा-तिल्ला करने लगती थीं और बेरोकटोक विवाह द्वारा संसार में स्वयं को स्थापित करने की चर्चा आरम्भ कर देती थीं।

संक्षेप में, वे लगभग अपने जन्म से ही, स्त्री सदृश बना दी जाती थीं और सीख की अपेक्षा प्रशंसा के वचन पर कान देना पसन्द करती थीं। इन सबसे मस्तिष्क कमजोर होता है। ऐसा लगता है कि सृष्टि की इस रचना को रूप देने में प्रकृति ने एक सौतेली माँ की तरह बर्ताव किया है।

उन्हें बोधशक्ति ग्रहण करने से वंचित रखकर, बुद्धि से स्वतंत्र सत्ता के अधीनस्थ कर देना, निश्चित रूप से, यह सामंजस्यपूर्ण ही था। उन्हें इस अधीनता के निमित्त तत्पर करने हेतु वह निम्नलिखित सुझाव देता है :

"बालिकाओं को क्रियाशील व कर्तव्यपरायण होना चाहिए, इतना ही पर्याप्त नहीं; उन्हें आरम्भिक अवस्था से ही प्रतिबन्ध के अधीन रखना भी अभीष्ट होगा। यह दुर्भाग्य, यदि यह वाकई दुर्भाग्य है तो, उनके यौनिक स्वरूप से अपृथक्करणीय है; वे इसे कभी भी दूर नहीं फेंक सकती बल्कि अतिरिक्त निर्मम बुराइयाँ सहन करती हैं। उन्हें, अपने सम्पूर्ण जीवन में, सर्वाधिक अविरल और कठोर प्रतिबन्ध जो मर्यादा के कारण लगता है, के अधीन रखा जाना चाहिए। अतः यह आवश्यक होता है कि उन्हें आरम्भ में ही ऐसे बन्दी जीवन का इस प्रकार अभ्यस्त बना दिया जाए कि बाद में उन्हें यह बहुत भारी न पड़े; और अपनी उमंगों का गला घोंट देने का इस प्रकार आदी बना दिया जाए कि वे और अधिक तत्परता के साथ दूसरे की इच्छाओं के समक्ष समर्पण कर सकें। वस्तुतः यदि वे सदैव काम में डूबे रहना पसन्द करती हों, तो उन्हें इसे एक किनारे करने के लिए यदा-कदा बाध्य कर देना अभीष्ट होगा। विषयासक्ति, हल्कापन और अस्थिरता वे दोष हैं जो उनके प्रथम सहचरोन्मुख प्रवृत्तियों से तत्परता के साथ उस समय फूट पड़ते हैं जब वे अत्यन्त आसक्ति के कारण भ्रष्ट अथवा विकृत हो जाते हैं। इस निंद्य व्यवहार का निवारण करने के लिए, सर्वोपरि तौर पर, हमें उनको स्वयं पर एक उचित प्रतिबन्ध लगाने की शिक्षा देनी चाहिए। एक मर्यादित स्त्री का जीवन, हमारी बेढंगे संस्थाओं के कारण, स्वयं के साथ सतत संघर्ष में बदल जाता है परन्तु यह उचित नहीं है कि यह जाति उन कष्टों की भागीदार बने जिसका जन्म उन बुराइयों से होता है, जिसे इसने हमारे अन्दर पैदा किया है।"

एक मर्यादाशील स्त्री का जीवन एक सतत संघर्ष क्यों बनता है? मेरा उत्तर होगा कि यह शिक्षा-व्यवस्था ही इसके लिए उत्तरदायी है। अकृत्रिमता, आत्मसंयम और आत्मत्याग तर्कबुद्धि की सहज-गम्भीर उपज हैं। परन्तु विवेक की कीमत पर जब भावुकता पोषित होती है तो ऐसे दुर्बलचित्त प्राणियों को स्वेच्छाचारी ढंग से नियंत्रित करना और अनवरत संघर्ष के अधीन कर देना आवश्यक होता है। किन्तु उनके

मस्तिष्क की क्रियाशीलता को व्यापक परिप्रेक्ष्य दीजिए और उदात्त भावनाएँ व प्रयोजन उनकी तृष्णा तथा भावनाओं को नियंत्रित करने लगेंगे।

"माता की सामान्य चिन्ता और अनुराग, नहीं, सिर्फ आदत, उसे अपनी सन्तानों का प्रिय बना देगी यदि वह उनका द्वेष मोल लेने का कारण नहीं बनती। यहाँ तक कि वह नियंत्रण भी, जिसके अधीन वह उन्हें रखती है, यदि उचित रीति से संचालित किया जाए, तो उनके स्नेह को घटाने की अपेक्षा उसे बढ़ायेगा ही; स्त्री जाति के लिए परावलम्बिता की अवस्था चूँकि स्वाभाविक होती है, अतः उन्हें स्वयं की आज्ञापरायणता हेतु सृजित किए जाने का बोध होता है।"

इस बात पर प्रश्न उठाया जाना चाहिए क्योंकि पराधीनता मात्र व्यक्ति को ही अवमूल्यित नहीं करती अपितु इसका प्रभाव भावी पीढ़ी तक संचारित होता दिखाई पड़ता है। काल की उस लम्बी अवधि को ध्यान में रखते हुए जिसके दौरान स्त्रियाँ पराश्रित रही हैं, क्या यह आश्चर्यजनक है कि उनमें कुछ अपनी बेड़ियों से चिपकी रहना चाहती हैं और स्पेनियल कुत्ते की भाँति तलवे चाटती हैं। एक प्रकृतिशास्त्री का कहना है कि "ये कुत्ते अपने कानों को आरम्भ में खड़ा रखते थे परन्तु पीढ़ियों से पड़ी आदत प्रकृति पर भारी पड़ती है और भय का प्रतीक सौन्दर्य बन गया।"

"इसी कारण से," रूसो आगे कहता है, "स्त्रियों को बहुत कम स्वतंत्रता मिलती है अथवा मिलनी चाहिए; उन्हें जो कुछ प्राप्त होता है उसमें स्वयं को अतिरेकी ढंग से लिप्त कर देने की उनकी प्रवृत्ति होती है। प्रत्येक वस्तु के प्रति अन्तिम सीमा तक व्यसनी, वे विपथगमन की दिशा में पुरुषों की तुलना में कहीं अधिक उन्मुख की जा सकती हैं।"

इसका उत्तर नितान्त सरल है। दास और अनियंत्रित झुण्ड जब एक बार नियंत्रण के समस्त बन्धनों को तोड़ डालते हैं, तो सदैव ऐसे ही अतिरेक में बह जाते हैं, जब तनी हुई प्रत्यंचा को सख्ती से थामनेवाले हाथ जब अकस्मात् शिथिल पड़ जाते हैं, तो वह प्रचण्ड गति से प्रक्षेपित करती है; संवेदनशक्ति जो परिस्थितियों का खिलौना है, को सत्ता के अधीन रखना अथवा विवेक द्वारा नियंत्रित किया जाना आवश्यक है।

वह आगे कहता है, "यह नित्य का प्रतिबन्ध विनयशीलता में फलीभूत होता है, स्त्रियों को जिसके लिए अपने जीवनपर्यन्त इसलिए अवसर उपलब्ध होता रहता है, क्योंकि वे अनवरत पुरुषों के आधिपत्य में अथवा पुरुष-जाति की धारणाओं के अधीन रहती आई हैं तथा उन्हें स्वयं को ऐसी धारणाओं से ऊपर स्थापित करने की छूट कदापि नहीं दी जाती। किसी स्त्री के लिए प्रथम और सर्वप्रमुख अनिवार्य गुण है—भला स्वभाव और चित्तप्रकृति की मृदुलता, जिसे पुरुष जैसी दोषपूर्ण, बहुधा दुष्प्रवृत्तियों से युक्त और सदैव त्रुटियों से पूर्ण प्राणी की आज्ञा शिरोधार्य करने के लिए गढ़ा जाता है, अतः उसके लिए यथासमय अन्याय सहन करने व बिना प्रतिवाद किए पति के

हाथों अपमान झेलने की शिक्षा अनिवार्य होती है; वह शान्त प्रकृति की हो, इसकी आवश्यकता उसके पति को नहीं, उसे होती है। स्त्रियों की दुःशीलता और चिड़चिड़ापन उनके स्वयं के दुर्भाग्य एवं उनके पति के दुर्व्यवहार को बढ़ाने का कार्य करता है, उन्हें सामान्यतः यह बोध होना चाहिए कि ये ऐसे उपकरण नहीं हैं जिनके माध्यम से वे श्रेष्ठता अर्जित कर सकती हैं।"

पुरुष जैसे ऐसे दोषयुक्त प्राणी के साथ रहने के लिए सृजित, उन्हें अपनी क्षमताओं के प्रयोग से अनिवार्य सहिष्णुता की शिक्षा ग्रहण करनी होगी—परन्तु अन्ध आज्ञापालन मानवता के समस्त पवित्र अधिकारों का अतिक्रमण करता है अथवा यूँ कहें कि सर्वाधिक पवित्र अधिकार मात्र पुरुष की बपौती होते हैं।

वह व्यक्ति जो धैर्यपूर्वक अन्याय झेलता है और मूक भाव से अपमान सहन करता है, वह शीघ्र ही अन्यायी और उचित से अनुचित को पृथक् करने में असमर्थ हो जाएगा। इसके अतिरिक्त, मैं इस तथ्य को अस्वीकार करती हूँ, यह मनोवृत्ति को गढ़ने या सुधारने का कोई उत्तम ढंग नहीं हो सकता है; कारण, यौनिक रूप में, पुरुषों की मनस्कता स्त्रियों से इसलिए श्रेयस्कर होती है क्योंकि वे ऐसे कार्यों में व्यस्त रहते हैं जिसमें मस्तिष्क के साथ-साथ हृदय की भी रुचि होती है तथा मस्तिष्क की दृढ़ता हृदय को एक स्वस्थ उष्णता प्रदान करती है। भावुक व्यक्ति कदाचित् ही प्रसन्नचित्त होते हैं। मनोदशा का निर्माण विवेक का प्रशान्त कृत्य है, जब, जीवन के विकसित होने के साथ-साथ वह कौशलपूर्वक प्रकृति की अप्रिय शक्तियों से टकराने लगता है। मैं किसी ऐसे दुर्बल अथवा अज्ञानी व्यक्ति से परिचित नहीं हूँ जो स्वभाव से प्रफुल्लचित्त होता हो, हालाँकि कई बार चेहरे की हँसमुखता या वह विनय भय जिसे व्यवहार में कूटकर भर देता है, अक्सर इस नाम से जाने जाते हैं। मैं व्यवहार की बात कर रही हूँ क्योंकि सच्ची विनम्रता हृदय अथवा मस्तिष्क तक कभी पहुँचती ही नहीं, जब तक विचार के रूप में उसका प्रभाव नहीं पड़ता; और वह साधारण प्रतिबन्ध गृहस्थ जीवन में अनेक दूषित मनोवृत्तियाँ उत्पन्न करेंगे, इस बात को बहुतेरे समझदार पुरुष स्वीकार करते हैं, जो इन कतिपय कुलीन क्षोभणीय प्राणियों को अत्यन्त दुखदायी संगनी पाते हैं।

"प्रत्येक यौनिक समूह को," वह आगे तर्क देता है, "अपने विशिष्ट स्वर और शैली को संरक्षित रखना चाहिए, एक विनम्र पति, पत्नी की धृष्टता का हेतु बन सकता है, परन्तु स्त्री में, स्वभाव की सौम्यता पुरुष को सदैव ही, यदि वह नितान्त पशु नहीं हो, तो सुबुद्धि प्रदान करती है, और देर-सबेर उसे वशीभूत कर लेती है।" तर्कबुद्धि की सौम्यता की बात सच हो सकती है परन्तु भय मन में सदैव तिरस्कार उत्पन्न करता है तथा अश्रु मात्र तभी अर्थपूर्ण बनते हैं जब वे स्त्री के कपोलों पर ढुलक रहे होते हैं।

भला किन तत्त्वों से वह हृदय संघटित हो सकता है जो अपमानित होने पर द्रवित हो जाता है और अन्याय के विरुद्ध विद्रोह करने की अपेक्षा दण्ड के विधान को

प्रसन्नतापूर्वक स्वीकार करता है? यह निष्कर्ष निकालना अनुचित होगा कि स्त्री का सद्गुण संकीर्ण दृष्टि और स्वार्थपरता पर निर्मित होता है, जो सच्ची स्त्रियोचित कोमलता से एक पुरुष को लाड़-दुलार कर सकती है जबकि ठीक उसी समय वह उसके साथ निरंकुशता का व्यवहार कर रहा होता है? प्रकृति ऐसे कपट का विधान कदापि नहीं करती, और यद्यपि इस प्रकार के विवेक को सद्गुण का नाम दिया जा सकता है, नैतिकता उस समय धूमिल पड़ जाती है जब कोई भी अंश असत्य पर टिका होता है। ये मात्र युक्तियाँ हैं और युक्तियाँ केवल तात्कालिक रूप से लाभदायक होती हैं।

पति को इस दासत्वपूर्ण आज्ञाकारिता के प्रति इतने निश्चयात्मक विश्वास से सावधान रहना चाहिए; क्योंकि यदि उसकी पत्नी सम्मोहनकारी मृदुलता के साथ उससे ऐसे समय, जब वह क्रुद्ध रहती है, और जब उसे क्रोध में रहना भी चाहिए, लाड़-प्यार कर सकती है, तो जब तक कि तिरस्कार ने एक स्वाभाविक उमंग का गला न घोंट दिया हो, वह किसी प्रेमी से मिलकर आगे के बाद भी वैसा ही आचरण पुनः कर सकती है। यह सब व्यभिचार की तैयारियाँ भर हैं। यदि संसार अथवा नरक का भय, अन्य पुरुषों को रिझा सकने की उसकी लालसा पर, जिस समय अपने पति को प्रसन्न रखने में वह सक्षम नहीं रह जाती, प्रतिबन्ध लगाता है, तो एक ऐसे प्राणी के लिए भला क्या विकल्प हो सकता है जिसकी सृष्टि ही, पुरुषों को रिझाने के लिए हुई हो? इस अभाव की भला कौन उसकी क्षतिपूर्ति कर सकता है, अथवा एक नये कार्य की खोज वह कहाँ करे? ऐसी तलाश शुरू करने के लिए मानसिक दृढ़ता वह कहाँ से पाए जबकि उसकी आदतें निर्धारित होती हैं और निस्सारता ने लम्बी अवधि तक उसके अराजक मन पर राज किया है?

परन्तु यह पक्षपाती उपदेशक योजनाबद्धता के साथ और कपटपूर्ण ढंग से चालाकी का परामर्श देता है।

"पुत्रियों को सदा आज्ञाकारी होना चाहिए; बहरहाल, उनकी माताओं की कठोरता भी अभीष्ट नहीं है। एक युवा स्त्री को विनयशील बनाया जा सके, इसके लिए आवश्यक होगा कि उसे दुखी न किया जाए, उसे जड़बुद्धि न बनाया जाए, यदि उसे शालीन बनाना है। इसके विपरीत, यदि उसे किंचित् कलाकौशल के प्रयोग की, आज्ञा का उल्लंघन करने पर दण्ड से चतुराई पूर्वक बच निकलने के लिए नहीं, अपितु आज्ञापालन की अनिवार्यता से स्वयं के लिए छूट प्राप्त करने हेतु अनुमति दी जाती है तो इससे मुझे अप्रसन्नता नहीं होगी। उसकी परावलम्बिता को कष्टकर बनाना अभीष्ट नहीं है बल्कि उसे इसका अनुभवमात्र कराना यथेष्ट होगा। चतुराई स्त्री की नैसर्गिक योग्यता है; और चूँकि मैं इस बात से सहमत हूँ कि हमारी समस्त सहज प्रवृत्तियाँ अपने आप में उचित और हितकर होती हैं, अतः मेरी यह राय है कि अन्यों के साथ ही इसे भी विकसित किया जाना चाहिए; हमारे लिए अपेक्षित मात्र यह है कि

इसका दुरुपयोग रोका जा सके।"

तब वह विजयभाव से यह निष्कर्ष निगमित करता है कि "चीजें जैसी भी हैं उचित रूप में हैं।" स्वीकार किया; यद्यपि, किसी भी सूक्ति में सम्भवतः इससे अधिक विरोधाभासी उद्गार कभी हो ही नहीं सकता। उसके प्रति श्रद्धाभाव से मैं यह कहना चाहूँगी कि उसने समग्र को क्षणमात्र में देखा और काल के गर्भ में उसका उचित अनुपात जान लिया; परन्तु पुरुष जो मात्र अलग-अलग अंशों का निरीक्षण कर सकता है, अनेक वस्तुओं को अनुपयुक्त पाता है; तथा यह व्यवस्था का अंग है और इसलिए, उचित है कि वह, इसके बावजूद कि अपने सृष्टिकर्ता के परम ज्ञान के समक्ष नतमस्तक होता है, और जिस अन्धकार को छिन्न-भिन्न करने के लिए वह प्रयासरत रहता है, उसे प्रणाम करता है, उसे परिवर्तित करने का उद्यम करे जो अनुपयुक्त दृष्टिगत होता है।

यदि इस सिद्धान्त को विश्वस्त मान लिया जाए तो इससे निगमित निष्कर्ष औचित्यपूर्ण है। रंग-ढंग का श्रेष्ठा, जो स्त्री-जाति की विशिष्टता है, सामर्थ्य की दृष्टि से उनकी हीनता की एक अत्यन्त समानतापूर्ण क्षतिपूर्ति है। इससे रहित होकर स्त्री पुरुष की संगिनी नहीं बल्कि उसकी दासी होगी। यह उसकी श्रेयस्कर कला-कौशल व पटुता ही है, जिससे अपनी समानता को वह संरक्षित रखती है, और आज्ञापालन का स्वाँग भरते हुए उस पर शासन करती है। स्त्री की प्रत्येक चीज उसके विरुद्ध होती है, उसकी स्वयं की भीरुता और दुर्बलता के साथ-साथ, हमारी त्रुटियाँ भी। उसका कुछ भी उसके पक्ष में नहीं होता, सिवाय उसकी कपटपूर्ण सरलता और सौन्दर्य के। अतः क्या यह युक्तियुक्त नहीं होगा कि वह उन दोनों ही को परिष्कृत करे? मन की विशालता, चालाकी अथवा पाखण्ड के साथ कदापि वास नहीं कर सकती; इन शब्दों से मेरी कोई असहमति नहीं होगी, यदि उनकी प्रत्यक्ष अभिव्यंजकता कपट और मिथ्याचार है, बल्कि यह कहकर स्वयं को सन्तुष्ट कर लूँगी कि मनुष्य जाति के यदि किसी भी वर्ग की शिक्षा उन नियमों द्वारा होती है जो पूर्णतः सत्य से निगमित नहीं हैं, तो सदाचार परिपाटी का विषय होता है। रूसो यह परामर्श देने के उपरान्त कि जीवन के महान लक्ष्य की प्राप्ति में दोनों ही प्रजातियों का उद्देश्य समान होता है, भला ऐसा कहने का साहस किस प्रकार कर सकता है, जबकि वह इससे भली-भाँति परिचित है कि उदात्त विचारों से युक्त मस्तिष्क संकीर्ण मानसिकता को निगलकर ही विस्तृत होता है अन्यथा वह स्वयं ही संकीर्ण बन जाता है?

पुरुष श्रेष्ठ शारीरिक शक्ति से सम्पन्न होते हैं; परन्तु यदि यह सौन्दर्य की भ्रान्तिपूर्ण धारणा नहीं होती, तो स्त्रियाँ भी इतनी शक्ति अर्जित करतीं, जो उन्हें स्वयं के जीविकोपार्जन के योग्य यानी वास्तविक रूप से आत्मनिर्भरता बनाने और मानसिक दृढ़ता के लिए आवश्यक शारीरिक असुविधाओं व परिश्रम के लिए पर्याप्त होती।

तो हमें भी, बचपन में ही नहीं, बल्कि युवावस्था में भी, बालकों के समान

अभ्यास करने की अनुमति देकर, शारीरिक दृढ़ता के आदर्श तक पहुँचने दिया जाए, जिससे हम यह जान सकें कि पुरुष की प्राकृतिक श्रेष्ठता किस सीमा तक है। ऐसे प्राणी से भला किस प्रकार के विवेक अथवा सदाचार की अपेक्षा की जा सकती है जो जीवन की उस अवधि में उपेक्षित रहता हो जब शरीर और मन विकसित हो रहे होते हैं? कुछ भी नहीं—अलमस्त पवन के झकोरे क्या यों ही अनेक फलदायी बीजों को परती भूमि पर छींट नहीं देते।

"सौन्दर्य को साज-शृंगार से अर्जित नहीं किया जा सकता, और अदाओं का प्रदर्शन एक ऐसी कला है जिसे इतनी जल्दी और तीव्र गति से प्राप्त करना सम्भव नहीं होता। बहरहाल, बालिकाएँ जब कि कम वय की ही रहती हैं, उनमें मनमोहक भाव-भंगिमाएँ प्रीतिकर स्वर माधुर्य, चाल-ढाल और व्यवहार की सीख ग्रहण करने के साथ-साथ काल, स्थान और अवसर के अनुरूप अपनी भाव-मुद्राएँ और अभिवृत्तियों को शालीनतापूर्वक ढालकर लाभ उठा लेने की क्षमता होती है। अतः उनका उपयोग मात्र अध्यवसाय व कसीदाकारी के कला-कौशल तक सीमित नहीं रहना चाहिए, जबकि वे ऐसी क्षमताएँ प्रदर्शित कर सकती हैं, जिनकी उपयोगिता स्पष्ट है।

"जहाँ तक मेरी बात है, मैं चाहूँगा कि एक अंग्रेज स्त्री उसकी प्रतिभाओं को परिमार्जित करे जिससे वह अपने भावी पति को प्रसन्न रखने के लिए अपनी सम्मोहक क्षमताओं का प्रयोग कर सके; ठीक उसी प्रकार, जिस प्रकार एक सकेर्शियन तरुणी स्वयं को पूर्व के तुर्की पाशा के हरम के योग्य बनाने के लिए अपने गुणों को परिष्कृत करती है।"

स्त्रियों को नितान्त महत्त्वहीन प्रस्तुत करने के लिए, वह आगे कहता है, "स्त्रियों की जिह्वा अत्यन्त वाचाल होती है; वे पुरुषों की अपेक्षा, समय से कहीं पहले, अधिक तत्परता के साथ और अधिक प्रीतिकर ढंग से बोलती हैं। उन पर जरूरत से ज्यादा बातें करने का आरोप भी लगाया जाता है। परन्तु इसे ऐसा ही होना चाहिए, बल्कि मैं इस उपालम्भ को प्रशंसा में रूपान्तरित करने को तैयार हूँ। उनके अधरों व नयनों की गतिशीलता भी वैसी ही है, और उन्हीं कारणों से। पुरुष वह बोलता है जो वह जानता है; स्त्री, जो उसे रुचता है : एक के लिए ज्ञान की आवश्यकता होती है और दूसरे के लिए अभिरुचि की; पुरुष की बातों का प्रमुख विषय वह होना चाहिए जो सार्थक होता है, स्त्रियों का, जो रुचिकर होता है। उनकी एक-दूसरे से भिन्न बातों में कोई भी समानता अभीष्ट नहीं है सिवाय सत्य के।"

"अतः, हमें इस कठोर प्रश्न से कि *तुम किस उद्देश्य से बातें कर रही हो?* बालिकाओं की चटर-पटर पर वैसे ही प्रतिबन्ध नहीं लगाना चाहिए जैसा बालकों के सम्बन्ध में; बल्कि हमें एक अन्य प्रश्न द्वारा इसे सीमित करना चाहिए, जिसका प्रत्युत्तर उतना ही कठिन होता है, *तुम्हारी बातों को किस रूप में ग्रहण किया जाएगा?* बचपन

में, जिस समय तक वे उचित को अनुचित से पृथक् करने में अक्षम होती हैं, उन्हें इसका पालन एक नियम की भाँति करना चाहिए, कोई भी ऐसी बात मुँह से नहीं निकालनी चाहिए जो उनके लिए अप्रिय हो, जिनसे वे बात करती हैं, जो बात इस नियम के अभ्यास को और भी कठिन बना देती है, वह है इसकी सदैव पूर्ववर्ती के अधीन रहने की, कभी भी कपटपूर्ण अथवा असत्य बातें न करने की अनिवार्यता।" इस ढंग से जीभ का नियंत्रण वास्तव में असाधारण कौशल की माँग करता है; और इसका प्रयोग पुरुषों और स्त्रियों दोनों द्वारा किया जाता है—खुले हृदय से भला कितने लोग बोलते हैं; इतने कम कि मैं, जो सहजता पसन्द करती हूँ, उस सद्गुण के चतुर्थांश के लिए विनम्रता का प्रसन्नतापूर्वक त्याग कर दूँगी जिसे एक ऐसे सन्दिग्ध गुण के लिए बलिदान कर दिया गया है जो अधिक से अधिक सद्गुण को चमक प्रदान करने का साधन हो सकता है।

लेकिन, इस चित्र को पूरा किया जाए। "यह धारणा बना लेना सरल है कि यदि बालकों में धर्म की सच्ची समझ हासिल करने की क्षमता नहीं होती तो ऐसे विचार स्त्रियों की बोधशक्ति से तो नितान्त परे होते हैं," ठीक इसी कारण से, मैं उनसे इस विषय पर शीघ्र ही बात आरम्भ करने की पक्षधर हूँ, क्योंकि यदि हम उस समय की प्रतीक्षा करते हैं जब तक वे ऐसे गम्भीर प्रश्नों पर व्यवस्थित ढंग से चर्चा करने के योग्य नहीं हो जातीं तो उनके जीवनपर्यन्त इस सम्बन्ध में हम उनसे कभी बात न कर पाने का संकट मोल ले लेंगे। स्त्रियों में तर्कबुद्धि एक व्यावहारिक बुद्धि होती है, जो उन्हें *पहले से* ज्ञात लक्ष्य तक पहुँचने के साधनों का पता लगाने के तो योग्य बनाता है परन्तु स्वयं साध्य की खोज करने की योग्यता कदापि प्रदान नहीं करता। स्त्री-पुरुष के सामाजिक सम्बन्ध वास्तव में प्रशंसनीय होते हैं; उनके संयोग से एक ऐसा सदाचारी व्यक्ति सामने आता है, जिसमें स्त्री को आँखें कहा जा सकता है और पुरुष को हाथ, इस परस्पर निर्भरता से यह सम्भव है कि स्त्री पुरुष से वह सीखती है, जो उसे देखना चाहिए और पुरुष स्त्री से वह सीखता है जो उसे करना चाहिए। यदि पुरुषों के समान स्त्री भी चीजों के मूलभूत सिद्धान्तों का स्मरण कर सकती और स्त्रियों के समान पुरुषों को भी उनकी छोटी-छोटी बातों में शामिल होने की योग्यता प्रदान की गई होती तो वे अनवरत कलह में जीते और उनके बीच एकता नहीं हो पाती। परन्तु वर्तमान सामंजस्यपूर्ण स्थिति में, जो उनके बीच स्वाभाविक रूप से उपस्थित है, उनकी भिन्न योग्यताएँ एक सामूहिक लक्ष्य की ओर प्रवृत्त होती हैं; यह कहना कठिन है कि उनमें कौन इसमें अधिक सहायक होता है; इनमें प्रत्येक दूसरे की भावना के अनुसार चलता है, प्रत्येक आज्ञापरायण होता है और दोनों ही स्वामी होते हैं।

"स्त्री का आचरण चूँकि लोकधारणा के अधीन होता है अतः इसी कारण से, धर्म के विषय में उसकी आस्था किसी सत्ता के नियंत्रण में होनी चाहिए। *प्रत्येक पुत्री का*

धार्मिक विश्वास वही हो जो उसकी माता का है और प्रत्येक पत्नी को पति के मत का अनुयायी होना चाहिए; कारण, भले ही उनका धार्मिक मत गलत हो, वह विनम्रता जो माता तथा पुत्री को प्राकृतिक विधान के समक्ष नतमस्तक होने के लिए प्रेरित करती है, उनकी भूल की अपराधिता को, ईश्वर की दृष्टि में, क्षम्य बना देती है।"[7] चूँकि "वे स्वयं निर्णय लेने की स्थिति में नहीं होतीं, उन्हें अपने पिताओं और पतियों के निर्णय का उसी विश्वास के साथ पालन करना चाहिए जिस प्रकार चर्च के अनुदेशों का।"

"चूँकि एक सत्ता स्त्री के धर्म को नियंत्रित करती है अतः इसकी कोई आवश्यकता नहीं होती कि उन्हें उनकी आस्था के कारणों को स्पष्ट किया जाए; बल्कि आवश्यकता बस इस बात की होती है कि सुस्पष्ट रूप से वे सिद्धान्त स्थापित किए जाएँ जिनके प्रति उन्हें आस्था रखनी होती है; वह धर्म-सिद्धान्त जो मस्तिष्क में मात्र धुँधले पुराणपंथी विचार उत्पन्न करता है, धर्मान्धता का स्रोत होता है और वह जो विसंगतियों को प्रस्तुत करता है, अनास्था को जन्म देता है।"

निरपेक्ष, अपरिवर्तनीय सत्ता, ऐसा प्रतीत होता है, कहीं न कहीं विद्यमान होनी चाहिए, परन्तु क्या यह विवेक का प्रत्यक्ष व अनन्य विनियोजन नहीं है? इस प्रकार मानवता के अधिकार आदम से लेकर आज तक सिर्फ पुरुष तक सीमित हैं। रूसो अपने पुरुष दर्प को इससे भी आगे बढ़ाता है, क्योंकि वह परोक्षतः यह संकेत करता है कि उसने उन लोगों को दोषी नहीं ठहराया होता, जो स्त्री को गहन अज्ञान की स्थिति में छोड़ देने के विरुद्ध तर्क-वितर्क करते हैं, यदि यह उसकी पवित्रता को संरक्षित रखने, संसार की दृष्टि में, पुरुष के चयन को औचित्य प्रदान करने, उसे पुरुषों और मानवीय भावावेग द्वारा उत्पन्न रीतियों का कुछ ज्ञान प्रदान करने के लिए आवश्यक नहीं होता : अन्यथा अपनी बोध-क्षमता के प्रयोग द्वारा कम विलासप्रिय व अबोध हुए बिना वह घर पर चैन से बैठी बच्चे जनती सिवाय विवाह के प्रथम वर्ष के, जब वह शायद सोफिया की तरह वस्त्राभूषण धारण करती। "उसके पोशाक अत्यन्त शालीन प्रतीत होती है, और फिर भी वास्तव में काफी शोख है : वह अपने सम्मोहक सौन्दर्य का प्रदर्शन नहीं करती; वह उसे अप्रकट रखती है परन्तु उसे ढँका रखकर भी, आपकी कल्पना को उत्तेजित करना वह जानती है। उसे देखनेवाला प्रत्येक व्यक्ति यह कहेगा, वह देखो एक शालीन और समझदार बाला, परन्तु जब आप उसके निकट होते हैं, आपकी दृष्टि और अनुरक्ति उसके सम्पूर्ण शारीरिक सौन्दर्य पर इस प्रकार घूमती है कि आपको उन्हें हटाना सम्भव नहीं होता और आप इस निष्कर्ष पर पहुँचेंगे कि उसकी पोशाक का प्रत्येक अंश, भले ही कितना भी साधारण प्रतीत होता हो, अपने उचित स्थान पर इसीलिए व्यवस्थित किया गया है कि कल्पना द्वारा तार-तार कर दिया जाए।" क्या यही शालीनता है? क्या यह अनश्वरता की तैयारी है? इसके अलावा, शिक्षा-व्यवस्था के विषय में हम भला क्या धारणा बनाएँ, जब लेखक अपनी नायिका

के सन्दर्भ में यह कह रहा होता है कि "उसके लिए, चीजों को अच्छे ढंग से करना मात्र *एक गौण चिन्ता* होनी चाहिए। उसकी मुख्य चिन्ता होनी चाहिए उन्हें *सफाई से* किया जाए।"

वस्तुतः उसकी समस्त सद्प्रवृत्तियाँ और गुण गौण होते हैं, कारण, धर्म के सन्दर्भ में, उसके माता-पिता उसे, जो समर्पण की अभ्यस्त होती है, इस प्रकार सम्बोधित करते हैं—"उचित सम्य पर तुम्हारा पति तुम्हें निर्देश देगा।"

इस प्रकार स्त्री के मस्तिष्क को जकड़ने के उपरान्त, उसे अनुकूल बनाने के प्रयास में, यदि उसने उसे बिल्कुल ही शून्य न कर दिया हो, वह स्त्री को चिन्तन-मनन का परामर्श देता है जिससे कि एक विचारशील पुरुष को, जब उससे लाड़-प्यार करने से वह उकता जाए, तो उसे सान्निध्य में उबासी न लेनी पड़े—जिसे बस आज्ञा का पालन करना है, उसके पास चिन्तन करने के लिए क्या है? और क्या यह क्रूरता की परिष्कृति नहीं होगी कि उसके मस्तिष्क को मात्र इसलिए उन्मुक्त किया जाए जिससे कि प्रारब्ध के दुख और अँधेरे को दृष्टिगोचर बनाया जा सके? तथापि, यही उसकी टिप्पणियाँ हैं : ये उससे कितनी मेल खाती हैं, जिसे मैं, विषय का एक स्पष्ट परिदृश्य देने के उद्देश्य से पहले ही उद्धृत कर चुकी हूँ, यह मैं पाठक पर छोड़ती हूँ।

"वे जो अपना समग्र जीवन अपने जीविकोपार्जन के लिए काम करने में लगा देते हैं, अपने व्यवसाय अथवा अपनी रुचि से परे कोई अन्य ज्ञान नहीं रखते, और उनकी समस्त समझदारी उँगलियों के पोरों में निहित प्रतीत होती हैं, यह अज्ञानता न उनकी जीवनचर्या और न ही उनकी न्यायनिष्ठा के प्रतिकूल होती है, बहुधा यह उनकी सेवा करती है। यदा-कदा चिन्तन-मनन के माध्यम से, हम अपने कर्तव्यों के साथ समझौता करने की ओर उन्मुख हो जाते हैं, और हम, जहाँ कहीं अवसर उपलब्ध होता है, शब्दबहुल भाषा के स्थानापन्न द्वारा उपसंहार करते हैं। हमारी स्वयं की आत्मा सर्वश्रेष्ठ तत्त्वज्ञानी होती है। किसी व्यक्ति को सत्यनिष्ठ बनाने के लिए, धार्मिक अनुष्ठान से परिचित कराने की किंचित् आवश्यकता नहीं है, और सम्भवतः संसार में सर्वाधिक सदाचारी स्त्री सद्गुण की परिभाषा से न्यूनतम अवगत होती है। परन्तु यह भी कम सत्य नहीं है कि एक उन्नत समझदारी ही समाज को सामंजस्यपूर्ण बना सकती है एवं किसी परिवार में एक पिता के लिए, जो घर के प्रति स्नेहासिक्त होता है, यह क्लेश का विषय है, कि उसे सदैव स्वयं में ही कैद रहने के लिए बाध्य होना पड़ता है और उसके निकट ऐसा कोई नहीं होता, जिसे वह अपनी भावनाएँ समर्पित कर सके।

"इसके अतिरिक्त, विचारों से शून्य एक स्त्री किस प्रकार अपनी सन्तानों को शिक्षित करने में सक्षम हो सकती है? उनके लिए क्या उचित है; वह कैसे पहचान पाएगी? वह उन्हें ऐसे सद्गुणों की ओर किस प्रकार प्रवृत्त कर सकेगी जिनसे वह स्वयं अपरिचित है, अथवा उस विशिष्टता के लिए अग्रसर कैसे कर पाएगी, जिससे वह

परिचित नहीं है? वह उन्हें मात्र सान्त्वना दे सकती है अथवा डाँट-फटकार सकती है; वह उन्हें दिखावटी बाँका-छैला, अथवा अज्ञानी मूर्ख भले ही बना दे, परन्तु समझदार अथवा स्नेहशील कदापि नहीं बना पाएगी।" वास्तव में, वह ऐसा भला किस प्रकार कर पाएगी जबकि उसका पति उसे अपनी तर्कबुद्धि उधार देने के लिए सदैव सुलभ नहीं रहता? एक विचारहीन इच्छा, 'हाथों के बिना आँखें', कुछ ही दूर ले जाएगी, और कदाचित् उसकी अमूर्त तर्कबुद्धि, जो स्त्री की व्यावहारिक बुद्धि की विकीर्णित किरणपुंज को संकेन्द्रित करती है, सुरा की विशिष्टता पहचानने, कछुए के शोरबे के लिए सर्वाधिक सटीक मसालों पर विस्तार से चर्चा करने में प्रयुक्त होती है : अथवा ताश के मेज पर अत्यन्त गम्भीरतापूर्वक एकाग्रचित्त होकर, वह अपनी धन-दौलत को दाँव पर लगाते समय हर चीज पर सामान्य विचार प्रस्तुत कर रहा होता है, शिक्षा के समस्त संक्षिप्त विवरणों को अपनी जीवनसंगिनी पर अथवा भाग्य भरोसे छोड़कर।

परन्तु, यह स्वीकार भी कर लिया जाए कि स्त्री को, स्वयं को एक अधिक सम्मोहक और मोहासिक्त संगिनी के रूप में प्रस्तुत करने के लिए, रमणीय, निष्कलंक और शुद्ध होना चाहिए; तो भी उसकी बोधक्षमता की किसलिए बलि चढ़ा दी जाती है? और, रूसो के स्वयं के विवरण के अनुसार, उसे मात्र, अत्यन्त अल्पकाल के लिए ही अपने पति की प्रेयसी बनाने के लिए, ये समस्त उपक्रम क्यों आवश्यक होते हैं? कोई भी पुरुष प्रेम के नित्य स्वरूप के प्रति कभी अत्यन्त आग्रही नहीं होता। दार्शनिक कहता है कि "ऐन्द्रिय सुख क्षणभंगुर होते हैं। प्रेम की अविरत अवस्था सदैव उसके तुष्टिकरण से विलुप्त हो जाती है। कल्पनाशक्ति, जो हमारी कामना की वस्तु को अलंकृत करती है, उपभोग में विलीन हो जाती है। परम सत्ता के अतिरिक्त, जो स्वयंभू होता है, कुछ भी सुन्दर नहीं होता सिवाय उसके जो आदर्श सर्वांगपूर्ण है।"

परन्तु वह पुनः अपने दुरूह विरोधाभासों की ओर लौट रहा होता है जब वह सोफिया को इस प्रकार सम्बोधित करता है, "एमिलियस, तुम्हारा पति बनकर तुम्हारा स्वामी हो जाता है, और तुम्हारी आज्ञापरायणता का अधिकारी बनता है। यही प्रकृति की व्यवस्था है। बहरहाल, जब एक पुरुष, सोफिया जैसी पत्नी से विवाह रचाता है, तो यह उचित होगा कि वह उसके द्वारा निर्देशित हो। यह भी प्राकृतिक विधान की संगति में है; अतः, तुम्हें उसके हृदय पर उतना ही अधिकार देने के लिए जितना उसकी प्रजाति ने उसे तुम्हारे शरीर पर दिया है, मैंने तुम्हें उसके सुखों का निर्णायक बनाया है। सम्भवतः तुम्हें इसके लिए कतिपय असंगतिपूर्ण आत्मत्याग का मूल्य चुकाना पड़े परन्तु उस पर अपना राज तुम निश्चय ही कायम कर लोगी यदि तुम इसे अपने ऊपर कायम रख सकीं। मैंने अब तक जो देखा है, वह मुझे यह भी दिखाता है कि यह कठिन प्रयास तुम्हारे साहस से परे नहीं है।

"क्या तुम अपने पति को निरन्तर अपने चरणों में रखना चाहती हो? उसे अपने

से थोड़ी दूर रखो। तुम लम्बी अवधि तक प्रेम में अपना वर्चस्व कायम रख सकोगी, यदि तुम अपनी कृपादृष्टि को दुर्लभ और मूल्यवान बनाना जानती हो। इस प्रकार तुम सद्गुण की सेवा में अदाओं के प्रदर्शन की कला का और तर्कबुद्धि की सेवा में प्रेम-कला का प्रयोग कर सकती हो।"

मैं एक सुखसम्पन्न दम्पति के वर्णन के साथ ही रूसो के उद्धरणों को बन्द करूँगी। "और निस्सन्देह तुम्हें यह कल्पना नहीं करनी चाहिए कि यही व्यवस्था सदैव सन्तोषप्रद होगी। कितनी भी सतर्कता बरती जाए, आनन्द-उपभोग, क्रमशः, भावों की उत्कटता को क्षीण बना देता है। परन्तु जब प्रेम यथासम्भव संयम तक बना रह चुकता है, एक प्रीतिकर दस्तूर उसकी जगह ले लेता है और परस्पर विश्वास का मोहबन्धन भावावेग की आत्मविभोरता का स्थान ले लेता है। प्रायः बच्चे प्रेम की तुलना में विवाहित लोगों के बीच बहुधा एक अधिक सुखद और स्थायी बन्धन निर्मित करते हैं। जब तुम एमिलियस की प्रेयसी नहीं रहोगी, उस समय भी तुम उसकी पत्नी और संगिनी, उसके बच्चों की माँ बनी रहोगी।"[8]

उसका प्रेक्षण सही है कि बच्चे विवाहित युगल के बीच प्रेम की अपेक्षा कहीं अधिक स्थायी बन्धन बन जाते हैं। वह कहता है कि जब कोई दम्पति परस्पर साहचर्य के छह मास व्यतीत कर लेता है, सौन्दर्य का तदुपरान्त कोई मूल्य नहीं रह जाता, या उसे देखा तक नहीं जाता, कृत्रिम आकर्षण और अदाओं से भी इन्द्रियाँ इसी तरह अघा जाती हैं। उसके यह कहने का तब मतलब क्या है कि एक बालिका को अपने पति के लिए उसी तरह शिक्षित किया जाना चाहिए जिस प्रकार किसी पूर्वी हरम के लिए?

मैं अब आसक्तिपूर्ण कल्पना और परिष्कृत इन्द्रियभोग के भक्तों से लेकर मनुष्यजाति के सच्चरित्र लोगों तक से यह निवेदन करना चाहूँगी, यदि शिक्षा का उद्देश्य स्त्रियों को पतिव्रता पत्नियाँ और समझदार माताएँ बनने के लिए प्रशिक्षित करना है, तो क्या वे साधन जिनकी इतनी अधिक विश्वसनीयता के साथ उपरोक्त रेखाचित्र में अनुशंसा की गई है, इस उद्देश्य की प्राप्ति के लिए सर्वोत्तम ढंग से सुविचारित थे? क्या इस बात की अनुमति दी जाएगी कि एक पत्नी को पतिव्रता बनाने का सर्वाधिक असन्दिग्ध उपाय, उसे एक रखैल की उन कामुकतापूर्ण कलाओं के प्रयोग की शिक्षा देना है, जिसे ऐसे विषयभोगवादी द्वारा, जो निष्कपटता के अकृत्रिम आकर्षण से अब आनन्द अनुभव नहीं कर पाता अथवा कोमल प्रगाढ़ता से उपजे सुख का, जब विश्वास सन्देह से मुक्त रहता है और ऐन्द्रिकता जिसे सरस बना देती है, आस्वादन नहीं कर सकता, सदाचारी नखरेबाजी की संज्ञा दी जाती है?

वह पुरुष जो बुद्धि से रहित, एक आकर्षक, उपयोगी संगिनी के साहचर्य में सन्तुष्ट रह सकता है, एक अधिक परिष्कृत आनन्द का आग्रही होने की अपेक्षा विषय-वासना की तृप्ति में विलीन हो चुका होता है; उसने इस शान्तिदायी सन्तोष का

कभी अनुभव ही नहीं किया जो स्वर्ग के अदृश्य ओस कणों की भाँति, म्लान हृदय में स्फूर्ति का संचार करता है, यह सन्तोष एक ऐसे व्यक्ति का प्रेमपात्र होने से मिलता है जो उसे समझ सकता है। अपनी पत्नी के सान्निध्य में भी पुरुष अकेला ही रहता है, जब तक कि वह पाशविकता में डूब नहीं जाता। एक गम्भीर दार्शनिक ने कहा है, "जीवन का सौन्दर्य सहअनुभूति में निहित होता है; जो भावनाएँ हमारे हृदय में हैं, उन्हें ही दूसरे मनुष्यों में देख पाने से सुखद अन्य कुछ नहीं हो सकता।"

परन्तु तर्कणा की गति के अनुसार, जिससे स्त्री बोधिवृक्ष से दूर रखी जाती है, युवावस्था के महत्त्वपूर्ण वर्ष, आयु की सार्थकता, और भावी जीवन की तर्कसम्मत आशाएँ, स्त्रियों को अल्पावधि के लिए कामना की वस्तु के रूप में प्रस्तुत करने के लिए बलिदान कर दिये जाते हैं। इसके अतिरिक्त, रूसो भला किस प्रकार उनसे सद्गुणी व स्थिरचित्त होने की अपेक्षा कर सकता है, जब विवेक को न उनके सदाचार की नींव बनने की अनुमति दी जाती है और न ही सत्य को उनकी जिज्ञासाओं का उद्देश्य?

परन्तु तर्कणा में रूसो की त्रुटियाँ उसकी ऐन्द्रियता से उत्पन्न हुई हैं और अपने सौन्दर्य के प्रति ऐन्द्रियता के लिए स्त्रियाँ क्षमाशील होने को अत्यन्त तत्पर रहती हैं! जब उसे तर्कबुद्धि का प्रयोग करना चाहिए था, वह अनुरक्तिपूर्ण आवेग से भर उठा, और चिन्तन ने उसकी बुद्धि को ज्ञानसम्मत बनाने के स्थान पर उसकी कल्पनाप्रवणता को उद्दीप्त कर दिया। यहाँ तक कि उसके सद्गुणों ने भी उसे और दूर भटका दिया; कारण, स्नेही स्वभाव और जीवन्त कल्पनाशक्ति के साथ जन्म लेने के कारण, प्रकृति ने स्त्रियों के प्रति उसे इतनी उत्कण्ठित प्रेमातुरता के साथ आकर्षित किया कि वह जल्दी ही इन्द्रियविलासी बन गया। यदि उसने इन आकांक्षाओं के लिए मार्ग छोड़ा होता तो वह ज्वाला स्वाभाविक गति से जलकर बुझ जाती; परन्तु सद्गुण व भावुक प्रकार की सौजन्यता उसे आत्मत्याग करने के लिए तत्पर करती है, तथापि, भय, सौजन्यता अथवा सद्गुण जब उस पर प्रतिबन्ध आरोपित करते हैं वह अपनी कल्पना को विषयासक्त कर देता है, और उन उत्तेजनाओं को, मन की तरंग जिसे शक्ति प्रदान करती है, प्रतिबिम्बित कर वह उन्हें और भी उद्दीप्त आभास के साथ अनुभव करता है और उन्हें अपनी आत्मा की गहराई में उतार लेता है।

वह तब एकान्त ढूँढ़ता है, प्रकृति की गोद में विश्राम करने के लिए अथवा उस छाया में बैठकर धैर्यपूर्वक कार्यकारण सम्बन्ध सन्धान करने के लिए नहीं, जहाँ सर आइजक न्यूटन ध्यानमग्न हुए थे, बल्कि महज अपनी भावनाओं में सुख प्राप्त करने के लिए। और जो भी उसने प्रबलता के साथ अनुभव किया उसे इतने हृदयस्पर्शी ढंग से उसने चित्रित किया, कि अपने पाठकों के हृदय में रुचि जाग्रत कर दी और कल्पना को उत्तप्त कर दिया; अपनी कल्पना की शक्ति के अनुपात में वह सोचता है कि

उसकी समझदारी को स्वीकृति प्राप्त है जबकि वे पाठक ऐसे कल्पनाप्रधान लेखक के साथ मात्र सहअनुभूति रखते हैं जो इन्द्रियों की सर्वाधिक विलासिता से आच्छादित अथवा शालीनता से सम्पन्न कुशलता प्रदर्शित करता है। और इस प्रकार जब हम स्वप्नलोक में विचरण करते हुए अनुभव करते हैं कि हम तर्क कर रहे हैं, उसी समय भ्रान्तिपूर्ण निष्कर्ष मस्तिष्क में रह जाते हैं।

रूसो का जीवन क्यों आह्लाद और सन्ताप के बीच विभाजित था? क्या इसके अतिरिक्त कि दोनों ही उसकी कल्पना के आवेग की उपज थे, कोई अन्य उत्तर दिया जा सकता है? परन्तु उसकी कल्पना को यदि ठण्डा होने दिया जाता, तो इसकी सम्भावना थी कि वह मस्तिष्क की अधिक दृढ़ता अर्जित कर लेता। तथापि, जीवन का उद्देश्य मनुष्य के बौद्धिक अंश को यदि प्रशिक्षित करना है तो उससे सम्बन्धित समस्त चीजें सही हैं; इसके बावजूद, यदि नश्वरता ने कर्म के अधिक उदात्त परिदृश्य की ओर उन्मुख न किया होता तो यह सम्भव था कि वह अधिक एकरूप आनन्द का इस पृथ्वी पर उपभोग करता और जीवन की दूसरी अवस्था के लिए ऐसे उत्कट भावों के पोषण द्वारा, जो सभ्य मनुष्य को उत्तेजित करते हैं, तत्पर होने के स्थान पर प्राकृत मनुष्य की प्रशान्त उत्तेजनाओं को अनुभव करता।

उसकी आत्मा को शान्ति मिले! मेरा युद्ध उसकी भस्म के साथ नहीं बल्कि उसकी धारणाओं के साथ है। मेरा युद्ध मात्र उस संवेदनशक्ति के विरुद्ध है जो उसे स्त्री को प्रेम का दास बनाकर उसे अवमूल्यित करने के लिए प्रवृत्त करती है। "अभिशप्त दासत्व, पहले हम आराध्य बने रहे, जब तक कि कामोत्तप्त प्रेमाग्नि बुझ नहीं गई, फिर हम दासियाँ बन गईं उनकी जो हमारे पीछे घूमते थे।"—*ड्राइडेन*

उन पुस्तकों की अनिष्टकारी प्रवृत्ति को, जिनमें लेखक स्त्री के वैयक्तिक आकर्षक के समक्ष जिस समय नतमस्तक रहते हैं, उसी दौरान कपटपूर्वक उसकी प्रतिष्ठा को अवमूल्यित करते होते हैं, अत्यन्त कठोरता के साथ अथवा अक्सर ही उजागर नहीं किया जा सकता।

मेरे प्रिय समकालीन साथी, ऐसे संकीर्ण पूर्वग्रहों से, आइए हम ऊपर उठें! यदि बुद्धिमत्ता को स्वतः अभीष्ट बनाना हो, यदि सद्गुण को, अपने नाम के अनुरूप, ज्ञान की नींव पर स्थापित करना हो; तो आइए, हम चिन्तन के द्वारा अपने मस्तिष्क को शक्ति प्रदान करने का तब तक प्रयास करें जब तक हमारे मस्तिष्क हमारे हृदय के लिए सन्तुलनकारी न बन जाएँ; हम अपने समस्त चिन्तन को दैनन्दिन के क्षुद्र घटनाक्रमों तक ही सीमित न रखें और अपने ज्ञान को अपने प्रिय अथवा पति के हृदय से मेल-मिलाप करने तक ही नहीं रखें; बल्कि प्रत्येक कर्तव्य-पालन को अपनी बुद्धि-विकास के महान कार्य के अधीनस्थ और अपना स्नेह एक अधिक उन्नत अवस्था के निमित्त तत्पर रखें!

मित्रो, प्रत्येक तुच्छ घटना से विचलित हो जानेवाले हृदय के क्लेश से सावधान हो जाओ; नरकुल की टहनी पवन के झोंकों से डोलने लगती है और हर वर्ष मर जाती है परन्तु शाहबलूत दृढ़ता से खड़ा रहता है और युगों तक तूफान का साहसपूर्वक सामना करता है।

यदि, वस्तुतः हमारी सृष्टि मात्र अपने समय को यूँ ही उड़ाकर मर जाने के लिए ही हुई है तब क्यों हमें संवेदना से अनुग्रहीत किया जाता है और बुद्धि की गम्भीरता की खिल्ली उड़ाई जाती है? इसके उपरान्त भी हम शरीर और मन की शक्ति से रहित होते हैं और जीवन सनकभरे आमोद-प्रमोद अथवा क्लान्तिकर निष्क्रियता में डूब जाता है।

परन्तु यह शिक्षा व्यवस्था, जिसका मैं उत्कटतापूर्वक ध्वंस देखने की कामना करती हूँ, वह पूर्वानुमान करती प्रतीत होती है जिसे स्वतः स्वीकृत मानना कदापि अभीष्ट नहीं होगा कि सद्गुण जीवन के दुर्भाग्य से हमारी रक्षा करता है; और सौभाग्य, अपनी आँखों की पट्टी हटाकर, एक शिक्षित स्त्री पर मुस्कुरा उठता है तथा एक एमीलियस अथवा एक टेलिमाकस उसकी झोली में डाल देता है। जबकि उसके विपरीत वह पुरस्कार जिसके लिए सदाचार अपने व्रती को वचन देता है, स्वयं उनके अन्तर्मन में बन्द रहता है, और उन्हें बहुधा ही क्लेशकारी सांसारिक चिन्ताओं से जूझना पड़ता है तथा उन सम्बन्धों की, जिनसे वे कदापि मित्रता अनुभव नहीं कर सकतीं, अच्छाई व बुराई के प्रति सहिष्णु होना पड़ता है।

इस संसार में अनेक ऐसी स्त्रियाँ हैं जिन्होंने अपने पिता और भाइयों के विवेक और सदाचार का आश्रय लेने की अपेक्षा स्वयं अपने मस्तिष्क को अपनी दुष्प्रवत्तियों और मूर्खताओं से संघर्ष कर शक्तिशाली बनाया है; इसके बावजूद पति के रूप में कभी कोई ऐसा नायक उन्हें नहीं मिला; जो मानवता के उनके प्रति ऋण को उतारता और उनके विवेक को उसकी स्वाभाविक पराश्रित अवस्था में पुनर्स्थापित करता तथा धारणाओं से ऊपर उठने का अपहृत विशेषाधिकार पुरुष को पुनः लौटाता।

दो

डॉ. फारडाइस के प्रवचन बहुत पहले से ही एक युवा स्त्री के पुस्तकालय का अंग रहे हैं; इतनी ही नहीं, विद्यालय में बालिकाओं को इसके अध्ययन की आज्ञा दी जाती है, परन्तु मैं अपनी शिष्या के लिए इसे तत्क्षण अस्वीकृत कर दूँगी, यदि मैं एक व्यापक आधार पर उसे ठोस विचार निरूपित करने के लिए प्रवृत्त कर उसकी बोधशक्ति को तीक्ष्ण बनाने की अभिलाषी हूँ; अथवा उसकी रुचि को मात्र सुसंस्कृत बनाने के लिए उत्कण्ठित हूँ; बावजूद इसके उन्हें कई युक्तियुक्त प्रेक्षणों को आत्मसात् करने का

अवसर मिलना चाहिए।

डॉ. फारडाइस की दृष्टि में भले ही अत्यन्त प्रशंसनीय लक्ष्य रहा हो, परन्तु ये उपदेश इतनी आडम्बरपूर्ण शैली में लिखे गए हैं कि यदि उनके *सुमधुर* नीतिवचनों के विरुद्ध आपत्ति करने योग्य मेरे पास कुछ नहीं होता तो सिर्फ इसी बात पर मैं लड़कियों को उसके अनुशीलन की अनुमति नहीं देती बशर्ते कि प्रत्येक मानवीय गुण को स्त्री दुर्बलमनस्कता और कृत्रिम गौरव में विलीन करते हुए, प्रकृति के प्रत्येक स्फुलिंग को उनकी संरचना से ढूँढ़कर नष्ट कर देने की मेरी षड्यंत्रकारी योजना न होती। मैं इसे कृत्रिम कहती हूँ क्योंकि सच्ची गरिमा की उत्पत्ति एक रूप में, स्वाधीन मस्तिष्क से होती है।

बच्चे, प्रसन्न करने की चिन्ता से मुक्त और मात्र अपने आनन्द के लिए उत्सुक, बहुधा ही अत्यन्त गौरवपूर्ण होते हैं और कुलीन वर्ग जो अधिकांशतः अधीनस्थ लोगों के साथ रहते हैं तथा धन पर जिनका सदैव अधिकार रहता है, चालढाल की एक श्रीयुक्त सरलता अर्जित कर लेते हैं जिसे उस श्रेष्ठ सौन्दर्य की अपेक्षा जो यथार्थ में मन का द्योतक होता है, देह का आदतवश उपजा लालित्य कहा जाना चाहिए। यह मानसिक सौन्दर्य, जो असंस्कृत दृष्टि द्वारा दिखाई नहीं देता है, बहुधा एक भद्दे चेहरे को भी प्रदीप्त कर, मन की सरलता व स्वतंत्रता प्रकट करता है। और तब हम आँखों में अविस्मरणीय विशेषताओं को पढ़ पाते हैं और आत्मा को उसकी प्रत्येक भाव चेष्टा में लक्षित कर पाते हैं, यद्यपि स्थिर मुद्रा में, न तो मुखाकृति और न ही हाथ-पैरों में उनकी प्रशंसा योग्य सौन्दर्य होता है, अथवा व्यवहार में, सार्वभौम ध्यानाकर्षण के लिए कोई विशेष चीज होती है। मनुष्य जाति में सामान्य जन, बहरहाल, अधिक मूर्त सौन्दर्य की अपेक्षा करते हैं; तथापि सरलता तब सामान्यतः अधिक सराही जाती है जब लोग यह नहीं सोचते कि वे किस वस्तु की प्रशंसा कर रहे हैं। और क्या सत्यनिष्ठा से रहित कोई सरलता हो सकती है? बल्कि, उन टिप्पणियों से पल्ला झाड़ लेना अभीष्टकर होगा, जो किन्हीं अंशों में असंगत होती हैं हालाँकि जनता द्वारा स्वभावतः सुग्राही बना दी जाती हैं।

जहाँ वे ओजस्वी शैली अपनाते हैं, वहाँ डॉ. फारडायस रूसो का वाक्चातुर्य रचते हैं, और सर्वाधिक भावुक प्रलाप में स्त्री चरित्र विषयक अपनी धारणाओं, एवं उस व्यवहार का विस्तार से वर्णन करते हैं जिसे स्त्री को स्वयं को आकर्षक प्रस्तुत करने के लिए अपनाना चाहिए।

वे प्रकृति की ओर से पुरुष को इस प्रकार सम्बोधित करते हैं जिसे उनके अपने विचार माना जाना चाहिए : "इन स्मित मुस्कानयुक्त अबोध जीवों को देखो, जिन्हें मैंने अपने सर्वोत्तम उपहारों से विभूषित किया है और तुम्हारी सुरक्षा में सौंपा है, उनका प्रेम और आदर के साथ ध्यान रखो और कोमलता व मर्यादा के साथ व्यवहार करो। वे

भीरु होती हैं और सुरक्षा चाहती हैं। वे सुकुमार होती हैं; उनकी दुर्बलता का लाभ मत उठाओ! उनके भय और लज्जा को उन्हें और प्रीतिकर बनाने दो; अपने प्रति उनके विश्वास को कदापि कलंकित न होने दो। परन्तु क्या ऐसा सम्भव है कि तुममें से कोई इतना निष्ठुर, इतना चरम पापी हो जो इसका अनुचित लाभ उठाये? क्या तुम इन सुकोमल, विश्वासी प्राणियों को उनकी निधि से वंचित करने की बात भी अपने अन्तर्मन में ला सकते हो[9] अथवा उन्हें उनके सहज सद्गुण के परिधान से निरावृत्त कर सकते हो? घृणित हैं वे अपवित्र हाथ जो शुचिता के निष्कलंक स्वरूप को भंग करने का साहस करते हैं! अरे अधम! अरे दुष्ट! बाज आओ, विधाता के प्रचण्डतम प्रकोप को आमंत्रित करने का साहस मत करो।" मैं नहीं जानती कि इस विलक्षण उद्धरण के विषय में कोई गम्भीर टिप्पणी की जा सकती है, और मैं ऐसे ही कई उद्धरण प्रस्तुत कर सकती हूँ और उनमें कुछ तो इतने अधिक भावुकतापूर्ण होते हैं कि मैंने कितने ही विवेकी पुरुषों को उस समय अशोभन शब्दों का प्रयोग करते सुना है जब वे जुगुप्सा के साथ इनकी चर्चा करते हैं।

इन सब में ठण्डी कृत्रिम भावनाओं का दिखावा, और भावना का वह प्रदर्शन होता है जिससे तरुण-तरुणियों को एक क्षुद्र विचारशून्य मस्तिष्क के निश्चित प्रतीक के रूप में घृणा करने की सीख दी जानी चाहिए। स्वर्ग लोक की, और यहाँ धरा पर स्वर्ग लोक की सर्वाधिक दीप्त छवि, लावण्यमयी निष्कलंक प्राणियों की आलंकारिक अभ्यर्थना की जाती है जबकि गम्भीर भाव को पीछे छोड़ दिया जाता है। यह हृदय की भाषा नहीं है और न ही उस तक पहुँच सकती है भले ही यह सुनने में पुलकित करनेवाली हो।

सम्भवतः, मुझे यह बताया जाए कि सामान्य जन इन ग्रंथों से प्रसन्न हुए हैं। सत्य है। 'हर्वीज़ मेडिटेशंस' अभी तक पढ़े जाते हैं, इसके बावजूद उसने संवेदना व रुचि को ऐसी ही ठेस पहुँचाई है।

मैं उत्तेजित भावावेग की प्रेम-पगी शब्दावलियों से विशेष रूप से असहमत हूँ जो जगह-जगह भरी हुई हैं। यदि स्त्रियों को कभी भी लगान के बिना चलने की अनुमति दी जानी है तो उन्हें कृत्रिम प्रशंसा और स्त्री होने के नाते की जानेवाली सराहना द्वारा क्यों नैतिक आचरण के लिए फुसलाया जाता है? सत्य और गम्भीरता की भाषा में उनसे बात कीजिए और अनुग्रहपूर्ण लाड़-प्यार की लोरी जैसी शान्त लय बन्द कीजिए! उन्हें एक विवेकशील प्राणी के रूप में स्वयं का सम्मान करना और स्वयं के ही निस्तेज व्यक्तित्व से अभिभूत होने से बचना सिखाना होगा। वस्त्राभूषण और कसीदाकारी पर एक उपदेशक की बातें सुनकर मेरे बदन में आग लग जाती है और उससे भी बढ़कर, *आंग्ल सौन्दर्य को, सुन्दरियों में सुन्दरतम स्त्री* सम्बोधन सुनना; मानो मात्र उनके पास भावनाएँ ही होती हैं!

धर्मनिष्ठा की अनुशंसा करते समय भी वह निम्नलिखित तर्क का प्रयोग करता है। "एक सुसंस्कृत स्त्री, सम्भवतः उससे अधिक गहरी छाप कदापि नहीं छोड़ती जब पवित्र चिन्तन में विन्यस्त, और महानतम विचारों से समृद्ध होकर वह अनजाने ही श्रेष्ठ गरिमा और नूतन शोभा ग्रहण करती है; फलतः पवित्रता की सौन्दर्य आभा उससे फूटती प्रतीत होती है और पहले से ही उसके सगोत्रीय फरिश्तों के मध्य आराधना करता दर्शक अकस्मात् उसे पसन्द करने का लोभ सँवरण नहीं कर पाता।" स्त्रियों का भला क्यों विजय की आकांक्षा के साथ इस प्रकार पालन-पोषण किया जाता है? इस अभिप्राय के साथ प्रयुक्त यह विशेषण ही मुझमें उबकाई पैदा करता है! क्या धर्म और सदाचार इससे अधिक कोई सशक्त प्रयोजन, कोई अधिक उज्ज्वल प्रतिफल प्रदान नहीं कर सकता? क्या उन्हें अपने संगी की यौनिकता के बारे में सोचते रहने के लिए बाध्य कर सदैव अवमानित किया जाना चाहिए? क्या उन्हें सदैव प्रीतिकर होने की शिक्षा दी जानी चाहिए? और जब वे अपने छोटे-से तोपखाने को पुरुष के हृदय पर साधती हैं तो क्या उन्हें यह बताने की आवश्यकता है कि उनके ध्यान को अविश्वसनीय रूप से सांत्वनादायक बनाने के लिए थोड़ी बुद्धि ही पर्याप्त होगी? "स्त्री में ज्ञान की अल्प मात्रा प्रमुदित करती है। इसी प्रकार एक स्त्री में, यद्यपि एक भिन्न कारण से, दयालुता की छोटी-सी अभिव्यक्ति आनन्द देती है, विशेषतया यदि उसके पास सौन्दर्य हो!"

लड़कियों को क्यों बताया जाना चाहिए कि वे फरिश्ता तुल्य होती हैं : सिवाय इसके कि उन्हें स्त्रियों की श्रेणी से भी नीचे गिरा दिया जाए? अथवा इसलिए कि एक कोमल निष्कलंक स्त्री वह वस्तु है जो किसी भी अन्य से अधिक उस धारणा के ज्यादा निकट होती है जो हमने फरिश्तों के विषय में बनाई है। यद्यपि, बिल्कुल उसी समय उन्हें यह बताया जाता है कि वे देवांगना सदृश तभी तक हैं जब वे तरुणी और रूपवती होती हैं; यह उनकी देहयष्टि होती है, सद्गुण नहीं, जो उन्हें आदर दिलाती है।

निरर्थक थोथे शब्द! इस प्रकार की भरमानेवाली झूठी प्रशंसा आडम्बर और मूर्खता के अतिरिक्त भला किस दिशा में प्रवृत्त करेगी? यह सत्य है कि प्रेमी को अपनी प्रेयसी की प्रशंसा करने की काव्यात्मक छूट होती है; उसका विवेक उसके भावावेग में एक बुलबुला होता है और जब वह स्तुति की भाषा उधार लेता है तो वह असत्य भाषण नहीं कर रहा होता। उसकी कल्पना उसके हृदय की, निर्दोष, आराध्य प्रतिमा को, मानवता से ऊपर उठा सकती है; और स्त्रियों के लिए यह प्रसन्नता की बात होगी, यदि वे मात्र उन पुरुषों द्वारा ही प्रशंसित हों जो उनसे प्रेम करते हों, मेरा अभिप्राय है, जो व्यक्ति से प्रेम करते हों, स्त्री-जाति से नहीं, परन्तु क्या किसी गम्भीर उपदेशक के लिए अपने प्रवचनों को इस प्रकार की मूर्खताओं से भरना उचित होगा?

बहरहाल, उपदेशों अथवा उपन्यासों में विषयासक्ति सदैव मूल विषय के अनुरूप

ही होती है। पुरुष नैतिकतावादियों द्वारा, जैसा कि प्रकृति निर्देशित करती है, विभिन्न गुणों को विकसित करने और ऐसी विविध विशेषताओं को ग्रहण करने की, जो भावनाओं के वे ही आवेग प्रत्येक व्यक्ति को प्रदान करते हैं, अनुमति पाते हैं। एक सदाचारी पुरुष की उग्र अथवा स्थिर संरचना हो सकती है, वह प्रसन्नचित्त अथवा गम्भीर हो सकता है, अनिन्दित हो सकता है, इतना दृढ़ कि उद्धत होने के निकट तक प्रतीत हो सकता है अथवा निरीह ढंग से समर्पित हो सकता है जिसकी स्वयं की कोई इच्छा अथवा धारणा नहीं होती, परन्तु समस्त स्त्रियाँ दब्बूपन व आज्ञापरायणता द्वारा मृदुलता अथवा शिष्ट कर्तव्यपालन की एकमात्र विशेषता में ही साधी जाती हैं।

मैं स्वयं उपदेशक के शब्दों का प्रयोग करूँगी, "यह ध्यान देना अभीष्ट होगा, कि तुम्हारी स्त्री जाति में पुरुषोचित आचरण कदापि सम्मानजनक नहीं होता, कि उनमें पौरुषीय ढंग की छवि व देहयष्टि, तथा हावभाव एवं चाल-ढाल सदैव अशुभ होती है। समझदार पुरुष प्रत्येक स्त्री में सुकुमार सौन्दर्य, कर्णप्रिय वाणी, ऐसी संरचना, जो हृष्टपुष्ट नहीं होती और सौम्य तथा सुकोमल आचरण पसन्द करता है।"

क्या निम्नलिखित शब्दचित्र एक गृहदासी का चित्र नहीं है? "मुझे अनेक स्त्रियों की मूर्खता पर अचरज होता है, जो अपने पति को, उन्हें अकेला छोड़ देने के लिए, उनके साहचर्य की अपेक्षा इसकी अथवा उसकी संगति को प्राथमिकता देने, उनके साथ इस प्रकार का व्यवहार करने और अनादर अथवा विरक्ति के किसी अन्य प्रतीक के लिए, अभी तक उलाहना देती रहती हैं, जबकि, सच कहें तो उन्हें स्वयं को अधिकाधिक दोष देना चाहिए। ऐसा नहीं है कि पुरुषों के पक्ष से किसी दुर्व्यवहार को मैं न्यायोचित ठहराऊँगा। परन्तु यदि तुमने उनके प्रति अधिक *श्रद्धापूर्ण कर्तव्यनिष्ठा* के साथ और एक अधिक *समरूप कोमलता* के साथ, व्यवहार किया होता, *उनकी मनःस्थिति को देखते-समझते उनकी त्रुटियों को अनदेखा करते; छोटे-छोटे प्रसंगों में उनकी धारणाओं के समक्ष नत होते* विषमता, अस्थिरता अथवा उत्कट भावनाओं के छोटे-मोटे आग्रहों से निपटते हुए, चिड़चिड़ाहट भरे शब्दों का सौम्य जवाब देते, जिस सीमा तक सम्भव हो कम-से-कम शिकायत करते और उनकी इच्छाओं का निवारण और उनकी चिन्तामुक्ति को अपनी दैनन्दिन चिन्ता बनाते, उनके उदासी-भरे समय को जीवन्तता प्रदान करते और उल्लास के स्वप्न को साकार बनाते हुए; इस आचार-व्यवहार का यदि तुमने पालन किया होता तो मुझे किंचित् भी सन्देह नहीं है कि तुमने उनके मान को बनाए ही नहीं रखा होता बल्कि बढ़ाया भी होता, इस सीमा तक कि प्रभाव का प्रत्येक अंश जो उनके सद्गुण का अथवा तुम्हारे परस्पर सन्तोष का हेतु बनता, सुरक्षित किया जा सकता था और ऐसी घड़ी में तुम्हारा घर पारिवारिक आनन्द की निवासस्थली बन गया होता।" इस प्रकार की स्त्री को या तो फरिश्ता होना चाहिए अथवा एक मूर्खा—क्योंकि मैं गृहस्थी के इस नीरस कार्य में मानव-चरित्र का ऐसा कोई

भी चिह्न, न तर्कबुद्धि और न ही उत्कट भावनाएँ, ढूँढ़ पाती हूँ जिसका अस्तित्व निरंकुश शासक के अस्तित्व में विलीन हो जाता है।

डॉ. फारडाइस का मानव-हृदय के साथ अत्यन्त अल्प परिचय ही होगा यदि वे वास्तव में ऐसा मानते हैं कि इस प्रकार का आचरण तिरस्कार उत्पन्न करने के स्थान पर भटके हुए प्रेम को लौटा लायेगा। नहीं, सौन्दर्य, सौम्यता इत्यादि भले ही हृदय जीत लेते हैं; परन्तु सम्मान, एकमात्र चिरस्थायी प्रेम, को विवेक आधारित सदाचार मात्र से ही अर्जित किया जा सकता है। यह समझदारी के प्रति आदरभाव है जो व्यक्ति के प्रति कोमलता को जीवित रखता है।

ऐसे तमाम ग्रंथ इतनी अधिक बार युवाओं के हाथों में दिये जाते हैं कि मैंने उन पर इतना ध्यान दिया है जितने के वे लायक नहीं हैं। परन्तु मेरे अनेक सह-प्राणियों की रुचि को दूषित करने, समझदारी को क्षीण करने में उनका उतना योगदान रहा है कि मैं उन्हें मौन भाव से पलटकर आगे नहीं बढ़ सकती।

तीन

डॉ. ग्रेगरी की अपनी पुत्रियों को हस्तान्तरित विरासत में पितृसुलभ चिन्ता इस प्रकार व्याप्त है कि मैं आलोचना के दायित्व का आरम्भ अनुरागपूर्ण आदर के साथ करूँगी, परन्तु चूँकि इस छोटी-सी पुस्तक में मेरी जाति के सर्वाधिक आदरणीय अंग के ध्यानाकर्षण के लिए अनुशंसा योग्य अनेक आकर्षण हैं, अतः मैं मूक होकर इन तर्कों से आँख नहीं मूँद सकती, जो इतने आकर्षक ढंग से उन धारणाओं को पुष्ट करते हैं जिनका, मेरे विचार से, स्त्री-जगत् के मनोभावों व आचार पर सर्वाधिक अनिष्टकारी प्रभाव पड़ता है।

उसकी सहज शैली विशेषतया उसके परामर्श की दिशा के अनुरूप होती है, और वह अवसादपूर्ण कोमलता जिसे एक प्रिय पत्नी की स्मृति के प्रति उसके सम्मान ने समग्र कृति में भर दिया है, उसे अत्यन्त रुचिकर बना देती है, तथापि अनेक अवतरणों में एक अंश तक संक्षिप्त लालित्य प्रकट होता है जो इस सहअनुभूति को विक्षुब्ध कर देता है, और जिस समय हम मात्र एक पिता से मिलने की अपेक्षा करते थे, हम अकस्मात् लेखक से टकरा जाते हैं।

इसके अतिरिक्त, दो लक्ष्यों के दृष्टि में होने के कारण, वह किसी एक पर टिका नहीं रह सका है, क्योंकि अपनी पुत्रियों को स्नेहशील बनाने का इच्छुक और इस बात से भयभीत कि अन्यथा दुख ही उन भावनाओं के मन में भरने का एकमात्र परिणाम होगा, जो उन्हें स्वाधीनता व गरिमा की संगतता में कार्य करने के योग्य बनाए बिना, सामान्य जीवन के मार्ग से उन्हें निकालकर बाहर कर देगा, वह अपने विचारों के

स्वाभाविक प्रवाह को नियंत्रित करता है और कोई भी परामर्श नहीं देता है।

वह प्रस्तावना में उन्हें एक शोकप्रद सत्य बताता है कि "वे अपने जीवन में कम से कम एक बार एक पुरुष की निष्ठापूर्ण भावनाएँ सुनेंगी, जिसे उनके साथ कपट आचरण करने में किंचित् रुचि नहीं होती।"

अभागी स्त्री! भला तुमसे अपेक्षा ही क्या की जा सकती है जबकि उन प्राणियों का, जिन पर तुम विवेक और आश्रय के लिए स्वाभाविक रूप से निर्भर मानी जाती हो, सम्पूर्ण हित ही तुमसे कपट करने में है! यही उस बुराई का मूल है जिसने तुम्हारे समस्त सद्गुणों पर क्षयकारी फफूँद छितरा दिया है; और जन्मते ही तुम्हारी प्रस्फुटित होती योग्यताओं के विनाश ने तुम्हें वैसा दुर्बल बना दिया है जैसीकि तुम हो! यही वह विच्छिन्न हित है—संग्राम की वह घातक अवस्था है, जो नैतिकता को कमजोर बनाती है और मानवजाति को बाँट देती है!

यदि प्रेम कतिपय स्त्रियों को अभागी बनाता है तो उससे कहीं अधिक स्त्रियाँ शृंगारिकता के भावशून्य निरुद्देश्य समागम से निस्सार और निरर्थक बना दी जाती हैं। इसके उपरान्त भी स्त्री-जाति के प्रति यह हृदयहीन एकाग्रता इतना पौरुषपूर्ण, इतना विनम्र माना जाता है कि जब तक समाज अत्यन्त भिन्न रूप से संघटित न हो जाए, मुझे भय है कि बर्बर व्यवहार का यह अवशेष एक अधिक विवेकशील और अनुरागपूर्ण आचार-पद्धति द्वारा मूलोच्छेदित नहीं किया जा सकेगा। इसके अतिरिक्त, इसे इसके काल्पनिक गौरव से वंचित करने के प्रसंग में, मुझे यह ध्यान देना होगा, कि सर्वाधिक असभ्य यूरोपीय देशों में अत्यन्त व्यापक अंशों में यह दिखावटी प्रेम प्रबल है, जीवनचर्या में चरम कामुकता इसकी अनुगामिनी है। पुर्तगाल में, वह देश जिसकी ओर मैं विशेष रूप से संकेत करना चाहूँगी, यह सर्वाधिक गम्भीर नैतिक दायित्व का स्थान ग्रहण कर लेता है; क्योंकि एक स्त्री के संसर्ग में रहनेवाले पुरुष की प्रतिष्ठा पर कदाचित् ही छल से घात लगाया जाता है। लूट के निष्ठुर हाथों को इस शिष्टतापूर्ण भाव द्वारा दुर्बल किया जाता है और यदि प्रतिशोध के प्रहार को स्थगित नहीं किया जा सकता, तो उस भद्र महिला से अभद्रता के लिए क्षमा माँगने और शान्तिपूर्वक प्रस्थान करने हेतु अनुनय-विनय की जा सकती है, यद्यपि उस पर अपने पति अथवा भाई के रक्त के छींटें पड़े होते हैं।

धर्म पर उसकी कटु आलोचना को मैं अनदेखा कर दूँगी क्योंकि इस विषय पर मैं एक पृथक् अध्याय में चर्चा करना चाहूँगी।

व्यवहार से सन्नद्ध इन टिप्पणियों को, यद्यपि इनमें से अधिकांश अत्यन्त युक्तियुक्त होती हैं, मैं पूर्णतः अस्वीकार करती हूँ, क्योंकि ये मुझे, मानो गलत सिरे से आरम्भ होती प्रतीत होती हैं। एक सुसंस्कृत समझदारी और एक अनुरागपूर्ण हृदय को शिष्टाचार के औपचारिक नियम कदापि नहीं रुचेंगे—शिष्टता की अपेक्षा कुछ अधिक सारवान परिणत

होना चाहिए; और यहाँ विवेक रहित अनुशंसित व्यवहार परले दर्जे का दिखावा होगा। मर्यादा, यथार्थतः एक ऐसा वस्तु है जो अपेक्षित होती है! मर्यादा सहजता का नाश करती है और चरित्र की समस्त विविधता और सरलता को स्त्री के जगत से निर्वासित कर देती है। तब यह थोथा परामर्श भला क्या सुखद परिणाम दे सकता है? बहरहाल, तर्कबुद्धि को प्रयोग में लाने की अपेक्षा इस या उस प्रकार की आचरण-पद्धति को इंगित करना अधिक सरल प्रतीत होता है; परन्तु, जब मस्तिष्क उपयोगी ज्ञान से सम्पन्न हो तो व्यवहार का संचालन सुरक्षित रूप से उसके मार्ग निर्देशन में छोड़ देना चाहिए।

दृष्टान्तस्वरूप, निम्नलिखित चेतावनी क्यों दी जानी चाहिए जबकि प्रत्येक ढंग की कृत्रिमता मस्तिष्क को दूषित कर देती है; और क्यों कर्मों के उन महान उद्देश्यों को जटिल बनाना आवश्यक है, मुँह फाड़े रुचिविपन्न मूर्खों की प्रशंसा अर्जित करने के लिए सांसारिक युक्ति व सामान्य-सी हाथ की सफाई से, जिसे बल प्रदान करने हेतु तर्कबुद्धि और धर्म समान रूप से संयुक्त होते हैं? "अपनी समझदारी प्रदर्शित करने में भी सतर्क रहो।[10] ऐसा समझा जाएगा कि तुम समाज के शेष लोगों पर श्रेष्ठता का दावा कर रही हो। बल्कि यदि संयोग से तुम्हारे पास किसी प्रकार की विद्या है, इसे दुर्बोध रहस्य ही बना रहने दो, विशेषतया पुरुषों से, जो सामान्यतः एक सुसंस्कृत समझदारी और उत्कृष्ट बौद्धिक क्षमता से सम्पन्न स्त्रियों को ईर्ष्या और दुर्भावना के साथ देखते हैं।" यदि वास्तविक प्रतिभा के धनी पुरुष, जैसा कि वह प्रकारान्तर से कहता है, इस क्षुद्रता से ऊपर होते हैं, तो भला इसकी आवश्यकता ही क्यों पड़ती है कि सम्पूर्ण स्त्री जाति का व्यवहार मूर्खों, अथवा ऐसे पुरुषों, को प्रसन्न करने के लिए ढाला जाए, जो अकेले-अकेले व्यक्तियों के रूप में किंचित् ही सम्मान के अधिकारी होते हैं, अपनी मण्डली के बीच ही रहना पसन्द करते हैं? पुरुष, जो अपनी सामान्य श्रेष्ठता पर जोर देते हैं, वस्तुतः उनमें मात्र यह लैंगिक श्रेष्ठता होती है और निश्चित रूप से वे क्षमा के योग्य होते हैं।

निस्सन्देह, यह अधिक बुद्धिमतापूर्ण बात होती कि स्त्रियों को स्वयं के सुधार की सलाह तब तक दी जाए जब तक वे आडम्बर की निस्सारता से ऊपर नहीं उठ जातीं; और इसके उपरान्त जनमत बनने देना चाहिए। कारण, समझौता करनेवाले नियमों का भला कब अन्त हो सकता है? सत्य और सदाचार का संकरा मार्ग न दाएँ और न ही बाएँ मुड़ता है। यह एक निष्कपट सीधी राह है और वे जो लगन के साथ अपने पथ पर अग्रसर होते हैं, विनम्रता को त्यागे बिना, अनेक उपयुक्त सन्तुलित निष्कर्षों तक पहुँच सकते हैं। हृदय को शुद्ध बनाओ व मस्तिष्क को किसी व्यवसाय में संलग्न करो और मैं यह भविष्यवाणी करने का साहस करूँगी कि आचरण में किंचित् भी आक्रामकता नहीं होगी।

प्रचलन के नये रंग-ढंग, जिसे अनेक युवा जन ग्रहण करने के लिए लालायित

रहते हैं, मुझे सदैव उन कतिपय आधुनिक चित्रों की भोंडी मुद्राओं के सदृश प्रतीत होते हैं, पुरातन कलाकृतियों के आधार पर अरुचिकर दासत्व भाव से जिनकी अनुकृति तैयार की गई हो; आत्मा निकाल दी जाती है, और कोई भी अवयव, उसके द्वारा, जिसे यथोचित रूप में चरित्र कहा जाता है, एक में सहबद्ध नहीं होते। प्रचलित फैशन की यह चमक-दमक, जिसकी बुद्धि के साथ कदाचित् ही अति निकटता का संयोग होता है, दुर्बलचित्त व्यक्तियों को व्यामोहित कर सकती है, परन्तु सहजवृत्ति को यूँ ही छोड़ दिया जाए, और तब यह बिरले ही बुद्धिमान मनुष्यों में जुगुप्सा उत्पन्न करेगी। इसके अतिरिक्त, जब एक स्त्री में किसी ऐसी चीज के विषय में ढोंग न करने की यथेष्ट बुद्धि होती है जिसे वह किंचित् अंशों में समझ नहीं पाती, तो उसकी प्रतिभा को छुपाकर रखने के निर्णय की तब कोई आवश्यकता नहीं पड़ती। चीजें अपनी स्वाभाविक गति से अग्रसर होने दीजिए और सब ठीक होगा।

पूरी पुस्तक में, पाखण्डपूर्ण आचरण की यही प्रणाली है, जिससे मैं घृणा करती हूँ। स्त्रियों से सदैव इस अथवा उस रूप में प्रतीति की अपेक्षा होती है--इसके उपरान्त भी सदाचार उन्हें, हैमलेट के शब्दों में सम्बोधित करता है, "प्रतीति! मैं नहीं जानता ऐसी कोई प्रतीति! धारण किया जा सके जिसे क्षीण होते आडम्बर में।

इसके बावजूद उसी भाव का ध्यान आता है क्योंकि अन्यत्र, सुकुमारता को पर्याप्त रूप से पृथक् किए बिना, अनुशंसा करने के उपरान्त, वह कहता है, "पुरुष तुम्हारे आत्म-संयम की शिकायत करेंगे। वे तुम्हें भरोसा दिलाएँगे कि एक खुला उन्मुक्त व्यवहार तुम्हें अधिक प्रीतिकर बनाएगा। परन्तु, मेरा विश्वास करो, तुम्हें यह बताते समय वे निष्कपट नहीं होते हैं। मैं स्वीकार करता हूँ, कि कतिपय अवसरों पर संगिनी के रूप में यह तुम्हें अधिक प्रीतिकर प्रस्तुत कर सकता है परन्तु स्त्री के रूप में यह तुम्हें कम प्रिय बनाएगा। यह एक महत्त्वपूर्ण फर्क है, जिससे तुम्हारी जाति की अधिकांश स्त्रियाँ परिचित नहीं हैं।"

सदैव स्त्री बने रहने की यह लालसा ही वह चेतना है जो स्त्री को अवमूल्यित करती है। प्रेमी के सान्निध्य के अतिरिक्त, मैं पहले कही गई यह बात बलपूर्वक दोहराना चाहूँगी, सब कुछ भला हुआ होता यदि वे मात्र प्रीतिकर अथवा विवेकवान संगिनी होतीं। लेकिन इस सन्दर्भ में डॉ. ग्रेगरी की सलाह उस उद्धरण के साथ नितान्त असंगत है जिसका मैं अनुमोदनपूर्वक उल्लेख करना चाहती हूँ।

"यह भावना कि एक स्त्री समस्त निर्दोष स्वातंत्र्य की छूट ले सकती है, बशर्ते उसका सदाचार सुरक्षित रहे, अत्यन्त अशोभन और खतरनाक है, और तुम्हारी जाति से अनेक के लिए घातक सिद्ध हुई है।" इस धारणा के साथ मेरी पूर्ण सहमति है। किसी भी मनोभाववाले पुरुष अथवा स्त्री को एक प्रेम पात्र को इससे कायल करने का इच्छुक होना चाहिए कि एक व्यक्ति न कि जाति के प्रेमस्पर्श को सुखानुभूति

के साथ प्राप्त किया और प्रतिदान दिया जाता है; और यह कि ऐन्द्रिकता नहीं अपितु हृदय उद्वेलित होता है। इस नैसर्गिक सुकुमारता से रहित होकर, प्रेम एक स्वार्थपूर्ण व्यक्तिगत तुष्टिकरण बनकर रह जाता है, जो शीघ्र ही चरित्र को भ्रष्ट बना देता है।

मैं इस भावना को और आगे ले जाना चाहूँगी। जिस समय प्रेम का प्रश्न ही नहीं उठता, स्नेह अनेकशः व्यक्तिगत प्रेमसिक्त क्रियाओं का अधिकार देता है, जो एक निष्कपट हृदय से सहज प्रवाहित होकर, आचार-व्यवहार में प्राण संचार करती हैं; परन्तु व्यक्तिगत तृष्णा, शृंगारिकता अथवा दिखावा तिरस्कार योग्य है। जब एक पुरुष किसी रूपवती स्त्री का, जिसे उसने पहले कभी नहीं देखा होता है, हाथ दबाकर, उसे बग्घी तक पहुँचाता है, तो यदि वह वास्तविक संवेदनशीलता से सम्पन्न है, तो सौन्दर्य की इस निरर्थक सराहना से मुदित होने के स्थान पर, वह ऐसे धृष्ट स्वेच्छाचार को अपमान की दृष्टि से देखेगी। ये मित्रता के विशेषाधिकार होते हैं अथवा क्षणिक श्रद्धासुमन जिसे हृदय सदाचार को अर्पित करता है—मात्र पशुवृत्तियों का स्नेह की इस कृपा पर कतई अधिकार नहीं होता।

अनुराग का उस चीज से, जो अब आडम्बर का आहार है, पोषण करने की मनोकामना कर, मैं अपने समुदाय को अधिक सरल सिद्धान्तों के अनुरूप कार्य हेतु सहमत करने के लिए उत्सुक रहूँगी। उन्हें प्रेम के योग्य होने दिया जाए और वे उसे अर्जित कर लेंगी, यद्यपि उन्हें यह कदापि नहीं बताया गया होगा कि "एक सुसंस्कृत स्त्री का, उत्कृष्टतम प्रतिभा से सम्पन्न पुरुषों के हृदय पर आधिपत्य उससे कहीं अधिक होता है जिसकी वह कल्पना करती है।"

मैंने स्त्री-कमनीयता, द्वैधता, कायिक सुकुमारता-विषयी सूक्ष्म सतर्कताओं पर पहले ही ध्यान दिया है, क्योंकि यही वह परिवर्तन है जिसके चतुर्दिक बिना रुके वह चक्कर लगाता रहता है, परन्तु यह सीख एक ही बिन्दु पर पहुँचकर ठहर जाती है और जो भी इन संवेदनाओं के विश्लेषण का संकट मोल लेगा, आधारभूत सिद्धान्तों को उतना कोमल नहीं पाएगा जितना अधिरचना को।

मनोविनोद के विषयों को अत्यन्त सरसरी तरीके से, परन्तु उसी भावना के साथ लिया जाता है।

जब मैं मित्रता, प्रेम और परिणय के सम्बन्ध में विचार करूँगी, तो यह दिखाई देगा कि हम वस्तुपरक रूप से धारणाओं में भिन्नता रखते हैं, तब इन महत्त्वपूर्ण विषयों के सम्बन्ध में अपनी टिप्पणियों को मैं रोकूँगी नहीं, बल्कि अपनी टिप्पणियों को उनकी सामान्य दिशा, उस सतर्क पारिवारिक समझदारी, आंशिक अप्रबुद्ध अनुराग के उन परिसीमित दृष्टिकोणों तक सीमित रखूँगी, जो वृथापूर्वक दुख और दोष को दूर करने की लालसा में आनन्द और उन्नति को बहिष्कृत कर देते हैं और इस प्रकार हृदय

और मस्तिष्क की रक्षा करने में उनकी समस्त ऊर्जा नष्ट कर देते हैं। कभी विश्वास न करने की अपेक्षा बहुधा धोखा खा जाना, कभी भी प्रेम न करने की अपेक्षा प्रेम में निष्फल हो जाना, पति के आदर से वंचित होने की अपेक्षा उसके लाड़-प्यार को खो देना; कहीं अधिक श्रेयस्कर होता है।

इस संसार और निस्सन्देह व्यक्तियों के लिए प्रसन्नता की बात होती यदि एक सीमित रूपरेखा पर, सांसारिक आनन्द अर्जित करने हेतु यह समस्त निष्फल चिन्ता, समझदारी विकसित करने की एक उत्कंठित आकांक्षा में परिवर्तित हो जाती। "ज्ञान मुख्य वस्तु है, अतः ज्ञान अर्जित करो, और अपनी समस्त क्षमता के साथ समझदारी ग्रहण करो।"..."कब तक तुम अबोध जन, अपनी अबोधता से प्रेम और ज्ञान से घृणा करोगे?"—परमज्ञानी मानव पुत्रियों से कहता है।

चार

मेरा आशय उन सभी लेखकों का उल्लेख करना नहीं है जिन्होंने स्त्री-आचरण के विषय में लिखा है। यह मात्र लकीर पीटना होगा क्योंकि उन सभी ने सामान्यतः एक ही शैली में लिखा है, परन्तु पुरुष के दम्भपूर्ण विशेषाधिकार—वह विशेषाधिकार जिसे निरंकुशता का कठोर राजदण्ड, निरंकुश शासक का आद्य अधर्म कहा जा सकता है—पर प्रहार करते हुए, मैं पूर्वग्रहों पर निर्मित समस्त वर्चस्व के विरुद्ध, उद्घोषणा करती हूँ—चाहे वे कितने भी पुरातन क्यों न हों।

यदि अपेक्षित समर्पण न्याय पर आधारित है, तो एक उच्च सत्ता के समक्ष कोई अपील नहीं हो सकती क्योंकि ईश्वर स्वयं ही न्याय है। तब आइए हम एक ही माता-पिता की सन्तान के रूप में, एक साथ सोच-विचार करें और तर्कबुद्धि की सत्ता के समक्ष—उसका स्वर स्पष्ट रूप से सुनाई देते ही—समर्पण करना सीखें। परन्तु यदि यह प्रमाणित हो जाता है कि विशेषाधिकार की यह प्रभुसत्ता पूर्वग्रहों के अराजक ढेर पर टिकी है जिनके पास उन्हें एक साथ रखने हेतु व्यवस्था का कोई अन्तर्निहित सिद्धान्त नहीं होता, तो वे, जो परिणाम का सामना करने का साहस दिखाते हैं, कर्तव्य की किसी अवेहलना के बिना, सृष्टि की व्यवस्थाबद्धता के विरुद्ध कोई अपराध किए बिना, सुरक्षित बच निकलते हैं।

जब कि तर्कबुद्धि मनुष्य को पशुओं के झुण्ड से ऊपर उठाती है, और मृत्यु बड़ा बनाने का वचन देती है, तब अकेले वे ही अन्धी सत्ता के समक्ष नतमस्तक होते हैं जिनकी अपनी शक्ति में आस्था नहीं होती। "वे ही मुक्त हैं—जो मुक्त होना चाहते हैं।"[11]

वह व्यक्ति जो स्वयं को शासित कर सकता है, जीवन में किसी चीज से भयभीत

नहीं होता। परन्तु यदि कोई वस्तु उसके स्वयं के सम्मान से बढ़कर प्रिय हो जाए, तो उसका मूल्य अन्तिम पाई तक चुकाना होगा। सदाचार को, प्रत्येक मूल्यवान वस्तु के सदृश, स्वयं अपने कारणों से ही प्रिय होना चाहिए, अन्यथा वह हममें बस नहीं पाएगा। वह हमें ऐसी शान्ति प्रदान नहीं करेगा, "जो समझदारी से आती है," जब उसे प्रतिष्ठा की बैसाखी मात्र बना दिया जाता है, और पाखण्डपूर्ण आग्रह के साथ सम्मानित किया जाता है क्योंकि "ईमानदारी सबसे अच्छी नीति है।"

यह तथ्य कि जीवन की रूपरेखा, जो हमें कतिपय ज्ञान और सदाचार को अन्य लोक में ले जाने के योग्य बनाती है, इसमें सन्तोष सुनिश्चित करने के लिए सर्वोत्तम रूप से आकलित की गई होती है, खण्डित नहीं की जा सकती, तथापि कुछ ही लोग इस सिद्धान्त के अनुरूप आचरण करते हैं, हालाँकि यह सार्वभौमिक रूप से स्वीकृत है कि इसमें किसी विवाद की गुंजाइश नहीं है। वर्तमान आनन्द अथवा वर्तमान शक्ति अपने साथ यह गम्भीर विश्वास रखती है, कि यह जीवनपर्यन्त नहीं, बल्कि तत्काल के लिए होता है कि मनुष्य सुख के साथ समझौता करता है। कितने कम लोग हैं जो कालान्तर में बड़ी बुराइयों को टालने के प्रयोजन से छोटी बुराई को सहन करने की पर्याप्त दूरदृष्टि अथवा संकल्प से सम्पन्न होते हैं।

विशेषकर, वह स्त्री जिसका सदाचार[12] परस्पर पूर्वग्रहों पर निर्मित होता है, बिरले ही मस्तिष्क की यह महानता अर्जित करती है, फलतः अपनी भावनाओं का दास बनकर, वह सरलतापूर्वक अन्य की भावनाओं के वशीभूत हो जाती है। इस प्रकार प्रतिष्ठावनत होकर उसकी तर्कबुद्धि, उसकी धुँधलाई तर्कबुद्धि, उसकी बेड़ियों को तोड़ने में नहीं बल्कि उन्हें चमकाने में प्रयुक्त होती है।

रोषपूर्वक मैंने स्त्रियों को उसी लीक पर तर्क-वितर्क करते सुना है जिस पर पुरुष करते हैं और उन भावों को अंगीकार करते देखा है जो उन्हें अज्ञान के समस्त दुराग्रह के साथ पाशविक बना देते हैं।

मैं अपने कथन को कुछ उदाहरणों से स्पष्ट करूँगी। श्रीमती पियोजी, जो बहुधा यंत्रवत उन शब्दों की आवृत्ति करती रहती थीं जिसे वे समझ नहीं पातीं, जानसनवादी जुमलों के साथ सामने आती हैं।

"सुख की एकान्तिक खोज मत करो, और बुद्धिमत्ता के परिष्कार को मूर्खता की ओर विच्युति समझकर उससे डरो।" इस प्रकार हठधर्मितापूर्वक एक नवविवाहित पुरुष से सम्बोधित होती है, और इस आडम्बरपूर्ण आमुख को स्पष्ट करने के प्रयोजन से वह आगे कहती हैं, "मैं यह कहना चाहूँगी कि तुम्हारी प्रेयसी का व्यक्तित्व तुम्हारी दृष्टि में और अधिक प्रीतिकर नहीं बन पाएगा परन्तु कृपा कर उसे यह आशंका कदापि मत होने दो कि यह इसी प्रकार कम होता जाएगा; एक स्त्री अपने व्यक्ति की तुलना में अपनी बोधशक्ति के निरादर को अपेक्षाकृत अधिक शीघ्रता से क्षमा कर देती है, यह

सर्वविदित है, और न ही हममें से कोई इस कथन का खण्डन करना चाहेगा। हमारी समस्त उपलब्धियाँ, हमारी सम्पूर्ण कलाएँ पुरुष का हृदय विजित करने और उस पर आधिपत्य बनाए रखने के लिए प्रयुक्त होती हैं और यदि यह अभीष्ट सिद्धि नहीं की जा सकती तो इस निष्फलता से बढ़कर भला क्या सन्ताप हो सकता है? ऐसी कोई भर्त्सना भले कितनी ही तीक्ष्ण हो, नहीं है, ऐसा कोई कठोर से कठोर दण्ड नहीं है जिसे एक तेजस्वी स्त्री उपेक्षित करना श्रेयस्कर नहीं समझेगी और यदि वह इसे किसी उपालम्भ के बिना सहन करती है तो इससे मात्र यही पुष्ट होता है कि अपने पति की उपेक्षा की क्षतिपूर्ति वह दूसरों के ध्यानाकर्षण से पाना चाहती है।"

ये वास्तव में पुरुषोचित भावनाएँ हैं, "हमारी सम्पूर्ण कलाएँ पुरुष का हृदय विजित करने और उस पर आधिपत्य बनाए रखने के लिए प्रयुक्त होती हैं," और निष्कर्ष क्या निकलता है? यदि उसके शारीरिक सौन्दर्य (और क्या ऐसा कोई शारीरिक सौन्दर्य रहा है, जिसकी उपेक्षा न हुई हो?) की उपेक्षा हो तो वह अन्य पुरुषों को रिझाने का उपक्रम कर अपनी क्षतिपूर्ति करेगी। कितनी महान नैतिकता है! परन्तु इस प्रकार समग्र स्त्री जाति की बोधशक्ति का अनादर होना है और उनके सद्गुण का सामान्य आधार ही छिन जाता है। एक स्त्री को यह ज्ञात होना चाहिए कि उसका सौन्दर्य उसके पति के लिए इतना प्रीतिकर नहीं हो सकता जितना उसके प्रेमी के लिए था और यदि वह उससे एक इनसान होने के लिए रुष्ट हो सकती है तो वह उसका हृदय खो देने के लिए उसी प्रकार दुखी हो सकती है जैसे किसी भी अन्य मूर्खतापूर्ण चीज के लिए। और विवेकबुद्धि का ठीक यही अभाव या हठी रोष यह प्रमाणित करता है कि वह उसके सौन्दर्य के प्रति अपनी पसन्द को उसके सद्गुणों के प्रति अनुराग अथवा उसकी बोधक्षमता के प्रति आदर में रूपान्तरित नहीं कर सकता।

स्त्रियाँ जब कि ऐसी धारणाओं को स्वीकार करती हैं और तदनुरूप आचरण करती हैं तो उनकी बोधक्षमता कम-से-कम उस तिरस्कार और निन्दा का भाजन बनती ही है जिसका पुरुषों ने, जो उनके शारीरिक सौन्दर्य का कदापि निरादर नहीं करते, स्त्री मस्तिष्क को सुस्पष्टता के साथ लक्ष्य बनाया है। और यह इन्हीं भद्र पुरुषों की, जो मस्तिष्क को लेकर उलझना नहीं चाहते, भावनाएँ हैं जिसे विचारशून्य स्त्रियाँ सोचे-समझे बिना अंगीकार कर लेती हैं, तथापि उन्हें यह ज्ञात होना चाहिए कि केवल तिरस्कृत तर्कबुद्धि ही शारीरिक रूप के बारे में उस पवित्र रहस्य को दूर कर सकती है जो मानवीय स्नेह को, स्थायित्व प्रदान करता है तथा वह जीवन के महान लक्ष्य—सदाचार की सिद्धि—के साथ उसका सामंजस्य करता है।

बैरोनेस द' स्तेल और अधिक उत्साह के साथ वही भाषा बोलती हैं जिसे उस भद्र महिला ने अभी उद्धृत किया है। रूसो पर उनका प्रशस्ति लेख संयोग से मेरे हाथ लग गया है और उनकी भावनाएँ, जो मेरे समुदाय के बहुत से व्यक्तियों की भावनाएँ

हैं, कुछ और आलोचना का विषय बन सकती हैं। उनका कहना है, "यद्यपि रूसो ने स्त्रियों को सार्वजनिक मामलों में हस्तक्षेप करने और राजनीति के रंगमंच पर प्रखर भूमिका निभाने से रोकने का उपक्रम किया है, तथापि उसने उनकी सन्तुष्टि के लिए कितना कुछ किया है! यदि उसकी इच्छा स्त्री-जाति के लिए कतिपय विजातीय अधिकारों से उन्हें वंचित करने की ही थी तो उसने उन्हें वह सब स्थायी रूप से क्यों सौंपा जिन पर उनका द.वा था? और पुरुषों के विचार-विमर्श पर उनका प्रभाव कम करने का उद्यम करते हुए भी उसने कितने निष्ठावान ढंग से पुरुषों के सुख पर उनका साम्राज्य स्थापित किया है! अपहृत सिंहासन से उन्हें च्युत करने में सहायक होने पर भी, उसने उन्हें दृढ़तापूर्वक उस पर प्रतिष्ठित किया है जिसे प्रकृति द्वारा प्राप्त करना उनका भवितव्य था। और यद्यपि उनके विरुद्ध रोष से वह उस समय भले ही भरा रहता हो जब वे पुरुष के सदृश होने का प्रयास करती हैं परन्तु जब अपनी जाति के समस्त *लावण्य, दुर्बलताओं, सद्गुणों और दोषों* के साथ वे उसके समक्ष उपस्थित होती हैं, तो उनके *शारीरिक रूप* के प्रति उसका सम्मान आराधना के निकट पहुँच जाता है। सच है! ऐसा कोई इन्द्रियभोगी नहीं हुआ जिसने सौन्दर्य के मन्दिर पर इससे अधिक भक्तिमय उपासना-सुमन अर्पित किए हों। शारीरिक रूप के प्रति उसकी श्रद्धा, वस्तुतः इतनी उत्कट है, कि यौन शुचिता सम्बन्धी सद्गुण के अतिरिक्त, जिसके कारण प्रकट हैं, वह मात्र उसे लावण्य, दुर्बलताओं और दोषों से अलंकृत देखने का अभिलाषी है। वह मात्र इस बात से त्रस्त है कि कहीं तर्कणा की कठोरता प्रेम की मधुर लीला को भंग न कर दे। अधिपति एक वेश्यावृत्ति की दासी पाने का इच्छुक होता है जिसे वह लाड़-दुलार करे, जो उसके विवेक और मुक्तहस्तता पर पूर्णतः आश्रित रहे। वह ऐसी संगी नहीं चाहता जिसे मान देने के लिए उसे बाध्य होना पड़े, न ही ऐसी मित्र जिसे वह अपनी सन्तान की शिक्षा का दायित्व उस समय सौंप सके, जब मृत्यु ने उन्हें अपने पिता से वंचित कर दिया हो, इसके पूर्व कि वह अपने उस पवित्र कर्तव्य को पूरा कर सके। वह स्त्री को तर्कबुद्धि से दूर कर देता है, उसके लिए ज्ञान के पट बन्द कर देता है और सत्य से विमुख कर देता है तथापि उसे क्षमादान किया जाता है, क्योंकि "वह प्रेम की उत्कटता को स्वीकार करता है।" यह स्पष्ट करने के लिए किंचित् पटुता की आवश्यकता होगी कि इस प्रकार प्रेम स्वीकार के लिए स्त्रियाँ उसका आभार भला क्यों मानें : जब कि यह प्रकट है कि वह इसे मात्र पुरुषों के मनबहलावे हेतु और प्रजाति को आगे बढ़ाने के लिए स्वीकार करता है। परन्तु रूसो भावात्मक आवेग के साथ कहता है और यह जादू एक युवा प्रशंसक की संवेदना पर मायावी प्रभाव डालता है। वह चारण आगे कहती है, "स्त्रियों के लिए महत्त्व की बात यह होती है कि उसका (रूसो) विवेक साम्राज्य के विषय में उनसे तर्क-वितर्क करता है जब कि उसका हृदय उनके प्रति समर्पित होता है।" वह साम्राज्य नहीं, अपितु

समानता हो जिसके लिए उन्हें संघर्ष करना चाहिए। इसके उपरान्त भी यदि वे अपने प्रभाव को दीर्घ बनाने की इच्छा रखती हैं तो उन्हें सम्पूर्णतः अपने शारीरिक रूप पर भरोसा नहीं करना चाहिए, क्योंकि सौन्दर्य हृदय पर अधिकार भले ही कर ले, वह उसे बनाए नहीं रख सकता, तब भी जब सौन्दर्य की आभा अपने चरमोत्कर्ष पर ही क्यों न हो, जब तक कि बुद्धि उसे कुछ गरिमा प्रदान नहीं कर देती।

जब स्त्रियाँ एक बार व्यापक रूप से अपना वास्तविक हित जानने में पर्याप्त रूप से जागरूक बन जाती हैं तो वे, मुझे विश्वास है मित्रता के प्रशान्त सन्तोष और आदतवश सम्मान के कोमल विश्वास के लिए, प्रेम के उन समस्त विशेषाधिकारों के त्याग हेतु तत्पर हो जाएँगी, जो पारस्परिक नहीं होंगी। विवाह के वे कोई धृष्ट हाव-भाव नहीं अपनाएँगी और न ही कालान्तर में दयनीयतापूर्वक समर्पण करेंगी बल्कि दोनों ही परिस्थितियों में विवेकसम्मत प्राणियों के सदृश आचरण करने पर, उन्हें सिंहासन से धक्का देकर पायदान पर गिराया नहीं जा सकेगा।

मदाम जेनलिस ने बच्चों के लिए कई मनोरंजक पुस्तकें लिखी हैं; और उनके शिक्षा विषयक पत्र ऐसे अनेक उपयोगी संकेत देने में सक्षम हैं, जिससे समझदार माता-पिता निश्चित रूप से लाभ उठा सकते हैं, परन्तु उनका दृष्टिकोण संकीर्ण है और उनके पूर्वग्रह उतने ही अतर्कपरक हैं जितने दृढ़।

उनके इस प्रचण्ड तर्क की चर्चा मैं भावी दण्ड की अनन्तता के पक्ष में छोड़ दूँगी, क्योंकि मुझे यह सोचकर ही लज्जा प्रतीत होती है कि कोई व्यक्ति ऐसे किसी हेतु के लिए इतनी उग्रता के साथ विवाद भी कर सकता है, और पितृसत्ता द्वारा विवेक का स्थान हस्तगत करवाने के उनके बेतुके ढंग पर कुछेक टिप्पणियाँ करूँगी। कारण यह है कि वह हर जगह न केवल माता-पिता के समक्ष अपितु सांसारिक मत के प्रति भी *अन्ध* समर्पण की शिक्षा देती हैं।[13]

वह एक ऐसे युवक का वृत्तान्त कहती हैं जो अपने पिता की इच्छा से एक धनसम्पन्न युवती से सगाई करता है। परिणय-सूत्र में बँधने से पहले ही वह अपने वैभव से वंचित होती है और संसार में मित्रविहीन छोड़ दी जाती है। पिता अपने पुत्र को उससे पृथक् करने के लिए सर्वाधिक कुटिल चालें चलता है और जब पुत्र उसकी घटियाई को पहचानकर व वचन की मर्यादा का निर्वाह करते हुए उस युवती से विवाह कर लेता है, तो इसकी परिणति मात्र दुर्भाग्य में होती है क्योंकि निस्सन्देह उसने अपने पिता की *सहमति के बिना* विवाह किया था। धर्म और नैतिकता भला किस आधार का अवलम्ब ले सकते हैं जब न्याय की ही ऐसी अवज्ञा हो रही हो? उसी शैली में वह एक सुसंस्कृत युवती का वर्णन करती है जो ऐसे किसी भी व्यक्ति से विवाह करने को तत्पर हो जाती है जिसे उसकी माँ ने पसन्द किया है; और भावों की उत्कटता को अनुभव किए बिना ठीक उसी तत्परता से अपने पसन्द के युवक के साथ भी परिणय-सूत्र

में बँध सकती है क्योंकि एक शिक्षित युवती के पास प्रेम में लीन होने का समय नहीं होता। शिक्षा की एक ऐसी व्यवस्था के प्रति आदरभाव क्या सम्भव है जो तर्कबुद्धि और नैसर्गिकता की ऐसी अवहेलना करती हो?

उनके लेखों में भावुकता से पूर्ण ऐसी ही अनेक धारणाएँ पाई जाती हैं जिससे उनका साहस और मेधा प्रतिष्ठा प्राप्त करता है, तथापि अन्धविश्वास उनके धर्म से और सांसारिक बुद्धि उनकी नैतिकता के साथ इतनी अधिक घुलीमिली होती है कि मैं किसी युवा को उनकी रचनाएँ पढ़ने की तब तक अनुमति नहीं दूँगी, जब तक मुझे उन विषयों पर बाद में वार्ता करने और अन्तर्विरोधों को रेखांकित करने का अवसर नहीं मिलता।

श्रीमती चैपोन के पत्र इतनी सदाशयता और निष्कपट विनम्रता के साथ लिखे गए हैं और इतनी अधिक सार्थक टिप्पणियों से सम्पन्न हैं कि मैं उनकी चर्चा मात्र उस यशस्वी रचनाकार के प्रति अपनी श्रद्धा अर्पित करने के लिए करती हूँ। यह सत्य है, मैं सदैव उनके साथ सहमत नहीं हो सकती, परन्तु मैं उनका सम्मान सर्वदा करती हूँ।

सम्मान की बात करते ही मुझे श्रीमती मैकाले का स्मरण हो आता है। सर्वश्रेष्ठ प्रतिभा से सम्पन्न एक ऐसी स्त्री, निस्सन्देह, इस देश ने कदाचित् ही कभी उत्पन्न की हो। और इसके बावजूद उस महिला की मृत्यु के बाद भी उसकी स्मृतियों को यथोचित सम्मान नहीं मिल सका है।

आगामी पीढ़ी कदाचित्, अधिक न्यायपूर्ण हो सके; और यह स्मरण करे कि कैथरीन मैकाले ऐसी बौद्धिक उपलब्धियों का उदाहरण थीं जो स्त्री-जाति की दुर्बलताओं से मेल नहीं खाती थीं। उनकी लेखन शैली में, कोई स्त्री सुलभ भटकाव प्रकट नहीं होते थे, क्योंकि उनकी शैली भी वैसी ही सुस्पष्ट और प्रभावशाली थी जैसे वे भाव जो वे सम्प्रेषित करती थीं।

मैं उनकी समझदारी को पुरुषोचित नहीं कहूँगी, क्योंकि तर्कबुद्धि की ऐसी दम्भपूर्ण मान्यता मुझे स्वीकार्य नहीं हो सकती परन्तु यह मैं निश्चयपूर्वक कह सकती हूँ कि यह एक गहन समझदारी है, और उनकी निर्णय क्षमता, गम्भीर चिन्तन का वह पका फल, इस बात का प्रमाण है कि एक स्त्री, सम्पूर्ण अर्थों में, निर्णय की क्षमता अर्जित कर सकती है। दूरदर्शिता से अधिक कुशाग्रता और कल्पना-विलास से अधिक बोधक्षमता से सम्पन्न होकर वह गहन ऊर्जस्विता तथा तर्कसंगत सूक्ष्मता के साथ लिखती हैं; तथापि सहअनुभूति व सद्भाव उनकी भावनाओं को दिलचस्पी तथा तर्कों को वह आवेग प्रदान करते हैं जो पाठक को उन पर ध्यान के लिए बाध्य करता है।[14]

जब मैंने आरम्भ में इन आलोचनाओं को लिखने की बात सोची तो उस किंचित् आशावादी उत्साह के साथ, जिसे मैं अपने जीवन में दमित ही करती रही हूँ, मुझे श्रीमती मैकाले के अनुमोदन की आशा थी परन्तु शीघ्र ही निष्फल आशा की व्यथित

आकुलता : और अनुताप की निस्तब्ध गम्भीरता के साथ सुना कि—वह नहीं रहीं!

पाँच

शिक्षा-व्यवस्था पर लिखी गई विभिन्न रचनाओं पर दृष्टिपात करने के उपरान्त लॉर्ड चेस्टरफील्ड के पत्रों को छोड़कर मौन भाव से आगे बढ़ जाना उचित नही होगा। ऐसा नहीं है कि मैं उसकी नपुंसक, अनैतिक पद्धति का विश्लेषण करना चाहती हूँ अथवा उसके निस्सार पत्राचार में मिली किन्हीं उपयोगी, चतुर टिप्पणियों को चुन लेने की इच्छुक हूँ। नहीं, मैं केवल उनकी प्रकट प्रवृत्ति—कम उम्र में दुनियादारी का ज्ञान अर्जित करने कि कला पर. कुछ टिप्पणी करना चाहती हूँ। यह एक ऐसी कला है, मैं बल देकर कहने का साहस करूँगी, जो विस्तारित शक्तियों को, कली में घुसे कीड़े की तरह के अदृष्ट रूप से क्षीण कर देती है और उस प्राणदायी सत्व को विष में रूपान्तरित कर देती है जो यौवनपूर्ण शरीर में, हृदयस्पर्शी स्नेह व महान संकल्प जागृत करते हुए, ऊर्जस्विता के साथ बढ़ सकता था।[15]

प्रत्येक चीज के लिए, ज्ञानी पुरुष कहते हैं, एक समय होता है; ऐसा भला कौन होगा जो बसन्त के सुखप्रद महीनों में शरदकालीन फल की खोज करेगा? परन्तु यह मात्र वक्तृता है और मेरा आशय उन व्यवहार-कुशल प्रशिक्षकों से तर्क करना है जो निर्णयक्षमता विकसित करने के स्थान पर मन में पूर्वग्रह भरते हैं तथा हृदय को कठोर बनाते हैं जो क्रमिक अनुभव से भी मात्र उदासीन ही हुआ होता। मानवीय दौर्बल्य से समय से पूर्व परिचय अथवा जिसे सांसारिक ज्ञान कहा जाता है, मेरे मत से, हृदय को संकुचित करने और ऐसी नैसर्गिक यौवनपूर्ण उमंग को, जो न केवल महान प्रतिभाओं, बल्कि उदात्त सद्गुण को जन्म देती है, निस्पन्द करने का सर्वाधिक अचूक ढंग है। इससे पूर्व कि पौधे में कोंपलें फूट सकें, अनुभव के फल को तोड़ने का निष्फल प्रयास उसकी शक्ति को ही क्षीण करता है और उसे एक स्वाभाविक स्वरूप ग्रहण करने से उसी प्रकार रोकता है जिस प्रकार पिघलती धातुओं का स्वरूप और दृढ़ता उस समय क्षतिग्रस्त हो जाती है जब संसक्ति का आकर्षण भंग कर दिया जाता है।

वे, जिन्होंने मानव-मस्तिष्क का अध्ययन किया है, मुझे बताएँ कि युवा व्यक्तियों के समक्ष यह प्रकट करना कि वे किंचित् ही स्थिरचित्त होते हैं, क्या सिद्धान्त निर्धारित करने का विचित्र ढंग नहीं है? और उन आदतों से भला उनका सुदृढ़ीकरण किस प्रकार किया जा सकता है जब उदाहरण द्वारा वे भ्रामक प्रमाणित हो जाते हैं? यौवन के उत्साह को इस प्रकार मन्द करना और कल्पनाशक्ति की अतिउर्वरता को तत्क्षण ही खण्ड-खण्ड कर देना क्यों आवश्यक हो जाता है? यह शुष्क सतर्कता, यह सत्य है कि चरित्र को सांसारिक दुर्भाग्य से सुरक्षित रख सकती है, परन्तु सद्गुण में अथवा विद्या

में उत्कृष्टता को अनिवार्यतः असम्भव कर देती है।[16] सन्देह द्वारा प्रत्येक मार्ग में अटकाये गए रोड़े प्रतिभा अथवा सदाशयता के किन्हीं भी कर्मठ प्रयासों को रोक देंगे और जीवन अपनी शान्त संध्या के आगमन, जब मनुष्य को सुख-आराम और आश्रय के लिए ध्यान-प्रार्थना हेतु अन्य कार्यों से मुक्त हो जाना चाहिए, उसके पूर्व ही अपने सर्वाधिक सम्मोहक आकर्षण से वंचित हो जाएगा।

एक युवा, जो पारिवारिक मित्रों के संग पला-बढ़ा होता है और अपने मस्तिष्क में उतना सैद्धान्तिक ज्ञान संचित कर लेता हैं जितना पठन से और उस स्वाभाविक चिन्तन से जिसे आदिम वृत्ति और सहज भावनाओं के युवापूर्ण आवेग जागृत कर देते हैं, अर्जित किया जा सकता है, उत्साहपूर्ण और भ्रान्त अपेक्षाओं के साथ इस संसार में कदम रखता है; बल्कि यही प्रकृति की गति प्रतीत होती है; और नैतिक आचार में तथा अभिरुचि के मामले में हमें उसके पावन संकेतों को देखना चाहिए एवं जिस समय हमसे आज्ञाकारी भाव से अनुसरण की अपेक्षा की जाती है, मार्गदर्शन देने की कल्पना नहीं करनी चाहिए।

इस संसार में कुछ ही लोग सिद्धान्त के अनुरूप आचरण करते हैं, इसका प्रधान स्रोत वर्तमान अनुभूतियाँ और प्रारम्भिक आदतें होती हैं, किन्तु भला किस प्रकार पूर्ववर्ती को मन्द किया जा सकेगा तथा अनुवर्ती लोहे की जीर्ण बेड़ियों में व्यक्त हो पाएगा, यदि युवाओं को यह संसार उसी रूप में दर्शाया जाए जैसा कि वह है, जबकि मानव जाति अथवा स्वयं उनके अन्तर्मन के किसी ज्ञान ने, जो अनुभव द्वारा क्रमशः अर्जित होता है, उन्हें सहिष्णु नहीं बनाया होता है? उनके सहचर तब दुर्बलचित्त प्राणी की दृष्टि से नहीं देखे जाएँगे; उनके समान मानवीय दौर्बल्य से संघर्ष के लिए अभिशप्त नहीं होंगे और चरित्र का कभी उज्ज्वल तथा कभी कृष्ण पक्ष प्रदर्शित करते; क्रमशः प्रेम व घृणा की अनुभूति प्राप्त करते; परन्तु हिंस्र पशु सदृश बनने से सुरक्षित रहते, जब तक कि प्रत्येक व्यापक सामाजिक अनुभूति, एक शब्द में मानवता, का नाश नहीं हो जाता।

इसके विपरीत, जीवन में हम क्रमशः अपनी प्रकृति की अपूर्णता को जैसे-जैसे अनुभव करते हैं, हम सद्‌गुणों की प्राप्ति भी करते जाते हैं, और विभिन्न परिस्थितियाँ हमें हमारे बन्धुओं से जोड़ती हैं, जब हम उनके साथ घुलते-मिलते हैं, और उन वस्तुओं को देख पाते हैं जिनके विषय में, संसार का एक अविचारित अस्वाभाविक ज्ञान अर्जित करने के कारण कभी विचार नहीं किया गया। हम मूढ़ता को नितान्त सूक्ष्म अंशों में दुर्गुणों में स्फारित होते देखते हैं और लांछित करते समय दयार्द हो जाते हैं; परन्तु यह विकराल दानव यदि हमारी दृष्टि के समक्ष अकस्मात् प्रकट हो जाए, भय और घृणा, हमें जितना एक मनुष्य हो सकता है उससे अधिक प्रचण्ड बनाते हुए, सर्वशक्तिमत्ता का चरित्र अन्धी उत्तेजना के साथ हमें बलात् ग्रहण करने, और अपने बन्धुओं को, यह

विस्मृत करते हुए कि हम अन्तर्मन को नहीं पढ़ सकते, और स्वयं हमारे हृदय में भी उन्हीं दुर्गुणों के बीज छिपे होते हैं, बुरा-भला कहने की ओर प्रवृत्त कर सकता है।

मैं पहले ही कह चुकी हूँ कि हम शिक्षा से कहीं अधिक की अपेक्षा रखते हैं जितना कि शिक्षा मात्र प्रस्तुत कर सकती है; कारण, युवाओं को जीवन की बुराइयों का गरिमा के साथ सामना करने और अपनी स्वयं की क्षमताओं के प्रयोग द्वारा मेधा व सद्गुण अर्जित करने के लिए तत्पर करने के स्थान पर नियमों का पुलिन्दा लाद दिया जाता है और अन्ध आज्ञापरायणता की माँग की जाती है, जबकि विश्वास को तर्कबुद्धि का कायल होना चाहिए।

उदाहरण के लिए, मान लीजिए कि एक नवयुवक मित्रता के प्रथम आवेग में अपनी प्रेयसी को देवी बना देता है—इस भ्रान्तिपूर्ण उत्साही अनुरक्ति से कौन-सा अहित हो सकता है? सम्भवतः सद्गुण के लिए यह आवश्यक है कि युवा दिलों को जीतने के उद्देश्य से पहले वह मानवीय रूप में प्रकट हो। वह आदर्श प्रतिरूप, जिसकी एक अधिक परिपक्व और उन्नत मस्तिष्क कामना करती है तथा स्वयं के लिए जिसे ढालता है, वह उनकी दृष्टि के लिए छलावा होगा। जो अपने सहोदर से प्रेम नहीं कर सकता, जिसे उसने देखा है, वह भला ईश्वर से कैसे प्रेम कर सकता है? मनुष्यों में सर्वाधिक बुद्धिमान ने यह प्रश्न किया था।

एक युवा के लिए अपने प्रेम के प्रथम पात्र में प्रत्येक सद्गुण की चाह करना नैसर्गिक है तथा अज्ञान, अथवा ज्यादा उचित ढंग से कहें तो अनुभवहीनता द्वारा उत्पन्न अनुकरणवृत्ति इस प्रकार का प्रेम अनुभव करने में सक्षम मस्तिष्क निर्मित करती है, और जब समय बीतने के साथ, इस आदर्श को मनुष्यों की पहुँच के भीतर नहीं पाया जाता, तो सद्गुण को, सुन्दर और बुद्धिमत्ता को उदात्त समझ लिया जाता है। तब श्लाघा का स्थान मित्रता ले लेती है जो परस्पर सम्मान के मजबूत धागे से जुड़ी होती है, और प्राणी उस आदर्श के पीछे अकेला चलता है जो उदात्त मस्तिष्क में सर्वदा प्रज्वलित रहता है, उसका सहारा सिर्फ ऊपरवाला होता है; बल्कि यह ज्ञान मनुष्य को अपनी स्वयं की क्षमताओं के उद्यम से अर्जित करना चाहिए; और यह निश्चय ही टूटी आशा का सौभाग्यशाली फल है! क्योंकि वह जो उन दुर्बल प्राणियों के प्रति, जो उसके विषय में जानना सीख रहे हैं, दया प्रदर्शित कर और खुशियाँ बाँटकर प्रसन्न होता है, उसमें कभी एक यंत्रणादायी छलावा बन जाने की प्रवृत्ति नहीं हो सकती।

अब हमारे वृक्षों को उन्मुक्त प्रचुरता के साथ फैलने दिया जाता है, और हम अर्थगर्भित गरिमा को समय के गौरवशाली चिह्नों के साथ बलपूर्वक संयुक्त करने की अपेक्षा भी नहीं करते हैं; बल्कि उस समय तक प्रतीक्षा करते हैं जब तक कि वे अपनी जड़ों को गहराई तक धँसा नहीं लेते हैं और अनेक झंझावातों का बहादुरी से सामना नहीं कर चुके होते हैं। तब क्या मस्तिष्क के प्रति, जो अपनी गरिमा के अनुपात में

आदर्श की ओर अधिक मन्दगति से अग्रसर होता है, व्यवहार कम सम्मानजनक होना चाहिए? सादृश्य निरूपण के जरिये तर्क करें तो हमारे चतुर्दिक समस्त वस्तुएँ प्रगतिशील अवस्था में होती हैं और जब जीवन का अवांछनीय ज्ञान जीवन में लगभग संतृप्ति के भाव को जन्म देता है तथा स्वाभाविक रूप से हम यह पाते हैं कि पृथ्वी पर जो कुछ भी होता है, निस्सार है, तब हम नाटक के भयंकर अन्त के निकट पहुँच रहे होते हैं। सक्रियता व आशा के दिन समाप्त हो चुके होते हैं और उन सुअवसरों का, जिन्हें अस्तित्व की प्रथम अवस्था मेधा के पैमाने पर विकसित करने में समर्थ हुई है, तुरन्त ही समाहार होना चाहिए। जीवन की असारता की इस घड़ी में, या उसके पूर्व, कोई ज्ञान, यदि अनुभव द्वारा अर्जित किया गया हो, अत्यन्त सार्थक होता है, क्योंकि यह सहज स्वाभाविक होता है; परन्तु जब एक दुर्बल प्राणी को मनुष्य की दुष्प्रवृत्तियाँ और मूर्खताएँ इसलिए दिखाई जाती हैं कि उसे अपना साहस छोड़कर जीवन की सामान्य दुर्घटनाओं से रक्षा करना सावधानीपूर्वक सिखाया जा सके—तो निष्ठा और अनुभव के अपेक्षाकृत उदात्त फल के विपरीत, इसे दुनियादारी का ज्ञान पुकारना निश्चय ही रुक्षतापूर्वक बोलना नहीं है।

मैं एक विरोधाभासी उक्ति कहने का साहस करूँगी और संकोचरहित होकर अपनी राय रखूँगी : यदि मनुष्य ने सिर्फ जीवन और मृत्यु का चक्र पूरा करने के लिए ही जन्म लिया होता तो ऐसा प्रत्येक कदम उठाना बुद्धिमत्तापूर्ण होता जिसे दूरदृष्टि ने जीवन को सुखमय बनाने के लिए सुझाया होता। संयम तब प्रत्येक उपक्रम में चरम ज्ञान बन जाता और बुद्धिमान इन्द्रियभोगी एक सीमा तक तृप्ति का आनन्द उठाता, यद्यपि उसने न तो अपनी बोधक्षमता विकसित नहीं की होती और न ही अपने अन्तर्तम को पवित्र रखा होता। यदि यह मान लिया जाए कि हम नश्वर हैं, तो दुनियादारी असली ज्ञान होगी अथवा प्रत्यक्षतः कहें तो, सम्पूर्ण जीवन के सन्दर्भ में, सुख का बहुलांश उपलब्ध करायेगी, परन्तु जीवन की सुख-सुविधाओं के परे विद्वता एक अभिशाप होगी।

श्रमसाध्य अध्ययन द्वारा हम अपना स्वास्थ्य चौपट क्यों करें? बौद्धिक कर्म से जो उदात्त आनन्द मिलता है, वह बाद के थकान के घंटों के बिरले ही समतुल्य होता है, विशेषकर यदि उन सन्देहों और असफलताओं की गणना आवश्यक बन जाए, जो हमारे शोध को मेघाच्छादित करते हैं। मिथ्याडम्बर और चिढ़ प्रत्येक पूछताछ पर विराम लगा देते हैं, क्योंकि वह लक्ष्य जिसे हम पाना चाहते हैं, क्षितिज के समान हमसे आगे ही आगे चलता रहता है। अज्ञानी, इसके विपरीत, बच्चों की भाँति होते हैं, और यह मान लेते हैं कि यदि वे सीधे आगे बढ़ते जाएँ तो अन्ततः वहाँ पहुँच जाएँगे जहाँ धरती और अम्बर मिलते हैं। यद्यपि हमें अपने शोध में भले ही निराशा हाथ लगती है, पर उन उत्तरों को समझ सकने के लिए मस्तिष्क अभ्यास द्वारा, सम्भवतः यथेष्ट शक्ति

अर्जित कर लेता है जिससे, जीवन के दूसरे सोपान में वह उन उत्सुक प्रश्नों के उत्तरों को बूझ सकता है, जो उसने तब पूछे थे जब गुप्त कारण में गोता लगाने के लिए बोधक्षमता अपने कमजोर डैने लिए प्रकट लक्षणों के चतुर्दिक फड़फड़ा रही थी।

जीवन के झंझावात, वे आवेग भी अगर अहितकर नहीं हुए तो निरर्थक होंगे, यदि वह सारतत्व, जो हमारे चिन्तनशील अस्तित्व को तब संघटित करता है, जब हमने असफल सोच-विचार कर लिया होता है, मात्र वानस्पतिक जीवन का आलम्ब बनता है और एक बन्दगोभी को पुष्टिदायी बनाता अथवा एक गुलाब में अरुणिमा भरता है। अभिलाषाएँ प्रत्येक पार्थिव ध्येय को पूरा कर सकती हैं और अपेक्षाकृत अधिक सन्तुलित व स्थायी आनन्द सृजित कर सकती हैं। परन्तु आत्मा का बल जिसका यहाँ किंचित् ही उपयोग हो सकता है, और सम्भवतः हमारे आदिम उपभोग में जो बाधा बनता है, बावजूद इसके कि सचेत सम्मान उन्हें धारण करने से हमारा गौरव बढ़ाता है, यह सिद्ध करता है कि जीवन मात्र एक शिक्षा है, बचपन की एक अवस्था है, जिसके लिए फलने-फूलने योग्य आशाओं को ही त्याग नहीं देना चाहिए। अतः इसका निष्कर्ष, मैं यह निकालना चाहती हूँ कि शिक्षा द्वारा हम क्या अर्जित करने के आकांक्षी हैं इसके विषय में हमारी सटीक सोच इसलिए होनी चाहिए क्योंकि आत्मा की अनश्वरता ऐसे अनेक व्यक्तियों के कार्यों से खण्डित होती है जो इस विश्वास का दृढ़तापूर्वक दम भरते हैं।

यदि आपकी प्राथमिक चिन्ता यह है कि इस धरती पर सुविधा और समृद्धि को सुरक्षित कर लिया जाए और आगत भावी जीवन को अपनी तैयारी स्वयं करने के लिए छोड़ देते हैं; आप अपने बच्चे को उसके स्वभाव की दुर्बलताओं की समझ प्रदान कर बुद्धिमत्तापूर्ण कार्य करते हैं। यह सच है कि इससे आप उसे दुष्ट नहीं बना देंगे, परन्तु यह स्वप्न मत देखिए कि वह जिसने मानव-प्रकृति के बारे में आरम्भ से ही एक तुच्छ धारणा मन में बैठा रखती है, वह कानून का पालन करने से बढ़कर कुछ करेगा, न ही वह सामान्य मानदण्ड से कहीं अधिक ऊँचा उठने को आवश्यक मानेगा। वह घटिया दुष्प्रवृत्तियों से बच सकता है क्योंकि ईमानदारी सर्वोत्तम नीति होती है; परन्तु महान सद्गुणों की प्राप्ति कभी भी उसका लक्ष्य नहीं होगा। लेखकों व कलाकारों का उदाहरण इस टिप्पणी को स्पष्ट कर देगा।

अतः मैं यह आशंका प्रकट करने का साहस करूँगी कि आचार संहिताओं में जिसे स्वयंसिद्धि.तथ्य माना गया है, वह कहीं उन पुरुषों द्वारा किया गया एक हठधर्मितापूर्ण दावा तो नहीं है जिन्होंने मानव जाति को पुस्तकों के माध्यम से ठण्डी तटस्थता के साथ देखा है, और उनके प्रत्यक्ष विरोध में, यह कहना चाहूँगी कि आवेगों पर नियंत्रण सदा बुद्धिमानी नहीं होती। इसके विपरीत, ऐसा प्रतीत होता है, कि स्त्रियों की तुलना में पुरुषों में श्रेष्ठ निर्णय क्षमता और अधिक धैर्य क्यों होता है, इसका एक कारण

निस्सन्देह रूप से यह है कि वे प्रबल आवेगों को एक अधिक स्वच्छन्द अभिव्यक्ति देते हैं और प्रायः ही बारम्बार भटककर अपनी बुद्धि का विकास करते हैं। तब अपनी स्वयं की तर्कबुद्धि के प्रयोग द्वारा[17] वे यदि कुछ ठोस सिद्धान्त तय करते हैं, तो उन्हें सम्भवतः अपने उस आवेग की प्रबलता का कृतज्ञ होना चाहिए, जो जीवन के मिथ्याभासी दृष्टिकोण पर पल्लवित-पुष्पित होते हैं और जिन्हें उस सीमा-रेखा को फाँद जाने की अनुमति प्राप्त रहती है जो सन्तोष का आश्वासन देता है। परन्तु यदि, जीवन के उषाकाल में हम अपने समक्ष दृश्यों का उनके सापेक्ष महत्त्व के साथ शान्तिपूर्वक सर्वेक्षण कर सकें और प्रत्येक वस्तु को उसके असली रंग में देख पाएँ, तो क्षमताओं को उद्घाटित करने की यथेष्ट शक्ति वे भावावेग भला किस प्रकार अर्जित कर सकेंगे।

अब मुझे अपने समस्त मिथ्या भ्रान्तिपूर्ण आकर्षण से वंचित संसार को एक ऊँचे स्थान से सर्वेक्षण करने की अनुमति दीजिए। वह निरभ्र वातावरण ऐसे समय मुझे प्रत्येक चीज को उसकी वास्तविक स्थिति में देखने योग्य बनाता है, जब कि मेरा हृदय निश्चेष्ट रहता है। मैं उसी प्रकार शान्त रहती हूँ जैसा कि सूर्योदय काल का वह परिदृश्य जब कि क्रमशः छँट रही धुन्ध प्रकृति के, विश्राम से तरोताजा हुए, सौन्दर्य को निःशब्द होकर अनावृत कर रही होती है।

अब यह संसार कैसा दिखेगा? मैं अपनी आँखें मलती हूँ और सोचने लगती हूँ कि कदाचित् एक सजीव स्वप्न से मैं अभी-अभी जाग उठी हूँ।

मैं मनुष्य के बेटे-बेटियों को मृगमरीचिका के पीछे भागते और आतुरतापूर्वक अपनी शक्ति को ऐसे भावावेगों की सन्तुष्टि में नष्ट करते देखती हूँ जिनका कोई समुचित ध्येय नहीं होता—यदि मिथ्यावादी, तथापि सतत विश्वस्त मार्गदर्शक, उस कल्पना, द्वारा लाड़-दुलार से परिपुष्ट इन अन्धे आवेशों का वह अतिरेक ही, उन्हें किसी अन्य अवस्था के लिए तैयार कर, अदूरदर्शी मनुष्यों को, अपने स्वयं के सहयोग के बिना और अधिक बुद्धिमान नहीं बनाता; अथवा जो वहीं तक पहुँचता, जब वे किसी काल्पनिक तात्कालिक भलाई में लगे हुए थे।

चीजों को इस आलोक में देखने पर, यह कल्पना करना सनकपन नहीं होगा कि यह संसार एक रंगमंच है जहाँ श्रेष्ठ प्राणियों के मनोरंजन के लिए एक मूक नाट्य प्रतिदिन अभिनीत किया जाता है। किसी महत्त्वाकांक्षी मनुष्य को एक मोहभ्रम के पीछे भागने में, और 'ऐसी तोप के मुँह पर यश का बुलबुला बनाने हेतु प्रयत्नशील रहने में', जो उसका परखचे उड़ा कर अन्त कर देनेवाला है, स्वयं को खपाते हुए देखकर, क्योंकि जब चेतना लुप्त हो जाती है तो इससे कोई अन्तर नहीं पड़ता कि हम चक्रवात में आरोहण करते हैं अथवा वृष्टि की घड़ी में नीचे उतरते हैं, वे किस प्रकार मनबहलाव करते थे। और यदि वे अनुकंपापूर्वक उसकी दृष्टि को बल प्रदान करते और वह कंटकपूर्ण मार्ग उसे दर्शाते जो ख्याति तक पहुँचाता था, उसके आरोहरण के साथ ही

जो दलदल की भाँति, उसकी आशाओं पर जब कि वह उसकी मुट्ठी में आने ही वाला होता है, तुषारापात करते हुए, डूब जाता है, क्या उनका मनोरंजन करने का गौरव वह दूसरों पर नहीं छोड़ देगा, और वर्तमान क्षण को सँजोने का यत्न नहीं करेगा, यद्यपि अपनी प्रकृति के विन्यास के कारण उमड़ते प्रवाह को पकड़ना उसके लिए सरल नहीं होगा? भय और आशा के ऐसे गुलाम हैं।

परन्तु, महत्त्वाकांक्षी व्यक्ति के प्रयास भले ही निष्फल हों, वह बहुधा किसी ऐसी चीज के लिए हाथ-पाँव मारता है जो यश की तुलना में अधिक सारगर्भित होती है? क्या! क्या वह इस सन्तोष को भी त्याग दे कि उसके न रहने पर उसे सराहा जाएगा? यह संघर्ष हो ही क्यों, मनुष्य चाहे नश्वर हो अथवा अनश्वर, यदि यह उदात्त आवेग मनुष्य को अपने संगियों से वस्तुतः ऊपर नहीं उठाता?

और प्रेम! कैसा मनोरंजक दृश्य यह प्रस्तुत करेगा—विदूषक की हरकतें और घोर मूर्खता को ही जन्म देंगी। एक नश्वर प्राणी को किसी पात्र को काल्पनिक सौन्दर्य से सुसज्जित करते, और फिर उस प्रतिमा के समक्ष नत होते व उसकी आराधना करते देखना, जिसे उसने स्वयं ही प्रतिष्ठित किया हो, कितना हास्यास्पद है! परन्तु मनुष्य को सुख के उस अंश से वंचित कर देने का, जिसका ईश्वर ने उसे अस्तित्व में लाकर असन्दिग्ध रूप से आश्वासन दिया था, भला क्या गम्भीर परिणाम निकल सकता है? क्या जीवन के समस्त उद्देश्यों की पूर्ति और भी बेहतर ढंग से नहीं हो सकती थी, यदि उसने उस चीज का, जिसे दैहिक प्रेम कहा जाता है, सिर्फ अहसास किया होता? और क्या उस वस्तु का दर्शन ही, जिसे कल्पनाशक्ति की दृष्टि से न देखा गया हो, भावनाओं के आवेग को शीघ्र ही एक तृष्णा में परिवर्तित नहीं कर देगा, यदि चिन्तन, जो मनुष्य की महान विशिष्टता है, उसे बल नहीं प्रदान करता, और मनुष्य को समस्त आदर्श के केन्द्र को प्रेम करना सिखाकर, इसे सांसारिक कूड़ा-करकट से उसको ऊपर उठाने का इसे उपकरण नहीं बनाता; जिसकी बुद्धिमत्ता प्राकृत कार्यों में उसी अनुपात में स्पष्टतर होती चली जाती है जिस अनुपात में तर्कबुद्धि चिन्तन द्वारा और सुव्यवस्थित व नियमित अवस्था के प्रति उस प्रेम को अर्जित कर जिसे आवेग का संघर्ष उत्पन्न करता है, उन्नत व प्रदीप्त होती जाती है?

चिन्तन की आदत, और किसी आवेग के पोषण द्वारा अर्जित ज्ञान, समान रूप से सार्थक दर्शाया जा सकता है। यद्यपि वस्तु को उतना ही भ्रामक सिद्ध किया जा सकता है, क्योंकि वे सब एक जैसे दिखते, यदि प्रत्येक व्यक्ति की क्षमताओं को जन्म देने व दृढ़ता प्रदान करने तथा उसे उन समस्त अनुभवों को अर्जित करने में, जिसे एक ऐसा शिशु अर्जित कर सकता है, जो किंचित् ऐसे कार्यों को करता है, जिसका वह कोई कारण नहीं बता पाता, सक्षम बनाने के लिए, रचयिता द्वारा हमारे भीतर रोपित उस संचालक आवेग से भव्य नहीं बना दिया जाता।

मैं अपनी ऊँचाई से नीचे उतरती हूँ, और अपने बन्धुओं के साथ घुलमिलकर स्वयं को सामान्य प्रवाह के साथ भागते अनुभव करती हूँ; आकांक्षा, प्रेम, आशा और भय अपना स्वाभाविक प्रभाव डालते हैं, भले ही तर्कबुद्धि द्वारा हम इस बात से सहमत हो जाएँ कि उनके तात्कालिक और सर्वाधिक आकर्षक आश्वासन मिथ्या स्वप्न मात्र हैं; परन्तु चौकन्नेपन के ठण्डे हाथ ने यदि प्रत्येक उदात्त अनुभूति को, इसके पूर्व कि वह कोई स्थायी चरित्र छोड़ पाती अथवा स्वभाव गढ़ पाती, निरुत्साहित कर दिया होता तो इसके अतिरिक्त भला और क्या अपेक्षा की जा सकती है कि स्वार्थपूर्ण बुद्धिमत्ता व तर्क सहजबोध से ही ऊँचा उठने लगें? जिसने डीन स्विफ्ट के याहूस के विषय में घृणित और हाउहिनहिम के रुचिहीन वर्णन को दार्शनिक दृष्टि से पढ़ा हो, ऐसा भला कौन होगा जो आवेग के अवमानना की निरर्थकता देखने अथवा मनुष्य को सन्तोष के साथ विश्राम का अवसर देने से बच सकता है?

युवा को क्रियाशील होना चाहिए, क्योंकि उसके पास यदि एक पके बालोंवाले व्यक्ति का अनुभव होता, तो वह जीवन की अपेक्षा मृत्यु के लिए अधिक तैयार होता, यद्यपि उसके सद्‌गुण जो उसके हृदय की अपेक्षा उसके मस्तिष्क में वास करते हैं, कुछ भी ऐसा महान उत्पन्न नहीं कर सकते, और इस संसार के लिए उपयुक्त उसकी बोधक्षमता, अपनी महान उड़ानों से यह सिद्ध नहीं कर सकती कि उसे अपेक्षाकृत बेहतर का अधिकार प्राप्त है।

इसके अतिरिक्त, एक युवा को जीवन का एक उचित दृष्टिकोण प्रदान करना सम्भव नहीं है, इसके पूर्व कि वह प्रलोभन की उस शक्ति का आकलन कर सके जिसने उसके बन्धु को दुराचार के लिए बहकाया, उसने अपने स्वयं के आवेग से संघर्ष किया होगा। वे जो जीवन में प्रवेश और वे जो जीवन से प्रस्थान करते हैं, संसार को इतने भिन्न दृष्टिकोण से देखते हैं, कि बिरले ही उनकी सोच समान हो।

जब हम किसी दुस्साहसिक अपराध की बात सुनते हैं वह अपनी नीचता के सर्वाधिक गहरे रंग में हमारे सामने आता है और रोष को जन्म देता है; परन्तु उस दृष्टि को जिसने इस अन्धकार को क्रमशः सघन होते देखा हो, इसे अधिक करुणाशील सहिष्णुता के साथ देखना चाहिए। यह संसार किसी भावशून्य प्रेक्षण द्वारा नहीं देखा जा सकता है, हमें जनसमुदाय के मध्य घुलमिल जाना होगा और इससे पूर्व कि लोगों की भावनाओं के प्रति हम संवेदनशील हो सकें, हमें वैसी ही अनुभूति करनी होगी जैसा वे करते हैं। संक्षेप में, यदि हम इस संसार में जीने, अधिक बुद्धिमान और अधिक भले बनने के अभिलाषी हैं तथा जीवन में मात्र श्रेष्ठ चीजों का उपभोग ही नहीं करना चाहते, तो हमें दूसरों के विषय में ज्ञान हासिल करना चाहिए ठीक उसी समय जब कि हम स्वयं से परिचित होते हैं। किसी भी अन्य विधि से अर्जित ज्ञान मात्र हृदय को निष्ठुर बनाता है और समझ को उलझा देता है।

मुझसे यह कहा जा सकता है कि इस प्रकार अर्जित ज्ञान का मूल्य कभी अत्यन्त महँगी दर पर चुकाना पड़ता है। मैं सिर्फ यही प्रत्युत्तर दे सकती हूँ कि कोई ज्ञान उद्यम और कष्ट के बिना भी अर्जित किया जा सकता है, इसमें मुझे सन्देह है : और जो अपनी सन्तान को दोनों से बचाना चाहते हैं, उन्हें शिकायत नहीं होनी चाहिए, यदि वह न मेधावी बन पाती है और न ही सदाचारी। उनका ध्येय सिर्फ उन्हें दूरदर्शी बनाना होता है और कम उम्र में ही दूरदर्शिता ज्ञानशून्य आत्मप्रेम का सतर्क कौशल भर है।

मैंने इस बात पर ध्यान दिया है कि वे युवा, जिनकी शिक्षा पर विशेष ध्यान दिया गया है, सामान्यतः अत्यन्त सतही और अहंकारी होते हैं तथा किसी भी रूप में प्रीतिकर बनने से दूर होते हैं, क्योंकि उनमें न तो युवापन की असन्दिग्ध ऊष्मा होती है और न ही वयस्कता की शान्त गहराई। इस अस्वाभाविक दिखावे को मुख्यतः समय से पूर्व उस उतावले शिक्षण-प्रशिक्षण के मत्थे मढ़ने से मैं स्वयं को रोक नहीं सकती जो उन्हें उन समस्त भोंडी धारणाओं को, जिसे उन्होंने विश्वास पर अपनाया है, धृष्टतापूर्वक दोहराने के लिए प्रवृत्त करता है जिसके फलस्वरूप उनकी शिक्षा उन्हें आजीवन पूर्वग्रहों का दास बना देती है।

मानसिक के साथ-साथ शारीरिक उद्यम, आरम्भ में इतना अधिक क्लेशकारी होता है, कि बहुतेरे इस बात के लिए उत्सुक होंगे कि दूसरे उनके लिए सोचने और करने दोनों का काम किया करें। वह अवलोकन जो मैंने बहुधा किया है, मेरे आशय को स्पष्ट कर देगा। परिचितों अथवा अपरिचितों के समूह में जब साधारण क्षमताओं का व्यक्ति मुक्का ठोंककर अपनी राय प्रकट करता है तो मैं इसे साहसपूर्वक कहना चाहूँगी कि वह उसका पूर्वग्रह होता है। यह तथ्य मैंने बहुधा देखा है, कुछ सम्बन्धी तथा मित्रों की समझ में इन प्रतिध्वनियों को ऊँचा सम्मान प्राप्त होता है और इन मतों को, जिसका विवरण देने को वे नितान्त तत्पर रहते हैं, पूर्णतः ग्रहण किए बिना वे एक ऐसी हठधर्मिता के हद तक उन्हें अक्षुण्ण रखते हैं जो उस व्यक्ति को भी आश्चर्यचकित कर देता है जिसने उन्हें गढ़ा था।

मुझे यह मालूम है कि आज कल पूर्वगहों के प्रति एक प्रकार के सम्मान का चलन प्रचलित है, और जब कोई उनसे मुठभेड़ करने का साहस करता है, भले ही वह मानवता से प्रवृत्त व तर्क से सज्जित हो, तो उससे अवमाननापूर्वक प्रश्न किया जाता कि क्या उसके पुरखे मूर्ख थे? नहीं, मैं उसका उत्तर दूँगी; धारणाएँ, भले ही किसी प्रकार की हों। आरम्भ में, उन सभी पर सम्भवतः विचार किया जाता था, और इसीलिए वे किंचित् तर्कबुद्धि पर आधारित होती थीं, तथापि, निस्सन्देह ऐसा बिरले नहीं था कि वे सर्वकालिक रूप से तर्कसंगत मूलभूत सिद्धान्त नहीं बल्कि एक स्थानिक युक्ति होती थी। परन्तु पुरानी पड़ चुकी धारणाएँ पूर्वग्रहों का असमानुपातिक स्वरूप ग्रहण कर लेती हैं जबकि वे अकर्मण्यता के साथ मात्र इसलिए स्वीकार कर लिए जाते

हैं क्योंकि काल ने उन्हें एक सम्मानजनक स्थिति प्रदान की है, बावजूद इसके कि जिस विवेक के धरातल पर उनका निर्माण हुआ था, विवेक का वह धरातल ही नहीं रहा अथवा चिह्नित नहीं किया जा सकता। पूर्वग्रहों के प्रति प्रेम क्यों हमारे लिए अभीष्ट है, मात्र इसलिए कि वे पूर्वग्रह हैं?[18] पूर्वग्रह एक ऐसा अनुरागपूर्ण दुराग्रही विश्वास है जिसका हम कोई तर्क नहीं दे सकते; क्योंकि जिस क्षण किसी मत को तर्कसम्मत किया जा सकता है वह पूर्वग्रह नहीं रह जाता, भले ही वह निर्णय की त्रुटि हो। और क्या तब हमें मात्र तर्क के प्रति खुला अनादर प्रकट करने के लिए ही धारणाओं को सँजोने की सलाह दी जाती है? इस प्रकार का तर्क-वितर्क मुझे उस चीज का स्मरण कराता है जिसे अशिष्टतापूर्वक स्त्री का तर्क कहा जाता है। कारण कि स्त्रियाँ कभी-कभी यह कहती हैं कि कुछ चीजों के प्रति वे प्रेम और विश्वास इसलिए रखती हैं *क्योंकि* वे उनसे प्रेम करती हैं और उन पर विश्वास करती हैं।

ऐसे लोगों के साथ संवाद किसी भी उद्देश्य से असम्भव होता है, जो इस शैली में मात्र स्वीकारोक्तियों अथवा नकारोक्तियों का प्रयोग करते हैं। इससे पूर्व कि आप उन्हें एक ऐसे बिन्दु पर लाएँ जहाँ से सन्तोषजनक ढंग से प्रस्थान किया जा सके, आपको उन सरल सिद्धान्तों की ओर लौटना होगा जो सत्ता द्वारा प्रवर्तित पूर्वग्रहों के पूर्ववर्ती थे। और भले ही प्रत्येक दस में एक बार ही ऐसा होता हो परन्तु यह दार्शनिक अभिकथन आपके आड़े आ जाता है कि कुछ सिद्धान्त व्यवहारतः उतने ही असत्य हैं, सार में वे जितने सत्य होते हैं।[19] बल्कि, इससे यह निष्कर्ष निकाला जा सकता है कि तर्कबुद्धि ने कुछ शंकाएँ पैदा की हैं, क्योंकि ऐसा सामान्यतः होता है कि लोग उस समय अपनी धारणाओं को प्रबलतम आवेग के साथ रखते हैं जब वे डँवाडोल होने लगते हैं, अपने प्रतिद्वन्द्वी को कायल करने के जरिये स्वयं अपने सन्देहों को निकाल फेंकने के लिए प्रयत्नशील, वे उस समय क्रोध से भर जाते हैं जब उन क्षोभकारी सन्देहों को स्वयं उनका शिकार करने के लिए उन्हीं पर प्रक्षेपित कर दिया जाता है।

सत्य यह है कि मनुष्य शिक्षा से ऐसी अपेक्षाएँ करता है जिसे वह पूरा नहीं कर सकती। एक बुद्धिमान अभिभावक अथवा शिक्षक शरीर को शक्तिशाली और उन उपकरणों को तीक्ष्ण बनाता है जिनसे बालक को ज्ञान अर्जित करना होता है, परन्तु व्यक्ति के स्वयं के उद्यम का फल मधुमय होना चाहिए। एक युवा को दूसरे के अनुभव से बुद्धिमान बनाने का प्रयास लगभग उतना ही बेतुका है जितना यह आशा करना कि शरीर ऐसे व्यायाम से हृष्टपुष्ट हो जाएगा जिसकी सिर्फ चर्चा की गई हो, अथवा देखा गया हो।[20] अधिकांश ऐसे बच्चे जिनके आचरण पर सर्वाधिक सूक्ष्मता के साथ दृष्टि रखी जाती है, दुर्बलतम व्यक्ति बनते हैं, क्योंकि उनके प्रशिक्षक उनके मन में मात्र कुछ ऐसी धारणाएँ भर देते हैं जिनका उनके प्राधिकार के अतिरिक्त अन्य कोई आधार नहीं होता; और यदि उन्हें प्रेम अथवा आदर दिया जाए, तो मस्तिष्क अपनी क्षमताओं के

प्रयोग में अवरुद्ध हो जाता है और अपने विकास की राह में डगमगाता है। इस प्रसंग में शिक्षा का कर्तव्य बस यह है कि लताओं के नवोदित तन्तुओं को सही तने तक पहुँचने में मदद करे तथापि नियम पर नियम थोपते, एक बच्चे को स्वयं निर्णय क्षमता अर्जित करने की अनुमति दिये बिना, अभिभावक इस उधार लिये हुए भ्रान्तिपूर्ण ज्ञान के प्रकाश में उनसे उसी प्रकार के व्यवहार की अपेक्षा करते हैं मानो उन्होंने स्वयं ही इसे आलोकित किया हो; और जीवन के आरम्भ में ही वैसे बन जाएँ, जैसे उसके माता-पिता जीवन के उत्तरार्द्ध में थे। वे यह नहीं विचार कर पाते कि वृक्ष और यहाँ तक कि मानव तन भी अपने तन्तुओं को तब तक शक्तिशाली नहीं बनाता जब तक वह अपनी पूर्ण वृद्धि प्राप्त नहीं कर लेता है।

मन में कुछ सादृश्य निरूपण दिखाई देता है। इन्द्रियबोध व कल्पनादृष्टि बचपन और युवावस्था में चरित्र को गढ़ते हैं और विवेक जैसे-जैसे जीवन विकसित होता जाता है, संवेदनशीलता के प्रथम औचित्यपूर्ण उद्देश्य को दृढ़ता प्रदान करता है, जब तक कि हृदय की अन्तःप्रेरणा से नहीं अपितु तर्कबुद्धि के प्रति स्पष्ट विश्वास से उत्पन्न, सद्गुण अर्जित नहीं हो जाता, नैतिकता को एक ऐसी चट्टान का अवलम्ब लेने दिया जाता है जिससे आवेग का झंझावात टकराकर निष्फल लौट जाता है।

जब मैं कहती हूँ, कि धर्म इस संघनित ऊर्जस्विता से युक्त नहीं हो सकता जब तक यह विवेक पर आधारित न हो तो मैं आशा करती हूँ कि मुझे गलत नहीं समझा जाएगा। यदि यह ईश्वर के प्रतीकों से सम्बन्धित एक तर्कसंगत धारणा और आत्मज्ञान से निगमित आचरण का एक संचालक नियम नहीं, दुर्बलता अथवा उन्मादी धर्मान्धता की मात्र शरणस्थली है, तो इससे भला किस फल की आशा की जा सकती है? धर्म जो स्नेह को उष्मा व कल्पना को उत्कृष्टता प्रदान करने में निहित है, मात्र एक काव्यात्मक अंश है, और मनुष्य को एक अधिक नैतिक प्राणी में रूपान्तरित किए बिना उसे आनन्द देने में समर्थ है। वह सांसारिक सिद्धियों के लिए स्थानापन्न बन सकता है, पर हृदय को उदार बनाने की अपेक्षा संकीर्ण बनाता है लेकिन सद्गुण को पसन्द करना इसलिए अभीष्ट है क्योंकि वह स्वयं में उदात्त और विशिष्ट होता है, इसलिए नहीं कि वह श्रेष्ठता का कारण बनता है अथवा बुराइयों से बचाता है। मनुष्य सदाचारी नहीं बन पाएँगे जब उन हताशाओं की क्षतिपूर्ति के लिए, जो उन्हें यहाँ मिलती हैं, वे भावी संसार में हवाई महल बनाते हैं; यदि वे अपने विचारों को सापेक्षिक कर्तव्यों से धर्मसम्बन्धी दिवास्वप्नों की ओर मोड़ देते हैं।

जीवन में अधिकांश सम्भावनाएँ उन मनुष्यों की अस्थिर सांसारिक बुद्धि द्वारा नष्ट हो जाती हैं, जो इस बात को बिसराकर कि वे ईश्वर और माया की एक साथ सेवा नहीं कर सकते, विपरीतों को मिलाने का प्रयास करते हैं। यदि आप अपने पुत्र को सम्पत्तिशाली बनाना चाहते हैं तो एक मार्ग का अनुसरण कीजिए। यदि आप उसे

मात्र सदाचारी बनाने के लिए उत्सुक हैं तो आपको दूसरा मार्ग अपनाना होगा; परन्तु इसकी कल्पना मत कीजिए कि अपने मार्ग से भटके बिना आप एक पथ से दूसरे पर छलाँग लगा सकते हैं।[21]

टिप्पणियाँ

1. इस अवतरण को मैं पहले ही प्रस्तुत कर चुकी हूँ, परिच्छेद 3, टिप्पणी 4
2. क्या मूर्खता है!
3. रूसो, एमिलियस, खण्ड तीन, पृ. 168
4. वही, पृ. 176
5. वही, पृ. 179
6. वही, पृ. 181
7. इसका परिणाम क्या होगा यदि माता अथवा पति के मत में संयोगवश सहमति न बने? एक अज्ञानी व्यक्ति को किसी त्रुटि के विरुद्ध तर्क नहीं दिया जा सकता, और जब एक पूर्वग्रह का दूसरे के निमित्त त्याग करने हेतु राजी कर लिया जाता है तो मन अशान्त रहता है। वस्तुतः पति के निकट उसे शिक्षा देने के लिए कोई धर्म नहीं होता, यद्यपि ऐसी परिस्थिति में, सांसारिक प्रतिफल से स्वतंत्र, अपने सदाचार के लिए एक सहारे की उसे बड़ी आवश्यकता होगी।
8. रूसो, एमिलियस
9. क्या तुम ऐसा कर सकते हो? कर सकते हो ऐसा? यह सर्वाधिक प्रभावशाली टिप्पणी होगी यदि इसे रिरियाते स्वर में मरी-मरी-सी आवाज में बोला जाए।
10. एक बार स्त्री को सद्बुद्धि अर्जित करने दी जाए और यदि वह ख्याति की अधिकारी है तो यह उन्हें शिक्षित करेगी अन्यथा इसका क्या औचित्य है कि इसको किस प्रकार प्रयोग में लाया जाए?
11. वह व्यक्ति मुक्त होता है जिसे *सत्य* मुक्त करता है—काउपर
12. मैं एक ऐसा शब्द प्रयोग करना चाहती हूँ जो यौनिक सच्चरित्रता को पातिव्रत्य से अधिक व्यापक अर्थ प्रदान करे।
13. एक व्यक्ति को महज यह सोचकर कोई कार्य करना या छोड़ना नहीं चाहिए, भले ही उसके सहीपन में उन्हें विश्वास हो, कुछ सन्दिग्ध परिस्थितियाँ संसार को यह *सन्देह* करने का आधार देंगी कि उन्होंने किसी अन्य उद्देश्य से प्रेरित होकर वह कार्य किया है। यह छाया के लिए वास्तविक वस्तु का त्याग है। लोगों को, बल्कि स्वयं अपने अन्तर्मन में झाँकने और जहाँ तक वह निर्णय ले सकते हैं, सही ढंग से कार्य करने देना चाहिए तथा उन्हें धैर्यपूर्वक संसार की राय आने तक प्रतीक्षा करनी चाहिए। एक साधारण से उद्देश्य से निर्देशित होना सर्वोत्तम चीज है—क्योंकि न्याय को बहुधा ही

औचित्य के पक्ष में बलिदान कर दिया जाता है—जो बस सुविधा के लिए एक अन्य शब्द है।

14. शिक्षा की विविध शाखाओं के सापेक्ष श्रीमती मैकाले की राय से सम्मति रखते हुए, स्वयं अपनी भावनाओं के समर्थन में उनके मनोभावों को उद्धृत करने की अपेक्षा मैं उनकी मूल्यवान कृति का सन्दर्भ दूँगी।
15. संसार की दुष्प्रवृत्तियों और मूर्खताओं से बच्चों की अनवरत रक्षा होनी चाहिए, यह मुझे एक अत्यन्त भ्रान्त धारणा प्रतीत होती है : क्योंकि अपने अनुभव के दौरान, और जिसे मेरी दृष्टि ने चतुर्दिक देखा है, मैंने इस विधि से शिक्षित ऐसे किसी युवा को नहीं पाया, जिसने आरम्भ में इन डरावनी आशंकाओं को आत्मसात् किया और हर बात पर सन्देह को यंत्रवत् दोहराया और वह एक स्वार्थी चरित्र प्रमाणित न हुआ हो।
16. स्त्रियों और अफसरों का उदाहरण प्रस्तुत कर, मैंने पहले ही यह दिखाया है कि समाज में घुलने-मिलने के द्वारा, सहज ढंग से प्राप्त संसार का आरम्भिक ज्ञान वही प्रभाव डालता है।
17. मैं यह पाता हूँ कि अनुभव के अभाव में सब कुछ मात्र जुबानी-बुद्धिमत्ता होती है।" सिडनी का कथन।
18. देखें, श्री बर्क।
19. "एक मनुष्य् को उसकी इच्छा के विपरीत कितना भी कायल किया जाए, वह अपने उसी मत पर कायम रहता है।"
20. जब कोई व्यक्ति मात्र चिन्तन-मनन में लीन रहता है तो उसे कुछ भी दृष्टिगोचर नहीं होता; यह देखने के लिए कि दूसरे किस प्रकार कार्य करते हैं, स्वयं कर्म करना आवश्यक है।" *रूसो।*
21. देखें, *मिसलेनियस पीसेज इन प्रोज* में श्रीमती बारबोल द्वारा इस विषय पर एक उत्कृष्ट निबन्ध।

अध्याय छह

कम उम्र में विचारों के संयोजन का चरित्र पर पड़नेवाला प्रभाव

ऐसे लेखकगण द्वारा, जिनकी मैं निन्दा करती रही हूँ, अनुमोदित शक्तिह्रासकारी शैली में शिक्षित, और समाज में अपनी गौण स्थिति के कारण, विलुप्त आधार की पुनःप्राप्ति का कोई संयोग न होने से, क्या यह आश्चर्यजनक है कि स्त्रियाँ प्रकृति में सर्वत्र एक दोष प्रतीत होती हैं? क्या यह अचरज की बात है कि जिस समय हम यह सोचते हैं कि उनके चरित्र पर एक आरम्भिक विचार संयोजन का कितना सुस्पष्ट प्रभाव पड़ा है, वे अपनी बोधक्षमता की उपेक्षा कर रही होती हैं और अपना सम्पूर्ण ध्यान अपनी काया की ओर मोड़ देती हैं?

मस्तिष्क को ज्ञान भण्डार से सम्पन्न बनाने के फलस्वरूप स्वाभाविक रूप से जो महती लाभ होते हैं वे निम्नलिखित तर्कों से स्पष्ट हैं। हमारे विचारों का संयोजन या तो अभ्यासजनित होता है अथवा तात्कालिक; और तात्कालिक पद्धति इच्छा पर नहीं, बल्कि मस्तिष्क के मूलभूत सन्तुलन पर निर्भर करती प्रतीत होती है। जब विचार और तथ्य एक बार ग्रहण कर लिये जाते हैं, वे उपयोग के लिए तब तक पड़े रहते हैं जब तक कोई आकस्मिक स्थिति हमारे जीवन की भिन्न-भिन्न अवधियों में प्राप्त सूचनाओं को चित्रमय शक्ति के साथ तीर की तरह मस्तिष्क में पहुँचने के लिए बाध्य न कर दे। प्रायः कई विचार बिजली की क्षणिक कौंध की तरह होते हैं; एक विचार अद्भुत तेजी के साथ दूसरे को आत्मसात् करते और उसे व्याख्यायित करते चलता है। अब मैं सत्य के उस तात्कालिक बोध की ओर इंगित नहीं करूँगी जो इतना सहजबोधनीय होता है कि यह शोध प्रयासों को निष्फल बनाने लगता है, और यह निर्धारित करने में, अपनी त्वरित गति के कारण दृष्टि से ओझल, यह संस्मृति है अथवा तर्कणा, जो अज्ञान के अँधेरे को चीरती है, हमें हतबुद्धि कर देता है। उन तत्क्षण संयोजनों पर हमारा कोई नियंत्रण नहीं होता क्योंकि एक बार मस्तिष्क यायावरी उड़ानों अथवा गम्भीर चिन्तन-मनन

द्वारा अभिवर्धित हो जाता है तो कच्चा माल स्वयं को एक सीमा तक उपयुक्त क्रम में ढाल लेता। यह सत्य है कि जब हम अपने विचारों को समूहीकृत करते हैं तो विवेक हमें क्रमबद्धता के बाहर जाने से बचाये रखता है अथवा कल्पना दृष्टि से मनोरथ सृष्टि के सजीव रेखाचित्रों की अनुकृति करता है परन्तु आदिम चेतना और व्यक्तिगत चरित्र उसमें रंग भरने का कार्य करते हैं। इस अतिसूक्ष्म विद्युत आवेशित तरल पर,[1] कितना कम नियंत्रण हम रख पाते हैं और इसके ऊपर भला कितना नियंत्रण विवेक अर्जित कर सकेगा! यह प्रखर दुर्दमनीय चेतना मेधावी व्यक्ति का सारतत्त्व प्रतीत होती है, और उसकी तीक्ष्ण दृष्टि में दीप्त होकर, उत्कृष्टतम रूप में, वह सौभाग्यदायिनी ऊर्जा उत्पन्न करती है, जो आश्चर्यचकित, आनन्दित और प्रशिक्षित करती है। यह वे आलोकित मस्तिष्क होते हैं, जो अपने बन्धुओं के लिए चित्रों को संकेन्द्रित करते हैं, उन्हें आवेगपूर्ण कल्पनादृष्टि से प्रतिबिम्बित उन वस्तुओं को रुचि के साथ देखने के लिए बाध्य कर देते हैं जिसे प्रकृति में छोड़कर वे आगे बढ़ गए थे।

मुझे स्वयं को स्पष्ट करने का मौका मिलना चाहिए। जनसमुदाय का बहुलांश काव्यात्मक रूप से देखने अथवा अनुभव करने में सक्षम नहीं होता, वे काल्पनिक की आकांक्षा रखते हैं और फलतः उपयुक्त वस्तुओं की खोज में एकान्त से उड़ान भरते हैं; परन्तु जब कोई लेखक उन्हें अपनी दृष्टि प्रदान करता है वे उसी प्रकार देख सकते हैं जैसा वह देखता है और उन छवियों के कारण स्वयं पर हँसते हैं, जिसका वे अपने समक्ष पड़े होने के बावजूद चयन नहीं कर पाए थे।

शिक्षा इस प्रकार एक प्रतिभावान व्यक्ति को, उसके विचार संयोजनों को विविधता और वैषम्य प्रदान करने के लिए, सिर्फ ज्ञान से सम्पन्न बनाती है; किन्तु विचारों का एक अभ्यासजनित संयोजन भी होता है जो 'हमारे विकास के साथ' अभिवर्धित होता है, जिसका मानवजाति के नैतिक चरित्र पर व्यापक प्रभाव पड़ता है और जिसके द्वारा मस्तिष्क को वह दिशा मिलती है जो सामान्यतः जीवनपर्यन्त बनी रहती है। बोधशक्ति इतनी नमनीय और फिर भी इतनी दुराग्रही होती है कि विचार संयोजन, जो आनुषंगिक परिस्थितियों पर निर्भर करते हैं, को उस अवधि में जब शरीर परिपक्वता ग्रहण कर रहा होता है, कदाचित् ही तर्कबुद्धि द्वारा अव्यवस्था मुक्त किया जा सकता हो। एक विचार दूसरे को, अपने पुराने संयोज्य को आमंत्रित करता है, और स्मृति जो अपने प्रथम संस्कार के प्रति निष्ठावान होती है, विशेषतया जब कि बौद्धिक शक्तियों का प्रयोग हमारी उत्तेजनाओं को शान्त करने के लिए नहीं होता, उन्हें यांत्रिक सटीकता के साथ पुनः अन्वेषित कर लेती है।

प्रथम संस्कार के प्रति यह अभ्यासजनित दासता, पुरुष चरित्र की अपेक्षा स्त्री पर अधिक घातक प्रभाव डालती है; क्योंकि व्यापार और अन्य शुष्क कार्यों में बोधशक्ति का प्रयोग उन भावनाओं को मृतप्राय और ऐसे विचार संयोजन को विखण्डित करने

का काम करता है, जिससे तर्कबुद्धि का अपमान होता है। परन्तु नारियाँ जिन्हें बचपन में ही स्त्री बना दिया जाता है और जब उन्हें बच्चा गाड़ी को सदा के लिए त्याग देना चाहिए तब बचपन में लौटा लाया जाता है, उस कला के चरम अधिष्ठापन को मिटा डालने के लिए, जिसने नैसर्गिकता का गला घोंट दिया हो, पर्याप्त मानसिक दृढ़ता से सम्पन्न नहीं होती हैं।

प्रत्येक वह चीज जो वह देखती या सुनती हैं, संस्कारों को अडिग बनाने, भावनाओं को जागृत करने और उन विचारों को संयोजित करने का कार्य करती है जो उनके मस्तिष्क को एक यौनिक चरित्र प्रदान करते हैं, सौन्दर्य और कमनीयता के प्रति भ्रान्त धारणाएँ उनके अवयवों के विकास को अवरुद्ध कर देती हैं तथा अंगों की कोमलता के स्थान पर रुग्ण चिन्ता को जन्म देती हैं और इस प्रकार प्रत्येक प्रतिवेशी वस्तु द्वारा उन पर थोपे गए प्रथम संयोजनों को परखने की अपेक्षा अनावृत करने की व्यस्तता से दुर्बल, वे भला किस प्रकार वह आवश्यक ऊर्जा अर्जित कर सकेंगी जो उन्हें अपने कृत्रिम चरित्र के मूलोच्छेदन के योग्य बना सके? विवेक की ओर लौटने की तथा एक ऐसे उत्पीड़न के तंत्र से ऊपर उठने की, जो बसन्त के निष्कपट आश्वासनों की धज्जियाँ उड़ा देता है, दृढ़ता भला कहाँ से प्राप्त कर सकेंगी? विचारों का यह निर्मम संयोजन, जिसे प्रत्येक चीज उनके सोचने अथवा ठीक-ठीक कहें तो अनुभव करने की समस्त आदतों में बलपूर्वक मोड़ने का षड्यंत्र करती है, नूतन ऊर्जा प्राप्त करता है, जब वे अपने लिए कुछ कार्य करना आरम्भ कर देती हैं : क्यों तब उन्हें इसका बोध हो जाता है कि पुरुष-भावनाओं को उद्दीपित करने के मात्र उनके कौशल के माध्यम से ही यह सम्भव हो सकता है कि सुख और सत्ता अर्जित की जा सके। इसके अतिरिक्त उनके प्रशिक्षण हेतु लिखित वे पुस्तकें जो उनके मन पर प्रथम प्रभाव डालती हैं, इन्हीं धारणाओं को उनमें भरती हैं। एक दास की परतंत्रता से भी बदतर स्थिति में शिक्षा प्रदान कर, उन दोषों के लिए उनकी भर्त्सना करना, जिससे बिरले ही बचा जा सकता हो, जब तक कि एक अंश तक जन्मजात ऊर्जा की कल्पना न की जाए जो मानवजाति के बीच कुछ ही व्यक्तियों के हिस्से में आई है, अनुचित और साथ ही निर्मम भी होगा।

उदाहरणस्वरूप, स्त्री-जाति पर कठोरतम कटाक्ष किया गया है, और 'यंत्रवत् रटी-रटाई नियत सूक्तियों' को बारम्बार दोहराने के लिए उनकी खिल्ली उड़ाई गई है, जबकि उनके द्वारा अर्जित शिक्षा को ध्यान में रखते हुए और यह कि उनके लिए पुरुष की इच्छा का 'निर्विवाद पालन सर्वोच्च प्रशस्ति है,' इससे अधिक नैसर्गिक अन्य कुछ हो ही नहीं सकता। यदि उन्हें स्वयं अपने आचरण को संचालित करने के लिए यथेष्ट विवेक से सम्पन्न होने की अनुमति नहीं है, तो क्यों, वे जो कुछ भी सीखती हैं, उसे यंत्रवत् रटने की भी आवश्यकता पड़ती है? और जब उनकी समस्त पटुता का आह्वान

अपनी वेशभूषा को सजाने के लिए किया जाता हो, 'एक लाल कोट के प्रति ललक' इतनी सहज है कि इसने मुझे कदापि विस्मित नहीं किया, और यदि पोप के उनके चरित्र सम्बन्धी इस समाहार को उचित मान भी लिया जाए कि 'प्रत्येक स्त्री हृदय से विलासिनी होती है' तो एक सौहार्दपूर्ण मस्तिष्क की इच्छा करने व विवेकवान व्यक्ति की अपेक्षा एक इन्द्रियभोगी को प्राथमिकता देने के लिए भला क्यों उनकी कटुतापूर्वक निन्दा की जाए?

विषयभोगी को यह ज्ञात होता है कि उनकी भावनाओं को किस प्रकार जगाया जा सकता है, जब कि विवेकसम्मत व्यक्तियों के विनीत गुण का भी, निस्सन्देह, उनकी भावनाओं पर कम ही प्रभाव पड़ता है, और वे उनके हृदय तक समझदारी के रास्ते नहीं पहुँच सकते, क्योंकि उनकी किंचित् भावनाएँ ही साझा होती हैं।

स्त्रियों से अपनी *रुचियों* में पुरुषों की अपेक्षा अधिक विवेकवान होने की आशा करना और इसके बावजूद उन्हें तर्कबुद्धि के नियंत्रणविहीन प्रयोग से वंचित करना किंचित् बेतुका प्रतीत होता है। पुरुष कब बुद्धि के साथ *प्रेम में पड़ते* हैं? भला कब अपनी श्रेष्ठ शक्तियों और अनुकूल स्थितियों सहित वे काया से विमुख होकर बुद्धि की ओर प्रवृत्त होते हैं? और तब किस प्रकार वे स्त्रियों से, जिन्हें मात्र अपने आचरण पर ध्यान रखने और नीति आचार के स्थान पर व्यवहारशास्त्र जानने की शिक्षा दी जाती हो, उस चीज से घृणा की अपेक्षा रखते हैं जिसे पाने के लिए वे जीवनपर्यन्त परिश्रम करती रहीं? कहाँ से अकस्मात् वे एक अटपटे सदाचारी पुरुष की बोधशक्ति को धैर्यपूर्वक तौलने की पर्याप्त निर्णय क्षमता अर्जित करेंगी जबकि उसका व्यवहार, जिसकी वे छिद्रान्वेषी न्यायकर्ता बनाई गई हैं, उपेक्षापूर्ण तथा उसका वार्तालाप भावशून्य और उबाऊ हो, क्योंकि उसमें दिलचस्प हाजिरजवाबी अथवा सुविन्यस्त प्रशंसोक्तियाँ नहीं होतीं? किसी वस्तु के प्रति सम्मान और सराहना की निरन्तरता बनी रहे इसके लिए हमें उस चीज के विषय में, जिसकी हम सराहना करते हैं, किंचित् अंश तक संज्ञान द्वारा कम-से-कम अपने कुतूहल को जागृत रखना चाहिए, क्योंकि अपनी समझ से परे विशिष्टताओं और सद्‌गुणों का मूल्य आँकने में हम असमर्थ होते हैं। ऐसा सम्मान, जब इसे अनुभव किया जाता है, नितान्त उदात्त होता है, और विनम्रता की सम्भ्रान्त चेतना परावलम्बी प्राणी को, किंचित् दृष्टिकोणों से, एक रोचक वस्तु बना देती है, परन्तु मानवीय प्रेम को और अधिक स्थूल अवयवों से निर्मित होना चाहिए और तब व्यक्ति अत्यन्त सहज भाव से अपना अंश प्राप्त करने के लिए इसका सहभागी बनेगा, प्रचुर मात्रा में इसकी सहभागिता अधिकांशतः रहती भी है।

प्रेम, अधिकांशतः एक स्वेच्छाचारी आवेग है और किंचित् अन्य छुपी शरारतों के सदृश, विवेक के प्रति आग्रही हुए बिना स्वयं अपनी सत्ता द्वारा शासन करता है और इसे, मित्रता की नींव, आदर भाव से भी आसानी से पृथक् किया जा सकता है क्योंकि

यह बहुधा ही क्षणजीवी सौन्दर्य और लालित्य से उत्तेजित हो उठता है।

सामान्य आवेगों को साधारण गुणों से उत्तेजना मिलती है। पुरुष सौन्दर्य और हँसमुख आज्ञाकारिता ढूँढ़ते हैं, स्त्रियाँ चिकने-चुपड़े व्यवहार से विमोहित हो जाती हैं। एक सौम्य दिखनेवाला पुरुष बिरले ही उन्हें प्रसन्न करने में असफल होता है, और उनके प्यासे कान उत्कण्ठा के साथ विनम्रता की निस्सारता का पान करती है जबकि उस जादूगर-तर्कणा के अबोधगम्य स्वरों से वे विमुख रहती हैं, जो इतने प्रज्ञ ढंग से कदापि सम्मोहित नहीं कर सकता। सतही उपलब्धियों के सन्दर्भ में इन्द्रियभोगी निश्चित रूप से लाभ उठाते हैं और इनसे स्त्रियाँ एक धारणा बनाती हैं, क्योंकि यही उनका स्वयं का आधार होता है। अपने जीवन की सम्पूर्ण गति द्वारा विनोदिनी और चपला बनने के उपरान्त, बुद्धिमत्ता की झलक मात्र ही अथवा सदाचार का कठोर लालित्य उनके लिए विषादमय प्रतीति होती है, और एक प्रकार के ऐसे प्रतिबन्ध को जन्म देती है जिसके विरुद्ध वे और वह कौतुकप्रिय शिशु-प्रेम सहज ही विद्रोह कर देते हैं। रुचि के बगैर, यदि हल्के-फुल्के प्रकार को छोड़ दिया जाए, क्योंकि रुचि निर्णय क्षमता से पैदा होती है, वे भला किस प्रकार यह खोज पाएँगी कि वास्तविक सौन्दर्य और लालित्य बुद्धि की लीला से ही जन्म लेते हैं? और किस प्रकार उनसे अपने प्रेमी में उस गुण को पसन्द करने की आशा की जाएगी जिसे वे स्वयं धारण नहीं करतीं अथवा नितान्त अपूर्णता के साथ धारण करती हैं? वह सहअनुभूति जो हृदय के तारों को जोड़ती है और विश्वास जगाता है उनमें इतना क्षीण होता है कि यह ऊर्जा नहीं खींच सकता और इस प्रकार भावावेग के शिखर तक पहुँच सकता है। नहीं, मैं यह पुनः कहना चाहूँगी कि ऐसे मस्तिष्क द्वारा सँजोये प्रेम के पास अधिक ठोस ईंधन होना चाहिए!

निष्कर्ष स्पष्ट है; जब तक स्त्रियों को अपनी बोधशक्ति के प्रयोग के लिए प्रवृत्त नहीं किया जाता, भोग-विलास के प्रति उनकी आसक्ति के लिए, और न ही अन्तर्मन से विलासिनी होने के लिए उन पर व्यंग्य की बौछार करना उचित है जब कि यह उनकी शिक्षा-दीक्षा की अपरिहार्य निष्पत्ति प्रतीत होती है। वे जो आनन्द के लिए जीती हैं—अपना आह्लाद, अपना सुख, आनन्दभोग में प्राप्त करती हैं! यह एक घिसी-पिटी, तथापि सत्य, टिप्पणी है कि हम किसी भी कार्य को भली-भाँति नहीं करते जब तक कि उसके कारणों से ही हम उसे पसन्द नहीं करते।

एक क्षण के लिए, किसी भी प्रकार से, यह मान लिया जाए कि स्त्रियाँ, समय के किसी भावी चक्र में, वैसी ही हो जाती हैं जैसी मैं उन्हें सच्चे मन से देखने की इच्छा करती हूँ, तब प्रेम भी एक अधिक सच्चा गौरव अर्जित कर लेगा और अपनी ही ज्वाला में तप कर पवित्र हो जाएगा तथा सदाचार के उनके स्नेह को सच्ची सौजन्यता देते ही, वे एक इन्द्रियभोगी से घृणा के साथ मुँह मोड़ लेंगी। तब तर्कणा और साथ ही, वर्तमान में, स्त्री के एकमात्र अधिकार क्षेत्र, अनुभूति से वे बाह्य लालित्य के विरुद्ध सरलता से

सचेत हो सकती हैं और उस भावना के प्रति अविलम्ब घृणा भाव रखना सीख सकती हैं जिसे स्त्रियों के तरीके से उत्तेजित किया जाता रहा है, व्यसन जिसका व्यवसाय था, और सम्मोहन स्वेच्छाचारी रंग-ढंग। उन्हें स्मरण रखना चाहिए कि वह ज्वाला, जिसे वे प्रज्वलित रखने की आकांक्षी हैं, वासना से बुझ चुकी है और सहज तथा पवित्र आनन्द के प्रति स्वाद को खो चुकी, वह तृप्त क्षुधा मात्र कामुक कला-कौशल और विविधता से ही जाग्रत की जा सकती है। ऐसे पुरुष के साथ संयोग में सुकुमार रुचियोंवाली कोई स्त्री सन्तोष का भला कौन-सा आश्वासन स्वयं को दे सकती है जबकि उसके स्नेह व्यवहार की अकृत्रिमता ही नीरस प्रतीत हो? ड्राइडेन इस स्थिति का इस प्रकार वर्णन करता है, "स्त्री के लिए प्रेम जहाँ कर्तव्य होता है, उनके लिए मात्र ऐन्द्रिकता का झोंका, अशिष्ट अभिमान के साथ जिसकी माँग की जाती है।"

परन्तु एक महान सत्य स्त्रियों को अभी जानना शेष है यद्यपि इसके अनुरूप व्यवहार करना उनके लिए अत्यन्त महत्त्व रखता है। पति चुनते समय, उन्हें एक प्रेमी के गुणों से भ्रम में नहीं पड़ना चाहिए, क्योंकि एक पति चाहे वह बुद्धिमान तथा सदाचारी ही क्यों न हो, लम्बी अवधि तक प्रेमी नहीं बना रह सकता।

यदि स्त्रियाँ अधिक तर्कपरक ढंग से शिक्षित की गई होतीं, चीजों को वे अधिक व्यापक परिप्रेक्ष्य में ग्रहण करतीं, तो वे अपने जीवन में मात्र एक बार प्रेम से सन्तुष्ट हो जातीं और परिणय के उपरान्त भावावेग को धैर्यपूर्वक मित्रता में, एक ऐसी सुकोमल प्रगाढ़ता में, ढल जाने देतीं, जो चिन्ता से सर्वोत्तम आश्रय है; और यह ऐसे पवित्र, शान्त अनुराग की नींव पर निर्मित होता है कि अकर्मण्य ईर्ष्या को जीवन के गम्भीर कर्तव्यों के पालन में अड़चन डालने की, और न ही उन विचारों को उलझाने की जिन्हें अन्यथा प्रयुक्त किया जा सकता है, अनुमति दी जा सकती है। यह एक ऐसी अवस्था है जिसमें अनेक पुरुष रहते हैं किन्तु स्त्रियाँ कम, बहुत कम होती हैं। और इस अन्तर का कारण, किसी यौनिक चरित्र का आश्रय लिए बिना, आसानी से समझाया जा सकता है। पुरुषों ने, जिनके लिए स्त्रियों की सृष्टि हुई बताई जाती है, उन स्त्रियों के चिन्तन को अत्यधिक रूप से घेर रखा है तथा यह संयोजन इस प्रकार प्रेम को उनके कर्म के समस्त उद्देश्यों के साथ जोड़ देता है; और प्रेम को जाग्रत करने के लिए स्वयं को तत्पर बनाने अथवा अपनी शिक्षाओं को वास्तव में व्यवहार में उतारने के लिए, पूर्णतः व्यस्त रहते हुए, वे प्रेम के बिना जीवित नहीं रह सकतीं; परन्तु जब कर्तव्य का बोध और लज्जा का भय, सौम्यता के लिहाज से, निश्चित सीमा से परे प्रसन्न करने की इस आसक्तिपूर्ण इच्छा पर प्रतिबन्ध लगाने के लिए उन्हें बाध्य करता है, यह सत्य है कि अपराधिता से भले ही दूर हों, वे अपने पति से जीवन के अन्तिम प्रहर तक प्रेम के लिए हठधर्मितापूर्वक अड़ी रहती हैं और तब उस भूमिका को अभिनीत करते हुए, जिसे उन्होंने मूर्खतापूर्वक अपने प्रेमी से बलात् ग्रहण किया था, वे दयनीय प्रणययाचक

और स्नेहशील दास बन जाती हैं।

प्रत्युत्पन्नमति और कल्पना से सम्पन्न पुरुष बहुधा इन्द्रिय विलासी होते हैं, और कल्पना की उड़ान प्रेम का आहार होती है। ऐसे पुरुष कामना को उत्प्रेरित करते हैं। स्त्री-जाति का अर्द्धांश अपनी वर्तमान शिशुवत अवस्था में एक लम्पट प्रेमी के लिए प्रेमातुर होगा। इस कदर विनोदपूर्ण, इतना शालीन और ऐसा पराक्रमी पुरुष सामने होता तो क्या इस प्रकार मन में बिठाई गई धारणाओं के अनुरूप आचरण करने के लिए वे निन्दा की पात्र हो सकती हैं? वे एक प्रेमी व संरक्षक की आकांक्षी होती हैं और उसे अपने समक्ष घुटने के बल झुका रहते देखना चाहती हैं, सौन्दर्य के प्रति साष्टाँग दण्डवत् करता शौर्य! पति के गुणों को प्रेम द्वारा इस प्रकार पृष्ठभूमि में प्रक्षेपित कर दिया जाता है तथा प्रफुल्ल आशाएँ व उत्तेजनापूर्ण भावनाएँ तब तक के लिए चिन्तन-मनन को निर्वासित कर देती हैं जब तक कयामत का दिन नहीं आ जाता, और यह निश्चय ही आता है, प्रसन्नवदन प्रेमी को एक ऐसे रुक्ष शंकालु शासक में रूपान्तरित करने के निमित्त, जो उन्हीं दुर्बलताओं का तिरस्कारपूर्वक अनादर करता है जिसे उसने पोषित किया था; अथवा यह मान लिया जाए कि इन्द्रियविलासी में सुधार हो गया है, वह पुरानी आदतों से अविलम्ब मुक्त नहीं हो सकता है। जब योग्यता का धनी एक मनुष्य आरम्भ में अपनी उत्कट कामनाओं में बहने लगता है, तो यह अनिवार्य बन जाता है कि भावनाएँ और रुचियाँ कदाचार के महापाप पर मुलम्मा चढ़ाएँ और पाशविक विषयासक्ति में स्वाद प्रदान करें, परन्तु जब नवीनता की चमक-दमक क्रमशः लुप्त होने लगती है और आनन्द इन्द्रियों के लिए अरुचिकर हो जाता है, तो कामुकता अपने नग्न रूप में प्रकट होती है और सुख दुर्बलता का मात्र निराशापूर्ण प्रयास बनकर रह जाता है जो चिन्तन-मनन से उसी प्रकार पलायन करता है जैसे कि शैतानों की सेना से। ओह! सदाचार, तुम मात्र एक निस्सार शब्द नहीं हो। जीवन वह सर्वस्व जो अर्पण कर सकता है, तुम उसे देने में समर्थ हो!

यदि श्रेष्ठ योग्यताओं से सम्पन्न एक सुधरे हुए इन्द्रियभोगी की मित्रता से बहुत सुख की अपेक्षा नहीं की जा सकती, तब जब उसमें भावना के साथ-साथ विचारों का भी अभाव हो, भला क्या परिणति होगी? वस्तुतः दुर्भाग्य, अपने विकरालतम रूप में। जब दुर्बलचित्त लोगों की आदतें समय द्वारा दृढ़ीकृत कर दी जाती हैं, सुधार, बिरले ही सम्भव होता है, और वास्तव में उन प्राणियों का जीवन नर्क बना देता है जिसके पास निष्पाप आनन्द से सुख अर्जित करने योग्य बुद्धि नहीं होती; उदाहरणार्थ वह वणिक, जो अपनी व्यावसायिक वृत्ति से निवृत्त हो जाता है, प्रकृति उसके समक्ष मात्र सार्वत्रिक रिक्तता प्रस्तुत करती है और अशान्त विचार मुरझाई आत्मा को क्षीण बना देते हैं[2] उनकी परिष्कृति के साथ-साथ उसकी व्यवसाय निवृत्ति वस्तुतः उसे दयनीय बना देती है क्योंकि यह उन आशाओं और आशंकाओं के शमन द्वारा, जो उसके मन्द मस्तिष्क

को गतिशील रखती हैं, समस्त कार्य से उसे वंचित कर देती है।

यदि आदतों में ऐसी शक्ति है, यदि मूर्खता में ऐसी दासता है, तो कितनी सावधानी से दूषित संयोजनों के संचय से हमें मस्तिष्क को सुरक्षित रखना होगा, और उस दीन प्राणी को अज्ञान की, भले ही अहानिकर हो, क्षीण पराधीन अवस्था से बचाने के लिए बोध क्षमता को विकसित करने में हमें उतना ही सतर्क रहना होगा। यह मात्र विवेक का उचित प्रयोग ही है जो हमें प्रत्येक वस्तु से स्वतंत्र करता है, "सिवाय उस निर्मल परम विवेक के, "जिसकी क्रियान्वति है सम्पूर्ण स्वतंत्रता।"

टिप्पणियाँ

1. मैंने यदा-कदा, भौतिकवादियों से व्यंग्यपूर्वक यह प्रश्न किया है कि क्या, जिस प्रकार प्रकृति में एक सर्वशक्तिशाली प्रभाव प्रकटतः द्रव पदार्थों, चुम्बकीय शक्ति इत्यादि से उत्पन्न होता है, ऐसी आवेगपूर्ण कामनाएँ वाष्पशील द्रव्य तो नहीं हैं मृदु जो अधिक अड़ियल मूल तत्त्वों को संयुक्त रखते हुए, मानवता पर छाये रहे; अथवा क्या वे मात्र एक तरल अग्नि नहीं होतीं जो अधिक निस्तेज पदार्थों में व्यापकर उन्हें जीवन और ताप देती है?
2. मैंने बहुधा ही यह उदाहरण स्त्रियों में पाया है, जिनके सौन्दर्य का जीर्णोद्धार नहीं किया जा सकता है। वे विषयासक्ति के कोलाहलपूर्ण दृश्यों से अवकाश ग्रहण कर लेती हैं। किन्तु जब तक वे व्यवस्थावादी नहीं हो जातीं, उनके पारिवारिक सूत्रों अथवा परिचितों के चुनिन्दा समाज का एकाकीपन मात्र एक भयानक शून्य प्रस्तुत करता है। फलतः आशंकापूर्ण उपालम्भ और अकर्मण्यता का सम्पूर्ण असार क्रम उन्हें बिल्कुल उतना ही निरर्थक और उससे कहीं अधिक दुखी बना देता है जब वे तीव्र गति से भागते जनसमुदाय में सम्मिलित थीं।

अध्याय सात

शालीनता पर विचार–लेकिन एक यौनिक सद्गुण के रूप में नहीं

शालीनता! भावना और तर्कबुद्धि की पवित्र सन्तान! मन की सच्ची सुकोमलता! यह तुम्हीं हो जिसका मृदु आकर्षण किसी चरित्र के हर अप्रिय लक्षण को मृदुल बनाते हुए ऐसे को भी अति सुन्दर बनाता है जो इसके बिना महज ठण्डी सराहना का पात्र होता। तू जो बुद्धि की सिलवटों को दूर करती है और महानतम सदगुणों के सुर को इस प्रकार मृदू करती है कि वे सम्पूर्णतः मानवीयता में विलीन हो जाए; तू जो स्वर्गिक छटा बिखेरता है कि सर्वव्यापी प्रेम प्रत्येक सौन्दर्य को, जिस पर इसकी आंशिक आभा पड़ती है, ऊँचाई तक ले जाता है, उस लज्जालु सौन्दर्य सुख से अनुप्राणित करते हुए जो हृदय को लुभा लेता है और इन्द्रियों को सम्मोहित करता है–मेरे तर्क की भाषा को प्रभावपूर्ण बनाता है, जब तक मैं अपनी जाति को फूलों की उस सेज से जगा नहीं देती, जिस पर वे निष्क्रियतापूर्वक पड़ी रहकर जीवन व्यर्थ कर देती है!

विचारों के संयोजन के सम्बन्ध में चर्चा करते हुए मैंने दो भिन्न पद्धतियों पर ध्यान दिया है और शालीनता को परिभाषित करते समय मुझे, मन की उस शुद्धता, जो यौन शुचिता का परिणाम होती है और चरित्र की निष्कपटता, जो हमें अपने विषय में एक उचित धारणा बनाने की ओर उन्मुख करता है तथा जो आडम्बर और अहंकार से उतनी ही भिन्न होती है, में भेद करना, समान रूप से उचित प्रतीत होता है। शालीनता, बादवाले अर्थ में, मन की वह सौम्यता है जो एक व्यक्ति को अपने सम्बन्ध में जितना अभीष्ट है उससे ऊँचा मूल्यांकन न करने की शिक्षा देती है और विनय से पृथक् किया जाना चाहिए क्योंकि विनय एक प्रकार की आत्मदीनता है।

एक शालीन मनुष्य बहुधा एक वृहत्तर योजना पर सोचता है और, अपनी स्वयं की शक्ति के प्रति सचेत, उसमें दृढ़तापूर्वक संलग्न हो जाता है, जब तक कि सफलता उसे वह स्वीकृति प्रदान नहीं करती जो उसके चरित्र को निर्धारित करता है। मिल्टन

अहंकारी नहीं था जब उसने एक ऐसा आकलन प्रस्तुत किया जो भविष्यवाणी सिद्ध हुई; और न ही जनरल वाशिंगटन ऐसा था जब उसने अमेरिकी सेना की कमान सँभालने की स्वीकृति दी थी। वाशिंगटन को सदैव एक शालीन व्यक्ति के रूप में चित्रित किया जाता है, किन्तु यदि वह मात्र विनयी होता, तो एक ऐसे उद्यम का दिशा निर्देशन जिस पर बहुत कुछ निर्भर था, स्वयं को सौंपने के प्रति आशंकित, वह सम्भवतः पीछे हट गया होता।

एक शालीन मनुष्य स्थिर चित्त होता है, एक विनयी व्यक्ति भीरु और एक दम्भी व्यक्ति हठी होता है। उस निर्णय पर मुझे अनेकशः चरित्रों के प्रेक्षण ने पहुँचाया है। यीशू मसीह शालीन थे, मूसा विनयी और पीटर दम्भी।

इस प्रकार, एक प्रसंग में, शालीनता का विनय से विभेद करते हुए, दूसरे में मैं इसे संकोच के साथ मिलाना नहीं चाहती। संकोच, वस्तुतः शालीनता से इतना भिन्न है कि सर्वाधिक संकोची बाला, अथवा एक अनपढ़ देहाती गँवार अक्सर सबसे अधिक उद्धत बन जाते हैं; क्योंकि इनका संकोच अज्ञान की स्वाभाविक भीरुता होती है, अतः रीति-रिवाज इसे शीघ्र ही आत्मविश्वास में परिवर्तित कर देते हैं।[1]

वेश्याओं का निर्लज्ज व्यवहार, जो लन्दन की सड़कों पर मँडराते हुए, बारी-बारी से कभी करुणा और कभी विरक्ति के भाव उत्पन्न करता है, इस उक्ति को स्पष्ट करने का कार्य कर सकता है। वे कौमार्यसुलभ संकोच को एक प्रकार की ढिठाई के साथ ठोकर मारती हैं और अपने कलंक पर गौरवान्वित होती हुई उन पुरुषों की तुलना में, जिन्हें भले ही वे कितने भी चरित्रहीन दिखाई देते हों, यह यौनिक गुण मुक्त रूप से नहीं प्रदान किया है, अधिक निर्लज्जतापूर्वक व्यभिचारी बन जाती हैं। परन्तु इन अज्ञानी दरिद्र अभागिनों के पास खोने के लिए कोई शालीनता नहीं होती जब वे स्वयं को महापाप के हाथों में सौंप देती हैं; शालीनता एक सदाचार है, विशेषता नहीं। नहीं, वे मात्र संकोची, लज्जाशील अबोध थीं, और अपनी अबोधता खो देने पर उनकी लज्जाशीलता रुक्षतापूर्वक हटा दी गई। यदि सद्गुण का लालासाओं के लिए बलिदान किया गया होता तो उसके कुछ अवशेष मन में बचे रह जाते, ताकि हमें इस सर्वनाश का अहसास हो सके।

मन की शुद्धता अथवा वह सच्ची सुकोमलता, जो यौन-शुचिता का एकमात्र नैतिक सहारा है, मानवीयता के उस परिष्कार की निकट सम्बन्धी है जो एक सुसंस्कृत मन के अतिरिक्त अब कहीं निवास नहीं करता। यह एक ऐसी चीज है जो अबोधता से अधिक उदात्त होती है; यह चिन्तन की कोमलता है, अज्ञान की लज्जाशीलता नहीं।

विवेक का प्रतिबन्ध, जो, स्वभावगत सुघड़ता की भाँति; तब तक बहुतायत में बिरले ही दृष्टिगत होता है, जब तक कि आत्मा क्रियाशील नहीं रहती, देहाती सकुचाहट अथवा बेलगाम चुलबुलाहट से आसानी से पृथक् किया जा सकता है और ज्ञान के

साथ असंगति में होने के नितान्त विपरीत यह उसका सर्वोत्तम फल होता है। निम्नलिखित टिप्पणी के लेखक का शालीनता के बारे में कितना कुंठित विचार है। "एक भद्र महिला पर, जिसने यह प्रश्न किया था कि क्या स्त्रियों को, वनस्पति विज्ञान की आधुनिक प्रणाली की शिक्षा दी जा सकती है? क्या यह उनकी स्त्रियोचित सुकुमारता के साथ संगत होगा? हास्यास्पद छद्म लज्जाशीलता को दोष मढ़ा गया था; इसके बावजूद भी, यदि उसने यह प्रश्न मेरे समक्ष प्रस्तुत किया होता तो मैं निश्चय यह प्रत्युत्तर देता–उन्हें ऐसी शिक्षा नहीं दी जा सकती।" ज्ञान की पुस्तक को इस तरह हमेशा के लिए उनके वास्ते बन्द किया जा रहा है! ऐसे ही अवतरणों को पढ़कर, वह जो शाश्वत है, उसे श्रद्धापूर्ण दृष्टि और हृदय के साथ यह कहने की अभिलाषी हूँ, हे मेरे प्रभु, क्या तूने अपनी सन्तान को, उसकी प्रकृति की बुनावट के कारण ही तुझे सत्य के उज्ज्वल रूपों में खोजने से वर्जित कर दिया है? और क्या उसकी आत्मा उस ज्ञान से कलुषित हो जाएगी जो उसे अनाड़ी ढंग से तुम्हें पुकारने देता है?

मैं, दार्शनिक रूप से इस चिन्तन-मनन में तब तक तल्लीन रही जब तक कि मैं इस निष्कर्ष पर नहीं पहुँच गई कि वे स्त्रियाँ जिन्होंने अपने विवेक को सर्वोन्नत कर लिया है, सर्वाधिक शालीनता से सम्पन्न होती हैं–भले ही, आचरण की एक गौरवपूर्ण सौम्यता ने यौवन के उस प्रमुदित, सम्मोहक संकोच का स्थान ले लिया हो।[2]

मेरे तर्क इस प्रकार रहे हैं। शुचिता को सद्गुण बनाने के लिए, जिससे अकृत्रिम शालीनता सहज ही प्रवाहित होने लगेगी, ध्यान को ऐसी व्यस्तताओं से हटा लेना होगा जो मात्र भावना को प्रयोग में लाती हैं और हृदय को प्रेम से धड़कने की बजाय, मानवीयता के लिए स्पन्दित कराना होगा। उस स्त्री के पास, जिसने अपने समय का अधिकांश हिस्सा ऐसी संलग्नताओं को, जो विशुद्ध रूप से बौद्धिक हैं, अर्पित किया हो, और जिसके स्नेह का सार्थकता से प्रयोग किया गया हो, सहज परिणति के रूप में उन अज्ञानी प्राणियों की तुलना में मन की अधिक शुद्धता होगी, जिनका समय और विचार विलासपूर्ण आनन्द अथवा हृदय जीत लेने की योजनाओं में ही लगे रहते हैं।[3] व्यवहार पर नियंत्रण शालीनता नहीं होती, यद्यपि जो शिष्टाचार के नियमों का अनुशीलन करती हैं वे सामान्यतः शालीन स्त्रियाँ कहलाती हैं। हृदय को निर्मल बनाओ और स्वार्थपूर्ण कामनाओं से संकुचित करने के बजाय उसे विशाल बनने दो व उस सर्वांगीण की अनुभूति होने दे जो मानवीय है और मस्तिष्क को बारम्बार उन विषयों पर विचार करने दो, जो कल्पनाओं को उत्तप्त किए बिना, विवेक क्षमता को प्रयोग में लाते हैं, और तब निष्कपट शालीनता तस्वीर को और निखार देगी।

वह जो अनश्वरता के उषाकाल को उसकी किरणों से, जो अज्ञान के तुषाराच्छन्न तमस को चीरते हुए एक निर्मल दिन की आश्वस्ति देते फूट पड़ती हैं, समझ सकती है, उस शरीर का भी एक पवित्र मन्दिर के सदृश सम्मान करेगी जिसने इतने उत्कर्षणीय

आत्मा को प्रतिष्ठापित किया है। इसी प्रकार, सच्चा प्रेम अपने प्रेम पात्र के चतुर्दिक ऐसी ही रहस्यात्मक पवित्रता प्रकीर्णित करता है जो प्रेमी को उसकी उपस्थिति में अत्यन्त शालीन बना देता है।[4] यह स्नेह इतना संकोची होता है कि व्यक्तिगत प्रेम-सम्बन्धों को एक तरह का अपवित्रीकरण मानकर यह मानव दृष्टि से बचाने का ही इच्छुक नहीं रहता है बल्कि ढीठ सुनहरी सूर्य किरणों तक को पहुँचने से रोकने के लिए एक परिव्यापी मेघाच्छन्न दुरूहता विसरित करना चाहता है, तथापि वह स्नेह पवित्र की उपाधि पाने का अधिकारी नहीं होता जो क्षण भर के लिए मस्तिष्क को तब निस्पन्द हो जाने और तत्क्षण तृप्ति का रसास्वादन करने देता है जब एक दिव्य उपस्थिति की चेतना की अनुभूति होती है—क्योंकि आनन्द का यही चिरन्तन आहार है!

किसी प्रचलित रीति-रिवाज के उद्गमस्थल को खोजने का क्योंकि मुझे सदा से ही चाव रहा है, इसीलिए मैंने बहुधा ही यह विचार किया है कि किसी उपस्थित अथवा बिछड़े मित्र की काया को जिस भी चीज़ ने स्पर्श किया हो, उसके प्रति यह स्नेह की भावना होती है जो उन स्मृतिचिह्नों के लिए मन में वह आदर उत्पन्न करती है, स्वार्थी पुरोहितों द्वारा जिसकी इतनी अधिक निन्दा की गई है। समर्पण अथवा प्रेम को काया के साथ-साथ वस्त्रों की भी पूजा करने की अनुमति दी जानी चाहिए क्योंकि ऐसा प्रेमी, जो अपनी प्रेयसी के दस्ताने अथवा जूतों के प्रति कोई पवित्र आदर नहीं रखता, उसकी कल्पना में जरूर खोट है। वह उन्हें उसी प्रकार की अन्य कुरुचिपूर्ण चीजों के साथ मिलाना नहीं चाहता। यह कोमल भावना किसी अनुभववादी दार्शनिक द्वारा विश्लेषित होना सहन नहीं करेगी—किन्तु ऐसी ही चीजों से मनुष्य की मुग्धता निर्मित हुई रहती है! एक मायावी छाया प्रत्येक वस्तु को आच्छादित करते हुए, क्रमशः हमारे समक्ष उतरती है। पर जब हम इस बादल को थामते हैं तो वह स्वरूप एक एकाकी शून्य अथवा बनफ्शां के फूलों से चुराये गए मधुर सुवास को पीछे छोड़कर लुप्त हो जाता है।

एक समुदाय के रूप में, स्त्रियाँ पुरुषों की अपेक्षा अधिक शीलवती होती हैं और शालीनता क्योंकि शील होती है, वे समुचित रूप में इस सद्गुण का श्रेय स्वयं को देने की अधिकारी हो सकती हैं, इसके बावजूद मुझे इसमें शंका व्यक्त करने की अनुमति मिलनी चाहिए--क्योंकि मुझे यह आशंका है कि शील शालीनता को जन्म दे सकता है, भले ही यह आचरण को औचित्य प्रदान करता हो, जब कि यह सामाजिक धारणा के प्रति सम्मान होता है[5] और जबकि चोंचलेबाजी और उपन्यासकारों की प्रेमाकुल कथाएँ विचारों को नियोजित कर लेती हैं। नहीं, बल्कि, अनुभव और विवेक से मैं स्त्रियों की अपेक्षा पुरुषों में अधिक शालीनता की आशा कर सकती हूँ, मात्र इसलिए कि पुरुष अपनी बोधक्षमता का प्रयोग स्त्रियों की तुलना में अधिक करते हैं।

परन्तु, आचरण के औचित्य के सन्दर्भ में, स्त्रियाँ, नारियों के एक वर्ग को

छोड़कर, स्पष्टतः अधिक अनुकूल स्थिति में हैं। रसिकता के निर्लज्ज प्रदर्शन से, जिसे इतना पुरुषोचित समझा जाता है, अधिक घृणास्पद भला और क्या हो सकता है, जो अनेक पुरुषों को प्रत्येक उस स्त्री को अवमाननापूर्वक आँखें फाड़कर देखने की आजादी देता है जिससे वे मिलते हैं? क्या यही स्त्री के प्रति आदर भाव है? व्यवहार का यह हल्कापन एक ऐसी स्वभावगत चरित्रहीनता, मन की ऐसी दुर्बलता प्रदर्शित करता है कि बहुत अधिक निजी अथवा सार्वजनिक सदाचार की तब तक अपेक्षा करना व्यर्थ है, जब तक कि स्त्री व पुरुष दोनों ही अपेक्षाकृत अधिक शालीन नहीं हो जाते--जब तक स्त्रियों के प्रति विषयासक्तिपूर्ण लाड़-दुलार पर अथवा पौरुषीय आश्वस्ति के ढोंग या ठीक-ठीक कहें तो धृष्टता पर नियंत्रण लगाते हुए, परस्पर सम्मान का व्यवहार नहीं करते--उस समय तक जब कि कामतृष्णा अथवा आवेग का एक ऐसा राग, जो इसकी विशिष्टता है, उनके व्यवहार को झंकृत नहीं कर देता। मेरा अभिप्राय हर प्रकार के व्यक्तिगत आदर-भाव--मानवता के प्रति शालीनतापूर्ण सम्मान और बन्धु-भाव से है--रसिकता के कामुकतापूर्ण स्वाँग से नहीं और न ही संरक्षणत्व की उद्धत भद्रता से है।

इस प्रेक्षण को यदि और आगे बढ़ाया जाए तो, शालीनता को मन की उस विषयासक्ति का हृदय से परित्याग कर देना चाहिए जो एक पुरुष को, बिना लज्जित हुए हृदयहीन ढंग से अपने सहचर की उपस्थिति में अश्लील संकेत करने व फूहड़ चुटकुले सुनाने के लिए तत्पर करती है, स्त्रियों का तो प्रश्न ही नहीं उठता, क्योंकि तब यह पाशविकता होगी। मनुष्य का, मनुष्य के रूप में सम्मान प्रत्येक उदात्त भावना की नींव है। वह कामी जो कामतृष्णा अथवा मन की तरंग के पीछे भागता है, ऐसे विदूषक से कहीं अधिक शालीन है जो अश्लील फूहड़ मजाकों से लोगों के ठहाके लगवाता है।

ऐसे अनेक उदाहरणों में यह भी एक है जहाँ शलीनता सम्बन्धी यौनिक भेद सुख और सदाचार के लिए घातक सिद्ध हुआ है। बहरहाल, इसे और आगे बढ़ाया जाता है, और स्त्री, कमजोर स्त्री से, जो अपनी शिक्षा-दीक्षा द्वारा भावना की दास बना दी गई है, सबसे कठिन परीक्षा की घड़ियों में इस भावना के प्रतिरोध की माँग की जाती है। "क्या कोई चीज़," नॉक्स कहती है, "स्त्रियों को अज्ञान की अवस्था में बनाए रखने और इसके उपरान्त भी उनके प्रलोभन ठुकरा देने पर इतनी उग्रता के साथ बल देने से अधिक बेतुकी हो सकती है?" इस प्रकार जब सदाचार और मान-सम्मान भावावेश नियंत्रण को उचित ठहराते हैं, तो विवेक और ऐसी सच्ची शालीनता के विपरीत, यह बोझ कमजोर कंधों पर डाल दिया जाता है, जो कम-से-कम आत्मत्याग को परस्पर बनाते हैं, पुरुषोचित सद्गुण समझे जानेवाले पराक्रम की उदारता की तो बात ही छोड़ दी जाए।

आश्चर्यजनक रूप से गलत नाम से सम्बोधित शालीनता के सम्बन्ध में, यही स्वर रूसो और डॉ. ग्रेगरी के परामर्श का रहता है, क्योंकि दोनों ही एक पत्नी द्वारा इसे

सन्देह में रखने के आकांक्षी होते हैं कि उसे उसके पति के आलिंगन में कौन-सी चीज ले जाती है—ऐन्द्रियता अथवा दुर्बलता? वह स्त्री अशालीन होती है जो सन्देह की यह छाया एक पल के लिए भी अपने पति के मन में कायम रहने दे सकती है।

किन्तु इस विषय को भिन्न दृष्टि से देखा जाए। शालीनता का अभाव, जिसे मैं नैतिकता के उच्छेदक के रूप में मुख्यतः शोचनीय समझती हूँ, संघर्ष की मनःस्थिति से जिसे इन्द्रियभोगी पुरुषों द्वारा स्वयं शालीनता के सारतत्त्व के रुप में इतनी तत्परता के साथ समर्थित किया गया है, उत्पन्न होता है, यद्यपि यथार्थ में यह अनिष्ट का कारण है; क्योंकि यह उस ऐन्द्रिक कामना पर चढ़ा मुलम्मा है, निच्छल प्रेम रस का आस्वादन करने के लिए यथेष्ट सद्गुण से वंचित पुरुष, जिसके प्रलोभन में फँस जाते हैं। एक सुसंस्कृत व्यक्ति शालीनता की अपनी धारणा को और आगे ले जाता है, क्योंकि न दुर्बलता और न ही भावना उसे तृप्ति दे सकेंगी—वह स्नेह पाना चाहता है।

पुनश्चः, पुरुष स्त्रियों पर अपनी विजय की बखान करते हैं, भला किस चीज की वह डींग मारते हैं? सच्चे अर्थों में अपनी संवेदना के भावनात्मक प्राणी मूर्खता में—व्यसन में परिणति से विस्मित थी;[6] और यह भयंकर भरोसा तब स्वयं उसके अशक्त सिर पर भीषण रूप से टूट पड़ता है जब तर्कबुद्धि जाग जाती है। क्योंकि तब ऐ उपेक्षित और खिन्न प्राणी, तुझे चैन कहाँ मिल पाएगा? वह जिसको तुझे विवेक का मार्ग दिखाना था और तेरी दुर्बलता का सहारा बनना था, उसने तेरे विश्वास को छला है! उत्कट कामना के स्वप्न से अभिभूत तू कुसुम श्यामला धरती पर विचरने को तत्पर हो गई, और आँख मूँदकर उस कगार से औंधे मुँह जा गिरी, जिससे सतर्क करने के बजाय तेरे मार्गदर्शक ने तुझे लुभाया था, और तू जब स्वप्न से चौंककर जागती भी है तो मात्र तिरस्कार करते और भृकुटि चढ़ाते संसार का सामना करने, और स्वयं को उजाड़ में एकाकी पड़ा देखने के लिए ही क्योंकि वह जिसने तुझे दुर्बलता के क्षणों में विजित किया था अब अपनी अभिनव विजय-यात्राओं में संलग्न है। परन्तु तेरे लिए, चिता पर चढ़ने से पूर्व कोई निस्तारण नहीं है! और एक डूबते हृदय को अनुप्राणित करने के लिए तेरे क्षीण मस्तिष्क में भला क्या युक्ति हो सकती है?

परन्तु यदि स्त्री-पुरुष को वास्तव में संघर्ष की स्थिति में रहना है, यदि प्रकृति ने इसे स्पष्ट कर दिया तो उनका उदात्तता के साथ व्यवहार अभीष्ट होगा अथवा आत्माभिमान उनसे यह कहेगा कि विजय निकृष्ट होती है जब वह मात्र भावना को पराजित कर देती है। सच्ची जीत वह होती है जो स्नेह पर पाई जाती है—उसे अप्रत्याशित रूप से अचम्भित किए बिना जब हेलोइसा की भाँति, एक स्त्री प्रेम के लिए सायास अपना सम्पूर्ण संसार समर्पित कर देती है। मैं तत्काल बुद्धिमत्ता अथवा सदाचार के लिए ऐसे बलिदान की बात नहीं करूँगी। मैं मात्र यह कहना चाहूँगी कि यह स्नेह के प्रति त्याग था, मात्र इन्द्रिय संवेदन के लिए नहीं, भले ही उसका भी अंश उसे प्राप्त हुआ हो।

और इससे पूर्व कि मैं विषय के इस अंश को यह कहते हुए खारिज कर दूँ कि जब तक पुरुष अधिक पत्नीव्रता नहीं होंगे, स्त्रियाँ अशालीन रहेंगी, उसे एक शालीन स्त्री कहने की मुझे अनुमति मिलनी चाहिए। शालीन स्त्रियाँ, वस्तुतः भला ऐसा पति कहाँ प्राप्त कर सकेंगीं जिससे वे जुगुप्सा के साथ बारम्बार मुँह न मोड़ सकें? शालीनता दोनों ही द्वारा समान रूप से विकसित की जानी चाहिए, अन्यथा यह निरन्तर एक उष्ण-कक्ष का मुरझाया पौधा बना रहेगा, जबकि इसका स्वाँग, विलासिता द्वारा उधार लिए गए अंजीर के पत्ते, इन्द्रियभोगी आनन्द को रसभीना बनाता रहेगा।

पुरुष सम्भवतः इस पर अभी भी अडिग रहेंगे कि स्त्री को पुरुष की अपेक्षा अधिक शालीन होना चाहिए परन्तु ये कोई निस्संग तर्क करनेवाले नहीं हैं जो इतनी गम्भीरतापूर्वक मेरी धारणा का विरोध करते हैं। नहीं, वे मनोविलासी पुरुष होते हैं, स्त्रियों के प्रीतिभाजन, जो ऊपर से आदर प्रदर्शित करते हैं परन्तु मन से इन दुर्बल प्राणियों को, जिसके साथ वे इस प्रकार खेलते हैं, हेय समझते हैं। वे न तो चरम इन्द्रियभागी सुख को त्याग कर सकते हैं, और न ही आत्मत्याग के प्रति समर्पित हो सकते हैं!

इस सन्दर्भ को एक भिन्न दृष्टिकोण से देखने के लिए, मैं अपनी टिप्पणियों को स्त्रियों तक सीमित रखूँगी।

वे हास्यास्पद झूठ,[7] जो बच्चों को शालीनता की भ्रान्त धारणाओं के कारण बताये जाते हैं, उनकी कल्पनाओं को समय पूर्व ही उत्तेजित करने लगते हैं और उनका बाल मन ऐसे विषयों में लग जाता है, जिसके सम्बन्ध में प्रकृति उसे तब तक विचारने के लिए कदापि अभिप्रेरित करना नहीं चाहती जब तक उसकी काया एक अंश तक परिपक्वता अर्जित न कर ले : तब भावों की उत्कटता बोधक्षमता को अनावृत्त करने और नैतिक चरित्र को गढ़ने के उपकरण के रूप में इन्द्रियों का स्वाभाविक रूप से स्थान लेने लगती है।

स्कूलों और बोर्डिंग स्कूलों में, मुझे भय है कि बालिकाएँ पहले बिगड़ती हैं, विशेष रूप से बोर्डिंग स्कूलों में। अनेक बालिकाएँ एक ही कक्ष में सोती हैं और एक ही साथ नहाती-धोती हैं; और यद्यपि एक अबोध प्राणी के मन को, कृत्रिम सौजन्यता की, अथवा छद्म लज्जाशीलता की वे अशोभनीय धारणाएँ भरकर दूषित करने का मुझे दुःख होगा जिन्हें विपरीत लिंगी प्राणियों से सन्दर्भित प्रारम्भिक चौकसी पैदा करती हैं, मैं उनके अभद्र और अशालीन आदतें ग्रहण करने से रोकने के लिए अत्यन्त उत्कंठित रहूँगी; और क्योंकि अनेक बालिकाएँ अशिक्षित सेवकों से अत्यन्त अशिष्ट तौर-तरीके सीख लेती हैं अतः उनका इस प्रकार घुल-मिलकर साथ रहना नितान्त अनुचित है।

सत्य तो यह है कि स्त्रियाँ, सामान्यतः एक-दूसरे की अत्यन्त अन्तरंग होती हैं जो प्रगाढ़ता को उस स्थूल हद तक पहुँचा देती हैं कि वैवाहिक स्थिति ही बहुधा क्लेशकारी

बन जाती है। शिष्टता के नाम पर सहोदरा, घनिष्ठ सखियाँ अथवा मालकिन और उनकी परिचारिकाएँ इतने भोंडे ढंग से क्यों अन्तरंग बनें कि वह सम्मान ही विस्मृत हो जाए जो एक मनुष्य दूसरे के प्रति रखता है? वह पापशंकालु सौजन्यता जो सर्वाधिक घृणित कार्यभार से कतरा जाती है जब स्नेह[8] अथवा मानवीयता हमें एक रोगी पर ध्यान देने की ओर प्रवृत्त करता है, तिरस्करणीय है। परन्तु, क्यों स्वस्थ स्त्रियों को पुरुषों की अपेक्षा एक दूसरे के साथ अधिक अन्तरंग होना चाहिए, जबकि वे अपनी श्रेयस्कर शिष्टता की बढ़-चढ़कर बखान करती हैं, यह व्यवहार की एक ऐसी अशुद्धि है जिसका मैं कभी समाधान नहीं कर सकूँगी।

स्वास्थ्य और सौन्दर्य और संरक्षित रखा जा सके, मैं इसके निमित्त गम्भीरतापूर्वक बारम्बार स्नान का परामर्श, अपने सलाह को इतने सम्मानित ढंग से प्रस्तुत करते हुए, देना चाहूँगी कि यह नाजुकमिजाज कानों को ठेस न पहुँचा सके। बालिकाओं को पद-प्रतिष्ठा का भेद किए बिना, दृष्टान्त द्वारा प्रक्षालन-स्नान व प्रसाधन-परिधारण एकान्त में करने की सीख दी जानी चाहिए और यदि उनकी कुछ सहायता आवश्यक हो तो उन्हें तब तक इस माँग की अनुमति नहीं मिलनी चाहिए जब तक इस काम का वह भाग पूर्ण न कर लिया जाए जिसे किसी अन्य के समक्ष करना कदापि अभीष्ट नहीं होगा; क्योंकि इससे मानव प्रकृति की गरिमा की अवमानना होगी। शालीनता के कारण नहीं बल्कि शिष्टता की माँग पर क्योंकि कतिपय शालीन स्त्रियाँ अपने पैरों को दिखाई न देने के लिए काफी चिन्ता करती हैं और ठीक उसी समय उस चिन्ता का प्रदर्शन भी करती हैं, यह उतनी ही बचकानी है जितना अशालीन।[9]

मैं इसे और आगे बढ़ाना चाहती हूँ पर पहले मैं कतिपय और भी अशिष्ट प्रथाओं पर, जिसके बन्धन में पुरुष कभी नहीं पड़ते, टिप्पणी करना चाहती हूँ। वहाँ भेद उद्घाटित किए जाते हैं जहाँ मौन होना चाहिए; स्वच्छता के प्रति सम्मान भाव का, जिसे कतिपय धार्मिक सम्प्रदाय; इतनी दूर तक खींच ले जाते हैं कि यह ईश्वर का अपमान बन जाता है जो दरअसल मानवता का अपमान है, पाशविक ढंग से उल्लंघन होता है। भला किस प्रकार भद्र स्त्रियाँ शारीरिक क्रियाओं के उस भाग को नजरों के सामने ला सकती हैं जो नितान्त अशोभनीय होता है? और क्या यह निष्कर्ष निकालना अत्यन्त विवेकसम्मत नहीं होगा कि जिन स्त्रियों को अपने ऐसे कार्यों में, स्वयं अपनी स्त्रियोचित प्रकृति का सम्मान करने की शिक्षा नहीं दी गई है, वे अपने पति के मात्र भिन्न लिंगीय होने का अधिक समय तक सम्मान नहीं कर सकेंगी? वस्तुतः, मैंने सामान्य रूप से यह पाया है कि उनके कुमारी सुलभ संकोच का जब एक बार लोप हो जाता है तो स्त्रियाँ पुरानी आदतों की शिकार हो जाती हैं; और अपने पति के साथ वैसा ही व्यवहार करने लगती हैं जैसा वे अपनी बहनों अथवा अपनी महिला संगियों के साथ करती थीं।

इसके अतिरिक्त, स्त्रियाँ आवश्यकता के वशीभूत होकर, क्योंकि उनका मस्तिष्क सुसंस्कृत नहीं होता, बहुधा ही उसका आश्रय लेती हैं जिसे मैं बेतकल्लुफी से दैहिक बुद्धि कहती हूँ और उनकी अन्तरंगता भी इसी कोटि की होती है। संक्षेप में शरीर और मन दोनों ही प्रसंगों में वे नितान्त अन्तरंग होती हैं। वह शिष्ट व्यक्तिगत निजता जो चरित्र की गरिमा की नींव होती है, स्त्रियों के बीच बची रहनी चाहिए, अन्यथा उनका मस्तिष्क कभी भी शक्ति अथवा शालीनता अर्जित नहीं कर सकेगा।

इस कारण भी, अनेक स्त्रियों को शिशु सदनों, विद्यालयों अथवा मठों में एक साथ बन्द रखने पर मेरी आपत्ति रहती है। मैं क्षुब्ध हुए बिना उन दिनों के मजाकों और घटिया दाँव-पेंच का, जिसमें युवा स्त्रियों का झुण्ड रस लेता था, स्मरण नहीं कर सकती, जब अपनी युवावस्था की एक आकस्मिक घटना ने मुझे, निहायत भद्दे गँवारू ढंग से, उनकी दिशा में फेंक दिया था। उन द्विअर्थी संवादों से कम नहीं होती थीं, जो मदिरा के कुछ दौर चल जाने के बाद दावतों की मेज पर मुक्त भाव से चलते रहते हैं। परन्तु, हृदय को शुद्ध रखने का प्रयत्न तब तक व्यर्थ होगा, जब तक कि मस्तिष्क को विचारों से युक्त न बनाया जाए, और उनकी तुलना करने के लिए प्रयुक्त न किया जाए, जिससे सरल विचारों के सामान्यीकरण द्वारा निर्णय क्षमता व संवेदनशक्ति को बोधक्षमता द्वारा निरुत्साही बनाकर शालीनता अर्जित की जा सके।

यह सोचा जा सकता है कि व्यक्तिगत निजता पर मैं अत्यधिक बल दे रही हूँ, परन्तु यह सदा ही शालीनता की चोरी होती है अतः यदि मुझे उन ललित गुणों का नाम लेना हो जो सौन्दर्य की शोभा बढ़ा देंगे तो मैं तत्क्षण चिल्ला उठूँगी—स्वच्छता, सजीवता और व्यक्तिगत संयम। मैं समझती हूँ, यह स्पष्ट ही है कि जिस संयम से मेरा आशय है, उसमें कुछ भी यौनिक नहीं है और मैं इसे स्त्री-पुरुष दोनों के लिए समान रूप से आवश्यक मानती हूँ। वह संयम तथा स्वच्छता जिसे अकर्मण्य स्त्रियाँ बहुधा ही उपेक्षित कर देती हैं, वास्तव में इतना आवश्यक होता है कि मैं यह साहसपूर्वक कह सकती हूँ कि दो या तीन स्त्रियाँ जब एकसाथ एक घर में रहती हों तो उस स्त्री को परिवार के पुरुषों का, जो उनके साथ रहते हैं, सर्वाधिक सम्मान प्राप्त होगा, प्रेम की बात छोड़ दी जाए, जो अपने व्यक्ति को इस प्रकार सम्मान देती हैं।

प्रातःकाल जब पारिवारिक मित्रों की भेंट होती है तो एक स्नेहमयी गम्भीरता का माहौल बना रहता है, विशेषकर यदि प्रत्येक दैनन्दिन के कार्यों को निबटाने की उत्सुकतापूर्ण प्रतीक्षा में रहता है। इसे भले ही काल्पनिक समझा जाए, परन्तु यह भावना बहुधा ही सहज भाव से मेरे मन में उठती रही है कि प्रातःकालीन स्फूर्तिदायी सुवासित हवा को अपने फेफड़े में भरने के बाद, वही ताजगी उस मुखड़े पर देखकर, जिसे मैं प्रेम करती हूँ, मुझे आनन्द पहुँचाता है। मैं उन्हें दिन के कामों के लिए स्फूर्त और तत्पर देखकर आह्लादित होती हूँ। इस रीति से प्रातःकालीन शुभकामनाओं का

आदान-प्रदान उस सुपरिचित कोमलता से, जो बहुधा सांध्यकाल के बतरस को लम्बा खींच देती है, अधिक सम्मानीय होता है। बल्कि, मुझे अक्सर ही चोट पहुँची है, वितृष्णा की तो बात ही छोड़ दी जाए, जब एक मित्र जिससे मैं पूरी वेशभूषा में विगत संध्या विदा हुई थी, मुड़े-तुड़े वस्त्रों में प्रकट हो जाती है क्योंकि अन्तिम क्षण तक उसने शैय्या-सुख का रस लेना चाहा था।

पारिवारिक स्नेह को इन छोटी-छोटी उपेक्षित बातों का ध्यान रखकर ही जीवित रखा जा सकता है। फिर भी, यदि पुरुष और स्त्रियाँ आदतन सुरुचिपूर्ण ढंग से वेशभूषा धारण करने में उसका आंशिक कष्ट भी उठाएँ जितना अपनी काया के शृंगार-अलंकार, बल्कि यूँ कहें कि उसे विरूपित करने में उठाते हैं, तो मन की शुद्धता अर्जित करने की दिशा में बहुत कुछ किया जा सकता है। परन्तु स्त्रियाँ मात्र रसिक पुरुषों को तुष्ट करने के लिए ढंग से कपड़े पहनती हैं क्योंकि प्रेमी सदैव सामान्य पोशाक से सर्वाधिक प्रसन्न होता है जो देहाकृति पर चुस्त बैठती है। अन्तःकरण में एक धृष्टता होती है जो स्नेह को निरोधित कर देता है क्योंकि प्रेम सदैव परिवार की कल्पना के साथ चिपका रहता है।

स्त्रियाँ आदतन निष्क्रिय होती हैं और प्रत्येक चीज उन्हें इसी दिशा में प्रवृत्त करती हैं। मैं बीच-बीच में सक्रियता की झोंकों को अनदेखा नहीं करती हूँ; परन्तु भावनाओं की यह उड़ान मात्र बुराइयों को बढ़ावा देती है, अतः उन्हें बुद्धिप्रज्ञा की मंथर क्रमबद्ध चाल से मिलाना नहीं चाहिए। वास्तव में, उनकी मानसिक और शारीरिक अकर्मण्यता इतनी अधिक होती है कि जब तक सक्रिय उद्यमों से उनकी काया को दृढ़ तथा उनकी बोधक्षमता को व्यापक नहीं बनाया जाएगा, इसकी कम ही आशा की जा सकती है कि शालीनता संकोच का स्थान ग्रहण कर लेगी। इसके सादृश्य का स्वाँग भरना उन्हें समझदारीभरा प्रतीत हो सकता है परन्तु उचित पोशाक रासरंग के समारोहों में ही पहनी जाती हे।

शालीनता के तुल्य ऐसा कोई सद्‌गुण नहीं है जो दूसरे सद्‌गुण के साथ इतनी कृपापूर्वक घुलमिल जाए। यह वह हल्की चन्द्रकिरण है जो प्रत्येक उस सद्‌गुण को, जिसे कोमलता से स्पर्श करती है, संकुचित फलक को सौम्य भव्यता प्रदान करते हुए, और अधिक रुचिकर बना देती है। उस काव्यात्मक काल्पनिक कथा से अधिक मनोहर अन्य कुछ नहीं हो सकता जो डायना को अपनी रुपहली अर्धचन्द्राकृति के साथ, देवी बना देती है। मेरे मन में बहुधा यह विचार उठा है कि किसी निर्जन एकान्त में शान्त कदमों से विचरण करती एक शालीन पुरायुगीन स्त्री ने उस घड़ी चैतन्य गौरव की एक दीप्ति अनुभव की होगी, जब दयालु मायामय प्रकृति दृश्य के चितेरे का स्मरण-ध्यान के उपरान्त, उसने अपनी बहनों को प्रशान्त उत्साह के साथ अपने पवित्र हृदय में आमंत्रित किया होगा।

एक ईसाई स्त्री के पास अपनी शुचिता सुरक्षित रखने व शालीनता अर्जित करने की प्रेरणा पाने के लिए और अधिक महान उद्देश्य होता है, क्योंकि देह को जीवित ईश्वर का मन्दिर कहा गया है, उस ईश्वर का जो मुखाकृति की शालीनता से कुछ अधिक की माँग करता है। उसके नेत्र हृदय को भेदते हैं; और उसे यह स्मरण दिलाते हैं कि यदि स्वयं पवित्रता की अनुग्रह दृष्टि वह पाने की आशा करती है तो उसकी शुचिता की नींव शालीनता होनी चाहिए न कि सांसारिक समझदारी; अन्यथा एक सुयश ही वस्तुतः उसका पुरस्कार मात्र होगा क्योंकि उस विस्मयकारी समागम, उस पावन सम्बन्ध को, जिसे सद्गुण मनुष्य और उसके रचयिता के मध्य स्थापित करता है, उतना ही पावन होने की इच्छा जागृत करनी चाहिए जितना पावन वह है।

उपरोक्त टिप्पणियों के पश्चात, यह जोड़ना अनावश्यक होगा, कि परिपक्वता के वे समस्त स्त्रैण रंग-ढंग, जो संकोच का स्थान ग्रहण कर चुके होते हैं, जिसके हेतु सत्य का परित्याग, पति के हृदय पर अधिकार सुरक्षित रखने अथवा उसे किंचित् अभी तक बलात् प्रेमी बनाए रखने के लिए, किया जाता है, जब कि प्रकृति ने, यदि उसे अपने क्रिया-व्यापार में बाधा नहीं पहुँचाई गई होती, मित्रता को अपना स्थान सौंपने के लिए प्रेम को बाध्य कर दिया होता, मैं अशालीन मानती हूँ। वह कोमलता जो एक पुरुष अपनी सन्तान की माता के प्रति अनुभव करता है, अतृप्त कामना का एक उत्कृष्ट स्थानापन्न है; परन्तु स्त्रियों के लिए इस प्रगाढ़ भाव को दीर्घ करने हेतु अस्वाभाविक दैहिक ठण्डेपन का स्वाँग करना अशोभन ही है, अशालीन भी होगा। स्त्रियों और पुरुषों में अपनी प्रकृति के अनुरूप तृष्णाएँ और कामनाएँ होनी ही चाहिए, वे पाशविक तभी होती हैं जब विवेक द्वारा अबाधित रहती हैं परन्तु उन्हें नियंत्रित करने का दायित्व मानव समाज का कार्यभार होता है, स्त्री-पुरुष में से किसी एक समुदाय का कर्तव्य नहीं। इन प्रसंगों में, प्रकृति को अपने ढंग से कार्य करने के लिए निरापद छोड़ देना चाहिए; स्त्रियाँ सिर्फ ज्ञान और मानवीयता अर्जित करें और प्रेम उन्हें शालीनता का पाठ पढ़ा देगा।[10] इस मामले में फूहड़ और तुच्छ झूठों के लिए कोई जगह नहीं है क्योंकि सुनियोजित व्यवहार के नियम मात्र उथले प्रेक्षकों को भ्रमित कर सकते हैं; एक समझदार पुरुष अविलम्ब इसे भाँप लेगा और इस ढोंग से घृणा करेगा।

युवाओं के, पुरुष और स्त्री के रूप में, एक-दूसरे के प्रति व्यवहार को शिक्षा-दीक्षा का अंग बनाने के बारे में सोचना ही गलत है। वस्तुतः, अधिकांश परिस्थितियों में व्यवहार के विषय में अब इतना अधिक सोच-विचार होता है कि व्यवहार की सरलता बिरले ही दृष्टिगत होती है; बावजूद इसके यदि पुरुष प्रत्येक सदगुण को विकसित करने के लिए उत्कंठित ही होते और मन में उसकी जड़ों को गहरा जमने देते, तो उससे परिणत, उसका स्वाभाविक बाह्य प्रतीक, गरिमापूर्ण सौन्दर्य शीघ्र ही ढोंग को उसकी आडम्बरी कलगी से वंचित कर अनावृत्त कर देगा; क्योंकि वह आचरण भ्रान्तिपूर्ण होने

के साथ-साथ अस्थिर भी होता है जिसकी नींव सत्य पर नहीं टिकी होती!

मेरी बहनो! क्या तुम वास्तव में शालीनता धारण कर पाओगी? तुम्हें स्मरण रखना होगा कि सद्‍गुण का धारण, किसी भी संज्ञा का हो, अज्ञान और आडम्बर की असंगति में रहता है! तुम्हें मन का वह संयम अर्जित करना होगा जिसे कर्तव्यों का निष्पादन और ज्ञान-प्राप्ति का लक्ष्य ही उत्प्रेरित कर सकता है, अन्यथा तुम अभी भी एक सन्दिग्ध परतन्त्र स्थिति में बनी रहोगी और तभी तक प्रेम की पात्र होगी जब तक तुम्हारा रूप अक्षुण्ण बना रहेगा! वह अवनत दृष्टि, लज्जा की वह लालिमा, वह संकोची लालित्य, अपने समय में सभी उचित हैं, परन्तु शालीनता, तर्कबुद्धि की सन्तान होने के कारण, उस संवेदनशक्ति के साहचर्य में दीर्घ अवधि तक नहीं रह सकती, जिसे चिन्तन-मनन द्वारा संस्कारित न किया गया हो। इसके अतिरिक्त, जबकि प्रेम भले ही निष्पाप प्रेम ही हो, तुम्हारे जीवन का अखण्ड कर्म रहता है, तुम्हारा हृदय शालीनता को धारण करने के लिए जिसे शान्ति पीछे हटा देती है, अति कोमल होता है, जहाँ वह मानवता के निकट संयोजन मे निवास करने में आनन्द पाती है।

टिप्पणियाँ

1. "गाँव की छोरी का हौल कुछ ऐसा
लाल कोट सामने जब आया पहली बार
पट के ओट में वह मुखड़ा छिपाती
दूजी बार दूर से लेस निहारती
अब वह उससे भय नहीं खाती
न उसके दबाने पर हाथ है छुड़ाती
उसकी बाँहों में है वह समाती
और हर सिपाही की अदाएँ हैं लुभाती
एक-एक शिविर में फैलती है कीर्ति उसकी
प्रचलित रिवाजों ने हर ली है लज्जा उसकी।
2. शालीनता परिपक्वता का गरिमापूर्ण शान्त सद्‍गुण है; संकोच उमगते यौवन का लावण्य।
3. मैंने चिकित्सा से जुड़े लोगों से शरीर-रचना सम्बन्धी विषयों पर बातचीत की, जैसा कि मनुष्य, मनुष्य के साथ करता है, और चित्रकारों के साथ मानव देह के अनुपातों की तुलना की—इसके बावजूद इतनी शालीनता के साथ मुझसे पेश आया गया कि शब्दों अथवा दृष्टि से मुझे कभी अपनी यौनिकता का, उन बेतुके नियमों का जो शालीनता को दुर्बलता का एक पाखण्डपूर्ण आड़ बना देते हैं, अनुभव नहीं होने दिया गया। मुझे विश्वास है कि ज्ञान-प्राप्ति के लक्ष्य में स्त्रियाँ समझदार पुरुषों द्वारा कदापि नहीं, और अन्य कोटि के पुरुषों द्वारा बिरले ही अपमानित होंगी, यदि उपहासजनक शालीनता

द्वारा उन्होंने यह भान उन्हें नहीं होने दिया कि वे स्त्रियाँ हैं; उसी भावना से प्रेरित, जैसी कि पुर्तगाली महिलाएँ, जो अपने सौन्दर्य को अपमानित समझेंगी, यदि वे पुरुष उनके साथ एकान्त सुलभ होने पर उनसे अत्यन्त घनिष्ठ होने का, प्रयास नहीं करता है। पुरुष स्त्रियों के सम्पर्क में सदा पुरुष ही नहीं रहते और न ही स्त्रियाँ ही इसे हर सम्भव याद रखेंगी कि वे स्त्रियाँ हैं, यदि उन्हें अधिक समझदारी हासिल करने का अवसर दिया जाए।

4. नर अथवा नारी, क्योंकि संसार में अनेक शालीन पुरुष होते हैं।
5. अनेक विवाहित स्त्रियों का अशालीन व्यवहार, जो फिर भी अपने पति के प्रति बिस्तर पर निष्ठावान होती हैं, इस टिप्पणी को स्पष्ट कर देगा।
6. शमा के चारों ओर फड़फड़ाता अभागा पतंगा अपने पंख जला लेता है।
7. बच्चे बचपन से ही बिल्ली को अपने बच्चों, पक्षियों को अपने नन्हे-मुन्नों के साथ देखते हैं फिर उन्हें क्यों नहीं बताया जाता कि उनकी माँ भी इसी भाँति उन्हें सँभालती और उनका पालन-पोषण करती है? तब रहस्य की किसी छाया की प्रतीति न होने के कारण वे इस विषय में और अधिक विचार नहीं करेंगे। बच्चों को सदैव सत्य से परिचित करा देना चाहिए, भले ही गम्भीर ढंग से बताना पड़े; परन्तु यह पाखण्डपूर्ण शालीनता की अशालीनता ही है जो सारी गड़बड़ करती है; और यह धुआँ कुछ वस्तुओं पर आवरण डालने के निष्फल प्रयास में कल्पना को उत्तप्त करता है। यदि बच्चों को पूर्णतः अनुपयुक्त संगति से दूर रखा जा सकता था, तो हम ऐसे विषयों की ओर कभी इंगित नहीं करते; परन्तु क्योंकि यह असम्भव-सी बात है, इसलिए यह सबसे अच्छा होगा कि हम उन्हें सत्य के विषय में बता दें, विशेषकर ऐसी सूचनाएँ, जो उन्हें आकर्षित नहीं करतीं, उनके कल्पनालोक को कतई प्रभावित नहीं करेंगी।
8. स्नेह बल्कि किसी को भी इन कार्यभारों के निष्पादन को एक मित्र की सौजन्यता के बिना काम चलाने के लिए उन पर उस समय तक आवरण डालकर, चयनित करने को बाध्य करता है क्योंकि रुग्णता से उत्पन्न व्यक्तिगत निरुपायता दीनहीन प्रकृति की होती है।
9. शिक्षाशास्त्र की एक पुस्तक में एक ऐसा वाक्य मुझे याद है जिसने मुझे बरबस मुस्कुराने पर विवश कर दिया था, "तुम्हें अपने गिरेबान के अन्दर, भले ही संयोगवश, हाथ डालने से सावधान करना कतई अनावश्यक होगा; क्योंकि एक शालीन स्त्री ऐसा कभी करती ही नहीं।"
10. अनेक नवविवाहिता स्त्रियों के व्यवहार ने बहुधा मुझे विरक्त किया है। वे अपने पतियों को, विवाह की प्राधिकृत सुविधा कभी न विस्मृत होने देने के लिए उत्सुक प्रतीत होती हैं और उसके सान्निध्य से कोई आनन्द नहीं लेना चाहती जब तक वह प्रेमी की भूमिका न निभा रहा हो। वस्तुतः प्रेम का राज निश्चय ही संक्षिप्त होगा जब इसकी ज्वाला, कोई ठोस ईंधन पाए बिना, अनवरत प्रज्वलित होती रहेगी!

अध्याय आठ

प्रतिष्ठा के महत्त्व के बारे में यौनिक अवधारणाओं से नैतिकता का महत्त्वहनन

यह सोच बहुत पहले से ही मेरे मन में थी कि व्यवहार-सम्बन्धी व प्रतिष्ठा को संरक्षित करने की उन समस्त नानाविध रीतियों से सन्दर्भित परामर्श, जिन्हें अत्यन्त कठोरता से स्त्रियों के मन-संसार में पैठा दिया गया है, मीठे जहर थे, जो नैतिकता को सख्त आवरण से ढँककर सारतत्व को ही नष्ट कर देते हैं। और यह कि परछाइयों का मापन एक भ्रान्त आकलन को जन्म देता है क्योंकि उनकी लम्बाई सूर्य की ऊँचाई तथा अन्य आनुषंगिक परिस्थितियों पर निर्भर करती है।

एक राजदरबारी का सहजतापूर्ण भ्रान्तिजनक व्यवहार कहाँ से उत्पन्न होता है? निस्सन्देह, उसकी स्थिति से; क्योंकि पराश्रय की आवश्यकता होने के कारण, वह बिना अप्रसन्न किए इनकार करने और गिरगिट सदृश बहुरूपिए के ढंग से कपटपूर्वक आशा पालने की कला सीखने को बाध्य होता है और इस प्रकार अतिशिष्टता सत्य के साथ क्रीड़ा करती है तथा मनुष्य कें लिए नैसर्गिक सत्यनिष्ठा और मानवता का सर्वनाश करते हुए, अतिपरिष्कृत भद्रजन उत्पन्न करती है।

स्त्रियाँ इसी प्रकार, एक कल्पित आवश्यकता से, व्यवहार की वैसी ही कृत्रिम शैली अर्जित कर लेती हैं। फिर भी सत्य के साथ ऐसी कपट क्रीड़ा अदण्डित रह जाने के लिए नही होतीं; क्योंकि सधा हुआ पाखण्डी अन्ततः अपने ही कौशल से छला जाता है, वह दूरदर्शिता खो देता है जिसे उचित ही सामान्यबोध कहा गया है। यथा, उन सामान्य सच्चाइयों का एक तत्क्षण बोध; जिसे अनुभवहीन मस्तिष्क द्वारा सतत ग्रहण किया जाता है; यद्यपि इसके पास उन्हें स्वयं ही उद्‌बोधित करने की, जब वे स्थानिक पूर्वग्रहों से दुरूह बन गई हो, यथेष्ट उर्जा भले ही न हो। अधिकांश लोग अपने मस्तिष्क के प्रयोग के कष्ट से बचने के लिए सहज विश्वास पर ही अपनी राय बनाते हैं। और ये अकर्मण्य प्राणी स्वाभाविक रूप से किसी दैवी अथवा मानवीय विधान की

भावना को नहीं बल्कि उसके शब्दों को पकड़ते हैं। किसी लेखक ने, जिसका नाम मुझे स्मरण नहीं है, कहा है : स्त्रियाँ स्वर्ग भी देखने की चिन्ता नहीं करतीं, वे भला क्यों करें? यह पुरुष की दृष्टि है, जिससे भयभीत होने की शिक्षा उन्होंने पाई है–और यदि वे अपने आरगस (यूनानी शताक्ष देवता-अनु.) को आने के लिए बहका सकें तो बिरले ही वे स्वर्ग अथवा स्वयं अपने बारे में चिन्ता करती हैं क्योंकि उनकी प्रतिष्ठा सुरक्षित रहती है; और वे शील तथा इससे जुड़ी अन्य चीजों को नहीं बल्कि प्रतिष्ठा को निष्कलंक रखने में लगी रहती हैं, पर प्रतिष्ठा की फिक्र उन्हें सद्गुण के रूप में नहीं बल्कि दुनिया में अपना स्थान सुरक्षित रखने के लिए होती है।

इस टिप्पणी की सत्यता को प्रमाणित करने के लिए मुझे विवाहित स्त्रियों, विशेषकर अभिजात वर्ग की, और ऐसे देशों में जहाँ स्त्रियाँ अपने सापेक्षिक पद-प्रतिष्ठा के अनुरूप, अपने माता-पिता द्वारा, उपयुक्त रूप से परिणय-सूत्र से बाँध दी जाती हैं, के गुप्त प्रेम-सम्बन्धों की ओर ध्यान मात्र दिलाने की आवश्यकता होगी। यदि एक अबोध बाला प्रेम के जाल में फँसती है, तो वह सदा के लिए प्रतिष्ठावनत हो जाती है, यद्यपि उसका मस्तिष्क उस कपट से दूषित नहीं हुआ रहता है, जिसका प्रयोग विवाहित स्त्रियाँ परिणय के सुविधाजनक आवरण में करती हैं और न ही उसने किसी कर्तव्य का उल्लंघन किया होता है–सिवाय स्वयं को सम्मान देने के कर्तव्य के। इसके विपरीत विवाहित स्त्री, सबसे पवित्र बन्धन को तोड़ देती है और जब वह एक झूठी व निष्ठाहीन पत्नी बनती है तो एक हृदयहीन माता भी बन जाती है। यदि उसका पति अभी तक उससे स्नेह रखता है, तो उसका वह कला-कौशल जिसका प्रयोग वह छलने के लिए करती है, उसे अत्यन्त घृणित बना देगा और किसी भी मूल्य पर मर्यादा बनाए रखने के लिए अनिवार्य युक्तियाँ, उसके मस्तिष्क को ऐसे बचकाने अथवा दुष्टतापूर्ण उत्पात में व्यस्त रखेगी जो उसकी समस्त ऊर्जा का नाश कर देती है। इसके अतिरिक्त, कालान्तर में, उन व्यक्तियों की भाँति जो अपने उत्साह को बनाए रखने के लिए आदतन शक्तिवर्धक पेय लेते हैं, उसे भी, ऐसे आनन्द में समस्त स्वाद खोकर, जिसे भय अथवा आशा से अत्यधिक छौंका-बघारा न गया हो, अपनी विचार-क्षमता को जीवनशक्ति प्रदान करने के लिए एक गुप्त प्रेम की आवश्यकता पड़ती है।

कभी-कभी विवाहित स्त्रियाँ और भी अधिक निर्लज्ज ढंग से आचरण करती हैं। मैं एक उदाहरण का उल्लेख करूँगी।

एक गुणवती स्त्री–जो अपने परकीय प्रेम के लिए कुख्यात थी, हालाँकि अपने पति के साथ रहने के कारण कोई भी उसे उस कोटि में नहीं रखता था जो उसके लिए उचित थी–एक असहाय, भीरु, अपनी पूर्व दुर्बलता के कारण लज्जित युवती से अत्यन्त अवमाननापूर्ण तिरस्कार के साथ पेश आती थी। इस युवती को पड़ोस के एक सज्जन ने फुसलाया था और बाद में उससे विवाह कर लिया था। यह स्त्री प्रतिष्ठा के

आगे सद्गुण को कुछ नहीं समझती और शायद विवाहपूर्ण अपने व्यवहार की मर्यादा के आधार पर खुद को श्रेष्ठ समझती थी, यद्यपि अपने परिवार की इच्छानुसार, एक बार अपना घर बसाने के पश्चात् वह और उसका पति एक-दूसरे के प्रति समान रूप से निष्ठाहीन थे—यहाँ तक कि उस विशाल जागीर का अधमरा-सा उत्तराधिकारी कहाँ से अवरित हुआ, ईश्वर ही जानता होगा!

इस विषय को दूसरे दृष्टिकोण से देखा जाए :

मैं ऐसी अनेक स्त्रियों को जानती हूँ, जो यदि अपने पति से प्रेम नहीं करतीं तो किसी अन्य से भी अनुराग नहीं रखतीं, प्रत्येक पारिवारिक कर्तव्य से मुँह मोड़ते हुए, स्वयं को पूर्णतः आडम्बर और दुर्व्यसन के हवाले कर देती हैं! यही नहीं, उस समस्त धन को भी उड़ा देती हैं जिसे अपनी असहाय छोटी सन्तानों के लिए बचाकर रखना अभीष्ट था, इसके बावजूद, अपनी बेदाग ख्याति के लिए स्वयं पर अभिमान करती हैं, मानो पत्नी और माता के रूप में उनके कर्तव्य का समग्र विस्तार उसे संरक्षित रखने में ही हो। कई अन्य अकर्मण्य स्त्रियाँ प्रत्येक व्यक्तिगत कर्तव्य की उपेक्षा करते हुए, यह समझती हैं कि वे अपने पति के प्रेम की मात्र इसीलिए अधिकारी है, क्योंकि इसे उन्होंने औचित्यपूर्ण ढंग से निवेदन किया है।

दुर्बल मस्तिष्क कर्तव्य की औपचारिकताओं का आश्रय लेना सदैव पसन्द करते हैं, परन्तु नैतिकता कहीं अधिक सरल उद्देश्य प्रस्तुत करती है; और यह बेहतर होता कि पल्लवग्राही नैतिकतावादियों ने व्यवहार व सांसारिक प्रथाओं के अनुपालन के सन्दर्भ में कम ही कहा होता, क्योंकि जब तक किसी भी प्रकार का सद्गुण ज्ञान पर टिका नहीं होगा, यह मात्र एक तरह का रुचिहीन शिष्टाचार ही उत्पन्न करेगा। समाज की धारणाओं के प्रति सम्मान, अत्यन्त स्पष्ट शब्दों में, निस्सन्देह, स्त्री का प्रमुख कर्तव्य बताया गया है, जैसा कि रूसो घोषित करता है कि "प्रतिष्ठा शील से कम अपरिहार्य नहीं होती।" वह आगे कहता है, "एक पुरुष स्वयं अपने आचरण से सुरक्षित, मात्र अपने पर निर्भर होता है और जनमत का साहसपूर्वक सामना कर सकता है, परन्तु एक स्त्री, शिष्ट व्यवहार करने में, मात्र अधूरे कर्तव्यों की पूर्ति कर पाती है; उसके विषय में क्या धारणा बनती है, यह उसके लिए उतना ही महत्त्वपूर्ण है जितना वह जो वह वास्तव में है, अतः इससे यह निष्कर्ष निकलता है कि स्त्री-शिक्षा की प्रणाली पुरुष-शिक्षा से स्पष्टतः भिन्न होनी चाहिए। पुरुषों के लिए अभिमत सद्गुण की समाधि होती है परन्तु स्त्रियों में यह राजसिंहासन होता है।" यह निष्पत्ति नितान्त तर्कसम्मत है कि वह सद्गुण जो अभिमत पर आधारित होता है, मात्र सांसारिक होता है और यह सद्गुण उस प्राणी का होता है जिसे समझदारी से वंचित कर दिया गया हो। परन्तु संसार के मत के प्रति सम्मान रखते हुए भी मुझे विश्वास है कि इस तरह के तर्क देनेवाले गलती पर हैं।

प्रतिष्ठा के प्रति यह श्रद्धा भाव, सद्गुण के नैसर्गिक पुरस्कारों में से एक होने से

स्वतंत्र, बहरहाल एक ऐसे कारण से जन्म लेता है जिसकी मैंने स्त्री-भ्रष्टता के मुख्य स्रोत के रूप में पहले ही निन्दा की है, यानी सद्गुण की ओर वापसी द्वारा मान-सम्मान अर्जित करने की असम्भाव्यता पुरुष पापाचार में लिप्तता के बीच भी इसे बचाये रख सकते हैं, तब स्त्रियों के लिए यह स्वाभाविक है कि उस चीज को बचाये रखने का प्रयास करें जो एक बार खोने के बाद वापस नहीं मिलती, कि वे इसके लिए इस हद तक चिन्तित रहें कि यह चिन्ता अन्य प्रत्येक चिन्ता को निगल न ले। शील के लिए ख्याति, एक ऐसी चीज बन गई जो इस लिंग के लिए अनिवार्य है। परन्तु अज्ञान की यह सावधानी व्यर्थ है क्योंकि न धर्म और न ही सदाचार, जब उनका हृदय में वास होता है, मात्र कर्तव्य-अनुष्ठानों के प्रति ऐसे बचकाने ध्यान की माँग करते हैं; स्पष्टतः जब उद्देश्य पवित्र होता है तो व्यवहार को भी, समग्र रूप में, उचित होना चाहिए।

मैं अपने मत के समर्थन में अत्यन्त प्रतिष्ठित व्यक्तियों के विचार प्रस्तुत कर सकती हूँ, और एक प्रबुद्ध विचारक के तर्क में, सोच-विचार के लिए बाध्य करने का दम तो होना ही चाहिए, भले ही वह कायल न कर सके। नैतिकता के सामान्य नियमों की चर्चा करते समय डॉ. स्मिथ का यह प्रेक्षण है कि 'किन्हीं अत्यन्त असामान्य और दुर्भाग्यपूर्ण परिस्थितियों में एक सज्जन व्यक्ति पर एक ऐसे अपराध का सन्देह हो जाता है जिसके लिए वह नितान्त अक्षम था, और इसकी वजह से अपने शेष जीवन में मानव समाज की वितृष्णा और भय के समक्ष अत्यन्त अन्यायपूर्ण ढंग से अरक्षित फेंक दिया जाता है, तो इस प्रकार की दुर्घटना से उसकी सत्यनिष्ठा और न्यायपरायणता के बावजूद उसके सर्वस्व खो देने की बात कही जा सकती है, ठीक उसी प्रकार जैसे एक सतर्क व्यक्ति अपनी सर्वाधिक सावधानी के बावजूद भूकम्प अथवा बाढ़ से बर्बाद हो सकता है। पहले कोटि की दुर्घटनाएँ, दूसरे की तुलना में, बहरहाल, अत्यन्त दुर्लभ हैं और सामान्य ढंग से गतिशील कार्य-व्यापार के अत्यन्त प्रतिकूल हैं तथा यह अभी भी उतना ही सत्य है कि न्याय, सत्य और मानवता की साधना करना, वह अर्जित करने का एक ऐसा निश्चित और लगभग अचूक साधन है जो उन सद्गुणों का साध्य होते हैं, यानी उनका प्रेम और विश्वास जिनके साथ हम रहते हैं। एक व्यक्ति को उसकी विशेष गतिविधि के सन्दर्भ में गलत समझा जा सकता है परन्तु उसके आचरण की सामान्य दिशा के सम्बन्ध में कदाचित् ही उसके साथ यह सम्भव हो। एक निर्दोष व्यक्ति के गलत करने का विश्वास किया जा सकता है, पर यह, निस्सन्देह, बिरले ही होगा। इसके विपरीत उसके आचरण की निष्कपटता के सम्बन्ध में स्थापित धारणा हमें बहुधा अत्यन्त प्रबल प्रमाण के बावजूद तब भी उसे निरपराध ठहराने की दिशा में ले जाएगा जब कि वह वास्तव में दोषी होता है।"

इस लेखक की धारणा से मेरी पूर्ण संगति है क्योंकि मैं वस्तुतः यह विश्वास करती हूँ कि स्त्रियों अथवा पुरुषों में कुछ ही ऐसे लोग थे जो किसी पापाचार के लिए, घृणा

के पात्र हुए बिना कभी घृणा का भाजन बने हों। मैं अल्पकालिक कलंक की बात नहीं कह रही हूँ, जो चरित्र पर उसी प्रकार तभी तक छाया रहता है, जैसे इस महानगर पर प्रायः शरद काल के घने कोहरे की धुन्ध, जब तक कि दिन के तेज प्रकाश के समक्ष यह क्रमशः छँट नहीं जाता। मैं मात्र केवल यह निश्चयपूर्वक कह सकती हूँ कि अधिकांश लोगों के नित्यप्रति का आचरण उनके चरित्र को सच्चाई की मोहर के साथ प्रमाणित करने में सफल रहता है। निःशब्द भाव से दिन-प्रतिदिन दैदीप्यमान होता, वह पारदर्शक प्रकाश उस अबोध आशंका अथवा विद्वेषपूर्ण कथा को, जिसने एक पवित्र चरित्र पर कीचड़ उछाला है, खण्डित करता है। एक भ्रामक आलोक, अल्पकाल के लिए ही उसके प्रतिबिम्ब को विरूपित करता है, परन्तु जब वह धुँधलापन जिसने दृष्टि का भ्रम पैदा किया था, छिन्न-भिन्न हो जाता है तो यह बिरले ही यथोचित रूप पाने में असफल रहता है।

विभिन्न प्रसंगों में, अनेक व्यक्ति असन्दिग्ध रूप से, उसकी अपेक्षा अधिक प्रतिष्ठा अर्जित कर लेते हैं जितने कि उचित रूप में, वे पात्र होते हैं। हर दौड़ में अथक प्रयास अधिकांशतः अपना लक्ष्य पा लेता है। वे लोग जो मात्र इस तुच्छ पारितोषिक के लिए प्रतिस्पर्धा करते हैं, उस फारसियों के समान जो जनसमुदाय द्वारा देखे जाने के लिए गली के नुक्कड़ों पर प्रार्थना करते थे, वस्तुतः वह पुरस्कार अर्जित कर लेते हैं जिसे वे पाना चाहते हैं, क्योंकि एक मनुष्य का अन्तर्मन एक मनुष्य के लिए अगम्य होता है। इसके बावजूद वह उज्ज्वल कीर्ति, जो उस समय सहज ही उत्तम व्यवहार से प्रतिबिम्बित होती है, जब मनुष्य का ध्यान, दर्शकों के ध्यान की चिन्ता किए बिना सिर्फ सही दिशा में कदम उठाने में लगता है, न केवल अधिक सच्ची, बल्कि अधिक सुनिश्चित होती है।

यह सत्य है कि कभी ऐसी विपत्ति पड़ती है जब कि मनुष्य के अन्याय से पीड़ित एक सज्जन व्यक्ति को ईश्वर के दरबार में गुहार लगानी होती है, और शिकायत-भरी निष्कपटता अथवा ईर्ष्या की फुफकारों के मध्य स्वयं अपने ही मन में, जब तक अफवाह गुजर न जाए, शरण पाने के लिए, एक मण्डप खड़ा करता है; इतना ही नहीं, अनर्जित निन्दा के भाले एक निश्छल सुकुमार हृदय को अनेक दुखों से बेध डालते हैं, परन्तु सामान्य नियमों के ये सभी अपवाद हैं। और ये सामान्य नियम ही होते हैं जिनके अनुरूप मानवीय व्यवहार को संचालित होना चाहिए। पुच्छल तारे का अनियमित परिक्रमा पथ सौर मण्डल के प्रमुख पिण्डों की गति के निर्धारित अपरिवर्तनीय क्रम सम्बन्धी खगोलीय आकलन को कदापि प्रभावित नहीं करता।

तब मैं यह कहने का साहस करूँगी कि एक मनुष्य के परिपक्वता ग्रहण करने के उपरान्त समाज में उसके चरित्र की सामान्य रूपरेखा, नियम के उपरोल्लिखित अपवादों की स्वीकार्यता के साथ, यथोचित रहती है। मैं यह नहीं कहती कि मात्र नकारात्मक गुणों व क्षमताओं से सम्पन्न, एक दुनियादार और व्यवहारकुशल व्यक्ति

एक अधिक बुद्धिमान और भले मनुष्य की तुलना में अधिक सुगमता से ख्याति अर्जित नहीं कर लेगा; बल्कि इससे कहीं भिन्न, मैं अनुभव से यह निष्कर्ष निकालने के लिए तत्पर हूँ कि जहाँ दो व्यक्तियों के सद्‌गुण प्रायः समान हों, तो समाज में व्यापक रूप से सर्वाधिक नकारात्मक चरित्र को पसन्द किया जाएगा, जबकि दूसरे के पास अपने निजी जीवन में अपेक्षाकृत अधिक मित्र होंगे। परन्तु महान व्यक्तियों के सद्‌गुणों का सुप्रकट उतार-चढ़ाव, धूप-छाया, एक-दूसरे के प्रति सन्तुलित कर देते हैं; और यद्यपि वे ईर्ष्यालु दुर्बलता पर लक्ष्य साधने का अधिक निष्पक्ष प्रमाण देने में समर्थ होते हैं, वास्तविक चरित्र तब भी नीरस प्रेम अथवा विदग्ध दुर्भावना द्वारा लांछित होने के बावजूद, अपने को प्रकट करने का मार्ग ढूँढ़ लेगा।[1]

कठिनता से ही अर्जित प्रतिष्ठा को संरक्षित रखने की उत्कण्ठा के सन्दर्भ में, जो दूरदर्शी व्यक्तियों को इसका विश्लेषण करने के लिए प्रवृत्त करता है, मैं कोई प्रकट टिप्पणी नहीं करना चाहूँगी, परन्तु मुझे यह भय है कि स्त्रियों के संसार में, सारतत्व के स्थान पर प्रदर्शन के प्रति ध्यानोन्मुखता द्वारा, नैतिकता का अत्यन्त कपटपूर्ण ढंग से महत्त्वहनन किया गया है। एक सरल-सी बात को अनोखे ढंग से जटिल बना दिया जाता है। यही नहीं, बल्कि कभी-कभी सद्‌गुण और उसकी परछाईं के बीच विसंगति खड़ी कर दी जाती है। हम लोगों ने ल्यूक्रेशिया के विषय में, सम्भवतः कभी नहीं सुना होता, यदि उसने अपनी प्रतिष्ठा के बजाय अपना शील सुरक्षित रखने के लिए प्राण उत्सर्ग किया होता। यदि हम वास्तव में स्वयं अपने अच्छे मत के सुपात्र बनना चाहते हैं तो संसार में सामान्यतः हमें आदर-सम्मान प्राप्त होगा। परन्तु यदि हम और अधिक उन्नयन, समृद्धि तथा उच्चतर उपलब्धियों के पीछे भागते हैं तो जैसा हमें दूसरों की दृष्टि में समझा जाता है वैसा ही स्वयं को मान लेना पर्याप्त नहीं होगा, यद्यपि हमारे नैतिक मनोभाव की नींव के रूप में, इस पर विदग्धतापूर्वक तर्क-वितर्क किया जा चुका है।[2] ऐसा इसलिए क्योंकि प्रत्येक दर्शक की, अपने देश-काल के पूर्वग्रहों के अतिरिक्त अपनी स्वयं की पूर्वधारणाएँ हो सकती हैं; बल्कि हमें स्वयं को उसी दृष्टि से देखने का प्रयास करना चाहिए जिस दृष्टि से हम समझते हैं, वह परमसत्ता हमें देख रही होगी, जो हर विचार को कर्म में फलित होते देखती है, और जिसका निर्णय न्याय के शाश्वत नियम से कभी विचलित नहीं होता। उसके समस्त निर्णय न्याय होते हैं, और उतने ही अनुकम्पापूर्ण भी।

वह विनम्र मस्तिष्क, जो उसकी अनुग्रह दृष्टि पाने का आग्रही होता है, और शान्त भाव से अपने आचरण का निरीक्षण-परीक्षण करता है, जबकि मात्र उसकी उपस्थिति की अनुभूति ही होती है, स्वयं अपने सद्‌गुणों के विषय में कदाचित् ही भ्रामक धारणा बनाएगा। आत्मसंयम की निःशब्द घड़ी में अपमानित न्याय की क्रुद्ध भृकुटी से बचने का भयपूर्वक अनुरोध किया जाएगा, अन्यथा, वह बन्धन जो मनुष्य को ईश्वर के समीप करता है, श्रद्धापूर्ण आराधना की ऐसी विशुद्ध भावना में ही पहचान पा सकेगा जो किसी

प्रकार की मंथनकारी भावनाओं को जाग्रत किए बिना हृदय को स्फीत कर देती है। इन्हीं गम्भीर क्षणों में मनुष्य उन दुष्प्रवृत्तियों के विषाणु को खोज लेता है जो जावा वृक्ष के समान परिवेश में एक घातक वाष्प विस्तीर्ण कर रहा होता है—मृत्यु आसन्न होती है! और तब वह उन्हें घृणा अनुभव किए बिना देखता है, क्योंकि वह अपने सभी बन्धुओं से प्रेम की डोर द्वारा जुड़ा होने का अनुभव करता है। उनकी गलतियों के लिए वह प्रत्येक कमी को उनकी प्रकृति में—स्वयं अपने में ढूँढ़ने के लिए उत्सुक रहता है। वह इस प्रकार तर्क करता है : यदि मैं, जो अपनी बुद्धि का प्रयोग करता हूँ और कष्ट द्वारा तपकर शुद्ध हुआ हूँ, अपने हृदय की परतों में बुराई के बीज पाता हूँ और उसे मुश्किल से नष्ट कर पाता हूँ तो क्या उन पर मैं करुणा न करूँ, जिन्होंने इसे अपेक्षतया कम उत्साह के साथ उसे कुचला है अथवा जिन्होंने उस घातक सर्प को असावधानीवश तब तक पाला-पोसा है जब तक वह उस जीवनधारा को ही, जिससे वह रसपान कर रहा था, विषैला नहीं बना देता है? क्या मैं, जो अपने गुप्त पापों के प्रति चैतन्य हूँ, अपने बन्धुओं से पीछा छुड़ा सकता हूँ और शान्त भाव से उन्हें नरक के उस गहरे कुण्ड में पतित होते देख सकता हूँ जो उन्हें निगलने के लिए मुँह बाये रहता है? नहीं! नहीं! घोर यंत्रणा से तड़पता हृदय घुटनभरी विकलता के साथ चीत्कार करता है—मैं भी एक मनुष्य हूँ और मानव दृष्टि से, सम्भवतः ओझल उन दुष्प्रवृत्तियों से युक्त हूँ, जो मुझे ईश्वर के समक्ष धरती पर साष्टाँग नत कर देती हैं, और जब सब कुछ मौन रहता है मुझे उच्च स्वर में यह बताती हैं कि हम एक ही मिट्टी से बने हैं तथा समान प्राकृतिक वातावरण में साँस लेते हैं। मानवता इस प्रकार, सहज ही, विनय से उद्भूत होती है और प्रेम की वह डोर बुनती है जो अनेक कुण्डलों में हृदय को लपेट लेती है।

वे मार्गदर्शक सिद्धान्त जो मेरी समस्त गवेषणाओं में व्याप्त हैं, इस विषय के विस्तार को अनावश्यक बना देते, यदि चरित्र की चमक-दमक को ताजा और अच्छी स्थिति में बनाए रखने पर अनवरत ध्यान, स्त्री कर्तव्य के सकल योग के रूप में बारम्बार मन में बैठाया नहीं जाता; यदि व्यवहार को नियंत्रित करने व प्रतिष्ठा को संरक्षित रखने के नियम प्रायः नैतिक आग्रहों का स्थान ग्रहण नहीं कर लेते। परन्तु प्रतिष्ठा के सन्दर्भ में ध्यान को एकमात्र सद्गुण, शील पर केन्द्रित कर दिया जाता है। यदि एक स्त्री की मर्यादा, जैसा कि इसे बेतुके ढंग से कहा जाता है, सुरक्षित रहती है तो वह प्रत्येक सामाजिक कर्तव्य की उपेक्षा कर सकती है; यही नहीं, अपने परिवार को जुए व अपव्यय से बर्बाद कर सकती है, और इसके बावजूद एक निर्लज्ज रहती है, क्योंकि वस्तुतः वह एक सम्माननीय स्त्री होती है!

श्रीमती मैकाले का यह प्रेक्षण उचित ही है कि "बस, एक ऐसी गलती है जिसे करने के बाद मर्यादापूर्ण सम्मानित स्त्री अदण्डित नहीं रह सकती।" तत्पश्चात् वह उचित रूप से और मानवीय भाव के साथ आगे कहती हैं, "इस चीज ने मूर्खतापूर्ण

और घिसी-पिटी बातों को जन्म दिया है कि स्त्रियों में शुचिता के विरुद्ध प्रथम चूक चरित्र को भ्रष्ट करने की शक्ति रखती है। परन्तु प्रकृति ऐसा कोई भी सुकुमार जीव उत्पन्न नहीं करती। मानव-मन इतने उदात्त तत्त्वों से निर्मित होता है कि इतनी आसानी से दूषित नहीं किया जा सकता तथा अपनी शिक्षा और स्थिति की समस्त असुविधाओं के साथ, स्त्रियाँ बिरले ही सम्पूर्णतः दुष्चरित्र बनती हैं, जब तक अपनी ही जाति के विषाक्तपूर्ण विद्वेष द्वारा वे नैराश्यपूर्ण अवस्था में फेंक नहीं दी जातीं।"

परन्तु, सापेक्षिक रूप से, शुचिता की प्रतिष्ठा के प्रति यह आदर जहाँ स्त्रियों द्वारा पुरस्कृत होता है, पुरुषों द्वारा इसे तिरस्कृत किया जाता है : और ये दो छोर नैतिकता के लिए समान रूप से विध्वंसकारी होता है।

पुरुष निश्चित रूप में स्त्रियों की तुलना में अपनी तृष्णा के प्रभाव में अधिक होते हैं और उनकी क्षुधा बेलगाम अतिभोग व परितृप्ति की सुकुमार युक्तियों द्वारा और अधिक विकारग्रस्त हो जाती है। भोग-सुख ने आहार-आचार में ऐसी कृत्रिमता, जो काया को चौपट कर देती है और एक सीमा तक एक अतिभोजिता, उत्पन्न की है, जो इतना घृणित है कि, इससे पूर्व कि एक व्यक्ति दूसरे की उपस्थिति में अमर्यादित ढंग से भोजन ग्रहण करे और उसके उपरान्त उस भारीपन की शिकायत करे जिसे उसका असंयम स्वाभाविक रूप से पैदा करता है, व्यवहार के औचित्य का बोध ही समाप्त हो जाना चाहिए। किंचित् स्त्रियाँ, विशेषकर फ्रांसीसी महिलाएँ, इस प्रसंग में शिष्टता के समस्त भाव तज देती हैं, वे अत्यन्त निश्चिन्तापूर्वक बदहजमी के विषय में चर्चा करती हैं। यदि आलस्य को, समृद्धि की अति उर्वर मिट्टी में, उष्ण-ऋतु के उन कीट-झुण्डों को जो सड़ान्ध में पलते-बढ़ते हैं, उत्पन्न करने की अनुमति दी जाती है, तो हमें ऐसी घृणित अतिशयता के दृश्य से विरक्ति नहीं होनी चाहिए।

व्यवहार-सापेक्षिक एक ही नियम है जिसे, मैं समझती हूँ, प्रत्येक दूसरे को नियंत्रित करना चाहिए। और यह मात्र मानव समाज के प्रति एक ऐसा सहज सम्मान सँजोए रखना है जो हमें एक सहचर से वर्तमानकालिक विषयसुख के लिए घृणा करने से विरत करे। अनेक विवाहित स्त्रियों, और वे अन्य जो जीवन में किंचित् उन्नत होती हैं, की निर्लज्ज अकर्मण्यता उन्हें प्रायः सौजन्यता के विरुद्ध पापाचरण के लिए प्रवृत्त करती है। यह विश्वास करने के उपरान्त भी कि शरीर स्त्री-पुरुष के सम्मिलन का सूत्र होता है, कितनी बार निरी अकर्मण्यता के कारण अथवा किंचित् तुच्छ विषयसुख का आस्वादन करने के चलते, वे विरक्ति उत्पन्न करती हैं।

उस कामतृष्णा की विकारग्रस्तता का, जो स्त्री-पुरुष को निकट लाती है, और भी घातक प्रभाव पड़ता है। प्रकृति को सदा रुचिसम्पन्नता का प्रतिमान, तृष्णा का मानक होना चाहिए, तथापि कितनी अश्लीलतापूर्वक प्रकृति विषयभोगी द्वारा अपमानित की जाती है। प्रेम की परिष्कृति का प्रश्न अनछुआ छोड़कर, प्रकृति, इस विषय में और इसके

साथ-साथ अन्य प्रसंगों में भी, प्रजातियों के संरक्षण के उद्देश्य से तृष्णा की तृप्ति को एक सहज और अनिवार्य नियम निर्धारित कर, तृष्णा को उदात्त बनाती है, और प्रबल ऐन्द्रिक आवेग के साथ किंचित् स्नेह और अन्तर्भाव को विन्यस्त कर देती है। माता-पिता की भावनाएँ एक ऐसी सहजवृत्ति के साथ, जो नितान्त आदिम होती है, गुँथकर उसे गरिमापूर्ण बनाती हैं और सन्तान की इच्छा से प्रेरित स्त्री और पुरुष के समागम में एक साझी सहअनुभूति से परस्पर रुचि और प्रेम जागृत होता है। तब स्त्रियों के समक्ष, अपनी काया को सुशोभित-सुवासित करने की अपेक्षा कतिपय अधिक उदात्त कर्तव्य-पालन की अनिवार्यता होने के कारण, वे यदा-कदा पैदा होनेवाली तृष्णा की सन्तुष्ट भाव से दास नहीं बन सकतीं; यथा—अभी स्त्रियों की ऐसी यथेष्ट संख्या है जो अक्षरशः कहें तो सामने रखा वह पकवान है जो प्रत्येक अतिभोजी के लिए सुलभ है।

मुझसे यह कहा जा सकता है कि यह पाप चाहे जितना भी बड़ा हो, यह स्त्री जाति के एक समर्पित भाग को—शेष के परित्राण के लिए समर्पित भाग को—प्रभावित करता है। परन्तु प्रत्येक उस कथन को सरलता से मिथ्या सिद्ध किया जा सकता है, जो वृहत्तर भलाई को जन्म देने के लिए लघु बुराई के अनुमोदन का परामर्श देता है। इस अनिष्ट का यहीं अन्त नहीं हो जाता, क्योंकि स्त्री-जाति के अधिक सच्चरित्र अंश का नैतिक चरित्र और मन की शान्ति उन्हीं स्त्रियों के आचरण से नष्ट हो जाती है जिन्हें वे पाप से बचकर शरण नहीं लेने देतीं; जिन्हें वे निर्दयतापूर्वक उस कला-कौशल के हवाले कर देती हैं जो उनसे उनके पतियों को सम्मोहित कर छीन लेता है, उनके पुत्रों को बहका लेता है और उन्हें, शालीन स्त्रियों को भी, एक रूप में वही चरित्र ग्रहण करने को बाध्य कर देता है जो स्वयं उनका होता है। मैं यह कहने का साहस करूँगी कि स्त्री दुर्बलता और साथ ही साथ चरित्र भ्रष्टता, जिस पर मैंने पहले ही व्यापक चर्चा की है, एक ही वृहत्तर कारण से प्रस्फुटित होती है—पुरुषों में शुचिता का अभाव।

यह असंयम, जो इतना व्यापक है, तृष्णा को इस अंश तक भ्रष्ट कर देता है कि इसे उत्तेजित करने के लिए उच्छृंखल उद्दीपकों की आवश्यकता पड़ती है, परन्तु प्रकृति की पैतृक योजना विस्मृत कर दी जाती है और निरा शरीर ही, तथा वह भी पल भर के लिए, विचारों पर अकेले पूर्णाधिपत्य रखता है। इसलिए विषयभोगी प्रायः वह लम्पट शिकारी हो जाता है जो स्त्रीसुलभ कोमलता का और परिष्कार चाहता है। स्त्री से कुछ अधिक कोमलता की तब खोज की जाती है; यहाँ तक कि इटली और पुर्तगाल में पुरुष, स्त्रैण सुकुमारता से कुछ अधिक की प्रबल लालसा में हिजड़ों के मेलों में शामिल होते हैं।

इस वर्ग के पुरुषों को तृप्त करने के लिए स्त्रियों को योजनाबद्ध ढंग से रतिप्रिय बनाया जाता है और यद्यपि वे पूर्णतः अपनी दुर्वासना को समान ऊँचाई तक नहीं ले जा सकतीं, तथापि यह हृदयहीन रतिसंयोग, जिसकी अनुमति वे स्वयं को देती हैं, दोनों

ही को विकारग्रस्त बना देता है क्योंकि पुरुष की रुचि दूषित हो चुकी रहती है और सभी वर्गों की स्त्रियाँ उस रुचि को तृप्त करने के लिए अपने व्यवहार को सहज ही अनुकूलित कर लेती हैं जिससे उन्हें आनन्द और सत्ता-सुख की प्राप्ति होती है। परिणामस्वरूप स्त्रियों का मन और शरीर से, जितना उन्हें होना चाहिए उससे अधिक, दुर्बल होना, उन महान निष्पत्तियों में एक है जो बच्चों को जन्म देने और पालन-पोषण करने के लिए उन्हें जिम्मेदार मानने से फलित होती हैं। इनके कारण माँ के प्राथमिक कर्तव्य-पालन करने योग्य यथेष्ट ऊर्जा उनके पास शेष नहीं रह जाती; और रति लम्पटता के समक्ष उस पितृ स्नेहभाव का, जो सहजवृत्ति को उदात्त बनाता है, समर्पण, या तो भ्रूण को गर्भ में ही नष्ट कर देता है अथवा जन्म के पश्चात उसे त्याग देता है। प्रकृति प्रत्येक क्षेत्र में सम्मान की माँग करती है, और जो उसे भंग करते हैं, बिरले ही अदण्डित रह जाते हैं। वे दुर्बलचित्त शक्तिहीन स्त्रियाँ जो विशेष रूप से कामी लम्पटों का ध्यान आकर्षित करती हैं, माता बनने के अनुपयुक्त होती हैं, भले ही वे गर्भवती हो जाती हों, अतः वह सम्पन्न देहभोगी जो स्त्रियों के बीच, चरित्रभ्रष्टता और दुर्भाग्य फैलाते हुए, गुलछर्रे उड़ा रहा होता है, जब अपने नाम को आगे बढ़ाने की इच्छा करता है तो अपनी पत्नी से एक ऐसा शिशु प्राप्त करता है जो अपने माता और पिता दोनों की दुर्बलताओं का उत्तराधिकारी बनता है।

वर्तमान युग की मनुष्यता का पुराकाल की बर्बरता के साथ वैषम्य दिखाते हुए उन बच्चों को अनाश्रित छोड़ देने के, जिनका भरण-पोषण उनके माता-पिता नहीं कर पाते, क्रूर रीति-रिवाज पर अत्यन्त बल दिया गया है : जबकि विषयी पुरुष जो सम्भवतः इस प्रकार दुखड़ा रोता है, अपने अन्धाधुन्ध प्रच्छन्न प्रेम-सम्बन्धों द्वारा आचार-व्यवहार की संक्रामक जघन्यता और एक सर्वाधिक विध्वंसकारी बन्ध्यता को जन्म देता है। निश्चय ही प्रकृति का यह कदापि अभिप्राय नहीं रहा होगा कि स्त्रियाँ, कामेच्छा को तृप्त करने में उस उद्देश्य को ही विफल कर दें जिसके निमित्त उसे प्रवर्तित किया गया था!

मैं पहले ही यह कह चुकी हूँ कि पुरुषों के लिए उन स्त्रियों का भरण-पोषण आवश्यक होना चाहिए जिन्हें उन्होंने पापाचार के लिए फुसलाया है। यह स्त्रियों के आचार-व्यवहार में सुधार करने और उस दुर्व्यसन को रोकने का, जिसका जनसंख्या और आचरणशास्त्र पर समान रूप से घातक प्रभाव पड़ता है, एक साधन हो सकता है। और दूसरा होगा, जो उससे कम प्रत्यक्ष नहीं होता—स्त्री के ध्यान को शील के असली गुण की ओर उन्मुख करना, क्योंकि सम्मान पर शालीनता के सन्दर्भ में, उस स्त्री का किंचित् ही अधिकार रहता है, भले ही उसकी प्रतिष्ठा हिम जैसी उज्ज्वल हो, जो कामी लम्पट पर मुस्कान न्यौछावर करती है परन्तु उसकी उच्छृंखल कामाग्नि और स्वयं अपनी मूर्खताओं की शिकार स्त्री को वह ठोकर मारती है।

इसके अतिरिक्त, उस पर भी उसी मूर्खता का दोष होता है, भले ही कितनी भी

निष्पाप वह स्वयं को क्यों न माने, जब वह अपने शरीर को मात्र पुरुषों द्वारा देखे जाने, श्रद्धासिक्त उच्छ्वास आमंत्रित करने और तथाकथित निष्कपट रसिकता की निकम्मी सराहना के लिए यत्नपूर्वक सुसज्जित करती है। यदि स्त्रियाँ स्वयं अपने निमित्त सदाचार का, वास्तव में, सम्मान करतीं, तो उस आत्मत्याग की क्षतिपूर्ति, जिसे अपनी प्रतिष्ठा को संरक्षित रखने के लिए उन्हें व्यवहार में उतारने को बाध्य होना पड़ता है, वे आत्मप्रदर्शन में नहीं ढूँढ़तीं और न ही वे ऐसे पुरुषों से मेलजोल रखतीं जो प्रतिष्ठा के लिए चुनौती खड़ी करते।

स्त्री-पुरुष एक-दूसरे को परस्पर भ्रष्ट करते हैं और सुधारते हैं। मुझे विश्वास है कि प्रत्येक सद्गुण तक व्याप्त, यह एक निर्विवाद सत्य है। शील, शालीनता, जनभावना और सद्गुणों के समस्त उदात्त अनुक्रम, जिस पर सामाजिक सदाचार और सुख निर्मित होता है, सम्पूर्ण मानव समुदाय द्वारा समझा और विकसित किया जाना चाहिए अन्यथा उनका प्रभाव कम ही रहेगा और, कुकर्मी अथवा अकर्मण्य के लिए, किसी पवित्र कर्तव्य का, इसे यौन-सम्बन्धी कहकर, उल्लंघन करने का बहाना जुटाने के स्थान पर यह प्रमाणित करना कि प्रकृति ने किसी प्रकार का भेद नहीं किया है, अधिक विवेकपूर्ण होगा; क्योंकि व्यभिचारी पुरुष प्रकृति के उद्देश्य को दोहरे रूप से निष्फल बनाता है–स्त्रियों को बन्ध्या रखकर और अपने शरीर विन्यास को नष्ट कर, यद्यपि वह उस शर्मिन्दगी से बचता है जो इस अपराध के परिणाम से पैदा होती है। ये तो शारीरिक परिणाम हैं; नैतिक और भी अधिक भयप्रद होता है, क्योंकि सदाचार तब एक संज्ञात्मक विशिष्टता मात्र रह जाती है जब नागरिकों के पति, पत्नी व माता-पिता और परिवारों के मुखिया के कर्तव्य केवल सुविधा का स्वार्थपूर्ण बन्धन बन जाते हैं।

दार्शनिक तब क्यों लोकभावना की खोज करते हैं? लोकभावना को निजी सद्गुण द्वारा पोषित होना चाहिए अन्यथा यह उस कृत्रिम भावना के सदृश होगी जो स्त्रियों को अपनी प्रतिष्ठा और पुरुषों को अपना सम्मान संरक्षित रखने के लिए सावधान करती है। वह भावना जो बहुधा सद्गुण द्वारा असमर्थित होती है, उस उदात्त नैतिकता द्वारा निरावलम्बित हो जाती है जो एक कर्तव्य के अभ्यासगत उल्लंघन को समग्र नैतिक-शास्त्र का उल्लंघन बना देता है।

टिप्पणियाँ

1. मैं विभिन्न संस्मरणात्मक लेखों की ओर इंगित करूँगी, विशेष रूप से बॉसवेल कृत जानसन का जीवन-चरित।
2. स्मिथ

अध्याय नौ

समाज में स्थापित अस्वाभाविक विभेदीकरण के विनाशकारी प्रभाव के बारे में

सम्पत्ति के प्रति श्रद्धाभाव से, जैसे एक विषाक्त सोते से, अधिकांश बुराइयाँ और दुर्व्यसन प्रवाहित होते हैं जो एक चिन्तनशील मस्तिष्क के लिए इस संसार को नितान्त आनन्दरहित स्थान बना देते हैं। कारण, यह सर्वाधिक परिष्कृत समाज में ही होता है कि घृणित सरीसृप और विषैले सर्प झाड़ियों में घात लगाकर बैठे होते हैं और यहाँ स्थिर, दमघोंटू हवा में पनपी रति लम्पटता होती है जो प्रत्येक सुप्रवृत्ति को सद्गुण में विकसित होने से पूर्व शिथिल बना देती है।

एक वर्ग दूसरे पर दबाव डालता है क्योंकि सभी का लक्ष्य अपनी सम्पत्ति के आधार पर सम्मान प्राप्ति का होता है और सम्पत्ति एक बार प्राप्त हो गई तो वही सम्मान अर्जित करेगी जो मात्र प्रतिभा तथा सदाचार के लिए दातव्य है। मनुष्य मनुष्य के लिए आवश्यक कर्तव्य की उपेक्षा करते हैं तथापि देवपुरुषों के समान पूजे जाते हैं : धर्म भी एक आनुष्ठानिक आवरण द्वारा नैतिकता से पृथक् कर दिया जाता है; इसके बावजूद मनुष्य यह अचरज करता है कि संसार, ठगों और उत्पीड़कों की माँद है।

एक अत्यन्त प्रचलित-सा मुहावरा है जो एक चतुराई भरे सच का बयान करता है, कि शैतान जिसे भी खाली बैठा पाएगा, अपनी सेवा में लगा लेगा। और स्वभावगत अकर्मण्यता के अतिरिक्त वंशानुगत धन-सम्पत्ति और नाम-उपाधि भला और क्या उत्पन्न कर सकती है? क्योंकि मनुष्य की संरचना इस प्रकार हुई रहती है कि वह अपनी क्षमताओं की उपयोगिता को उनके अभ्यास द्वारा ही साध सकता है और उनको अभ्यास में तब तक नहीं उतारा जा सकता जब तक किसी प्रकार की आवश्यकता गति के चक्र को पहले घुमा नहीं देती। सद्गुण भी इसी भाँति सापेक्षिक कर्तव्यों के पालन मात्र से अर्जित की जा सकती है परन्तु इन पवित्र कर्तव्यों का महत्त्व बिरले ही उस व्यक्ति द्वारा अनुभव किया जा सकेगा जिसे चाटुकारों की ठकुरसुहाती द्वारा अपनी

मनुष्यता से विमुख होने के लिए फुसलाया जा सकता हो। समाज में और अधिक समानता स्थापित करना अभीष्ट है अन्यथा नैतिकता कभी अपना आधार नहीं बना पाएगी और यह सद्‌गुणसम्पन्न समानता दृढ़तापूर्वक जमी नहीं रह सकती, भले ही चट्टान की नींव प्राप्त हो, यदि मानव जाति का अर्द्धांश नियति द्वारा जकड़ी हुई रसातल में पड़ी हो, क्योंकि वे अज्ञान अथवा अहम्मन्यता के कारण इसकी जड़ें अनवरत रूप से खोदती रहेंगी।

स्त्रियों से सद्‌गुण की अपेक्षा रखना व्यर्थ होगा जब तक कि वे किसी सीमा तक पुरुषों से स्वतंत्र नहीं हो जातीं, यही नहीं, उनसे उस नैसर्गिक स्नेह की प्रत्याशा भी निरर्थक होगी जो उन्हें अच्छी माता और पत्नी बनाता है। जब तक वे अपने पतियों पर पूर्णतः आश्रित रहेंगी, वे छलपूर्ण, संकीर्ण और स्वार्थी होंगी और वे पुरुष जो श्वान सदृश प्रेम के तलुए चाटते लाड़-दुलार से तृप्त किए जा सकते हों, सुरुचिसम्पन्नता से रहित होते हैं क्योंकि इसमें, किन्हीं भी अर्थों में, प्रेम नहीं लाया जा सकता, इसके रेशमी पंख तत्क्षण सिमट जाते हैं, जब उसी रूप में प्रतिदान के अतिरिक्त किसी अन्य चीज की आकांक्षा की जाती है। फिर भी जब धन-समृद्धि पुरुष की शक्ति क्षीण करती है और स्त्रियाँ, जैसा कि चलन है, अपने दैहिक आकर्षण से जीवन पाती हैं, तब हम उनसे उन उदात्तधर्मी कर्तव्यों के पालन की भला किस प्रकार अपेक्षा कर सकते हैं जो समान रूप से उद्यम और आत्मत्याग की माँग करते हैं। पैतृक सम्पत्ति मस्तिष्क को भ्रष्ट करती है और जन्म से ही सुख-सुविधा में पले इसके अभागे शिकार बिरले ही अपने शरीर और मन की गतिशील योग्यता का प्रयोग करते हैं और इस प्रकार प्रत्येक वस्तु को एक ही दृष्टि और वह भी त्रुटिपूर्ण दृष्टि से देखने के कारण वे उसे पहचानने में असमर्थ रहते हैं जिसमें सच्ची योग्यता व सुख निहित होता है। वह दृष्टि वस्तुतः भ्रान्तिपूर्ण ही होगी जब कि परिस्थिति का आवरण मनुष्य को ढँक लेता है और वह बेजान-से पैरों को घसीटते हुए भोग-विलासिता के एक दृश्यपटल से दूसरे की ओर चलता रहता है; उसकी घूमती गोल-गोल भावशून्य आँखें बताती हैं कि मस्तिष्क अपने ठौर पर नहीं है।

अतः मैं यह निष्कर्ष निकालना चाहूँगी कि समाज उचित रूप से संगठित नहीं हुआ है, जो स्त्रियों और पुरुषों को अपने सापेक्षिक कर्तव्यों के पालन हेतु, इसे अपने सहबन्धुओं से अनुमोदन प्राप्त करने का एकमात्र साधन प्रस्तुत कर, बाध्य नहीं करता, जिसे प्रत्येक मनुष्य किसी भी ढंग से प्राप्त करने का आकांक्षी होता है। परिणामस्वरूप, वह सम्मान जो धन-ऐश्वर्य व मात्र दैहिक आकर्षण को अर्पित किया जाता है, उत्तर पूर्वी हवा का वह तेज झोंका होता है जो स्नेह और सदाचार के कोमल बौरों का नाश कर देता है। प्रकृति ने, कठिन परिश्रम को रुचिकर बनाने और तर्कबुद्धि के उद्यमों को वह ऊर्जस्विता प्रदान करने के लिए, जिसे मात्र साहस ही प्रदान कर सकता है, कर्तव्यों

के साथ स्नेह को बुद्धिमत्तापूर्वक सन्नद्ध कर दिया है। परन्तु वह स्नेह, जिसे मात्र इसलिए धारण किया जाता है कि वह किसी निश्चित चरित्र का लक्षण है, जबकि उसे प्रदत्त कर्तव्यों का पालन नहीं होता, एक ऐसा थोथा अभिनन्दन है, जिसे सद्गुण व चीजों की वास्तविक प्रकृति को समर्पित कर, दुष्प्रवृत्ति और मूर्खता अनुग्रहीत होती है।

मुझे अपनी धारणा को स्पष्ट करने के लिए मात्र यह अवलोकन करने की आवश्यकता होगी कि जब एक स्त्री अपने सौन्दर्य के लिए प्रशंसित होती है और उस प्रशंसा द्वारा जिसे वह प्राप्त करती है, इस सीमा तक मदोन्मत्त हो जाने के लिए कि एक माता के अपरिहार्य कर्तव्यों के पालन में लापरवाही बरतने लगे, स्वयं को उत्पीड़ित करती है, तो वह एक ऐसा स्नेह विकसित करने में, जो उसे समान रूप से सुयोग्य और सुखी बनाने की ओर उन्मुख करता है, उपेक्षा द्वारा स्वयं के विरुद्ध पाप करती है। सच्चा सुख, मेरा आशय उस सन्तोष और सदाचारी तृप्ति से है जिन्हें ऐसी दोषपूर्ण अवस्था में हस्तगत किया जा सकता हो, सुनियंत्रित स्नेह से उत्पन्न होना चाहिए, और स्नेह में कर्तव्य समाहित होता है। पुरुष इससे अनभिज्ञ होते हैं कि स्त्रियों को स्वयं को प्रीतिकर प्रस्तुत बनाने के मात्र उकसावे द्वारा ही वे किस प्रकार दुर्भाग्य के हेतु बनते हैं और अनैतिक दुर्बलता को वे किस प्रकार पोसते हैं; वे नहीं विचार कर पाते कि इस प्रकार सौन्दर्य की इन्द्रियभोगी धारणाओं के समक्ष स्त्री-जीवन के मान-सम्मान और सुख-चैन की बलि चढ़ाकर वे नैसर्गिक व कृत्रिम कर्तव्यों के मध्य टकराहट पैदा कर देते हैं जबकि प्रकृति में उन समस्त चीजों के मध्य लयबद्धता होती है।

निष्ठुर है उस पति का हृदय, यदि शुरू से ही व्यभिचार द्वारा वह अस्वाभाविक नहीं बना है, जो अपनी सन्तान को उसकी माता द्वारा स्तनपान कराते देखकर वह आनन्द अनुभव नहीं करता, जितना कोई भी चंचल अदा कभी उत्पन्न नहीं कर सकती थी, इसके बावजूद, दाम्पत्य बन्धन को दृढ़ बनाने, और स्नेहासिक्त स्मृतियों के साथ सम्मान को विन्यस्त करने के इस स्वाभाविक तरीके को ठुकरा देने के लिए धन-ऐश्वर्य स्त्रियों को प्रवृत्त करता है। वे अपने सौन्दर्य को संरक्षित रखने और प्रसिद्धि का पुष्प मुकुट धारण करने के लिए, जो उन्हें एक रूप में पुरुष पर कुछ समय के शासन का अधिकार प्रदान करता है, अपने पति के हृदय पर उन प्रभावों को अंकित करने में उपेक्षा बरतती हैं जिसे उस समय उनके अछूते आकर्षणों से भी अपेक्षाकृत अधिक मृदुलता के साथ स्मरण किया जाएगा जब बालों का हिम हृदय को सर्द करने लगेगा। एक विवेकी स्नेहपूर्ण स्त्री की मातृसुलभ चिन्ता अत्यन्त रुचिकर होती है और वह शीलयुक्त गरिमा जिसके साथ एक माता उस लाड़-दुलार का प्रतिदान करती है, जिसे उसने और उसकी सन्तान ने, अपने पद के महत्त्वपूर्ण कर्तव्यों का निर्वाह करते पिता से प्राप्त किया है, न केवल आदर योग्य है अपितु एक मनोहारी दृश्य है। वस्तुतः इतनी अनुपम मेरी भावनाएँ हैं, और छद्म भावनाओं के वशीभूत न हो जाने के लिए मैंने

यत्न किया है कि नीरस वैभव और एकरूपी अनुष्ठानों के दृश्य से, जो बोझिल तड़क-भड़क के साथ पारिवारिक स्नेह का स्थान ग्रहण कर लेते हैं, क्लान्त होकर, अपने नेत्रों को प्रकृति द्वारा सर्वत्र बिखेरी गई स्फूर्तिदायिनी हरीतिमा पर टिकाकर राहत दे सकने के लिए, मैं एक अन्य दृश्य की ओर उन्मुख हो गई हूँ। मैंने आनन्दपूर्वक एक स्त्री को अपने बच्चों का पालन-पोषण करते और घर-गृहस्थी के मोटे कामों के लिए सम्भवतः एक नौकरानी की मदद से अपने पद-कर्तव्यों का निर्वाह करते देखा है। मैंने उसे अपने पति की अगवानी के लिए, सिर्फ सफाई पसन्दगी की विलासिता के साथ स्वयं को और बच्चों को तैयार करते देखा है, सायंकाल थका-माँदा घर लौटने पर जिसे मुसकुराते बच्चे और एक साफ-सुथरा घर मिलता है। मेरा हृदय इस समूह के बीच चला गया है और उस समय तदनुभूतिपूर्ण भावना से स्पन्दित भी हुआ है जब सुपरिचित पदचाप की आहट एक प्रीतिकर उथल-पुथल उत्पन्न करती है।

मेरी सदाशयता इस अकृत्रिम दृश्य पर सोचने से तृप्त हुई है और साथ ही मैंने इस पर विचार किया है कि ऐसे ही एक-दो विवरण समान रूप से आवश्यक व एक-दूसरे से स्वतंत्र, वह सर्वस्व समाहित रखते हैं जिसे जीवन प्रदान कर सकता है। दयनीय दारिद्र्य से यथेष्ट रूप से इतने ऊपर कि उन्हें प्रत्येक व्यय की गई दमड़ी का परिणाम सोचने के लिए बाध्य न होना पड़े और अर्थ की ठण्डी व्यवस्था को, जो हृदय और मस्तिष्क दोनों को संकीर्ण बना देती है, चिन्ता का कारण न बनने देने के लिए पर्याप्त सम्पन्न होना। मैं घोषित रूप से यह कहना चाहूँगी कि इतनी सामान्य-सी मेरी संकल्पना है कि मैं नहीं समझ पाती कि इसे संसार में आनन्दमय और साथ ही सर्वाधिक सम्मानजनक स्थिति में रूपान्तरित करने के लिए और क्या चाहिए, सिवाय सामाजिक सम्पर्क की बातचीत में किंचित् विविधता व रोचकता हेतु साहित्य में रुचि, और अभावग्रस्त व्यक्तियों की मदद करने व पुस्तकें खरीदने के निमित्त कुछ अतिरिक्त धन के।

मानव-चरित्र के लिए बहरहाल, समृद्धि और वंशानुगत उपाधियाँ तो विध्वंसकारी होती ही हैं परन्तु स्त्रियाँ पुरुषों की तुलना में इसके द्वारा, अधिक दूषित और जकड़ी होती हैं क्योंकि पुरुष फिर भी, किसी सीमा तक अपनी योग्यताओं को सैनिक और राजनेता बनकर प्रकट कर सकते हैं।

सैनिकों के विषय में जैसा कि मैं मानती हूँ, वे अब अधिकांश समय मात्र निरर्थक सम्मान बटोरते रहते हैं। उनकी मात्र यह उपयोगिता है कि यूरोपीय सन्तुलन को किसी हरकत या आवाज के कारण बिगड़ने न दें। परन्तु अब सच्चे पराक्रम के वे दिन बीत चुके हैं जबकि एक नागरिक फैब्रिशियस और वाशिंगटन की भाँति अपने देश के लिए युद्ध करता था और फिर अपने सदाचारी उत्कट उत्साह को एक अधिक शान्त, परन्तु उतनी ही हितकारी धारा में प्रवाहित करने के लिए अपने खेतों की ओर लौट आता था। नहीं, हमारे अंग्रेज योद्धा बहुधा हल-लांगर की अपेक्षा द्यूत-क्रीड़ा की

मेज से उठाकर भेजे जाते हैं और उनके भावावेग इतिहास के पन्नों में सद्‌गुण की साहसिक कार्य की थकान से उदात्त होने की अपेक्षा घूमते पासे को लेकर चढ़ते-गिरते हैं।

यह सत्य है कि राजनेता पतवार सँभालने के उद्‌देश्य से, फेरो बैंक अथवा ताश की मेज अधिक आसानी से छोड़ सकते हैं, क्योंकि उन्हें बाद में भी मात्र दाँव-पेंच और उलट-फेर ही करना होता है। अंग्रेज राजनीति की समग्र प्रणाली, यदि शिष्टाचारवश उसे प्रणाली कहा जा सकता हो तो, पराश्रितों को बढ़ाने और सम्पन्नों को तुष्ट करने के लिए निर्धनों को निचोड़ने पर आधारित है, इस प्रकार एक युद्ध अथवा कोई भी व्यर्थ का उद्योग, उस मंत्री के लिए बिल्ली के भाग से छींका टूटनेवाली बात होती है, जिसकी प्रमुख योग्यता स्वयं को बनाए रखने की कला में निहित है।

यह आवश्यक नहीं ि मके हृदय में अकिंचनों के लिए करुणा हो, अतः वह अपने कुटुम्ब के लिए छल-छद्‌म को आरक्षित रखता है; अथवा यदि उस रुक्ष श्वान को, जिसे नाक से पकड़कर उसे साधना होता है, प्रसन्न रखने के लिए किंचित् सम्मान का प्रदर्शन, जिसे अबोध आडम्बर के साथ किसी अंग्रेज का जन्मसिद्ध अधिकार कहा जा सकता है, इष्टकर हो तो वह अत्यन्त सुरक्षित ढंग से, अपने एक आदेश से अपनी विश्राम करती सैन्य टुकड़ी को दूसरी ओर भेजकर एक थोथा प्रदर्शन कर सकता है। और जब मनुष्यता किसी प्रश्न पर उद्वेलित हो उठता है तो वह मानवीय करुणा के गोरस में भिगोकर निवाले का एक टुकड़ा बढ़ा देता है, और बात करता है कि उसका हृदय धरती को प्रतिशोधी चीत्कार से रहित बनाने के प्रयास में कैसी दिलचस्पी लेता है, जबकि वह उसकी सन्तानों के रुधिर से भीग रही होती है, यद्यपि ठीक उसी समय उसके निष्ठुर हाथ घृणास्पद अवैध व्यापार के अनुमोदन द्वारा उनकी जंजीरों को कस देते हैं। एक मंत्री तभी तक एक मंत्री-पद पर बना रह सकता है जब तक कि वह संसद में किसी मुद्‌दे पर अपनी बात ठीक से कह ले, तथापि यह आवश्यक नहीं है कि जब कोई साहसी प्रहार उसके आसन को डिगाये तो वह मर्द की तरह व्यवहार करे।

इस प्रसंगान्तर के बाद अब मुझे ऊपर से आकर्षक दिखनेवाली उस दासता पर लौटने की अनुमति दीजिए जिसने एक स्त्री की आत्मा को ही बेड़ियों में जकड़ लिया है, उसे सदा के लिए अज्ञान के बन्धन में आबद्ध कर रखा है।

पद-प्रतिष्ठा का यह अनर्गल भेद जो संसार को विषयभोगी निरंकुश अधिपतियों और चतुर ईर्ष्यालु पराश्रितों में विभक्त कर, सभ्यता को अभिशप्त बना देता है, प्रत्येक वर्ग के जनसाधारण को प्रायः समान रूप से भ्रष्ट करता है, क्योंकि मान-सम्मान सापेक्षिक कर्तव्यों के पालन से नहीं अपितु पदस्थान से जुड़ा होता है और जब कर्तव्यों का निर्वहन नहीं होता तो स्नेह भावनाएँ सद्‌गुण को सुदृढ़ बनाने के लिए, जिसका वे नैसर्गिक उपहार होती हैं, यथेष्ट शक्ति अर्जित नहीं कर पातीं। बावजूद इसके, कतिपय

छिद्र छूट जाते हैं जिनसे एक पुरुष रेंगकर बच निकलता है और अपने स्वार्थ के लिए सोच सकता है और कुछ कर सकता है। परन्तु एक स्त्री के लिए यह एक भगीरथ प्रयास होता है क्योंकि उसे अपनी विशिष्ट कठिनाइयों से पार पाना होता है, जो करीब-करीब अतिमानवीय शक्तियों की माँग करता है।

एक सच्चा परोपकारी विधायक प्रत्येक व्यक्ति में सदाचारी बनने के प्रति रुचि जागृत करने का सदैव उद्यम करता है : और इस प्रकार व्यष्टि का सद्गुण समष्टि के सुख की दृढ़ता बनने के कारण, समस्त अंगों के एक साझे केन्द्र की ओर उन्मुखता से एक समग्र क्रम व्यवस्था सुदृढ़ होती है। परन्तु स्त्री का निजी अथवा सामाजिक सद्गुण अत्यन्त जटिल है; क्योंकि रूसो और अनगिनत पुरुष लेखकगण इस बात पर बल देते हैं कि उसे अपने जीवन-पर्यन्त कठोर प्रतिबन्ध यानी औचित्य का अनुशासन के अधीन होना चाहिए। उसे औचित्य—अन्धे औचित्य के अधीन क्यों होना चाहिए, यदि वह एक अधिक उदात्त उद्देश्य से प्रेरित होकर कर्म करने में सक्षम हैं? क्या शर्करा को मात्र प्राण रक्त से ही उत्पन्न होना चाहिए? क्या पुरुष के प्याले को मीठा बनाने के लिए, मानव प्रजाति के अर्द्धभाग को, दयनीय अफ्रीकी दासों की भाँति, उन पूर्वग्रहों के अधीन होना चाहिए, जो उन्हें नृशंस बना देता है, जबकि सिद्धान्त एक अधिक विश्वस्त प्रहरी हो सकता है? क्या यह स्त्री को परोक्ष रूप से तृष्णा से वंचित करना नहीं है? क्योंकि एक उपहार भी प्रहसन बन जाता है यदि वह इस्तेमाल के अयोग्य होता है।

स्त्रियाँ, पुरुषों के ही समान, शिथिलकारी आनन्दभोग द्वारा, धनसमृद्धि जिसका अधिकार देती है, दुर्बल और विलासप्रिय हो जाती हैं, परन्तु इसके अतिरिक्त वे अपनी काया की दास भी बना दी जाती हैं तथा उन्हें मोहक दिखना चाहिए जिससे पुरुष उनके डगमगाती कदमों को सही राह पर लाने में मार्गदर्शन के लिए उन्हें अपनी तर्कबुद्धि उधार दे सकें; अथवा, यदि वे महत्त्वाकांक्षी हों, तो अपने निरंकुश शासकों पर अशुभ छल-बल से शासन कर सकती हैं, कारण, अधिकार के बिना किसी प्रकार का अनिवार्य कर्तव्य भी नहीं होता। स्त्री विषयक कानून, जिन पर मैं आगामी अंश में चर्चा करना चाहूँगी, पुरुष और उसकी पत्नी को एक बेतुकी इकाई के रूप में प्रस्तुत करते हैं; और तब मात्र पुरुष को ही उत्तरदायी मानने के कारण स्त्री महज एक शून्य में रूपान्तरित हो जाती हैं।

वह प्राणी, जो अपने पद से जुड़े कर्तव्यों का निर्वाह करता है, स्वाधीन होता है और व्यापक रूप से स्त्रियों के विषय में कहा जाए तो उनका प्रथम कर्तव्य तर्कशील प्राणियों के रूप में स्वयं अपने प्रति होता है और दूसरा महत्त्व की दृष्टि से, नागरिक के रूप में, वह है, जो अन्य कर्तव्यों सहित एक माता का होता है। समाज में पद-प्रतिष्ठा जो उन्हें इन कर्तव्यों के पालन से मुक्त करती है, अनिवार्य रूप से उन्हें गुड़िया बनाकर

उनका सम्मान-हनन करती है; अथवा, यदि मुलायम चिकने कुन्दे को सही माप के वस्त्रों से सजाने मात्र से किसी अधिक महत्त्वपूर्ण चीज की ओर वे उन्मुख भी होती हैं तो किंचित् सुकोमल अशरीरी अनुरक्ति में ही उनका मस्तिष्क संलग्न रहता है; अथवा किसी प्रेम-चक्र के जोड़-तोड़ में उनका मस्तिष्क लगा रहता है; क्योंकि जब वे पारिवारिक कर्तव्यों की उपेक्षा करती हैं तो यह नहीं कर सकतीं कि मैदान में उतरें और सैनिकों की तरह मार्च कर अथवा अपनी क्षमताओं को जंग लगने से बचाने के लिए सीनेट में वाद-विवाद करें।

मुझे यह विदित है कि स्त्री की हीनता के प्रमाण के रूप में रूसो ने उल्लासपूर्वक यह घोषित किया है, "शिविर के लिए वे भला शिशुगृह को किस प्रकार त्याग सकती हैं!" और शिविर को कतिपय नैतिकतावादियों द्वारा सर्वाधिक शौर्यपूर्वक सद्गुणों की पाठशाला कहा गया है। हालाँकि, मैं यह मानती हूँ कि एक उत्साही वितण्डावादी को भी उन अनगिनत युद्धों का औचित्य प्रमाणित करने में परेशानी होगी जिन्होंने शूरवीरों की संख्या कम कर दी है। इस प्रश्न पर आलोचनात्मक ढंग से विचार करना मेरा आशय नहीं है क्योंकि मैं कई बार महत्त्वाकांक्षाओं की इन सनकों को सभ्यता के विकास की प्रथम प्राकृतिक प्रणाली कह चुकी हूँ जब युद्ध की लहरों के समक्ष जंगल काटे जाते हैं और भावी खेतों के लिए धरती साफ हो जाती है। मैं अब उन्हें महामारी का नाम नहीं देना चाहूँगी परन्तु निश्चय ही युद्ध की वर्तमान व्यवस्था का किसी भी कोटि के सद्गुण के साथ शायद ही कोई सम्बन्ध होता है क्योंकि यह अब पौरुष तथा सहनशीलता के बजाय नफासत और स्त्रैणता की पाठशाला बन गई है।

तथापि, आत्मरक्षात्मक युद्ध, सामाजिक विकास के इस वर्तमान अवस्था में, एकमात्र न्यायसंगत युद्ध, जहाँ सद्गुण अपना मुखड़ा दिखा सकता है और कठोरताओं के मध्य परिपक्व होता है, को ही न्यायोचित और गौरवशाली के रूप में अपनाया जाए, तो पुराकाल का सच्चा शौर्य पुनः स्त्री हृदय को अनुप्राणित करने लगेगा। परन्तु शिष्ट पाठक, स्त्री या पुरुष, चौंकिए मत, क्योंकि, यद्यपि मैंने एक आधुनिक सैनिक के चरित्र को एक सुसभ्य स्त्री के साथ संकुचित कर दिया है पर मैं उन्हें अपने तकुए को बन्दूक में बदलने की सलाह नहीं देने जा रही, हालाँकि मैं निष्ठापूर्वक संगीन को हँसिये में बदलता देखने की अभिलाषी हूँ। दुष्प्रवृत्तियाँ और मूर्खताएँ, जो सभी उस धन-समृद्धि की दुर्गन्धयुक्त धारा से, जिसने नैसर्गिक स्नेह की शुद्ध सरिता को गंदला बना दिया है, उत्पन्न होते हैं, के अवलोकन से क्लान्त, मैंने यह अपेक्षा रखते हुए मात्र एक सपना देखा है कि किसी न किसी समय समाज इस प्रकार संगठित होगा कि पुरुष एक नागरिक के कर्तव्यों की अनिर्वायतः पूर्ति करेगा अन्यथा तिरस्कृत होगा, और जिस समय वह नागरिक जीवन के किसी क्षेत्र में विनियोजित होगा, उतनी ही सक्रिय नागरिक, उसकी पत्नी अपने परिवार के प्रबन्ध, अपने बच्चों की शिक्षा-दीक्षा और

अपने पड़ोसियों की सहायता करने के लिए उत्सुक रहेगी।

परन्तु वह वास्तव मे सदाचारी और अर्थवान बन सके, इसके लिए उसे व्यक्तिगत रूप से, यदि वह अपने नागरिक कर्तव्यों का पालन करती है तो, नागरिक कानूनों के संरक्षण की आवश्यकता नहीं होनी चाहिए; उसे अपने भरण-पोषण के लिए अपने पति के जीवनकाल में उसकी उदारता पर अथवा मरणोपरान्त सहायता पर आश्रित नहीं होना चाहिए; क्योंकि जिसके पास स्वयं का कुछ नहीं होता वह उदारमना भला कैसे हो सकता है? अथवा वह सदाचारी कैसे हो सकता है जो स्वाधीन नहीं हो? वर्तमान परिस्थितियों में वह पत्नी जो अपने पति के प्रति निष्ठावान तो होती है, परन्तु अपने बच्चों को स्तनपान नहीं कराती और न ही शिक्षित-प्रशिक्षित करती है, एक पत्नी बनने के शायद ही योग्य होती है और एक नागरिक होने की कतई अधिकारी नहीं होती। परन्तु अगर प्राकृतिक अधिकारों का अपहरण हो जाएगा तो निस्सन्देह कर्तव्यों का भी अन्त हो जाएगा।

स्त्रियाँ इस प्रकार तब अनिवार्यतः पुरुषों की छिछोरी राहत बन जाती हैं जब वे मानसिक व शारीरिक रूप से इतनी दुर्बल होती हैं कि तब तक स्वयं को वे किसी कार्य में खपा नहीं सकतीं जब तक कि किसी खोखले आनन्द का भोग न करना हो अथवा कोई तुच्छ फैशन न ढूँढ़ना हो। एक चिन्तनशील प्राणी के लिए, इस महानगर में किसी दिन प्रातःकाल इधर-उधर भागती उन अनगिनत बग्घियों से अधिक विषण्ण दृश्य भला और क्या हो सकता है जिनके भीतर बैठी पीले मुखड़ोंवाली स्त्रियाँ खुद अपने से भाग रही होती हैं! मैं बहुधा ही डॉ. जानसन की तरह, यह चाहती रही हूँ, कि इनमें से कुछेक को दुकान में, सहारे के लिए इनके निस्तेज मुखड़े को निहारते आधा दर्जन बच्चों के साथ छोड़ दिया जाए। यदि किंचित् प्रच्छन्न ऊर्ज्जस्विता शीघ्र ही उनके नेत्रों को स्वास्थ्य और स्फूर्ति प्रदान नहीं करती, और उनके भावशून्य कपोलों पर तर्कबुद्धि के प्रयोग से खिंची रेखाएँ उनके चरित्र के विलुप्त गौरव को पुनःप्रतिष्ठापित नहीं करतीं अथवा इसे अपनी प्रकृति अनुरूप सच्ची गरिमा अर्जित करने में सक्षम नहीं बनातीं तो मैं गलत साबित हो जाऊँगी। सद्‌गुण को खाली घोड़े दौड़ाने से भी अर्जित नहीं किया जा सकता, उस नकारामक आलस्य की बात तो दूर रही, जिसे धन-वैभव सहज ही उत्पादित करता है।

इसके अतिरिक्त, जब निर्धनता बुराई से भी अधिक लज्जाजनक हो, तो क्या नैतिकता का मुँह शीघ्र नहीं बन्द किया जा सकता है? फिर भी भ्रान्तबोध से बचने के लिए, यद्यपि मैं यह मानती हूँ कि जीवन के सामान्य कार्य-व्यापार में पत्नी और माता के कर्तव्यों की पूर्ति के लिए धर्म व विवेक द्वारा स्त्रियों का आह्वान किया जाता है, मैं इस पर शोक प्रकट करने से स्वयं को रोक नहीं सकती कि श्रेष्ठ क्षमता की स्त्रियों के समक्ष ऐसा कोई मार्ग नहीं खुला होता जिसके माध्यम से वे सार्थकता व स्वाधीनता

की अधिक व्यापक योजनाओं में संलग्न हो सकें। यह संकेत देकर, जिसे कभी भविष्य में आगे बढ़ाने का मेरा आशय है, मैं शायद अपनी हँसी उड़वाऊँगी कि शासन में विचार-विमर्श की किसी प्रत्यक्ष भागीदारी की अनुमति के बिना स्वेच्छाचारी ढंग से शासित होने की अपेक्षा स्त्रियों के अपने प्रतिनिधि होने चाहिए।

परन्तु, चूँकि इस देश में प्रतिनिधित्व की पूरी प्रणाली, निरंकुश शासन के लिए मात्र एक सुविधाजनक अवसर है, अतः स्त्रियों से शिकायत करने की आवश्यकता नहीं है, क्योंकि उनका भी वैसा ही प्रतिनिधित्व है जितना उस जीतोड़ मेहनत करनेवाले श्रमिक वर्ग का, जो राजशाही का भार उठाने के लिए कर चुकाते हैं, पर अपने बच्चों को रोटी नहीं दे सकते। और उन्हें भला क्या प्रतिनिधित्व प्राप्त है जिनकी मेहनत से युवराज का शानदार अश्व चौकड़ी भरता है अथवा उसकी किसी प्रिय स्त्री के रथ की चमक-दमक बढ़ती है? जीवन की मूल आवश्यकताओं पर ही कराधान अकर्मण्य राजकुमार और राजकुमारियों के अन्तहीन समुदाय को अचरज से मुँह खोले उस भीड़ के सामने से मूर्खतापूर्ण तड़क-भड़क के साथ निकलने की सामर्थ्य देता है, जो प्रायः राजकुल की उस शोभायात्रा की आराधना करने लगती है जिसके लिए उसने भारी कीमत चुकाई होती है। यह मात्र एक गोथिक वैभव होता है, कुछ वैसा ही जैसे व्हाइट हॉल के मार्ग पर अश्वारोही सन्तरियों की निरर्थक बर्बर परेड, जिसके मैं तिरस्कार और क्षोभ के सम्मिलित भाव से रहित होकर कदापि नहीं देख सकती।

मस्तिष्क कितने अद्भुत ढंग से विकृत हो जाता है, जब इस प्रकार की अवस्था इस पर अपना छाप छोड़ती है! परन्तु जब तक मूर्खता के इन स्मारकों को सद्गुणों द्वारा धराशायी नहीं किया जाएगा, इसी प्रकार की मूर्खताएँ सम्पूर्ण जनसमुदाय को विकृत करती रहेंगी। कारण, यही लक्षण, कतिपय अंश तक, पूरे समाज में व्याप जाएगा और ऐश्वर्यभोग की सूक्ष्मता अथवा ईर्ष्यालु दारिद्र्य का द्वेषपूर्ण असन्तोष, सद्गुण को वैसे ही उस समाज की अभिलाक्षणिकता मानकर निर्वासित कर देगा अथवा इसे सभ्य व्यक्ति द्वारा धारण किए गए विदूषक-कोट की मात्र एक धारी के रूप में प्रकट होने की अनुमति देगा।

समाज की उच्चतर श्रेणियों में प्रत्येक कर्तव्य प्रतिनिधियों द्वारा सम्पन्न किया जाता है, मानो कर्तव्यों का कभी परित्याग भी किया जा सकता है, और वह तुच्छ आनन्द, जिसमें संलिप्त हो जाने के लिए अकर्मण्यता सम्पन्नों को बलात् धकेलती है, उनकी निचली श्रेणी के समक्ष इतना प्रलोभनकारी होता है कि धन-वैभव के लिए छीना-झपटी करनेवाले बहुसंख्य लोग उसके पंखों पर सवार होने के लिए अपना सर्वस्व न्योछावर कर देते हैं। सर्वाधिक पवित्र उत्तरदायित्व तब कर्तव्यरहित कार्यभार माने जाते हैं, क्योंकि वे स्वत्व द्वारा प्राप्त हुए रहते हैं, और एक पुरुष को मात्र अनुकूल संगति रखने के योग्य बनाने के लिए वांछित होते हैं। विशेषकर, स्त्रियाँ भद्र महिलाएँ

बनना चाहती हैं, जिसका आशय है कि उनके पास, इसकी किंचित् भी चिन्ता किए बिना कि वे कहाँ जा रही हैं, क्योंकि कारण से वे अनभिज्ञ रहती हैं, निर्जीव ढंग से यूँ ही गमन करने के अतिरिक्त, करने के लिए कुछ नहीं होता है।

परन्तु, मुझसे यह प्रश्न किया जा सकता है, स्त्रियों को सहज गरिमापूर्ण ढंग से मँडराने के अतिरिक्त समाज में करना ही क्या होता है? निस्सन्देह उन सबको चन्द मूर्खों का मन बहलाने और हल्की बियर का ब्योरा लिखने के काम में धकेला नहीं जा सकता! नहीं! स्त्रियों को निश्चित रूप से उपचार की विधियों का अध्ययन करना चाहिए और चिकित्सक व साथ-साथ नर्सिंग के पेशे को अपनाना चाहिए तथा धाय विद्या को भी, जिसके हिस्से सुघड़ता आवंटित की गई प्रतीत होती है, यद्यपि मुझे आशंका है कि हमारे शब्दकोश में धाय शब्द *प्रसूतिधाय* के लिए स्थान रिक्त कर देगा, और स्त्री जाति की पूर्ववर्ती सुकोमलता का एक प्रमाण भाषा से विलुप्त हो जाएगा।

उन्हें राजनीति विषय का भी अध्ययन करना चाहिए, और अपनी शुभ चिन्ता को व्यापकतम आधार पर स्थिर करना चाहिए; क्योंकि इतिहास का अध्ययन, यदि इसे मात्र जीवनियों के रूप में पढ़ा गया हो, तो प्रेम-आख्यानों के परायण से कदाचित् ही अधिक सार्थक होगा। उस समय के चरित्र, राजनीतिक सुधारों, कला आदि पर ध्यान दिया जाना चाहिए, संक्षेप में इसे मानव इतिहास के रूप में देखा जाना चाहिए, उन विशिष्ट व्यक्तियों के इतिहास के रूप में नहीं, जिन्होंने कीर्ति के देवालय में एक आले को सुशोभित किया और समय के उस प्रवाह में विलीन हो गए जो अपनी हर चीज को निःशब्द एक निराकार शून्य—चिरन्तनता में बहा ले जाता है।

वे विभिन्न कोटि के व्यवसायों में संलग्न हो सकती हैं। यदि उन्हें अधिक सुव्यवस्थित ढंग से शिक्षा दी जाए, तो वे अन्य अवैधानिक कार्यों तथा आम वेश्यावृत्ति से बचा सकती हैं। स्त्रियाँ तब आश्रय के लिए परिणय-सूत्र में नहीं बँधतीं, जैसे कि पुरुष राज्य अधीन पदों को स्वीकार करते हैं पर उसके कर्तव्यों की उपेक्षा कर देते हैं। स्वयं के जीविकोपार्जन का प्रयास, एक अत्यन्त स्तुत्य प्रयास! तब उन्हें उन दीन-हीन परित्यक्त स्त्रियों के स्तर तक पतित नहीं कर सकेगा जो वेश्यावृत्ति द्वारा जीवन-यापन करती हैं। क्या कपड़ा मिल में काम करने और महिलाओं की पोशाकें सीनेवालियों को वेश्यालयों से ठीक ऊपर का वर्ग नहीं माना जाता? कुछ ऐसे व्यवसाय स्त्रियों के लिए खुले भी हैं, तो वे स्वतंत्र होने के स्थान पर दासोचित होते हैं, और जब उच्च शिक्षा उन्हें अध्यापिका के रूप में बच्चों की शिक्षा का उत्तरदायित्व सँभालने के योग्य बनाती है तो उनके साथ बेटों के निजी शिक्षकों के समान व्यवहार नहीं होता, हालाँकि धार्मिक शिक्षकों के साथ भी सदैव उस ढंग से पेश नहीं आया जाता है जो उन्हें अपने शिष्यों की दृष्टि में सम्माननीय बनाने के लिए सुविचारित होता, व्यक्ति की निजी सुविधा की तो बात ही क्या की जाए। परन्तु भद्र महिलाओं की भाँति शिक्षित स्त्रियाँ कभी भी

उस अपमानजनक स्थिति के लिए तैयार नहीं की गई होती हैं, जिसके लिए आवश्यकता कई बार उन्हें बाध्य करती है, अतः इन पदों को नीची दृष्टि से देखा जाता है। वे मानव हृदय के विषय में किंचित् ही परिचित होते हैं जिन्हें यह बताना पड़ेगा कि भावना को इतने यातनादायी ढंग से कोई बात कठोर नहीं बनाती जितना कि जीवन में ऐसा पतन।

इनमें से स्त्रियों को सौजन्यता की उचित भावना परिणय में बँधने से रोकती है जबकि अन्य स्त्रियों के लिए इस पराधीनता से ऐसे करुणापूर्ण ढंग से बच निकलना उनके हाथ में नहीं होता; तब क्या ऐसी शासन-व्यवस्था अपने सदस्यों में अर्द्धांश के सुख के प्रति अत्यन्त दोषी और लापरवाह नहीं है जो कर्तव्यनिष्ठ, स्वतंत्र स्त्रियों को, सम्मानजनक स्थानों पर भर्ती के लिए प्रोत्साहित कर उनके भरण-पोषण का प्रबन्ध नहीं करती? परन्तु उनके व्यष्टिगत सद्गुण को समष्टि के हित में रूपान्तरित करने के लिए, शासन में उनकी नागरिक उपस्थिति होनी चाहिए, चाहे वे एकल हों या विवाहित, अन्यथा हम सतत रूप से कुछ क्षमतावान स्त्रियों को, जिनकी संवेदना अनर्जित तिरस्कार द्वारा वेदनापूर्ण ढंग से कर्कश बना दी गई होती है, 'हल के फाल द्वारा कुचली हुई कुमुदिनी' की भाँति कुम्हलाते देखेंगे।

यह एक विषादपूर्ण यथार्थ है; तथापि ऐसा ही है सभ्यता का यह प्रताप; सर्वाधिक सम्मानित स्त्रियाँ सर्वाधिक उत्पीड़ित हैं और दोनों ही जातियों को ध्यान में रखते हुए, जब तक उनके पास, प्रचलित सामान्य समझदारी की अपेक्षा कहीं अधिक उन्नत बोधक्षमता नहीं होती, वे घृणा योग्य प्राणी के समान व्यवहृत होते हुए घृणित बन जाती हैं। ऐसी कितनी ही स्त्रियाँ असन्तोष से पीड़ित होकर जीवन व्यर्थ गँवा देती हैं, जो, चिकित्सकों का व्यवसाय अपना सकती थीं, किसी कृषि फार्म को चला सकती थीं, कोई दुकान सम्हाल सकती थीं और अपने स्वयं के उद्यम के बलबूते सीधी तनकर खड़ी हो सकती थीं; यही नहीं, मुझे इस पर सन्देह होता है कि करुणा और प्रेम इतने ही निकट सम्बन्धी होते हैं जैसा कि कविगण कल्पना करते हैं, क्योंकि मैंने स्त्रियों की असहायता से, जब तक कि वे रूपवती नहीं होतीं, बिरले ही अतिशय करुण रस का संचार होते देखा है; तब सम्भवतः करुणा प्रेम की सहृदय चेरी अथवा कामुकता की अग्रदूत है।

वह स्त्री, किसी भी सर्वाधिक निष्णात सौन्दर्य की तुलना में, कितनी अधिक सम्माननीय होगी जो कोई भी काम कर स्वयं अपनी जीविका अर्जित करती हो! क्या वाकई मैंने सौन्दर्य ही कहा? मैं इतनी संवेदनशील हूँ नैतिक सौन्दर्य के प्रति अथवा ऐसी सामंजस्यपूर्ण मर्यादा के प्रति जो एक सुव्यवस्थित मस्तिष्क के उत्कट आवेगों को अनुकूल स्वर में ढालती है, कि यह तुलना प्रस्तुत करने में मैं लज्जारुण हो उठती हूँ फिर भी, यह सोचकर मैं उच्छ्वास भरती हूँ कि कितनी कम स्त्रियाँ आनन्द के उस भँवर अथवा उस अकर्मक सुख-चैन से विमुख होकर, जो अच्छी-भली स्त्रियों को

जिसमें यह रचा-बसा होता है, हतबुद्धि कर देता है, इस सम्माननीयता को अर्जित करने का लक्ष्य रखती हैं!

निस्सन्देह, अपनी दुर्बलता पर अभिमान करती हुई, उन्हें सदैव सुरक्षा प्रदान की जाती है, दुश्चिन्ता से व ऐसे समस्त कठोर परिश्रम के कार्यों से, जो मन को आत्मगौरवपूर्ण बनाते हैं, उनकी रक्षा की जाती है। यदि नियति का विधान यही है, यदि वे स्वयं को नगण्य और तिरस्करणीय बनाकर, सुखचैन के साथ निरर्थकता में ही जीवन देना चाहती हैं, तब उन्हें महत्त्व प्राप्त करने की आशा नहीं होनी चाहिए तब उनका सौन्दर्य मुरझा जाता है; क्योंकि उन सुन्दरतम फूलों की नियति भी प्रशंसित होना और उन लापरवाह हाथों द्वारा जिन्होंने उन्हें तोड़ा था, बिखर जाना ही है। कितनी ही रीतियों से मैं, शुद्ध परोपकारी भाव से, अपनी जाति के मन में यह सत्य अंकित कर देना चाहती हूँ; तथापि मुझे भय है कि वे ऐसी सच्चाई पर कान देना नहीं चाहेंगी जो महँगा मूल्य चुकाकर प्राप्त हुए अनुभव से कई एक उद्वेलित हृदय तक पहुँचा हो, और न ही मनुष्यता के विशेषाधिकार के लिए, जिस पर उसका दावा नहीं होता है जो अपने कर्तव्यों का पालन नहीं करता, पद और जाति के विशेषाधिकारों का स्वेच्छया से परित्याग करेंगी।

मेरे मतानुसार, उन्हीं लेखकों की सार्थकता होती है जो मनुष्य के मन में मनुष्य के लिए, उस पद से जिस पर वह आसीन होता है, अथवा कृत्रिम भावनाओं के आवरण से स्वतंत्र, अनुभूति पैदा कर सके। तब मैं विवेकवान पुरुषों को अपनी कुछ एक टिप्पणियों के महत्ता का विश्वास दिलाने के लिए उत्सुक रहूँगी और अपने पर्यवेक्षणों की समग्र गति के विषय में उन्हें निष्पक्षता के साथ आकलन के लिए राजी करूँगी। मैं उनकी तर्कबुद्धि से अनुरोध करती हूँ, और उनके हृदय से एक संगी के रूप में और अपनी जाति के नाम पर किंचित् महत्त्व का अधिकार माँगती हूँ। मैं उनसे अपनी संगिनी को मुक्त करने में सहायता देने का अनुरोध करती हूँ ताकि उसे उनका सहयोगी बनाया जा सके।

यदि पुरुष महज उदारतापूर्वक हमारी बेडियों को तोड़ डालते, और दासोचित आज्ञापरायणता की अपेक्षा विवेकपूर्ण साहचर्य से सन्तुष्टि प्राप्त करते तो वे हमें अधिक आज्ञाकारी पुत्रियों, अधिक स्नेहसिक्त बहनों, अधिक एकनिष्ठ पत्नियों और अधिक तर्कशील माताओं—एक शब्द में कहें तो श्रेष्ठ नागरिकों के रूप में देख पाते। हम तब उन्हें सच्चे अनुराग के साथ प्रेम करते क्योंकि हमने स्वयं को सम्मान देना सीख लिया होता तथा एक सामर्थ्यवान पुरुष के मन की शान्ति उसकी पत्नी के निस्सार आडम्बर से भंग नहीं होती, और न ही, अपनी माता के सीने से लगकर कभी नेह-नीड़ न पाए हुए शिशुओं को, एक अपरिचित छाती में सिमटकर पड़े रहने के लिए भेजा जाता।

अध्याय दस

माता-पिता का अनुराग

माता-पिता का बच्चे के प्रति अनुराग सम्भवतः विकृत आत्मप्रेम का सर्वाधिक अन्ध रूपान्तरण है क्योंकि फ्रांसीसियों की भाँति हमारे पास नैसर्गिक और तर्कसम्मत लालसा के लक्ष्य को दुर्बलता के अज्ञानी परिकलनों से भिन्न करने के लिए दो शब्द नहीं होते हैं। माता-पिता बहुधा अपनी सन्तानों को सर्वाधिक पाशविक ढंग से प्रेम करते हैं और संसार में उनकी प्रगति को बढ़ावा देने के लिए वे प्रत्येक सापेक्षिक कर्तव्य का बलिदान कर देते हैं। सिद्धान्तहीन पूर्वग्रहों की विकृति ऐसी होती है कि जिस प्राणी के भावी कल्याण को बढ़ावा देने के लिए वे यह सब कुछ करते हैं, उसके वर्तमान जीवन को वे सत्ता की सर्वाधिक निरंकुश जकड़न द्वारा कटुतापूर्ण बना देते हैं। सत्ता अपने ओजपूर्ण सिद्धान्त के प्रति सदैव सत्यनिष्ठ होती है क्योंकि किसी भी रूप में यह प्रश्नों और नियंत्रण से परे ही शासन कर पाएगी। इसका सिंहासन अन्धकार के अथाह गर्त पर निर्मित हुआ रहता है जिसके अन्वेषण का साहस किसी दृष्टि को नहीं करना चाहिए अन्यथा इसकी आधारहीन इमारत लड़खड़ा जाएगी। आज्ञापराणयता, पूर्ण आज्ञापराणयता, प्रत्येक रूप-रंग के निरंकुश शासकों का सूचक शब्द होता है और 'आश्वासन को द्विगणित आश्वस्तिमूलक' बनाने के लिए एक प्रकार की निरंकुशता दूसरे को प्रश्रय देती है। यदि तर्कबुद्धि जीवन के किन्हीं भी सम्बन्धों में कर्म का नियम बन जाए तो निरंकुश शासक थरथरा उठेंगे क्योंकि चटख दिन के प्रकट होने के पूर्व ज्ञान का आलोक फैल सकता है। और अन्ततः जब यह उजाला प्रकट होगा, तो मनुष्य उस हौवे की वास्तविकता को देखकर किस प्रकार मुस्कुरा उठेगा जिसे अज्ञान के अँधेरे में देखकर वह भय से उछल पड़ा था!

वस्तुतः बहुतों के विचार से माता-पिता का अनुराग निरंकुश शासन करने का, जहाँ इसे अदण्डित निष्पन्न किया जा सकता हो, निमित्त मात्र होता है क्योंकि केवल श्रेष्ठ और बुद्धिमान व्यक्ति ही ऐसे सम्मान से सन्तुष्ट हो सकते हैं जिस पर चर्चा की जा सकती है। जिसके प्रति वे आग्रही होते हैं उसके औचित्य पर विश्वास करते हुए

वे तर्क से भयभीत नहीं होते, अथवा उस विषय का विश्लेषण करने से नहीं डरते जो प्राकृतिक न्याय के समक्ष उठता रहा हो; क्योंकि उनका यह दृढ़ विश्वास होता है कि मानव मस्तिष्क जितना अधिक प्रबुद्ध होता जाएगा, न्यायपूर्ण व सहज नियम उतनी ही गहरी जड़ें पकड़ते जाएँगे। वे छलयुक्तियों का आश्रय नहीं लेते और न ही यह स्वीकार करते हैं कि आधिभौतिक रूप से जो सत्य है, व्यवहार्यतः वह मिथ्या होगा; बल्कि काल के उस क्षण के अन्तरण की अवहेलना करते हुए वे शान्तिपूर्वक तब तक प्रतीक्षा करते हैं जब समय, नवाचार की स्वीकृति देकर, ईर्ष्या अथवा स्वार्थपरता के फुँफकार को मौन कर देगा।

यदि अतीत के सिंहावलोकन की और चिन्तन की तीक्ष्ण दृष्टि भविष्य में प्रक्षेपित करने की क्षमता मनुष्य का महत्त्वपूर्ण विशेषाधिकार है तो यह मानना पड़ेगा कि कुछ लोग इस अधिकार का अत्यन्त सीमित अंश में ही उपयोग कर पाते हैं। प्रत्येक वस्तु इस समय उन्हें गलत प्रतीत होती है; और विकराल रूप को सम्भावता से पृथक् करने में अक्षम होने के कारण वे उससे भयभीत होते हैं जहाँ भय का कोई स्थान नहीं होना चाहिए और विवेक के आलोकपुंज से इस प्रकार पलायन करते हैं जैसे वह अग्नि की ज्वाला हो; इसके बावजूद, सम्भाव्यता की ऐसी लक्ष्मणरेखा कभी नहीं खींची जा सकी है जो प्रवर्तक के दृढ़ हाथों को रोक दे।

स्त्रियाँ, बहरहाल, प्रत्येक स्थिति में पूर्वग्रहों की दास बनी रहकर, कदाचित् ही प्रबुद्ध मातृसुलभ अनुराग देने का उद्यम करती हैं, क्योंकि वे अपने बच्चों की या तो उपेक्षा करती हैं अथवा अनुचित पक्षपात द्वारा उन्हें बिगाड़ देती हैं। इसके अतिरिक्त, कुछ स्त्रियों का अपने बच्चों के प्रति स्नेह, जैसा कि मैंने पहले ही कहा है, बहुधा अत्यन्त पशुवत् होता है क्योंकि यह मनुष्यता के प्रत्येक स्फुलिंग को मिटा देता है। न्याय, सत्य, और हर वस्तु की इन रिबेकाओं द्वारा बलि चढ़ा दी जाती है और स्वयं *अपने* ही बच्चों की खातिर वे उस साझा सम्बन्ध को, जो धरती पर समग्र कुटुम्ब को एक बन्धन में आबद्ध करता है, विस्मरण करते हुए, पवित्र कर्तव्यों का उल्लंघन करती हैं तथापि, विवेक यह कहता प्रतीत होता है कि जो एक कर्तव्य अथवा अनुराग को, शेष को लील जाने देती हैं, उनके पास उस एक कर्तव्य का निष्ठापूर्वक पालन करने योग्य पर्याप्त हृदय और बुद्धि नहीं होती। तब यह एक कर्तव्य का सम्माननीय पक्ष खो देता है और एक सनकपन का अतिकाल्पनिक स्वरूप ग्रहण कर लेता है।

शैशवावस्था में बच्चों की देखभाल चूँकि नारी चरित्र से सन्नद्ध, प्रकृति प्रदत्त महान कर्तव्यों में एक है, अतः यह कर्तव्य स्त्री बोधक्षमता को शक्तिसम्पन्न बनाने के पक्ष में अनेक प्रबल तर्क देने का सामर्थ्य रखता है, यदि इस पर उचित ढंग से विचार किया गया हो।

मस्तिष्क का गठन बहुत पहले से ही प्रारम्भ हो जाना चाहिए, और स्वभाव, तो

विशेष रूप से सर्वाधिक विवेकपूर्ण ध्यान की माँग करता है—वह ध्यान जो ऐसी स्त्रियों के लिए सम्भव ही नहीं होता जो अपने बच्चों को मात्र इसीलिए प्रेम करती हैं क्योंकि वे उनकी सन्तान होते हैं, और जो अपने कर्तव्य के संस्थापन के लिए, उस क्षणिक भावनाओं से आगे नहीं जाना चाहतीं। स्त्रियों के अनुराग में विवेक का यह अभाव ही है जो उन्हें बहुधा अन्तिम छोरों तक दौड़ाता है और परम स्नेहशील अथवा नितान्त लापरवाह और असहज माता बना देता है।

एक श्रेष्ठ माता बनने के लिए स्त्री के पास बोध और मानस की वह आत्मनिर्भरता होनी चाहिए जिससे किंचित् स्त्रियाँ ही सम्पन्न होती हैं जिन्हें अपने पतियों पर पूर्णतः आश्रित होने की शिक्षा मिली रहती है। दब्बू पत्नियाँ, सामान्यतया मूर्ख माताएँ होती हैं और अपने बच्चों से चाहती हैं कि वे उन्हें सबसे अधिक प्रेम करें तथा अपने पिता के विरोध में, जिसे हौवा के रूप में प्रस्तुत किया जाता है, गुप्त रूप से अपनी भूमिका का निर्वाह करें। यदि उन्हें दण्ड दिया जाना हो तो भले ही उन्होंने माता को रुष्ट किया हो, दण्डित करने का कार्य पिता का ही होना चाहिए। समस्त विवादों में उसका ही निर्णायक होना अभीष्ट है; परन्तु इस विषय पर मैं अधिक विस्तार से उस समय चर्चा करूँगी जब मैं निजी शिक्षा के सम्बन्ध में विवेचन प्रस्तुत करूँगी। इस समय मैं मात्र इस बात को रेखांकित करना चाहती हूँ कि जब तक स्त्री की समझदारी अधिक विकसित नहीं की जाती और उसे अपने आचरण को स्वयं नियंत्रित करने की अनुमति प्रदान कर उसके चरित्र को अधिक सुदृढ़ नहीं बनाया जाता तब तक वह अपने बच्चों को उचित रूप से सँभालने योग्य यथेष्ट बोध और स्वभाव के आधिपत्य से कदापि सम्पन्न नहीं हो सकती। वस्तुतः उसका मातृ-प्रेम, किंचित् ही अपने नाम के अनुरूप होता है यदि यह उसे अपने बच्चे को स्तनपान कराने की ओर उन्मुख नहीं करता, क्योंकि इस कर्तव्य का पालन मातृसुलभ और पुत्रवत् अनुराग जागृत करने के प्रयोजन से है; तथा ऐसे कर्मों का निष्पादन, जो उन स्नेह भावनाओं को जन्म दे सकें जो दुष्प्रवृत्तियों के विरुद्ध अमोघ सुरक्षा कवच होते हैं, स्त्रियों व पुरुषों का अपरिहार्य कर्तव्य होता है। प्राकृतिक प्रेम को, जैसा कि इसका नामकरण किया गया है, मैं एक अत्यन्त अशक्त बन्धन मानती हूँ, स्नेह भावनाएँ परस्पर सहअनुभूति के नित्य व्यवहार से उत्पन्न होनी चाहिए। और वह माता भला किस सहअनुभूति से काम लेती है जो अपने शिशु को एक धाय के पास भेज देती है और उसे धाय से वापस लेती भी है तो मात्र विद्यालय भेजने के लिए?

प्रारब्ध ने स्त्रियों को अपनी मातृसुलभ भावनाओं के प्रयोग में प्रेम के नैसर्गिक स्थानापन्न से सम्पन्न किया है, जब प्रेमी मात्र एक संगी बन जाता है और परस्पर विश्वास अतिरंजित प्रशंसा का स्थान ग्रहण कर लेता है, तब एक शिशु आकर इस शिथिल पड़ती डोर को कोमलता से बल देता है और परस्पर लगाव एक नये परस्पर

सहअनुभूति को जन्म देता है। परन्तु एक शिशु, प्रेम की धरोहर होने के बावजूद इसे अनुप्राणित नहीं कर पाएगा, यदि माता व पिता, दोनों ही भाड़े के सेवक को उत्तरदायित्व हस्तान्तरित कर सन्तुष्ट हो जाते हैं; क्योंकि जो अपने कर्तव्यों की पूर्ति प्रतिनिधि द्वारा करते हैं, उन्हें बड़बड़ाना नहीं चाहिए, यदि वे कर्तव्य के फल से वंचित रह जाते हैं; माता-पिता का अनुराग सन्तानोचित कर्तव्य को जन्म देता है।

अध्याय ग्यारह

माता-पिता के प्रति कर्तव्य

मनुष्य में एक ऐसी अकर्मण्य प्रवणता दिखाई पड़ती है जो परम्परागत विधान को विवेक का स्थान ग्रहण करने को उद्यत करता है और प्रत्येक कर्तव्य को स्वेच्छाचारिता की नींव पर रखता है। राजा के अधिकार राजाओं के राजा की परम्परा से निगमित होते हैं और माता-पिता के अधिकार हमारे आदि जनक-जननी से।

हम क्यों इस प्रकार उन सिद्धान्तों की ओर लौटते हैं जो सदैव एक ही आधार पर आश्रित होते हैं और आज भी उनका वही भार होता है जो हजारों वर्ष पूर्व था—एक रत्ती भी अधिक नहीं? यदि माता-पिता अपने कर्तव्यों का निर्वाह करते हैं तो अपने बच्चों की कृतज्ञता पर उनकी दृढ़ पकड़ और पावन अधिकार होता है परन्तु कुछ ही माता-पिता इस शर्त पर, अपने सन्तान का सम्मानपूर्ण अनुराग पाने के आकांक्षी होते हैं : वे अन्ध आज्ञापराणयता की माँग करते हैं, क्योंकि एक विवेकसंगत सेवा को वे स्तुत्य नहीं मानते तथा अज्ञान व दुर्बलचित्तता की इस माँग को अधिक बन्धनकारी बनाने के लिए सर्वाधिक स्वेच्छाचारी सिद्धान्त के चतुर्दिक एक रहस्यात्मक पवित्रता गढ़ दी जाती है। दुष्ट व दुर्बलचित्त प्राणियों के प्रति मात्र इसलिए आज्ञापराणयता के लिए इस अन्धकर्तव्य को कि उन्होंने अपनी मूलवृत्तियों का पालन किया था, भला और क्या नाम दिया जा सकता है?

माता-पिता व बच्चे के बीच नैसर्गिक रूप से उपस्थित अन्योन्य कर्तव्य की सरल-सी परिभाषा चन्द शब्दों में दी जा सकती है : माता-पिता को, जो निस्सहाय शैशवावस्था के दौरान भली-भाँति ध्यान देते हैं, उसी ध्यान की माँग करने का अधिकार होता है जब उन पर वार्धक्य की शक्तिहीनता हावी हो जाती है। परन्तु एक विवेकशील प्राणी को, जब उसकी आयु अपने आचरण के लिए समाज के प्रति जवाबदेही की हो जाती है, मात्र दूसरे की इच्छा के वशीभूत बनाना सर्वाधिक क्रूर और सत्ता का अनुचित विस्तार है तथा सम्भवतः नैतिकता के लिए उतना ही अहितकर है जितना वे धार्मिक व्यवस्थाएँ जो उचित व अनुचित को किसी भी रूप में अस्तित्व धारण नहीं करने देतीं

सिवाय ईश्वरीय इच्छा में।

मैं ऐसे किसी माता-पिता से परिचित नहीं हूँ जो अपनी सन्तान के प्रति सामान्य से अधिक ध्यान देकर अवमानित हुआ हो।[1] इसके विपरीत सम्मानित माता-पिता की राय पर लगभग निर्विवाद रूप से भरोसा करने की आरम्भिक आदत को उस समय भी नहीं डिगाया जा सकता जब परिपक्व तर्कबुद्धि बच्चे को यह विश्वास दिला देती है कि उसके पिता संसार के सर्वाधिक बुद्धिमान मनुष्य नहीं हैं। इस दुर्बलचित्तता के विरुद्ध एक विवेकवान व्यक्ति को स्वयं को कठोर बनाना चाहिए क्योंकि एक माता-पिता के, मात्र उसके माँ-बाप होने के कारण ही, आज्ञापालन का बेतुका कर्तव्य, मस्तिष्क को बेड़ियों में जकड़ लेता है और उसे, विवेक के सिवाय किसी भी सत्ता के समक्ष दासोचित समर्पण के लिए तत्पर बनाता है।

मैं माता-पिता के प्रति नैसर्गिक और आकस्मिक कर्तव्य में अन्तर करती हूँ।

वे माता-पिता जो अपनी सन्तान के अन्तर्मन को गढ़ने व समझदारी को व्यापक बनाने का अध्यवसायी ढंग से उद्यम करते हैं, इस कर्तव्यपालन को, जो समस्त प्राणी जगत में आम है, वह गरिमा प्रदान करते हैं जिसे मात्र विवेक ही दे सकता है। यह माता-पिता की मनुष्यता का अनुराग है और सहजबोधीय नैसर्गिक अनुराग को मीलों पीछे छोड़ देता है। ऐसे माता-पिता पवित्रतम मित्रता का समस्त अधिकार अर्जित कर लेते हैं और उनके सुझाव उस समय भी, जब उनकी सन्तान जीवन में प्रगति कर चुकी होती है, गम्भीर चिन्तन की माँग करते हैं।

परिणय के सम्बन्ध में, यद्यपि इक्कीस वर्ष की आयु के उपरान्त माता-पिता के पास किसी भी रूप में अपनी सहमति देने से इनकार करने का कोई अधिकार दिखाई देता प्रतीत नहीं होता; फिर भी, बीस वर्षों का ध्यान प्रतिदान की कामना रखता है और पुत्र का कम-से-कम दो-तीन वर्षों तक, यदि उसकी पसन्द को उसके प्रथम मित्र का पूर्णतया अनुमोदन न प्राप्त हो सका हो तो, परिणय-सूत्र में न बँधने का आश्वासन देना अभीष्टकर होगा।

परन्तु माता-पिता के प्रति आदरभाव, आम तौर पर, कहीं अधिक हेयकारी सिद्धान्त है; वास्तव में यह मात्र सम्पत्ति के लिए स्वार्थपूर्ण सम्मान भाव होता है। यदि वह पिता के आदेश का आँख मूँदकर पालन किया जाता है, तो ऐसा निरी दुर्बलचित्तता के कारण अथवा ऐसे उद्देश्य से किया जाता है जो मानवीय चरित्र को अवमानित करते हैं।

दुख-विपत्ति का एक वृहत अंश जो संसार में भीषण रूपों में चतुर्दिक मँडराता रहता है, माता-पिता की लापरवाही से उत्पन्न होने का अवसर प्राप्त करता है, और इसके बावजूद यही वे लोग हैं जो उसके प्रति, जिसे ये प्राकृतिक अधिकार कहते हैं, अत्यन्त दुराग्रही होते हैं, भले ही यह मनुष्य के जन्मसिद्ध अधिकार, अपनी तर्कबुद्धि

के निर्देशानुसार कार्य करने का अधिकार, का नाश करनेवाले हैं।

मुझे बहुधा, पहले से ही यह ध्यान देने का अवसर मिलता रहा है कि दुष्ट अथवा अकर्मण्य व्यक्ति निरंकुशतापूर्ण विशेषाधिकार को प्रवर्तित कर लाभ उठाने के लिए सदैव उत्सुक रहते हैं और सामान्यतः उसी अनुपात में, जिसमें वे उस कर्तव्यपालन की उपेक्षा करते हैं, जो विशेषाधिकार को तर्कसम्मत बनाता है। उसकी तह में सहजबुद्धि का आदेश अथवा आत्मरक्षा का सहजबोध है जो अबोध दुर्बलता की विशिष्टता होती है, उस सहज प्रवृत्ति से मेल खाती हुई, जो एक मछली को अपने शत्रु को भ्रामक संकेत देने के लिए उस जल को गंदला बनाने के लिए प्रवृत्त करती है जिसमें वह तैर रही होती है बजाय निर्मल धारा में उसका साहसपूर्वक सामना करने के।

तर्क-वितर्क के स्पष्ट प्रवाह से हर कोटि के परम्परागत विधान समर्थक पलायन करते हैं और रहस्य के आवरण में शरणागत होकर वे उस निर्विवाद श्रद्धा की माँग करने का साहस करते हैं जो केवल ईश्वर की अगम गति के प्रति दातव्य होता है। परन्तु मुझे धृष्ट न समझा जाए, वह दुर्बोधता जो ईश्वर को हमसे रहस्यमय रखती है मात्र मीमांसात्मक सत्य से सन्दर्भित होती है—वह कभी नैतिक सत्य को मेघाच्छादित नहीं करती, वे प्रखरता के साथ चमकते हैं क्योंकि ईश्वर प्रकाश है और हमारी प्रकृति की संरचना द्वारा कदापि ऐसे कर्तव्यपालन की अपेक्षा नहीं रखता जिसकी तर्कसंगति का किरणपुंज हमारे नेत्र खोलते ही हम पर अपनी छटा न बिखेरता हो।

यह सत्य है कि उच्च पद-प्रतिष्ठा से सम्पन्न अकर्मण्य माता-पिता अपनी सन्तान से सम्मान प्रदर्शन बलात् प्राप्त करते हैं तथा इस महाद्वीप में स्त्रियाँ विशेष रूप से अपने कुटुम्ब के दृष्टिकोण के अधीन होती हैं जो उनकी अभिरुचि के विषय में कदापि सोच-विचार की आवश्यकता अनुभव नहीं करते अथवा अपने अहंकार से पीड़ित उन बेचारियों को कोई सान्त्वना प्रदान नहीं करते। इसका परिणाम कुख्यात है : ये कर्तव्यपरायण पुत्रियाँ पर-पुरुषगामिनी हो जाती हैं और अपनी सन्तान की शिक्षा-दीक्षा की उपेक्षा करती है, अपनी पारी आने पर जिनसे वे उसी प्रकार की आज्ञाकारिता चाहती हैं।

यह यथार्थ है कि सभी देशों में स्त्रियाँ अपने माता-पिता के अत्यधिक नियंत्रण में रहती हैं, और कुछ माँ-बाप ही अपनी सन्तान को निम्नलिखित ढंग से सम्बोधित करने के विषय में सोचते हैं, यद्यपि यही वह युक्तियुक्त विधि है जिससे परमात्मा सम्पूर्ण मानव जाति पर शासन करता प्रतीत होता है। मेरी आज्ञा का पालन करना तभी तक तुम्हारे हित में होगा जब तक तुम स्वयं निर्णय करने योग्य न हो जाओ और परमपिता ने, तुम्हारी तर्कबुद्धि जब तक विकसित रही होती है, एक रक्षक के रूप में तब तक तुम्हारी चौकसी के लिए, मेरे अन्तर्मन में एक स्नेह भावना सम्पोषित की है, परन्तु जब तुम्हारा मस्तिष्क परिपक्व हो जाता है तुम मात्र तभी तक मेरी आज्ञा का

पालन करो अथवा मेरी सम्मति का सम्मान करो जब तक वे उस प्रकाश पुंज की संगति में हों जो तुम्हारे अपने मस्तिष्क में फूट रहा हो।

माता-पिता के प्रति एक दासोचित बन्धन मस्तिष्क की प्रत्येक कार्यक्षमता को जकड़ लेता है, श्रीमान लाक अत्यन्त विवेकपूर्ण ढंग से कहते हैं, "यदि बच्चों के मस्तिष्क को बहुत अधिक नियंत्रित और विनीत बना दिया जाएगा, यदि उन पर अति कठोर अंकुश द्वारा उनके सहज उत्साह को खण्डित और धूल-धूसरित कर दिया जाएगा तो वे अपनी समस्त ऊर्जस्विता और उद्यमशीलता खो देंगे।" यह कठोर अनुशासन किंचित् अंशों तक स्त्रियों की दुर्बलता का हेतु हो सकता है, क्योंकि बालिकाएँ, विभिन्न कारणों से, अपने माता-पिता द्वारा हर तरीके से बालकों की अपेक्षा अधिक प्रभुत्व में रखी जाती हैं। वे कर्तव्य जिनकी उनसे अपेक्षा की जाती है, ऐसे कर्तव्यों के समरूपी होते हैं जिन्हें अपेक्षाकृत औचित्य की दृष्टि से और विवेक की अपेक्षा मर्यादा के प्रति अधिक सम्मान के अभिप्राय से स्त्रियों पर स्वेच्छाचारी ढंग से आरोपित किया जाता है, और इस प्रकार अपने माता-पिता के समक्ष दासत्वपूर्ण ढंग से समर्पण की शिक्षा ग्रहण कर, वे विवाह की दासता के लिए तत्पर हो जाती हैं। मुझसे यह कहा जा सकता है कि बहुतेरी स्त्रियाँ विवाहित स्थिति में दास नहीं बनतीं। सत्य है, परन्तु तब वे निरंकुश शासक बन जाएँगी, क्योंकि यह तर्कसंगत स्वाधीनता नहीं, बल्कि निरंकुश अधिपतियों के प्रियपात्रों द्वारा प्रयुक्त अधिकार से मेल खाती हुई एक अराजक प्रकार की सत्ता होती है, जिसे वे अधम युक्तियों से अर्जित करती हैं। इसी तरह, मैं यह इंगित करने की कल्पना नहीं करती कि लड़कियाँ अथवा लड़के सदैव दास होते हैं। मैं मात्र इस पर बल देना चाहती हूँ कि जब उन्हें सत्ता के समक्ष आँख मूँदकर समर्पित होने के लिए बाध्य किया जाता है, तब उनकी क्षमताएँ क्षीण और स्वभाव अहंकारी अथवा दयनीय हो जाता है। मैं इस बात से भी शोक विह्वल हो उठती हूँ कि माता-पिता एक तथाकथित विशेषाधिकार से अकर्मण्यतापूर्वक स्वयं को लाभ पहुँचाते हुए, तर्कबुद्धि के प्रथम हल्के से प्रस्फुरण पर पानी डाल देते हैं, और ठीक उसी क्षण कर्तव्य को, जिसे वे प्रवर्तित करने के लिए इतने आतुर रहते हैं, एक अर्थहीन नाम में रूपान्तरित कर देते हैं; क्योंकि वे उसे उस एकमात्र आधार का अवलम्ब नहीं लेने देंगे जिस पर कोई कर्तव्य सुरक्षित ढंग से टिका रह सकता है। जब तक यह ज्ञान पर आधारित नहीं होता, उत्कट भावावेग के अल्पकालिक झंझावात का अथवा स्वार्थ के प्रच्छन्न कपटपूर्ण व्यवहार का प्रतिरोध करने की पर्याप्त शक्ति यह अर्जित नहीं कर सकता। परन्तु जो माता-पिता अपनी सन्तान के प्रति अपने स्नेहभाव का निर्विवाद प्रमाण प्रस्तुत करते हैं, अथवा अधिक उचित रूप से कहें तो, जिन्होंने अपने कर्तव्य का निर्वाह कर उनके हृदय में नैसर्गिक स्नेह का पौधा रोपा हो, वे उनमें से नहीं होते जो सर्वाधिक उग्रता के साथ अपने बच्चों को मात्र इसलिए अपनी इच्छा

के समक्ष समर्पण करने के लिए अड़ जाते हैं क्योंकि वह उनकी इच्छाएँ होती हैं। इसके विपरीत, वे माता-पिता जो एक अच्छा उदाहरण प्रस्तुत करते हैं, धैर्यपूर्वक उस आदर्श को आयाम ग्रहण करने देते हैं—और यह बिरले ही अपनी स्वाभाविक निष्पत्ति—पुत्रसुलभ सम्मान पाने में असफल रहता है।

बच्चों को विवेक—उस आवश्यकता की वास्तविक परिभाषा, जिस पर रूसो ने परिभाषित किए बिना जोर दिया था—की आवाज सुनने की शिक्षा देने के लिए कोई भी उम्र छोटी नहीं होती क्योंकि विवेक के प्रति समर्पण चीजों की प्रकृति, और उस ईश्वर के प्रति समर्पण है जिसने हमारे सच्चे हित को बढ़ावा देने के लिए उन्हें इस प्रकार सृजित किया।

बच्चों के मस्तिष्क जैसे ही विकसित होना आरम्भ करते हैं उन्हें विकारग्रस्त बना देने की क्यों आवश्यकता पड़ जाती है, मात्र माता-पिता की अकर्मण्यता का पक्षपात करने के लिए, जो प्रकृति द्वारा नियत मूल्य चुकाने में रुचि लिए बिना विशेषाधिकार पर जोर देते हैं? मुझे पहले यह पर्यवेक्षण करने का अवसर उपलब्ध हुआ है कि अधिकार में सदा ही कर्तव्य सन्निहित होता है, और मैं सोचती हूँ कि इसी प्रकार, स्पष्टतया यह निष्कर्ष भी निकाला जा सकता है कि वे जो कर्तव्य का निर्वाह नहीं करते, अधिकार भी खो देते हैं।

मैं मानती हूँ कि आदेश देना तर्क करने की अपेक्षा अधिक सरल होता है परन्तु इससे यह निष्कर्ष नहीं निकलता कि बच्चे यह तर्क नहीं समझ सकते कि कुछ चीजें क्यों उन्हें नियमित रूप से करनी पड़ती हैं। कारण, आचरण के कुछ सामान्य से नियमों के प्रति अटल निष्ठा से वह हितकारी शक्ति प्रवाहित होती है जिससे एक विवेकवान माता-पिता बच्चे के मस्तिष्क को जीत लेता है। और यह शक्ति वस्तुतः सामर्थ्यवान बनती है जब स्नेह के एक शान्त प्रदर्शन से सन्तुलित होकर बच्चे के हृदय तक पहुँचती है। क्योंकि मेरा यह विश्वास है कि एक सामान्य नियम के रूप में इसे स्वीकृति मिलनी चाहिए कि वे स्नेहभाव जिन्हें हम जन्म देते हैं, सदैव उसके सदृश होते हैं जिसे हम विकसित करते हैं, जिससे कि, नैसर्गिक स्नेह जिसे विवेक से प्रायः भिन्न माना गया है, निर्णय क्षमता के साथ सामान्य से अधिक निकटता से संलग्न पाया जा सकता है। यही नहीं, स्त्रियों में बोधक्षमता को विकसित करने की आवश्यकता के पक्ष में अन्य प्रमाण के रूप में मात्र यह कहना उचित होगा कि स्नेह भावना जब मात्र हृदय में वास करती है तो एक प्रकार की आदिम स्वेच्छाचारिता से सम्पन्न होती है।

अभिभावकीय सत्ता का यह अनियमित प्रयोग ही सर्वप्रथम मस्तिष्क को क्षति पहुँचाता है, और इन अनियमितताओं के प्रभाव में लड़कों की अपेक्षा लड़कियाँ अधिक आती हैं। ऐसे लोगों की इच्छा, जो अपनी इच्छा पर तब तक कदापि विवाद नहीं उठने देते जब तक वे विनोदपूर्ण मनःस्थिति में न हों, लगभग सदा ही अविवेकी होती है।

इस स्वेच्छाचारी सत्ता से, छलयुक्ति से बच निकलने का पाठ बालिकाएँ अत्यन्त शीघ्रता से याद कर लेती हैं जिसका प्रयोग वे कालान्तर में अपने पतियों के ऊपर करती हैं; क्योंकि, मैंने बहुधा ही एक चतुर मुखड़ेवाली नन्ही-सी कुमारी को एक समूचे परिवार पर राज करते देखा है, सिवाय उस घड़ी के जब माताश्री का क्रोध किसी आकस्मिक कारण से फट पड़ता हो। इसके कारण कुछ भी हो सकते हैं–उसके बालों की ठीक ढंग से वेणी नहीं बनी,[2] अथवा विगत रात्रि को उसने जुए में उससे अधिक धन गँवा दिया जितना वह अपने पति के समक्ष स्वीकार कर सकती थी या फिर क्रोध का कोई ऐसा ही अन्य कारण।

इस प्रकार के प्रसंगों का अवलोकन करने के उपरान्त स्त्री के विषय में अवसादपूर्ण विचार मुझे घेर लेते हैं और मैं इस निष्कर्ष पर पहुँचती हूँ कि यदि उनका आदि मनोभाव उन्हें पथ भ्रष्टता की ओर उन्मुख करता है अथवा उनके कर्तव्यों के साथ टकराहट उत्पन्न करता है तो उनसे जीवन में आगे बढ़ने पर भी किंचित् ही किसी चीज की अपेक्षा की जा सकती है। कोई शिक्षक वस्तुतः किस प्रकार इस बुराई का निराकरण कर सकता है? क्योंकि उन्हें किसी ठोस सिद्धान्त पर सदाचार की शिक्षा देना अपने माता-पिता से घृणा करने की शिक्षा देना होगा। बच्चों को अपने माता-पिता की त्रुटियों के कारण छूट लेने की सीख नहीं दी जा सकती, न ही दी जानी चाहिए क्योंकि प्रत्येक ऐसी छूट उनके मस्तिष्क में विवेक की शक्ति को क्षीण करती है और उन्हें स्वयं अपने दोषों के प्रति और अधिक अनुग्रही बनाती है। यह परिपक्वता के उदात्ततम सद्गुणों में से एक है जो हमें अपने प्रति कठोर और दूसरे के लिए सहिष्णु बनने की ओर प्रवृत्त करता है; परन्तु बच्चों को मात्र सामान्य सद्गुणों की शिक्षा देना अभीष्ट होगा; क्योंकि यदि उन्होंने मानवीय मनोवेगों और आचार-व्यवहार के कारण समय से पूर्व ही छूट लेना आरम्भ कर दिया तो वे कसौटी की वह पैनी धार ही कुन्द कर देंगे जिस पर उन्हें स्वयं के आचार और भावावेगों को कसना था और वे अपने दोषों के प्रति जितने ही उदार होते जाएँगे उतने ही अन्यायी बनते जाएँगे।

बच्चों और दुर्बलचित्त व्यक्तियों की स्नेहभावना सदैव स्वार्थपूर्ण होती है, वे दूसरों से अनुराग इसलिए रखते हैं क्योंकि दूसरे भी उन्हें स्नेह देते हैं; न कि उनके सद्गुणों के कारण। तथापि, जब तक आदर और स्नेह को एक साथ आदि मनोभाव में घोल नहीं दिया जाता और विवेक को कर्तव्य का आधार नहीं बनाया जाता, नैतिकता देहरी पर पग रखते ही लड़खड़ा जाएगी। परन्तु जब तक समाज अत्यन्त भिन्न रूप से गठित नहीं होगा, मुझे भय है कि माता-पिता अपने प्रति आज्ञापरायणता पर इसलिए बल देते रहेंगे क्योंकि उनकी आज्ञा का पालन होगा, और अनवरत रूप से इस शक्ति को ईश्वरीय अधिकार में बदलने का उद्यम करते रहेंगे जो विवेक की जाँच-पड़ताल से परे हो।

टिप्पणियाँ

1. डॉ. जानसन का भी यही कहना है।
2. मैंने स्वयं ही एक बार एक नन्ही-सी बालिका को एक अनुचर से कहते सुना है, "मेरी माँ सुबह से मुझे यूँ ही डाँटती रही हैं क्योंकि उसकी वेणी उनकी पसन्द के अनुरूप नहीं बन पाई थी।" यह उक्ति भले ही धृष्टतापूर्ण हो, परन्तु यह सही थी। और ऐसे माता-पिता के लिए एक बालिका, विवेक पर अत्याचार किए बिना, भला क्या सम्मान अर्जित कर सकती है?

अध्याय बारह

राष्ट्रीय शिक्षा के विषय में

निजी शिक्षा से उपजा सुफल सदा ही अत्यन्त सीमित होगा : और वे माता-पिता जो वास्तव में स्वयं को इस चिन्ता में खपाते हैं, किंचित् अंशों तक सदैव निराश होंगे, जब तक शिक्षा एक व्यापक राष्ट्रीय चिन्ता का विषय नहीं बनती। कोई मनुष्य अपने बच्चे के साथ मरुस्थल में जाकर बसेरा नहीं कर सकता, और यदि वह ऐसा करे भी तो वह स्वयं को बाल्यावस्था में लौटाकर एक शिशु अथवा किशोर का उपयुक्त मित्र और खेल का संगी नहीं बन पाएगा। जब बच्चे स्त्रियों और पुरुषों के सान्निध्य तक सीमित हो जाते हैं तो वे समय पूर्व ही एक प्रकार की अपरिपक्व वयस्कता प्राप्त कर लेते हैं जो उनके मस्तिष्क और तन की प्रत्येक ऊर्जस्वी शक्ति के विकास को अवरुद्ध कर देती है। उनकी क्षमताओं को प्रस्फुटित करने के उद्देश्य से उन्हें स्वयं सोचने-विचारने के लिए उत्तेजित करना चाहिए, और यह उन्हें दूसरे बच्चों के साथ घुलने-मिलने व समान लक्ष्यों के प्रति सामूहिक रूप से प्रयत्नशील बनाने के द्वारा ही किया जा सकता है।

एक बालक अतिशीघ्र मस्तिष्क को सुन्न कर देनेवाली अकर्मण्यता में पड़ जाता है, जिसे कालान्तर में दूर करने योग्य यथेष्ट ऊर्जा से कदाचित् ही वह सम्पन्न हो पाता है, जब कि जानकारी अर्जित करने के स्थान पर वह मात्र प्रश्न पूछता है और प्राप्त उत्तर पर निर्विवाद रूप से विश्वास कर लेता है। ऐसा प्रसंग अपने समवयस्कों के साथ नहीं आ सकता था और पूछताछ के विषय, भले ही वयस्क पुरुषों के प्रभाव क्षेत्र में हों, पूर्णतया उनके निर्देशों के अधीन नहीं होंगे, जो उन्हें अत्यन्त शीघ्रता से समक्ष लाकर, क्षमताओं को नष्ट न भी करें तो बहुधा अवमन्दित कर देते हैं। और यदि बालक वयस्क पुरुषों के सान्निध्य तक ही, भले ही कितना ही दूरदर्शी वह पुरुष क्यों न हो, सीमित रहता है तो ऐसा ही होगा।

इसके अतिरिक्त किशोरावस्था में स्नेह के प्रत्येक मनोभाव के बीज डाले जाने चाहिए और तब एक माता-पिता के प्रति अनुभव किया जानेवाला सम्मानपूर्ण आदरभाव, उस सामाजिक स्नेहभावना से अत्यन्त भिन्न होगा, जिसे जीवन के विकसित होते जाने

के साथ ही सुख का निर्माण करना है। इनका आधार समानता है और उस सतर्क गम्भीरता से, जो समर्पण के लिए बाध्य भले ही न करती हो, तर्क-वितर्क पर रोक लगाती है, अबाधित भावनाओं का समागम है। एक बालक को अपने पिता के प्रति कभी इस प्रकार के स्नेहभाव से युक्त होने दीजिए और वह हमेशा बच्चों के साथ खेलने व बोलने-बतियाने के लिए हुलसता रहेगा तथा वह सम्मान ही जिसे वह अपने मन में धारण करता है, क्योंकि वह पुत्रोचित सम्मान सदैव भय का पुट लिये रहता है, यदि उसे छल-चातुर्य की सीख नहीं भी देता है, तो कम-से-कम उसे उन नन्हे रहस्यों को उड़ेल देने से रुद्ध करता है जो पहले मित्रता और विश्वास के लिए हृदय-द्वार को खोल देता है और क्रमशः व्यापक सद्भाव की ओर ले जाता है। इसके अतिरिक्त, वह व्यवहार की वह निष्कपट सरलता कदापि अर्जित नहीं कर पाएगा जिसे युवा प्राप्त कर पाते हैं जो समाज के सम्पर्क में प्रायः बने रहते हैं, जहाँ वे जो सोचते हैं उसे अभिव्यक्त करने का साहस रखते हैं, अपनी परिकल्पनाओं के लिए धिक्कारे जाने अथवा अपनी मूर्खताओं के कारण उपहास का पात्र बनने से भयभीत हुए बिना।

विद्यालयों की वर्तमान दशा को देखकर मन में स्वाभाविक रूप से उठे विचारों के प्रभाव में प्रबलता के साथ मैंने निजी शिक्षा के पक्ष में अपनी राय रखी थी। परन्तु बाद के अनुभव ने इस विषय को एक भिन्न दृष्टिकोण से देखने के लिए मुझे प्रवृत्त किया है। बहरहाल, मैं अभी भी यह मानती हूँ कि विद्यालय, जैसे कि वे आज चल रहे हैं, बुराई और मूर्खता के केन्द्र होते हैं और मानव प्रकृति का वह ज्ञान जिसे वहाँ अर्जित करना होता है, मात्र छद्मपूर्ण स्वार्थपरता होती है।

विद्यालयों में लड़के फूहड़ और पेटू बन जाते हैं तथा पारिवारिक स्नेह विकसित करने के स्थान पर समय से पूर्व ही विषयभोग की ओर दौड़ पड़ते हैं जो उनकी काया को गढ़े जाने के पहले ही नष्ट कर देता है और हृदय को निष्ठुर बनाते हुए यह विवेक को क्षीण कर देता है।

विद्यालय के छात्रावासों से वस्तुतः मैं विमुख रहना चाहूँगी, और कुछ नहीं, तो सिर्फ उस अस्थिर मनःस्थिति के कारण जिसे लम्बी छुट्टियों की प्रत्याशा जन्म देती है। बच्चों का मन, कम-से-कम आधे समय, इन पर केन्द्रित रहती हैं और जब ये छुट्टियाँ आरम्भ होती हैं तो बस दुर्व्यसन और पाशविक अतिभोग में इन्हें बिता दिया जाता है।

परन्तु, इसके विपरीत जब वे परिवार में पलते-बढ़ते हैं, तो यद्यपि वे अध्ययन की योजना को उससे अधिक व्यवस्थित ढंग से पूरा करने में लगे रह सकते हैं जितना उस समय अपनाया जा सकता है जब वर्ष का चौथाई भाग वस्तुतः आलस्य में बीत चुका होता है और उससे भी अधिक खेद और प्रत्याशा में; तथापि, वहाँ अनुचरों के साथ निरंकुश व्यवहार की अनुमति पाने तथा आचरण-व्यवहार के विषय में उन अधिकांश माताओं द्वारा प्रकट की गई चिन्ता के कारण, जो एक भद्रपुरुष के कौशल के सम्बन्ध

में शिक्षा देने को आतुर, एक मनुष्य को सद्गुणों का उनके जन्मकाल से ही गला घोंट देती हैं, वे अपने स्वयं के महत्त्व के विषय में ऊँची धारणा अर्जित कर लेते हैं। इस प्रकार संगति में रखकर जब कि उन्हें गम्भीरतापूर्वक कार्य में नियोजित होना चाहिए, और पुरुष की भाँति पेश आकर जब कि वे बालक ही होते हैं, वे निरर्थक और पौरुषहीन बन जाते हैं।

नैतिकता के लिए समान रूप से घातक दो छोरों से बचने का एकमात्र तरीका निजी और सार्वजनिक शिक्षा को संयोजित करने की कोई युक्ति सोचनी होगी। इस प्रकार व्यक्तियों को नागरिक बनाने के लिए दो स्वाभाविक कदम उठाने होंगे जो प्रत्यक्ष रूप से वांछित बिन्दु तक ले जाते प्रतीत होते हैं : पारिवारिक स्नेह-भावना को, जो मनुष्यता के विविध परिवर्तनों के लिए हृदय के द्वार को पहले खोल देती है, विकसित करना होगा, जबकि दूसरी तरफ बच्चों को अपने समय का अधिकांश भाग, समानता के स्तर पर, अन्य बच्चों के साथ, फिर भी व्यतीत करने देना होगा।

मैं अभी भी कस्बे के विद्यालय को आह्लाद के साथ स्मरण करती हूँ जहाँ एक बालक, यदि वह एक उचित दूरी पर स्थित होता था, अपनी पुस्तकें और अपना भोजन लेकर, हर मौसम में प्रातःकाल पैदल जाता था; तब कोई सेवक श्रीमान जी की उँगली पकड़कर नहीं ले जाता था, क्योंकि एक बार जब उसे स्कूली पोशाक पहना दी जाती थी, वह स्वयं जाने और सायँकाल अकेले लौटने के लिए स्वतंत्र था, जब वह अपने पिता के घुटने से सटकर बैठा हुआ दिन भर की कारगुजारियों का वृत्तान्त सुनाता था। उसके पिता का घर उसका घर था जो बाद के दिनों में अत्यन्त अनुराग के साथ याद आता था। बल्कि, मैं श्रेष्ठजनों से, जिन्होंने इस ढंग से शिक्षा प्राप्त की थी, आग्रहपूर्वक जानना चाहूँगी कि क्या किसी छायादार वीथिका की, जहाँ उन्होंने अपना पाठ कंठस्थ किया था अथवा किसी सीढ़ी की, जहाँ बैठकर उन्होंने पतंग बनाई थी या बल्ले की मरम्मत की थी, स्मृतियों ने उनके मन में अपने देश के प्रति प्रेम नहीं जगाया है?

परन्तु एक बालक के पास लन्दन के निकट किसी अकादमी की बन्द चहारदीवारी में बिताये गए दिनों में कभी आह्लाद के साथ सँजोने योग्य भला कौन-सी स्मृतियाँ होंगी जब तक कि, उसे किसी सहायक अध्यापक की, जिसे वह तंग किया करता था, दयनीय बेढंगी वेशभूषा, अथवा वह नानबाई जिससे वह डबलरोटी छीन लेता था, संयोगवश, याद न आ जाए। सभी कोटि के विद्यालय के छात्रावासों में छोटी कक्षा के छात्रों का मनोरंजन शरारतें हैं और ऊँची कक्षा के छात्रों का दुर्व्यसन। नैतिक चरित्र के लिए इससे अधिक अहितकर भला क्या हो सकता है जितनी कि निरंकुशता व घृणित दासता की वह व्यवस्था जो बालकों के बीच स्थापित होती है, रूपविधान के उस दासत्व की तो बात की क्या बात की जाए, जो धर्म को एक प्रहसन से भी अधिक फूहड़ बना देती है? उस नवयुवक से भला किस अच्छाई की अपेक्षा की जा सकती है

जो महज उस आधे गिन्नी से वंचित हो जाने से बचने के लिए, जिसे बाद में वह सम्भवतः किसी विषयभोगी ढंग से व्यय कर देता है, चर्च में प्रसाद ग्रहण करता है? नवयुवकों की आधी से अधिक व्यस्तताएँ सार्वजनिक उपासनासभा में उपस्थिति से बचने के निमित्त होती हैं, और वे होंगी भी क्योंकि एक ही चीज का लगातार पाठ उनकी सहज प्रफुल्लता के लिए एक अत्यन्त क्लान्तिकर अवरोधक बन जाता है। इन अनुष्ठानों का उनकी नैतिकता पर सर्वाधिक घातक प्रभाव पड़ता है और ऐसे कर्मकाण्ड जो मात्र होंठों से निष्पन्न किए जाते हों जबकि हृदय और मस्तिष्क मीलों दूर रहते हों, का उन्मूलन क्यों नहीं कर दिया जाता?

परन्तु नवीनता का भय इस देश में प्रत्येक चीज पर व्याप्त है। यह मात्र उन अकर्मण्य घोंघाबसन्तों का बनावटी भय और आशंकित भीरुता है जो इसे क्षीण बनाकर उस आरामगाह को सुरक्षित रखना चाहते हैं जिसे वे एक पैतृक जागीर के दृष्टिकोण से देखते हैं, और कर्तव्यों की पूर्ति करने की अपेक्षा, वे खाना-पीना और आनन्द मनाना चाहते हैं। ये वे लोग हैं जो सभी प्रकार के सुधारों के विरुद्ध इस प्रकार चीत्कार करते हुए मानो वह न्याय का उल्लंघन हो, अत्यन्त उद्यमशीलता के साथ संस्थापक की इच्छा के पालन पर बल देते हैं।

गिरजाघर सम्बन्धी अनुष्ठान कार्य से, जिस रूप में यह आज इस देश में निष्पन्न होता है, अधिक अश्रद्धेय वस्तुतः अन्य कुछ नहीं हो सकता है और न ही उससे अधिक दुर्बलमनस्क लोगों की मण्डली हो सकती है जितनी इस बचकानी लीक के दासों की है। पूर्व अवस्था के घृणित कंकाल का अभी भी प्रदर्शन होता है परन्तु पवित्र गम्भीरता जो यदि हृदय का शुद्धीकरण नहीं करती थी, तो कम-से-कम कल्पना को आकर्षित करती थी, अब समाप्त हो चुकी है।

राष्ट्रीय शिक्षा पर इन टिप्पणियों में, ऐसे विचार अनावश्यक नहीं माने जाने चाहिए, विशेषकर इसलिए कि इन संस्थाओं के समर्थक, ओछेपन तक अधःपतित होकर धर्मध्वजाधारी होने का स्वाँग करते हैं। धर्म, आँसुओं के भवसागर में सुख का एकमात्र द्वीप! तेरा निर्मल सोता इन अनाड़ियों द्वारा किस तरह पंकिल बना दिया गया है, जिन्होंने परमात्मा की ओर प्रवहमान सरिता को एक संकीर्ण धारा में धृष्टतापूर्वक बाँधने का प्रयास किया है।

बहरहाल, राजकीय विद्यालयों में धर्म क्लान्तिकर अनुष्ठानों व अनुचित प्रतिबन्धों से मिला दिये जाने के कारण सर्वाधिक कठोर स्वरूप ग्रहण कर लेता है: एक ऐसी सौम्य गम्भीरता नहीं जो भय उत्पन्न करती है तो आदर की भी अधिकारी होती है, बल्कि एक ऐसी बेतुकी स्वरूप जो बस उपहास का आधार बन सकता है।

इस देश में सम्भवतः व्यक्तियों की ऐसी कोई मण्डली नहीं होगी जो उन पण्डिताऊ स्वेच्छाचारियों से, जो महाविद्यालयों में निवास करते हैं और राजकीय विद्यालयों के

सभापति रहते हैं, अधिक दुराग्रही अथवा विलासप्रिय हो। लम्बी अवधि के अवकाश शिक्षकों और शिक्षार्थियों की नैतिकता के लिए समान रूप से अमंगलकारी होते हैं तथा शिक्षक जो कुलीनवर्ग के साथ मिलते-जुलते हैं, अपने कुटुम्ब में वही आडम्बर और उच्छृंखलता ले जाते हैं जो उनके घर से पारिवारिक कर्तव्यों व सुख-चैन को निर्वासित कर देता है, तथा जिसके ठाठ-बाट की बेढंगी नकल छोटे स्तर पर होती रहती है। वे बालक जो भारी खर्चे पर अध्यापकों व सहायकों के साथ निवास करते हैं, कभी पारिवारिक नहीं बनते, यद्यपि वे वहाँ इसी प्रयोजन से भेजे जाते हैं, क्योंकि रात्रि भोजन के उपरान्त वे जल्दी से मदिरा का एक प्याला गटककर किसी शरारतपूर्ण दाँवपेंच की योजना बनाने अथवा उन लोगों की व्यवहार-शैली या व्यक्तित्व का उपहास उड़ाने के लिए अपने कक्ष में चले आते हैं, जिनके समक्ष अभी तक वे खींसें निपोर रहे थे और जिन्हें उन्हें अपने माता-पिता का प्रतिनिधि मानना चाहिए।

तब क्या यह आश्चर्य की बात होगी कि ये बालक जो इस प्रकार सामाजिक व्यवहार से काट दिये जाते हैं, स्वार्थी और दुर्व्यसनी हो जाते हैं? अथवा बहुधा इन अध्यवसायी पुरोहितों में से किसी के मस्तक पर पादरी का टोप दिखाई देता है?

प्रत्येक व्यक्ति और प्रत्येक वर्ग को, उसी जीवन-शैली में जीने की आकांक्षा संक्रमित करती है जो ठीक उनके ऊपर की श्रेणी में होता है, और इस हेय लालसा की सहगामिनी क्षुद्रता होती है : परन्तु वे जीवनवृत्तियाँ सर्वाधिक भ्रष्ट होती हैं संरक्षण जिनकी सीढ़ी है; तथापि इनमें से एक वृत्ति सामान्यतया किशोरों के शिक्षक की चुनी जाती है। परन्तु क्या वह स्वतंत्र भाव जाग्रत करने की, जिसके आचरण को सतर्क समझदारी से नियंत्रित करने की आवश्यकता पड़ती है, भला उनसे अपेक्षा की जा सकती है जो बस अपनी पदोन्नति पर दृष्टि गड़ाये रहते हैं?

बहरहाल, बालकों के नैतिक आचार के विषय में विचार करने से नितान्त दूर, मैंने विद्यालय के अनेक अध्यापकों को इस पर विवाद करते सुना है कि उनका काम केवल लैटिन और ग्रीक पढ़ाने तक था, और यह कि कुछ अच्छे विद्यार्थियों को महाविद्यालय भेजकर उन्होंने अपना कर्तव्य पूरा कर लिया है।

कुछ अच्छे विद्यार्थी, मैं मानती हूँ कि अनुशासन और अनुकरण की प्रतिस्पर्द्धा से गढ़े गए होंगे परन्तु इन चतुर बालकों को आगे बढ़ाने के लिए, कइयों के स्वास्थ्य और नैतिक शास्त्र की बलि चढ़ा दी गई होगी। हमारे कुलीन वर्ग और सम्पत्तिशाली आम जनों के बेटे अधिकांशतः इन पादरी विद्यालयों में विद्या अर्जित करते हैं और क्या कोई भी यह निश्चयपूर्वक कहने का दावा करेगा कि हर छूट देने के बाद भी वह बहुसंख्यक को बस सन्तोषजनक विद्यार्थियों की कोटि में रखा जा सकता है?

यह समाज के लिए हितकर नहीं होगा कि कुछ प्रतिभावान व्यक्तियों को जनसाधारण की कीमत पर आगे बढ़ाया जाए। यह सत्य है। जब उचित समयान्तरों पर महान

क्रान्तियाँ घटित होती हैं तो व्यवस्था स्थापित करने और उस गर्द को उड़ाने के लिए जो सच्चाई के चेहरे पर तह जमा लेती है, महान व्यक्तियों की उत्पत्ति हुई दिखाई पड़ती है, परन्तु यदि अधिक अंश में विवेक और सदाचार को समाज में प्रभावी बना दिया जाए तो इन तेज हवाओं की आवश्यकता नहीं पड़ेगी। प्रत्येक कोटि की सार्वजनिक शिक्षा, नागरिक बनाने की दिशा में निर्देशित होनी चाहिए। परन्तु यदि आप अच्छे नागरिक बनाना चाहते हैं तो पहले पुत्र और भ्राता की स्नेह भावना को व्यवहार में लाना होगा। हृदय को विशाल बनाने का एकमात्र यही उपाय है; क्योंकि समष्टिगत स्नेह और साथ ही सार्वजनिक सदाचार को सदैव व्यष्टिगत चरित्र से उत्पन्न होना चाहिए अन्यथा वे ऐसी उल्काएँ मात्र होंगे जो काले नभ को तेजी के साथ चीरती और विलुप्त हो जाती हैं, टकटकी लगाकर देखे और सराहे जाने के लिए।

मुझे विश्वास है कि कदाचित् ही ऐसे लोगों के मन में मानवजाति के प्रति प्रेम होगा जिन्होंने पहले अपने माता-पिता, अपने भाइयों, बहनों, और यहाँ तक कि उन पालतू पशुओं से भी जिसके साथ उन्होंने पहली बार खेला था, प्रेम न किया हो। तरुण सहअनुभूतियों का व्यवहार में आना नैतिक उत्ताप निर्मित करता है और यह इन्हीं प्रथम स्नेह-भावनाओं और लक्ष्यों की स्मृतियाँ होती हैं जो उनमें संजीवनी रस का संचार करती हैं जब कालान्तर में वे विवेक के निर्देशन में अधिक रहने लगते हैं। यौवनकाल में, सर्वाधिक अनुरागपूर्ण मित्रताएँ बनती हैं, और मित्रता के लिए मृदुकृत हृदय तृष्णा की उजड्ड तृप्ति से कहीं अधिक उदात्त चीज में आनन्द पाने का अभ्यस्त होता है।

तब गृह-प्रेम तथा पारिवारिक आनन्द को प्रेरित करने के उद्देश्य से बच्चों की शिक्षा घर पर होनी चाहिए क्योंकि हुड़दंगी छुट्टियाँ मात्र उनके अपने कारणों से घर के प्रति उनमें अनुराग पैदा करती हैं। तथापि वे अवकाश, जो पारिवारिक स्नेह का पोषण नहीं करते, अध्ययन की प्रगति में अनवरत रूप से व्यवधान उपस्थित करते हैं और संयम समेत सुधार की किसी योजना को निष्फल कर देते हैं। इसके बावजूद, यदि उसे इस अवकाश को समाप्त कर दिया जाए तो बच्चे अपने माता-पिता से पूर्णतया पृथक् हो जाएँगे, और मैं यह प्रश्न करना चाहती हूँ कि क्या प्रारम्भिक अनुरागभाव की बलि चढ़ाकर, सम्बन्धों की उस शक्ति को विनष्ट करके, जो वैवाहिक अवस्था को जितना आवश्यक बनाती है उतना ही सम्मानजनक भी, उन्हें बेहतर नागरिक बनाया जा सकता है? परन्तु निजी शिक्षा यदि अहंकार उत्पन्न करती है अथवा किसी व्यक्ति को अपने परिवार से अलग-थलग करती है तो बुराई मात्र स्थान बदलती है, इसका निदान नहीं होता।

तर्क-वितर्क का यह क्रम मुझे उस विषय पर वापस लाता है जिस पर मैं चिन्तन करना चाहती हूँ—उचित दिवस-विद्यालयों को स्थापित करने की आवश्यकता।

परन्तु इन्हें राज्य संचालित संस्थाएँ होना चाहिए, क्योंकि विद्यालय-शिक्षक जब तक माता-पिता की मनमर्जी पर निर्भर रहते हैं, अज्ञानी लोगों को प्रसन्न रखने की जितना आवश्यक होती है, उससे कम ही प्रयास उनसे अपेक्षित होगा। वस्तुतः, माता-पिता के समक्ष बालकों की योग्यताओं की बानगी प्रस्तुत करने की शिक्षकों की अनिवार्यता[1], जो अवकाश के दिनों में प्रत्येक मुलाकाती आगन्तुक को दिखाई जाती है, उससे अधिक अनिष्ट पैदा करती है, पूर्व में जितना समझा गया था। क्योंकि ये बानगियाँ शायद ही कभी स्वयं बच्चे द्वारा तैयार की जाती हैं। इस प्रकार अध्यापक मिथ्याचार को प्रोत्साहन देता है अथवा उस कमजोर यन्त्र को असाधारण रूप से काम लेने के लिए इतना घुमा देता है कि उसका चक्का ही क्षतिग्रस्त हो जाता है और उत्तरोत्तर विकास की प्रगति पर विराम लग जाता है। दिखावा करने के निमित्त स्मरणशक्ति पर, समझदारी के किसी स्पष्ट विचार को ग्रहण किए बिना, अबोधगम्य, दुरूह शब्दों का बोझ लाद दिया जाता है। परन्तु वही शिक्षा-पद्धति बुद्धि के परिष्कार की प्रबल दावेदार होने की अधिकारी हो सकती है जो तरुणों को यह सीख दे कि सोचना कैसे शुरू करेंगे। बोधक्षमता को शक्ति अर्जित करने के पूर्व ही भ्रष्ट कर देने की अनुमति कल्पना को नहीं दी जानी चाहिए अन्यथा आडम्बरप्रियता दुर्व्यसन का अग्रदूत बन जाएगी, क्योंकि बच्चे की उपलब्धियों का किसी भी तरीके से प्रदर्शन उसके नैतिक चरित्र के लिए अमंगलकारी होता है।

उन्हें ऐसी चीज का सस्वर पाठ सिखाने में जिसे वे समझते नहीं, कितना समय नष्ट होता है, जब बेंचों पर अपनी सर्वोत्तम सज-धज में आसीन, मूर्खता व अज्ञान के सम्पूर्ण आडम्बर सहित प्रभावशाली आरोह-अवरोह के साथ उच्चारित उस तोतारटन्त बकवास को माताएँ आश्चर्यचकित होकर सुनती हैं। ऐसे प्रदर्शन समूचे मस्तिष्क में मात्र आडम्बर के तन्तुओं को घुसा देने का काम करते हैं क्योंकि वे न तो बच्चों को धाराप्रवाह बोलना सिखाते हैं और न गरिमापूर्ण ढंग से व्यवहार करना। स्थिति इससे इतनी दूर है कि इन तुच्छ प्रयासों को ढोंग के अध्ययन का नाम दिया जा सकता है; क्योंकि अब हम बिरले ही एक सरल, लज्जालु बालक को देखते हैं जबकि शायद ही कोई सुरुचिसम्पन्न लोग कभी उस बेढंगे दब्बूपन से, जो इस उम्र के लिए अत्यन्त स्वाभाविक है, विरक्त होते हैं। विद्यालयों और समय से पूर्व समाज के साथ सम्पर्क व्यवहार ने इसे निर्लज्जता और स्वाँगपूर्ण मुख-विरूपता में रूपान्तरित कर दिया है।

तथापि इन चीजों का निदान भला किस प्रकार हो सकता है जबकि विद्यालय के अध्यापक अपनी जीविकोपार्जन के लिए पूर्णतया माँ-बाप पर आश्रित रहते हैं और जब कि अनेक प्रतिद्वन्द्वी विद्यालय ऐसे आडम्बरप्रिय माता-पिता के ध्यान को आकर्षित करने के लिए अपने प्रलोभनों को सामने लटकाये रहते हैं, जिनका अभिभावकीय अनुराग उन्हें मात्र इस आकांक्षा के लिए प्रेरित करता है कि उनके बच्चे पड़ोसी के

बच्चों को मात कर दें।

एक समझदार व कर्तव्यनिष्ठ व्यक्ति कोई विद्यालय खड़ा करने से पूर्व ही भूखों मर जाएगा यदि वह कमजोर माता-पिता के साथ इस पेशे के गुप्त दाँव-पेंचों से छल करने को तिरस्करणीय समझता है।

बहरहाल, सर्वश्रेष्ठ संचालित विद्यालयों में, जो भीड़ से ठसाठस नहीं भरे होते, बहुतेरी भ्रष्ट आदतें पनप सकती हैं; परन्तु आम विद्यालयों में भी काया, अन्तर्मन और तर्कबुद्धि का विकास समान रूप से अवरुद्ध हो जाता है, क्योंकि माता-पिता भी बहुधा सबसे सस्ते विद्यालय की खोज में ही रहते हैं और एक अध्यापक जीवित नहीं रह पाएगा यदि वह उससे कहीं अधिक संख्या में प्रवेश न ले जितनी वह स्वयं सम्हाल सकता है और न ही प्रत्येक बच्चे से प्राप्त होनेवाला वह अपर्याप्त भत्ता उसे इस उपक्रम के संचालन सम्बन्धी कार्यों में यथेष्ट सहायता देने के लिए अधीक्षक नियुक्त करने का अवसर देता है। इसके अतिरिक्त, भवन व उद्यान किसी भी स्वरूप में प्रकट हों, बच्चे किसी का भी आनन्द नहीं उठा सकते, क्योंकि कष्टकर प्रतिबन्धों द्वारा उन्हें अनवरत रूप से यह स्मरण कराया जाता है कि यह उनका घर नहीं है और प्रतीक्षा-कक्षों व उद्यान इत्यादि-इत्यादि को माता-पिता के मनोरंजन के लिए सुव्यवस्थित रखा जाता है, जो, किसी रविवार, मुलाकात हेतु विद्यालय पहुँचते हैं और उस प्रदर्शन से ही प्रभावित हो जाते हैं जिसने उनके बच्चों की स्थिति को असुविधापूर्ण बना रखा है।

कितनी विरक्ति के साथ मैंने समझदार स्त्रियों को, क्योंकि बालिकाएँ बालकों की अपेक्षा अधिक प्रतिबन्धित और हतोत्साहित की जाती हैं, उस उबाऊ कैद के विषय में, जिसे विद्यालय में उन्हें सहन करना पड़ता है, बात करते सुना है। मुख्य मार्ग से निकलकर राजसी उद्यान में मुक्त भ्रमण की उन्हें अनुमति नहीं होती और वे अत्यन्त अप्राकृतिक मुद्रा में पीछे कसे हुए कन्धों के साथ मूर्खतापूर्ण ढंग से आगे-पीछे टहलने के लिए बाध्य होती हैं।[2] वे विशुद्ध आदिम भावनाएँ जो मन और तन में यौवन प्रस्फुटित करती हैं और आशा की सुकुमार कलियाँ खिलाती हैं, तिक्त हो जाती हैं तथा ऐसी वृथा आकांक्षाओं व उद्यत उपालम्भ में अभिव्यक्ति पाती हैं जो क्षमताओं को संकुचित व मिजाज को चिड़चिड़ा बना देती हैं; अथवा वे मस्तिष्क में चढ़ जाती हैं और समझ को, इसके पूर्व कि वह सन्तुलित क्षमता अर्जित कर सके, तीक्ष्ण बनाती हुई ऐसा हेय छल-चातुर्य उत्पन्न करती हैं जो स्त्री-मस्तिष्क की तिरस्करणीय अभिलाक्षणिकता बनती है। और मुझे आशंका है कि यह अभिलाक्षणिकता तब तक बनती रहेगी जब तक कि स्त्रियाँ सत्ता की दास बनी रहेंगी!

शील के प्रति पुरुष-जगत् जो किंचित् सम्मान अर्पित करता है, मुझे विश्वास है कि ऐसी अनेक भौतिक व नैतिक बुराइयों का, जो मानवता को उत्पीड़ित करती हैं और साथ ही उन मूर्खताओं और दुष्प्रवृत्तियों का, जो स्त्रियों को अवमानित और विनष्ट कर

देती हैं, मुख्य स्रोत होता है, विद्यालयों में लड़के अपरिहार्यतः वह सौम्य संकोचशीलता खो देते हैं जो परिवार में, शालीनता के रूप में परिपक्व हुई होती।

वे एक-दूसरे से, जब उनकी बहुसंख्या एक ही शयनकक्ष में शूकरों की भाँति एकत्रित हो जाती है, कितनी घिनौनी लज्जास्पद दाँव-पेंच युक्तियाँ सीखते हैं, दुर्व्यसनों की तो बात ही छोड़ दी जाए, जो उनकी काया को दुर्बल करते हैं, जबकि मस्तिष्क को कोई सुरुचिसम्पन्नता अर्जित करने से रोक देते हैं। पुरुषों में शालीनता के परिष्कार पर जो किंचित् ध्यान दिया जाता है, वह समस्त सामाजिक सम्बन्धों में अत्यन्त विकार पैदा करता है; क्योंकि प्रेम की—वह प्रेम जो हृदय को पवित्र बनाता है और जीवन के सद्भावपूर्ण कर्तव्यों की पूर्ति में मनुष्य को तत्पर बनाने के लिए यौवन की समस्त शक्तियों का प्रथमतः आह्वान करता है—अकालपक्व कामातुरता के लिए बलि ही नहीं चढ़ा दी जाती, बल्कि स्वार्थपूर्ण सन्तुष्टि द्वारा जो बहुत पहले ही मस्तिष्क को कलुषित कर देता है और हृदय के औदार्य रस को शुष्क बना देता है। समस्त सामाजिक अनुराग सम्बन्धों का गला घोंट दिया जाता है। कितने अस्वाभाविक रीति से निश्छलता भंग की जाती है और वैयक्तिक दुर्व्यसन को सार्वजनिक महामारी में रूपान्तरित करने के कितने गम्भीर परिणाम निकलते हैं। इसके अतिरिक्त, व्यक्तिगत अनुशासन की आदत, जिसका नैतिक चरित्र पर उससे कहीं अधिक प्रभाव पड़ता है जितना कि सामान्यतः माना जाता है, मात्र परिवार में ही अर्जित की जा सकती है, जहाँ सम्मानजनक अलगाव बना रहता है जो उस अन्तरंगता पर नियंत्रण रखता है जो पाशविकता में पतित होकर अनुराग का उन्मूलन कर देता है।

मैंने पहले ही उन निकृष्ट आदतों पर आलोचनात्मक टिप्पणी की है जिन्हें स्त्रियाँ तब ग्रहण करती हैं जब उन्हें एक साथ बन्द कर दिया जाता है; और मेरा विचार है कि यही प्रेक्षण पुरुषों तक भी भली-भाँति विस्तारित किया जा सकता है, जब तक कि यह स्वाभाविक निष्कर्ष जो सतत मेरी दृष्टि में उपस्थित रहा, निगमित नहीं हो जाता कि दोनों में ही सुधार के प्रयोजन से उन्हें न केवल निजी परिवारों बल्कि सार्वजनिक विद्यालयों में भी साथ-साथ शिक्षा दी जानी चाहिए। यदि विवाह सम्बन्ध को समाज की नींव बनना है तो समस्त मानव-जाति को उसी आदर्श पर शिक्षा देनी होगी अन्यथा स्त्री-पुरुष के बीच समागम साहचर्य का नाम कभी धारण नहीं कर पाएगा और न ही स्त्रियाँ अपने जातिगत विशिष्ट कर्तव्यों की पूर्ति कर पाएँगी जब तक वे सुधी नागरिक नहीं बन जातीं। जब तक वे पुरुषों से स्वतंत्र, स्वयं अपनी जीविका अर्जित करने के योग्य होकर स्वाधीन नहीं हो जातीं, उसी प्रकार जैसे कि एक पुरुष दूसरे से स्वतंत्र होता है। यही नहीं, विवाह कभी पवित्र स्वरूप नहीं ग्रहण कर पाएगा जब तक पुरुषों के साथ पली-बढ़ी स्त्रियाँ उनकी प्रेयसी होने के स्थान पर उनकी संगिनी बनने को तत्पर नहीं होतीं, क्योंकि छल-चातुर्य का निकृष्ट दोहरापन उन्हें सदा तिरस्करणीय

बनाएगा जब कि दमन उन्हें भीरु बना देगा। इस सत्य की मैं इतनी कायल हूँ कि मैं साहसपूर्वक यह भविष्यवाणी करना चाहूँगी कि समाज में तब तक सदाचार प्रभावी नहीं होगा जब तक कि स्त्री व पुरुष दोनों के सद्‌गुण विवेक पर आधारित नहीं होते; और जब तक परस्पर कर्तव्यों के पालन द्वारा दोनों के उभयनिष्ठ स्नेह को अपनी अपेक्षित शक्ति ग्रहण नहीं करने दी जाती।

यदि बालक, बालिकाओं को समान शिक्षा साथ-साथ ग्रहण करने की अनुमति प्राप्त हुई होती तो आरम्भ में ही वह गरिमापूर्ण शिष्टता मन में बैठाई जा सकती थी जो मन को दूषित करनेवाली उन यौनिक भिन्नताओं रहित शालीनता को जन्म देती है। विनीतता और मान-मर्यादा की संहिता का पाठ जो मिथ्याचारिता के पदचिन्हों पर चलता है, अभ्यस्त शालीनता के व्यवहार द्वारा अनुपयोगी बना दिया जाता है। यह आगुन्तकों के लिए धारण किया जानेवाला विनम्रता का दरबारी लबादा नहीं बल्कि मन की निर्मलता का गम्भीर प्रभाव होता है। क्या निष्कपटता का यह अकृत्रिम लालित्य उन अलंकारपूर्ण प्रशंसोक्तियों को, जो आडम्बरयुक्त जीवन के हृदयहीन समागम में कृत्रिम आभा से दीप्त होते हैं, कहीं पीछे छोड़ते हुए पारिवारिक प्रेम के प्रति पवित्र श्रद्धा का अर्पण नहीं होगा? परन्तु समाज में जब तक समझदारी अधिक प्रभावी नहीं होगी, सौहार्द और आस्वाद का चिर अभाव रहेगा और उस दिव्य लालिमा का स्थान जो पवित्र अनुराग ही किसी मुखाकृति को प्रदान कर सकता है, कुलटा की कुंकुम ले लेगी। रसिकता और जिसे प्रेम नाम दिया जाता है, चरित्र की सहजता के बिना भी बने रह सकते हैं परन्तु मित्रता का प्रमुख स्तम्भ आदर और विश्वास होता है।

ललित कलाओं को सराहने के लिए सुरुचिसम्पन्नता की आवश्यकता पड़ती है, परन्तु सच्चरित्र प्रेम का आस्वादन करने से अधिक नहीं और दोनों ही मस्तिष्क की विशालता की माँग करते हैं; जो मानसिक आनन्द के कितने ही स्रोतों को प्रकट करता है। लोग क्यों कोलाहलपूर्ण स्थानों और भीड़भरे क्षेत्रों की ओर भागते हैं? मैं इसका उत्तर दे सकती हूँ, क्योंकि वे मस्तिष्क की सक्रियता चाहते हैं; कारण, उन्होंने अन्तर्मन के सद्‌गुणों को सँजोया नहीं होता है। फलतः वे मात्र स्थूलता में अवलोकन और अनुभव कर पाते हैं और प्रत्येक उस चीज को, जो सहज है नीरस पाने के कारण सतत विविधता के लिए लालायित रहते हैं।

इस दलील को उससे और आगे बढ़ाया जा सकता है जिससे दार्शनिक परिचित हैं, क्योंकि यदि प्रकृति ने स्त्री को पारिवारिक कर्तव्यों की पूर्ति के लिए विधानित किया है तो उसने एक वृहत अंश तक आसक्तिपूर्ण स्नेह के प्रति उसे भावप्रवण भी बनाया है। इन दिनों स्त्रियाँ कुख्यात रूप से आनन्द उपभोग के प्रति चाव रखती हैं और मेरी परिभाषा के अनुरूप यह सहज ही होगा, क्योंकि पारिवारिक रुचि जैसी गौण महत्त्व की चीजों में उनका प्रवेश ही नहीं हो सकता। निर्णय क्षमता, समस्त रुचियों की आधारभूमि,

से रहित होने के कारण। विषयभोग के अश्वारोहियों के बावजूद समझदारी पवित्र आनन्द को हृदय तक वहन करने का विशेषाधिकार स्वयं के पास आरक्षित रखती है।

मैंने एक ऐसी उत्कृष्ट काव्य-रचना को कितनी निर्जीव उबासी के साथ फेंके जाते देखा है जिसकी ओर एक वास्तविक सुरुचिसम्पन्न व्यक्ति हर्ष-विभोर होकर बार-बार लौटता है; और जिस समय मैं साँस रोके कोई मधुर गीत सुन रही होती हूँ, एक भद्र महिला मुझसे प्रश्न करती है, मैंने अपना लबादा कहाँ से खरीदा है। मैंने दृष्टि को सर्वाधिक कलापूर्ण चित्र पर निरुत्साही ढंग से विहंगम दृष्टिपात करते व एक अनगढ़ रूप में रेखांकित विद्रूप प्रतिकृति पर आनन्द की चमक के साथ टिकते भी देखा है; और जिस समय प्रकृति का कोई विलक्षण दृश्य मेरी आत्मा में, उदात्त निस्तब्धता भर रहा होता है, मुझसे एक नन्हे कुत्ते की चतुर शरारतों पर ध्यान देने की कामना की जाती है। क्या इसमें आश्चर्य होगा कि ऐसी सुरुचिहीन प्राणी अपने बच्चों की अपेक्षा इस कुत्ते का अधिक लाड़-दुलार करता है? अथवा निष्कपटता के अकृत्रिम स्वरों की जगह वह चाटुकारिता का प्रलाप अधिक पसन्द करती है?

इस टिप्पणी को स्पष्ट करने के लिए मुझे यह कहने की अनुमति दी जाए कि सर्वश्रेष्ठ प्रतिभा और सर्वाधिक सुसंस्कृत मस्तिष्क के मनुष्य प्रकृति के अकृत्रिम सौन्दर्य के प्रति प्रबलतम आकर्षण रखते दिखाई पड़ते हैं और उन्होंने उस सम्मोहन को, जिसका वे इतने सटीक ढंग से वर्णन करते हैं, आवेग के साथ अनुभव किया होगा जिसे नैसर्गिक अनुराग व निष्कपट भावनाएँ मनुष्य चरित्र के चतुर्दिक विस्तीर्ण कर देते हैं। यह अन्तर्मन में देख पाने और प्रत्येक संवेग से प्रतिक्रियास्वरूप तरंगित हो उठने का सामर्थ्य है जो प्रत्येक भावावेग को मूर्त रूप देने में कवि को सक्षम बनाता है और चित्रकार को दहकती तूलिका से चित्रांकन करने में।

वास्तविक सुरुचिसम्पन्नता सदा ही नैसर्गिक प्रभावों के अवलोकन में नियोजित समझदारी की कृति रही है और जब तक स्त्रियाँ अधिक समझदारी से युक्त नहीं होंगी उनसे पारिवारिक कार्यों के प्रति रुचि-सम्पन्नता की अपेक्षा रखना निरर्थक होगा। उनकी उत्तेजनापूर्ण इन्द्रियाँ उनके हृदय को कठोर बनाने में चिर क्रियाशील रहेंगी और उससे स्फुटित आवेग तब तक तीक्ष्ण और अनित्य बने रहेंगे जब तक एक उचित शिक्षा उनके मस्तिष्क को ज्ञान भण्डार से भर न दे।

यह पारिवारिक कार्यों के प्रति रुचि का अभाव है, ज्ञान का उपार्जन नहीं, जो स्त्रियों को परिवार से बाहर ले जाता है और मुस्कुराते शिशुओं को उनकी छाती से, जिससे उन्हें पोषण मिलना चाहिए, खींचकर विलग कर देता है। स्त्रियों को सदियों तक अज्ञानता और दासतापूर्ण परावलम्बिता में रहने दिया गया है और इसके बावजूद हम आनन्द और विचलन के प्रति उनके चाव, लम्पटों और सैनिकों के लिए उनकी पसन्दगी, खिलौनों के प्रति उनके बचकाना लगाव और उनके लिए सद्गुणों की अपेक्षा

उपलब्धियों को अधिक महत्त्वपूर्ण बना देनेवाले आडम्बर के अतिरिक्त उनके विषय में और कुछ नहीं सुनते।

इतिहास उन अपराधों की डरावनी सारिणी प्रस्तुत करता है जिसे उनकी धूर्तताओं ने जन्म दिया होता है, जब उन निर्बल दासों के पास अपने स्वामियों से जीत पाने का पर्याप्त उपाय नहीं होता। फ्रांस और ऐसे अन्य कितने ही देशों में पुरुष विलासी निरंकुश शासक और स्त्रियाँ उनकी धूर्त मन्त्री रही हैं? क्या इससे यह प्रमाणित होता है कि अज्ञान और परावलम्बिता उन्हें घरेलू बनाते हैं? उनकी मूर्खता क्या उन लम्पटों को अवसर नहीं देती जो उनके सान्निध्य में मन बहलाते हैं और समझदार पुरुष क्या निरन्तर विलाप नहीं करते कि वेशभूषा के प्रति अमर्यादित अनुरक्ति और दुर्व्यसन एक परिवार में माता को सदा के लिए घर से बाहर ले जाती है। उनका हृदय ज्ञान से पथभ्रष्ट नहीं हुआ है, न ही उनका मस्तिष्क वैज्ञानिक खोजों में लीन हो गया है; इसके बावजूद वे उन विशिष्ट कर्तव्यों का निर्वाह नहीं करतीं, जिसे स्त्री के रूप में पूर्ण करने के लिए प्रकृति उनका आह्वान करती है। इसके विपरीत, स्त्री-पुरुष के बीच जो युद्ध की स्थिति विद्यमान रहती है, उन्हें छल-कपट के प्रयोग के लिए तत्पर बनाती है जो शक्ति-प्रयोग की अधिक प्रकट योजनाओं को कुंठित कर देता है।

अतः, मैं जब स्त्रियों को दास कहती हूँ तो मेरा आशय राजनीतिक और नागरिक अभिप्राय से होता है क्योंकि अप्रत्यक्ष रूप से वे अत्यधिक नियंत्रण अर्जित कर लेती हैं और अनधिकृत अधिकार पाने के अपने परिश्रम के कारण पतित हो जाती हैं।

एक प्रबुद्ध देश[3] को तब यह परीक्षण करने दिया जाए कि उन्हें नैसर्गिकता और अपने कर्तव्यों की ओर लौटने का विवेक के लिए क्या प्रभाव होगा तथा उन्हें पुरुष के साथ शिक्षा और शासन के लाभों को साझा करने की अनुमति देकर यह देखना अभीष्ट होगा कि क्या वे और बेहतर हो जाती हैं, जैसे-जैसे वे क्रमशः बुद्धिमान होती और स्वाधीन बनती जाती हैं। इस प्रयोग से उन्हें हानि नहीं पहुँच सकती, क्योंकि यह पुरुष के हाथ में नहीं होता कि वह उन्हें उससे अधिक महत्त्वहीन बना दे जितना वे अभी हैं।

इसे व्यवहार में ढालने के निमित्त विशेष आयु वर्ग के बच्चों के लिए शासन द्वारा दिवस-विद्यालयों की स्थापना होनी चाहिए जिसमें बालक और बालिकाओं को एक साथ शिक्षा दी जाए। अधिक नन्हें, पाँच से नौ वर्ष की आयु के बच्चों के लिए विद्यालय पूर्णतया निःशुल्क और प्रत्येक वर्ग के लिए सुलभ होना चाहिए।[4] प्रत्येक प्रान्तीय क्षेत्र में यथेष्ट संख्या में अध्यापकों का भी चुनाव एक ऐसी चयन समिति द्वारा होना चाहिए जिससे लापरवाही सम्बन्धी कोई शिकायत, इत्यादि, यदि छह बच्चों के अभिभावकों द्वारा हस्ताक्षरित हो, की जा सकती हो।

तब 'अशर' (कक्षा में बैठाने में मदद करनेवाले) अनावश्यक हो जाएँगे क्योंकि

मुझे विश्वास है कि अनुभव से यह प्रमाणित है कि इस प्रकार की अधीनस्थ सत्ता युवाओं की नैतिकता के लिए विशेष रूप से अहितकर होती है। वस्तुतः बाहर से अधीनता स्वीकार और आन्तरिक तिरस्कार से अधिक, चरित्र को भ्रष्ट बनाने की ओर भला और क्या प्रवृत्त कर सकता है? तब 'अशर' के साथ सम्मानपूर्ण व्यवहार की अपेक्षा भला बालकों से किस प्रकार की जा सकती है जबकि अध्यापक उसे एक सेवक की दृष्टि से देखते और उसके उपहास का लगभग अनुमोदन करते प्रतीत होते हैं जो क्रीड़ा-अवधि में बालकों का प्रमुख मनोरंजन होता है।

परन्तु इस प्रकार की कोई चीज प्राथमिक दिवस-विद्यालय में नहीं हो सकती जहाँ बालक और बालिकाएँ, धनी और निर्धन के लिए एक साथ एकत्रित होना आवश्यक होना चाहिए। आडम्बर के किसी भी भेद को रोकने के लिए उनकी वेशभूषा एक जैसी होनी चाहिए और सभी को समान अनुशासन का पालन करने अथवा विद्यालय छोड़ देने के लिए बाध्य होना चाहिए। विद्यालय-भवन भूमि के एक विशाल खण्ड से घिरा होना चाहिए जिसमें बच्चे उपयोगी ढंग से व्यायाम कर सकें, क्योंकि इस वय में उन्हें एक समय में एक घंटे से अधिक बैठे नहीं रहना चाहिए। परन्तु यह सभी मनोरंजन प्राथमिक शिक्षा के अंग के रूप में होना चाहिए। कारण, बहुतेरी ऐसी चीजें जब प्रदर्शन के रूप में परिचित कराई जाती हैं तो संवेदनशक्ति को विकसित करती और रुचती हैं, जिनके शुष्क ढंग से प्रस्तुत सिद्धान्तों की ओर बच्चे कान नहीं देते हैं। उदाहरण के लिए, वनस्पतिशास्त्र, यांत्रिकी और खगोल विज्ञान। पठन, लेखन, गणित, प्राकृतिक इतिहास और प्राकृत दर्शन में कतिपय सरल प्रयोगों से दिन पूरा होना चाहिए परन्तु इनके अध्ययन से खुली हवा में खेलकूद का अतिक्रमण कदापि नहीं होना चाहिए। धर्म-इतिहास, मानव-इतिहास और राजनीति विज्ञान के मूलतत्त्वों की शिक्षा भी सुकरात की शैली में संवाद के माध्यम से दी जानी चाहिए।

नौ वर्ष की आयु के उपरान्त बालक और बालिकाएँ, गृह कार्य विषयक वृत्ति को अपनाने का लक्ष्य रखते हों अथवा यंत्र सम्बन्धी व्यवसाय को, अन्य विद्यालयों में स्थानान्तरित कर दिये जाने चाहिए और उन्हें इस प्रकार का प्रशिक्षण प्राप्त करना चाहिए जो कतिपय सीमा तक प्रत्येक व्यक्ति के लक्ष्य के अनुरूप हो। प्रातःकालीन सत्र में बालक-बालिका अभी भी साथ हों परन्तु अपराह्न में बालिकाओं को ऐसे विद्यालय में जाना चाहिए, जहाँ सामान्य कार्य, महिला वस्त्रों का निर्माण, सिलाई-कढ़ाई आदि उन्हें सिखाया जाए।

श्रेष्ठ योग्यताओं या धन से सम्पन्न बच्चों को अब एक अन्य विद्यालय में विज्ञान के प्रारम्भिक ज्ञान, मृत व प्रचलित भाषाओं की शिक्षा दी जा सकती है और एक अधिक व्यापक स्तर पर इतिहास और राजनीति के अध्ययन को, जो ललित साहित्य को अपवर्जित नहीं करता, जारी रखना होगा।

लड़के और लड़कियाँ अभी भी एक साथ? मैं कतिपय पाठकों को प्रश्न करते सुन सकती हूँ—निस्सन्देह, मुझे इसके अतिरिक्त किसी अन्य परिणाम का भय नहीं है कि किंचित् प्रारम्भिक स्तर की अनुरक्ति पैदा हो जाए; जबकि तरुणों के चरित्र पर इसका सर्वोत्तम प्रभाव पड़ता है। माता-पिता के दृष्टिकोण से पूर्णतया सहमत होना आवश्यक नहीं होता, कारण, मुझे भय है कि वह दिन अभी दूर है, जब संसार का इतना ज्ञानोदय हो जाएगा कि अपने बच्चों को मात्र सदाचारी बनाने के लिए उत्कंठित, माता-पिता उन्हें अपना जीवनसाथी स्वयं पसन्द करने का अधिकार देंगे।

इसके अतिरिक्त, शीघ्र परिणय को प्रोत्साहित करने का यह एक सुनिश्चित माध्यम होगा क्योंकि शीघ्र परिणय बन्धन के सर्वाधिक हितकारी दैहिक व नैतिक प्रभाव होते हैं। एक विवाहित नागरिक उस स्वार्थी बाँके छैलों से भिन्न चरित्र ग्रहण कर सकता है जो मात्र अपने लिए जीवित रहता है, और जो परिणय-सूत्र में बँधने से इसलिए आशंकित रहता है कि कहीं एक विशिष्ट शैली में जीवन जीने से वह वंचित न हो जाए। यदि महान आपात प्रसंगों को छोड़ दिया जाए, जो बिरले ही एक ऐसे समाज में घटित होते थे, जिसकी नींव समानता हुआ करती थी, तो एक मनुष्य को सार्वजनिक जीवन के कर्तव्यों का निर्वाह करने के लिए, उससे हीनतर ऐसे कर्तव्यों के नियमित पालन द्वारा ही, जो मनुष्य को गढ़ते हैं, तत्पर बनाया जा सकता है।

शिक्षा की इस योजना से बालकों की काया आरम्भिक दिनों की विषयलोलुपता से, जो पुरुषों को अब इतना स्वार्थी बना देती है, नष्ट नहीं होगी और न ही बालाएँ अकर्मण्यता और छिछोरी व्यस्तताओं द्वारा दुर्बल और निरर्थक बना दी जाएँगी। परन्तु मेरी यह पूर्वमान्यता है कि दोनों के बीच इस अंश तक समता स्थापित की जाए कि रसिकता और चोंचलेबाजी को बहिष्कृत किया जा सके तथापि हृदय को श्रेष्ठ कर्तव्यों के पालन हेतु तत्पर बनाने के लिए प्रेम और मित्रता की अनुमति दी जाए।

ये नैतिकता के विद्यालय होंगे और मनुष्य का सुख कर्तव्य और स्नेह के पवित्र सोते से प्रवाहित होगा, तब भला कौन-सा उत्कर्ष मानव मस्तिष्क नहीं प्राप्त कर सकेगा? समाज भी उसी अनुपात में सुखी और मुक्त हो सकता है जितना यह सदाचारी होता है, परन्तु समाज में स्थापित वर्तमान विभेदीकरण समस्त वैयक्तिक सद्‌गुणों को क्षरित करते हैं और समष्टिगत सदाचार की धज्जी उड़ा देते हैं।

मैंने बालिकाओं को सिलाई-कढ़ाई तक सीमित रखने की परम्परा और उन्हें राजनीतिक और प्रशासनिक व्यवसाय से बहिष्कृत करने की कठोर निन्दा पहले ही की है, क्योंकि इस प्रकार उनके मस्तिष्क को संकुचित कर उन विशिष्ट कर्तव्यों की पूर्ति के लिए, जो प्रकृति ने उन्हें सौंपे हैं वे अक्षम बना दी जाती हैं।

दैनन्दिन के तुच्छ प्रसंगों में व्यस्त रहकर वे अनिवार्यतः कुटिल हो जाती हैं। स्त्रियों को ऐसी निरर्थक चीजों को अर्जित करने के लिए, जिस पर उनका मूर्ख चित्त

चंचल हो उठा हो, धूर्ततापूर्ण चालें चलते देखकर बहुधा मेरी आत्मा ही विरक्त हो गई है। धन को व्यय करने अथवा किसी वस्तु को अपना कहने की अनुमति न होने के कारण वे रसद खरीददारी में हेरा-फेरी करना सीख लेती हैं अथवा यदि पति घर से बाहर रहकर उन्हें अप्रसन्न कर देता है या किंचित् ईर्ष्या की भावना जागृत करता है तो एक नया गाउन अथवा कोई भड़कीला सस्ता-सा आभूषण श्रीमतीजी की तनी भृकुटी को ढीला बना देता है।

परन्तु ये *क्षुद्रताएँ* उनके चरित्र को नीचे नहीं गिराएँगी यदि स्त्रियों को अपना सम्मान करने के लिए प्रवृत्त किया जाए, यदि राजनीतिक और नैतिक विषय उनके लिए सुलभ बना दिये जाएँ और मैं यह कहने का साहस करूँगी कि उन्हें अपने पारिवारिक कर्तव्यों के प्रति उचित रूप में एकाग्रचित्त बनाने का यही एकमात्र उपाय है। एक क्रियाशील मस्तिष्क अपने कर्तव्यों के समूचे दायरे को समेट लेता है और सभी के लिए पर्याप्त समय निकाल लेता है। मैं दृढ़ता से कहना चाहूँगी, यह पुरुषोचित सद्गुणों के अनुकरण का दुस्साहसिक प्रयास नहीं है, यह साहित्य कर्म का सम्मोहन अथवा विज्ञान क्षेत्रों का गम्भीर अनुसन्धान भी नहीं है जो स्त्रियों को अपने कर्तव्य से विमुख करता है। नहीं, यह अकर्मण्यता और आडम्बरप्रियता है—आनन्दभोग की लालसा है जो रिक्त मस्तिष्क में भर जाते हैं। मैं रिक्त शब्द को रेखांकित करती हूँ क्योंकि वह शिक्षा जिसे स्त्रियाँ आज ग्रहण करती हैं कदाचित् ही इस नाम के योग्य होती हैं। क्योंकि वह अल्पज्ञान जो उन्हें, युवावस्था के महत्त्वपूर्ण वर्षों में अर्जित करने दिया जाता है, मात्र उपलब्धियों के सापेक्ष होता है और उपलब्धि भी आधारहीन, कारण, जब तक समझदारी को उन्नत नहीं बनाया जाता, प्रत्येक सौन्दर्य सतही और एकरस होता है। सजे-सँवरे मुखड़े के आकर्षण की तरह वे मात्र जन संकुल स्थानों पर इन्द्रियों को आकर्षित करते हैं, परन्तु घर में, मस्तिष्क के अभाव के कारण, वे विविधता चाहते हैं। परिणाम स्पष्ट है, विषयभोग के उत्फुल्ल परिदृश्यों में, हम दिखावटी मस्तिष्क और मुखड़ों से मिलते हैं क्योंकि वे, जो एकाकीपन से पलायन करते हैं, एकान्त के बाद पारिवारिक दायरे से, भय खाते हैं। मन बहलाने अथवा सम्मोहित करने की क्षमता अपने हाथ में न होने के कारण उन्हें स्वयं अपनी महत्त्वहीनता की अनुभूति होती है अथवा अपने स्वयं के मनबहलाव या रुचि का कोई साधन वे नहीं पातीं।

इसके साथ ही, किसी युवती का लोकाचार की दुनिया से बाहर आने से अधिक अशोभन भला क्या हो सकता है? दूसरे शब्दों में, जिसका आशय एक विवाह योग्य कन्या को मण्डी में लाना है, प्रचुर मात्रा में वस्त्राभूषण से अलंकृत कर जिसकी काया को एक सार्वजनिक स्थल से दूसरे तक घुमाया जाता है, तथापि प्रतिबन्ध के अधीन चपल मण्डली में घुलती-मिलती ये तितलियाँ दूर-दूर तक पंख फड़फड़ाने के लिए ललकती हैं, क्योंकि उनकी आत्मा का प्रथम अनुराग स्वयं उनकी अपनी काया होती

है जिसके प्रति सर्वाधिक उद्यमशील चिन्ता के साथ उनका ध्यान ऐसे समय आकर्षित किया जाता है जब वे उस घड़ी के लिए तत्पर हो रही होती हैं जो सम्पूर्ण जीवन के लिए उनके भाग्य का निर्धारण करती है। इस अकर्मण्य नित्यचर्चा में संलग्न रहने, रुचिहीन प्रदर्शन व निष्ठुर स्थिति के लिए संघर्ष करने की अपेक्षा कितनी गरिमा के साथ तरुण-तरुणियाँ विद्यालय में स्नेह सम्बन्ध विकसित कर लेते हैं जिसकी ओर मैंने सरसरी ढंग से इंगित किया था। नृत्य, संगीत और कला को मनोरंजन के साधन के रूप में सम्मिलित किया जाना चाहिए क्योंकि इन विद्यालयों में सौभाग्यशाली किशोरों को कम-से-कम तब तक रहना ही चाहिए जब तक वे वयस्कता नहीं प्राप्त कर लेते। जो विशिष्ट पेशों में जाने की योजना रखते हैं, उन्हें सप्ताह में तीन या चार प्रातः सत्र अपने तात्कालिक प्रशिक्षण के लिए उपयुक्त विद्यालयों में जाना चाहिए।

मैं इन पर्यवेक्षणों को अभी मात्र संकेतसूचक के रूप में रख रही हूँ, यह एक विस्तृत योजना नहीं बल्कि उसकी रूपरेखा भर है, परन्तु मैं यह अवश्य कहना चाहूँगी कि पुस्तिका में[5] उल्लिखित उस नियम का जिसे पहले ही इंगित किया जा चुका है, मैं प्रबल समर्थन करती हूँ, यानी बच्चों और किशोरों को अध्यापकों के दण्ड से स्वतंत्र करना। उन्हें दण्ड योग्य कार्यों पर विचार के लिए अपने सहपाठियों के समक्ष प्रस्तुत होना चाहिए, जो मस्तिष्क में न्याय के ठोस सिद्धान्तों को स्थायी बनाने की एक प्रशंसनीय पद्धति होगी और जिसका स्वभाव पर अच्छा प्रभाव पड़ेगा, जो निरंकुशता के कारण आरम्भ में ही तिक्त और चिड़चिड़ा बन जाता है, और फिर विकृत धूर्तता अथवा भीषण उग्रता ग्रहण कर लेता है।

इन प्रीतिकर और सम्मानित समूहों का स्वागत करने के लिए मेरी कल्पना सद्भावपूर्ण उत्ताप के साथ ऐसे निष्ठुर हृदयहीनों की उपहासदृष्टि के बावजूद, आगे लपकती है, जो ठण्डे अहंकार के साथ उस धिक्कारयोग्य विशेषण—स्वच्छन्दतावादी को व्यक्त करने की स्वतंत्रता पाते हैं, जिसकी धार को मैं एक वाक्पटु नैतिकतावादी के शब्दों को दोहराकर कुन्द करने का उद्यम करूँगी, "क्या ऐसा नहीं होना चाहिए कि एक निष्कपट मानवीय हृदय के संकेतों को, जिसका उत्साह हर चीज को आसान बना देता है, उस कठोर विरक्तिपूर्ण तर्कणा की तुलना में प्राथमिकता दी जाए, जो सार्वजनिक हित के प्रति सदा तटस्थ भाव रखता है; और उन समस्त चीजों के लिए प्राथमिक बाधा बनता है जो उसे प्रोत्साहित करते हैं?"

मैं जानती हूँ, विषयभोगी भी चिल्ला उठेंगे कि स्त्रियाँ मस्तिष्क और काया की शक्ति प्राप्त कर स्त्रीत्वहीन हो जाएगी और सौन्दर्य, वह कोमल सम्मोहनकारी सौन्दर्य अब मानव-पुत्रियों को सुशोभित नहीं करेगा। मेरी धारणा नितान्त भिन्न है, क्योंकि मैं यह मानती हूँ कि तब, इसके विपरीत, हमें गरिमापूर्ण सौन्दर्य और सच्चा लालित्य दृष्टिगोचर होगा, जिसे जन्म देने के लिए अनेक प्रबल भौतिक व नैतिक कारक संगामी

होंगे। यह सत्य है कि शिथिल सौन्दर्य अथवा निरुपायता का लालित्य नहीं, बल्कि इस प्रकार प्रतीत होगा कि हमें मानव-शरीर को, उदात्त आत्मा के स्वागत के लिए तत्पर एक तेजस्वी पुंज के रूप में आदर देने के लिए विवश कर दे।

मैं यह प्रचलित धारणा विस्मृत नहीं कर पाती कि यूनानी प्रतिमाएँ प्रकृति के आदर्शानुरूप नहीं गढ़ी गई थीं। मेरा आशय है, किसी विशिष्ट मनुष्य के आंगिक माप के अनुरूप नहीं, बल्कि वे अवयव और रूपाकृति एक सुव्यवस्थित सम्पूर्ण इकाई गढ़ने के लिए विभिन्न देहों से चुने गए थे। यह एक सीमा तक सत्य हो सकता है। एक उदात्त कल्पनाशक्ति की यह उत्कृष्ट आदर्श छवि उन उपादानों से जिसे चित्रकार ने प्रकृति से पाया था, श्रेष्ठ होगी और तब इसे औचित्यपूर्वक एक मानव के स्थान पर मानवजाति के आदर्श रूप का नाम दिया जा सकता है। यह, निस्सन्देह अंगों और रूपाकृति का यांत्रिक चयन नहीं बल्कि उत्तप्त कल्पना का वह उबाल था जो इस प्रकार फट पड़ा था; और कलाकार की व्यापक समझ व सूक्ष्म संवेदन ने ऐसे मूर्त द्रव्य का चुनाव किया जिनसे वह इस दीप्त दृष्टिकेन्द्र को आकार दे सका।

मैंने इस बात पर ध्यान दिया कि यह यांत्रिक नहीं था, क्योंकि एक सम्पूर्ण इकाई सृजित हुई थी। उन संगमनकारी कर्मशक्तियों की, भव्य सादगी का एक आदर्श प्रतिरूप, जो हमारे ध्यान को सम्मोहित करती हममें आदर जगाती थीं। क्योंकि दासोचित अनुकृति द्वारा सुरम्य प्रकृति में भी मात्र विवर्ण, निर्जीव सौन्दर्य ही उत्पन्न किया जा सकता है। फिर भी, इन प्रेक्षणों से स्वतंत्र, मेरा यह विश्वास है कि मानव देहयष्टि वर्तमान की तुलना में कहीं अधिक सुगठित रही होगी, क्योंकि चरम अकर्मण्यता, बर्बर अनुबन्ध और ऐसे अन्य कारणों ने जो हमारी विलासमय सामाजिक अवस्था में इस पर बलात् प्रभाव डालते हैं, इसके विकास को मन्दित नहीं किया था या इसे विरूपित नहीं बनाया था। व्यायाम और स्वच्छता न केवल स्वास्थ्य को सुरक्षित रखने का सुनिश्चित उपाय होता है बल्कि सौन्दर्यवर्द्धन का भी, जहाँ ध्यान में मात्र भौतिक पक्ष होता है। परन्तु यह यथेष्ट नहीं है, नैतिक पक्ष को भी संगामी होना चाहिए अथवा सौन्दर्य मात्र एक गँवारू किस्म का सौन्दर्य होगा जो कतिपय ऐसे ग्रामीण जनों के अबोध और खाये-पिये मुख पर प्रस्फुटित होता है जिनके मस्तिष्क को व्यवहार में नहीं लाया गया है। व्यक्ति को पूर्णता प्रदान करने के लिए भौतिक और नैतिक सौन्दर्य एक ही साथ अर्जित किया जाना चाहिए। निर्णय क्षमता को भाल पर विराजमान होना चाहिए, अनुराग और कल्पना नेत्रों में झिलमिलानी चाहिए और कपोलों के उभार में मनुष्यता दिखानी चाहिए अन्यथा कोमलतम नयनों की चमक या सुन्दरतम देहाकृति की पूर्णता निरर्थक है, जबकि प्रत्येक गति में, जो कर्मठ टाँगों और सुविन्यस्त अस्थि-जोड़ों को प्रदर्शित करते हैं, गरिमा और लालित्य प्रकट होना चाहिए। परन्तु यह सुचारू समुच्चय संयोगवश नहीं होता, यह परस्पर सहयोग के लिए सम्मिलित प्रयासों की निष्पत्ति है,

क्योंकि निर्णय क्षमता मात्र चिन्तन से अर्जित की जा सकती है, अनुराग कर्तव्यों के पालन से, और मनुष्यता प्रत्येक जीवित प्राणी के प्रति करुणासिक्त होकर पाई जा सकती है।

पशुओं के प्रति मानवीयता विशेष रूप से राष्ट्रीय शिक्षा के एक अंग के रूप में समाहित की जानी चाहिए, क्योंकि वर्तमान में यह हमारा राष्ट्रीय सद्गुण नहीं है। निम्न वर्ग में, अपने दीनहीन, मूक पालतू जीवों के प्रति कोमलता सभ्य की अपेक्षा बहुधा आदिम अवस्था में पाई जाती है। क्योंकि सभ्यता ने उस संसर्ग को रुद्ध कर दिया है जो कच्ची मड़ैया या मिट्टी की कोठरी में अनुराग को जन्म देता है और उन अपरिष्कृत मस्तिष्क के लोगों को, जो उस समाज में व्याप्त कृत्रिमताओं से, जहाँ वे धनिकों के पैरों तले रौंदे जाते हैं, मात्र भ्रष्ट होते हैं, ऐसे अपमानों का प्रतिशोध लेने की ओर प्रवृत्त करता है जिसे सहन करने के लिए वे अपने से श्रेष्ठ जनों द्वारा बाध्य किए जाते हैं।

क्रूरता की यह आदत प्रथमतः विद्यालयों में पड़ती है जहाँ उन अभागे जन्तुओं को सताना, जो उनकी राह में आ जाते हैं, बालकों के खेलों में एक होता है। जब वे वयस्क हो जाते हैं, पशुओं के प्रति बर्बरता का पत्नी, सन्तान और अनुचरों पर पारिवारिक निरंकुशता में रूपान्तरण नितान्त सहज हो जाता है। न्याय, यहाँ तक कि परहितैषिता भी कर्म का एक ऊर्जस्वी स्रोत तब तक नहीं हो सकता जब तक यह समग्र सृष्टि तक विस्तारित न कर दिया जाए। यही नहीं, मुझे विश्वास है कि इसे स्वयंसिद्ध तथ्य के रूप में दिया जा सकता है, कि वे जो अविचलित रहकर पीड़ा देख सकते हैं, शीघ्र ही इसे पहुँचाना सीख लेंगे।

जनसाधारण तात्कालिक भावनाओं और उन आदतों से, जिसे उन्होंने आकस्मिक ढंग से अर्जित किया है, संचालित होते हैं परन्तु पक्षपातपूर्ण भावनाओं पर अधिक भरोसा नहीं किया जा सकता है, भले ही वे यथोचित हों; क्योंकि यदि वे चिन्तन-मनन द्वारा शक्तिशाली नहीं बनाई जातीं, तो रीति-रिवाज उन्हें इतना क्षीण कर देते हैं कि वे कठिनाई से ही अनुभव की जा सकती हैं। हमारी प्रकृति में सहअनुभूति ध्यानपूर्ण चिन्तन-मनन द्वारा दृढ़ होती है और चिन्तनविहीन प्रयोग से मृत हो जाती है। मैकबेथ के हृदय ने उसे पहली हत्या के लिए अधिक धिक्कारा था, बनिस्पत उन सौ हत्याओं के, जो इसके बाद खुद को बचाने के लिए उसने कीं। परन्तु जब मैं जनसाधारण विशेषण का प्रयोग करती हूँ तो मेरा अभिप्राय अपनी उक्ति को निर्धनों तक सीमित करना नहीं था, क्योंकि तात्कालिक उत्तेजनाओं अथवा मन-तरंगों पर आधारित पक्षपातपूर्ण मानवीयता धनवानों में भी उतनी ही, यदि अधिक नहीं, प्रकट होती है।

वह भद्र महिला, जो जाल में फँसे भूखे पक्षी के लिए आँसू बहाती है और उस इनसान रूपी शैतान को कोसती है जो आवेशित होकर गरीब बैल को अंकुश मारने

लगता है अथवा अपनी शक्ति से अधिक बोझ के नीचे लड़खड़ाते रोगी खच्चर को सोंटे से हाँकता है, बहरहाल, अपने कोचवान और घोड़ों को ऐसे समय, जब ठिठुरता हिमपात दंश मारता है अथवा कसकर बन्द की गई उन खिड़कियों से वृष्टिपात के थपेड़े टकरा रहे होते हैं जिनसे साँस भर वायु भी उसे यह बताने के लिए प्रवेश नहीं पा सकती कि बाहर कितनी तूफानी हवा उधम मचा रही है, घंटों अपनी प्रतीक्षा में खड़ा रख सकती है। और जो अपने कुत्तों को अपनी शैया पर जगह देती है और बीमार होने पर संवेदना के दिखावे के साथ उनकी देखभाल करती है, अपने बच्चों को शिशु सदन में कष्ट भोगने देती है। यह दृष्टान्त एक वास्तविक स्थिति से उद्धृत है। वह स्त्री जिसकी ओर मैं इंगित कर रही हूँ, सुन्दर थी, अत्यन्त सुन्दर मानी गई थी, ऐसे लोगों द्वारा जो मस्तिष्क को ध्यान से उस समय भी ओझल नहीं होने देते जब चेहरा गोलमटोल और गौरवर्ण होता है, परन्तु उसकी समझदारी साहित्य रचित स्त्री कर्तव्यों से प्रवृत्त नहीं हुई थी और न ही उसकी अबोधता ज्ञान से भ्रष्ट हुई थी। नहीं, वह, शब्द की पुरुषोचित स्वीकार्यता के अनुरूप, नितान्त स्त्रीसुलभ थी; इन बिगड़ैल पशुओं को, जो वह स्थान ग्रहण करते रहे हैं जो उसके बच्चों का होना चाहिए, प्रेम करने से कहीं दूर, अब वह उन पुरुषों को रिझाने के लिए मात्र अंग्रेजी और फ्रांसीसी अर्थहीन शब्दों की अलबेली मिश्रित भाषा तुतलाती है। पत्नी, माता और मानवीय प्राणी, ये सभी रूप इस कृत्रिम चरित्र द्वारा निगल लिये जाते हैं जिसे असंगत शिक्षा और सौन्दर्य के स्वार्थपूर्ण आडम्बर ने जन्म दिया है।

मूर्खता का अम्बार यह प्रकट करता है, कि कितने भ्रम में होते हैं वे लोग, जो स्त्रियों की समझदारी को, यदि वे उन्हें अपना अन्तःपुर त्यागने की अनुमति देते हैं, इसलिए विकसित नहीं करते कि उनके हृदय में सद्गुणों का बीज रोपा जा सके। क्योंकि यदि उनके पास बुद्धि होती तो वे वह पारिवारिक रुचि विकसित कर सकती थीं जो उन्हें तर्कसंगत अधीनीकरण के साथ अपने सम्पूर्ण परिवार को, अपने पतियों से लेकर पालतू कुत्ते तक, प्रेम करने की ओर प्रवृत्त करती और न ही वे सर्वाधिक दासोचित सेवक के रूप में, एक सहजीवी बन्धु की अपेक्षा एक पशु की सुविधाओं की ओर अधिक ध्यान देकर कभी मानवता का अपमान करतीं।

राष्ट्रीय शिक्षा पर मेरे ये विचार स्पष्टतः संकेत हैं; परन्तु मैं मुख्य रूप से दोनों जातियों को पूर्णता प्रदान करने के लिए उनके एक साथ शिक्षा की अनिवार्यता पर और बच्चों को परिवार में रात बिताने के लिए तत्पर करने पर बल देना चाहती हूँ जिसे वे परिवार से स्नेह करना सीख सकें; तथापि इस निजी प्रोत्साहन के लिए, समष्टिगत प्रेम का गला घोंटने के बजाय उन्हें अपने समवयस्कों से घुलने-मिलने के लिए विद्यालय भेजा जाना चाहिए, क्योंकि समता के बीच ही हम अपने विषय में उचित धारणा बना सकते हैं।

मानवजाति को अधिक सदाचारी, और निस्सन्देह अधिक सुखी भी, बनाने के उद्देश्य से दोनों ही जातियों को एक सिद्धान्त से आचरण करना चाहिए, परन्तु इसकी अपेक्षा ही भला कैसे की जा सकती है जब मात्र एक ही को इसका औचित्य जानने की अनुमति प्राप्त है? सामाजिक संरचना को यथार्थ रूप में समतामूलक बनाने के लिए और उन प्रबोधनकारी सिद्धान्तों को विकीर्णित करने के प्रयोजन से जो मनुष्य के भाग्य को उत्कर्ष पर पहुँचा सकते हैं, स्त्रियों को अपने सद्गुण की नींव ज्ञान पर रखने की अनुमति होनी चाहिए जो तभी सम्भव हो सकता है जब उन्हें भी उसी लगन के साथ शिक्षा प्रदान की जाए जिस प्रकार पुरुषों को। कारण, वे इस समय अज्ञान और ओछी कामनाओं से इतनी प्रतिष्ठावनत हो चुकी हैं कि उनके समकक्ष बनने की अधिकारी नहीं हो सकतीं। अथवा वे एक धूर्त की सर्प गति से ज्ञान के वृक्ष पर पहुँच सकती हैं और मात्र उतना अर्जित कर सकती हैं जितना पुरुषों को पथभ्रष्ट करने के लिए पर्याप्त हो।

सभी देशों के इतिहास से यह स्पष्ट है कि स्त्रियाँ मात्र गृह-सम्बन्धी कार्यों तक सीमित नहीं की जा सकतीं क्योंकि वे तब तक पारिवारिक कर्तव्यों का निर्वाह नहीं कर पाएँगी जब तक उनका मस्तिष्क एक व्यापक आयाम ग्रहण न कर ले और जब तक उन्हें अज्ञान के अँधेरे में रखा जाता है वे उसी अनुपात में कामनाओं की दास हो जाती हैं जितनी वे पुरुष की चेरी रहती हैं। उन्हें महती उद्यमों से भी बहिष्कृत नहीं किया जा सकता, यद्यपि उनके मस्तिष्क की संकीर्णता कई बार इसमें बाधा पहुँचाती है, क्योंकि वे समझने में असमर्थ होती हैं।

श्रेष्ठ पुरुषों के, और उनके सद्गुण भी, कतिपय रूप-रंग की स्त्रियों को उनके ऊपर महती शक्ति प्रदान करते हैं और बचकाने भावावेगों व स्वार्थपूर्ण आडम्बर के प्रभाव में, ये दुर्बलचित्त स्त्रियाँ उन चीजों पर एक भ्रमोत्पादक प्रकाश डालती हैं, जिसे वे पुरुष ही, जिन्हें उनके निर्णय को ज्ञान सम्पन्न बनाना होता है, उनकी दृष्टि से देखने लगते हैं। कल्पनाशील पुरुष और वे उत्साही चरित्र जो प्रायः मानवीय क्रियाकलापों की पतवार अपने हाथ में रखते हैं, सामान्तया स्त्रियों के सान्निध्य में ढीले पड़ जाते हैं, और निश्चय ही मुझे इतिहास के अत्यन्त पल्लवग्राही पाठकों से भी दुराचार और दमन के उन अनगिनत दृष्टान्तों की चर्चा की आवश्यकता नहीं होगी जिसे स्त्री प्रेमपात्रों के प्रेम कुचक्रों ने जन्म दिया था, और न ही उस अनिष्ट पर विचार करने की, जो सदाशयी मूर्खता के क्षयकारी हस्तक्षेप से सहज ही उत्पन्न होता है। कारण, व्यवसाय के लेन-देन में एक मूर्ख की अपेक्षा किसी मक्कार से व्यवहार सम्बन्ध कहीं उत्तम होता है क्योंकि एक मक्कार किसी योजना का अनुसरण करता है और तर्कबुद्धि की किसी भी योजना को मूर्खता की अकस्मात् कुलांचे की अपेक्षा कहीं अधिक शीघ्रता से ताड़ लिया जा सकता है। मूर्ख और दुष्ट स्त्रियों के बुद्धिमान मगर पुरुषों पर ऐन्द्रिक प्रभाव

के किस्से कुख्यात हैं, मैं मात्र एक दृष्टान्त की चर्चा करूँगी।

रूसो के अतिरिक्त भला किसने एक अधिक उदात्त स्त्री चरित्र रचा होगा? यद्यपि समग्रता में वह इस जाति को सतत प्रतिष्ठावनत करने का प्रयास करता रहा है। और वह भला क्यों इस प्रकार उत्कंठित था? यथार्थ में उस अनुराग के लिए स्वयं को निर्दोष ठहराने के निमित्त, जिसे दुर्बलचित्तता और सद्गुण ने उसे उस मूर्ख टेरेसा के प्रति हृदय में सँजोये रखने के लिए विवश किया था। वह उसे अपनी जाति के सामान्य स्तर तक उन्नत नहीं बना पाया था, और इसलिए उसने स्त्रियों को उससे नीचे गिराने का प्रयत्न किया। उसने उसे एक विनम्र और सुखकर संगिनी पाया और आत्माभिमान ने उसे ऐसे प्राणी में किंचित् उच्च सद्गुणों के अन्वेषण के लिए संकल्पबद्ध बनाया जिसके सान्निध्य में उसने रहना पसन्द किया था; परन्तु क्या उसके आचरण ने उसके जीवनकाल में और उसकी मृत्यु उपरान्त यह स्पष्टतः प्रकट नहीं कर दिया कि वह कितना दिग्भ्रमित था, जो उसे अलौकिक निष्पाप आत्मा कहता था। यही नहीं, अपने हृदय की कटुता से वह स्वयं से यह विलाप करता है, कि जब उसकी शारीरिक अक्षमताओं ने, उससे स्त्री के रूप में पेश आने के योग्य नहीं रहने दिया, तो वह उसके प्रति प्रेम भुला बैठी। और यह अत्यन्त स्वाभाविक था कि वह ऐसा ही करती, क्योंकि इतने कम मनोभावों के साझा होने के कारण, जब उनमें रति सम्बन्ध खण्डित हो गया, तो उसे रोक रखने के लिए शेष क्या बचा? उसके प्रेम का पात्र बनने के लिए, जिसकी संवेदना एक पुरुष तक सीमित थी, उसकी संवेदनशक्ति को मनुष्यता की एक व्यापक धारा से जोड़ देना बुद्धि की माँग करता है। बहुतेरी स्त्रियाँ इतनी बुद्धि से सम्पन्न नहीं होतीं कि एक स्त्री के प्रति स्नेह भाव रखें अथवा किसी पुरुष के लिए मित्रता की भावना। परन्तु वह यौनिक दुर्बलता जो स्त्री को भरण-पोषण के लिए पुरुषों पर निर्भर बनाती है, उसमें बिल्ली-सा धूर्त प्रेम उत्पन्न करती है जो उसे अपने पति के इर्द-गिर्द उसी प्रकार मँडराने के लिए प्रवृत्त करता है जैसे वह ऐसे किसी भी पुरुष के चतुर्दिक मँडराती जो उसका पेट भरता और पुचकारता है।

पुरुष बहरहाल इस प्रकार के स्नेह से बहुधा सन्तुष्ट होते हैं, जो पशुवत् ढंग से उन्हीं तक सीमित रहता है, परन्तु यदि वे कभी अधिक सदाचारी हुए, तो एक प्रेयसी के साथ रास-रंग बन्द करने के उपरान्त, वे एक मित्र के साथ अपने आतिशदान के निकट बैठकर बातें करना पसन्द करेंगे।

इसके अतिरिक्त, ऐन्द्रिक आनन्द को रुचि व विविधता प्रदान करने के लिए समझदारी आवश्यक है; क्योंकि बौद्धिक मानदण्ड से, निस्सन्देह वह मस्तिष्क निम्न धरातल पर होगा जो ऐसे समय भी प्रेम को अनवरत रख सकता है जब कि न सद्गुण और न ही मेधा एक पशु तृष्णा को एक मनुष्य-सा रूप प्रदान करे। परन्तु बुद्धि सदैव प्रधान होगी; और यदि स्त्रियाँ, सामान्यतः पुरुषों के साथ और अधिक समता पर नहीं

लाई गईं, तो यूनानी गणिकाओं के सदृश, कतिपय श्रेष्ठ स्त्रियाँ क्षमतावान पुरुषों को अपने चतुर्दिक एकत्र कर लेंगी और अनेक ऐसे नागरिकों को उनके परिवारों से आकर्षित कर लेंगी जो अपने परिवार में रुक गए होते यदि उनकी पत्नी अधिक बुद्धि से अथवा उस लालित्य से सम्पन्न हुई होती जो समझदारी और कल्पनाशक्ति, के प्रयोग से उत्पन्न होता है। प्रतिभा की धनी एक स्त्री, यदि वह पूर्णतः कुरूपा नहीं है तो अपनी जाति की दुर्बलता से उद्भूत, महती शक्ति को सदैव हस्तगत कर लेगी; और जिस अनुपात में पुरुष तर्कबुद्धि के उद्यम से, सद्गुण और सौम्यता अर्जित करते हैं, वे स्त्रियों में भी दोनों ही पाना चाहेंगे, परन्तु वे उसी पद्धति से उसे अर्जित कर सकती हैं जैसे पुरुष करते हैं।

फ्रांस अथवा इटली में क्या स्त्रियों ने स्वयं को पारिवारिक जीवन तक सीमित कर रखा है? यद्यपि अभी तक उनका कोई राजनीतिक अस्तित्व नहीं है तथापि क्या वे अनधिकृत रूप से अत्यधिक प्रभाव से सम्पन्न नहीं होतीं? स्वयं को और उन पुरुषों को पथभ्रष्ट करती हुई, जिनकी उत्कट कामनाओं के साथ वे खेलती हैं। संक्षेप में, इस विषय का किसी भी दृष्टिकोण से मैं अवलोकन करूँ, विवेक और अनुभव मुझे इस बात से कायल कर देते हैं कि स्त्रियों को अपने विशिष्ट कर्तव्यों के पालन में प्रवृत्त करने की एकमात्र विधि, उन्हें मानव जाति के जन्मजात अन्तर्भूत अधिकारों की सहभागी बनने की अनुमति देकर, समस्त प्रतिबन्धों से उन्हें मुक्त करना है।

उन्हें मुक्त कर दीजिए और वे तत्परता के साथ बुद्धिमान और सदाचारी बन जाएँगी, और पुरुष भी बनेंगे; कारण, उन्नयन पारस्परिक होना चाहिए अन्यथा उस अन्याय का जिसके समक्ष मानव-जाति का अर्द्धांश समर्पित होने के लिए विवश होता था, अपने उत्पीड़कों को मुँहतोड़ जवाब देने के कारण, पुरुष का सद्गुण उस दीमक द्वारा चाट लिया जाएगा जिसे वह अपने पैरों तले रखता आया है।

पुरुष अपना विकल्प चुन ले, स्त्री और पुरुष की सृष्टि एक दूसरे के लिए होती है। यद्यपि एक ही प्राणी बन जाने के लिए नहीं, और स्त्रियों को यदि वे उन्नत नहीं कर पाए तो उन्हें वे भ्रष्ट बना देंगे।

मैं सम्पूर्ण स्त्री जाति की मुक्ति और उन्नयन की बात करना चाहूँगी क्योंकि मैं इससे परिचित हूँ कि कतिपय स्त्रियों का व्यवहार, जिसने संयोगवश अथवा अपने स्वभाव की दृढ़ता के कारण अपनी जाति के शेष व्यक्तियों से एक अंश तक उन्नत ज्ञान अर्जित कर लिया है, बहुधा उद्यत होता है, परन्तु ऐसी स्त्रियों के उदाहरण भी उपलब्ध हैं जिसने ज्ञान प्राप्त करने के उपरान्त भी शालीनता का परित्याग नहीं किया और न ही वे उस अज्ञान का जिसे उन्होंने स्वयं अपने मस्तिष्क से छिन्न-भिन्न करने का उद्यम किया था, सदैव पाण्डित्यपूर्ण ढंग से तिरस्कार करती दिखाई पड़ीं। तब वह चीत्कार जिसे स्त्री-विद्या सम्बन्धी कोई सुझाव, विशेषकर रूपवती स्त्रियों से, सामान्यतया

उत्पन्न करता है, बहुधा ईर्ष्या से जन्म लेती है। जब उन्हें यह दिखाई पड़ने लगता है कि उनके नेत्रों की चमक और परिष्कृत चोंचलेबाजी का चुलबुला लीलाभाव भी उन्हें, एक समूचे संध्याकाल के लिए ध्यान पाने में सदैव सक्षम नहीं बना पाएगा, एक अधिक विकसित मेधा की स्त्री यदि बातचीत को बुद्धिसंगत मोड़ देती है तो उनके लिए सान्त्वना की बात यह होगी कि ऐसी स्त्रियों को कदाचित् ही पतियों को भुगतना पड़ता है। इस तर्कपरक संवाद में जो पुरुषों को यह भूल जाने देता है कि वे रूपवती स्त्रियाँ हैं, *इश्कबाजी* द्वारा, ऐसे व्यवधान डालने के लिए मैंने मूर्ख स्त्रियों को कैसे-कैसे कौशलों का प्रयोग करते नहीं देखा है।

परन्तु मनुष्य में यह अत्यन्त सहज होता है कि दुर्लभ योग्यताएँ वस्तुतः उद्यत अभिमान को जागृत करने के लिए मानी जाती हैं, यह पुरुष और स्त्री दोनों के लिए घृणित होता है। तब भला किस हीनता की अवस्था में स्त्रियों की क्षमताएँ जंग खाती होंगी जबकि उन स्त्रियों द्वारा, जिन्हें खिल्ली उड़ानेवाले भाव से विद्वान स्त्रियाँ कहा गया है, अर्जित ज्ञान, बहुत कम ही विशिष्ट होता है? इतना यथेष्ट रूप से कि इसके धारक को गर्व से फूलने दे और अपनी संगियों तथा कतिपय अन्य व्यक्तियों में ईर्ष्या उद्दीपित करे। यही नहीं, थोड़ी तर्कशीलता ने क्या अनेक स्त्रियों को कठोरतम निन्दा का विषय नहीं बनाया है? मैं सुप्रसिद्ध तथ्यों की ओर ध्यान दिलाना चाहूँगी : क्योंकि मैंने बहुधा ही स्त्रियों की खिल्ली उड़ाये जाते और प्रत्येक छोटी-सी कमी को उजागर करते सुना है, मात्र इसलिए कि अपने शिशुओं का उपचार करने की अपनी पद्धति में उन्होंने किसी चिकित्सक की सलाह ग्रहण की थी और प्रचलित लीक से हट गई थीं। मैंने नवीनता के प्रति इस बर्बर विद्वेष को यथार्थ में और आगे बढ़ाते हुए और एक ऐसी संवेदनयुक्त स्त्री को एक घृणित माता के रूप में कलंकित होते सुना है जिसने इस प्रकार अपने बच्चों की स्वास्थ्य-रक्षा के प्रति सचेत रूप से उत्कण्ठित रहते हुए भी एक को खो दिया था जिसे शैशवावस्था की ऐसी दुर्घटना में कोई भी सावधानी रोक नहीं सकती थी। उसके परिचितों ने यह पाया कि यह आधुनिक रंग-ढंग वाले विचारों का, सुगमता और स्वच्छता के नये रंग-ढंग वाले विचारों का परिणाम है। और वे जो अनुभवी होने का स्वाँग भरते हैं, यद्यपि वे उन पूर्वग्रहों से दीर्घकाल से चिपके हुए हैं, जिन्होंने अत्यन्त दूरदृष्टि सम्पन्न चिकित्सकों के अनुसार मानवजाति की संख्या कम करने में योगदान किया है, इस त्रासदी पर, जो रूढ़ि को एक प्रकार की स्वीकृति प्रदान करती है, हर्षित हो उठे थे।

वस्तुतः यदि मात्र इसी आधार पर हो, तो भी स्त्रियों की राष्ट्रीय शिक्षा आत्यन्तिक महत्त्व रखती है, कारण, कितने ही मनुष्यों की बलि इस पूर्वग्रह के देवता को चढ़ाई जाती है। और कितने ही तरीकों से बच्चे पुरुष की कामुकता-लम्पटता से बर्बाद हो जाते हैं? ऐसी अनेक स्त्रियों में, नैसर्गिक अनुराग का अभाव, जो पुरुषों की श्लाघा

और दूसरों के अज्ञान द्वारा अपने कर्तव्यों से विमुख कर दी जाती हैं, मनुष्य के शैशव को पशुओं की अपेक्षा कहीं अधिक संकटपूर्ण स्थिति में डाल देता है, इसके बावजूद पुरुष स्त्रियों को, पर्याप्त समझ अर्जित करने के योग्य बन सकने के लिए, जिससे अपने बच्चों के पालन-पोषण के विषय में भी वे जान सकें, उपयुक्त स्थान देने के अनिच्छुक होते हैं।

इतनी प्रबलता के साथ यह सत्य मुझ पर उद्‌घाटित होता है कि मैं अपनी तार्किकता की सम्पूर्ण प्रवृत्ति को इस पर आलम्बित करना चाहूँगी, क्योंकि जो कुछ भी मातृवत चरित्र को पंगु बनाने की प्रवृत्ति रखता है, स्त्री को उसके दायरे से बाहर खींच लाता है।

परन्तु दुर्बल माताओं की वर्तमान पीढ़ी से शिशु काया की, यह मानते हुए कि उसे अपने पिता के पापों का फल नहीं भोगना पड़ेगा, उस उचित देखभाल की, जो एक सुदृढ़ संरचना की नींव रखने के लिए आवश्यक होती है, अपेक्षा रखना व्यर्थ होगा; अथवा उनके मनोभाव को इस प्रकार सँभाल सकने की, कि बच्चा जब विकसित हो जाता है तो उन समस्त चीजों को परित्यक्त नहीं करता जिसकी शिक्षा उसकी माता, उसके प्रथम गुरु, ने प्रत्यक्ष अथवा अप्रत्यक्ष रूप से दी थी और जब तक मस्तिष्क असाधारण ऊर्जस्विता से सम्पन्न नहीं होता, स्त्रियोचित मूर्खताएँ जीवनपर्यन्त उसके चरित्र के साथ सन्नद्ध रहेंगी। माता की दुर्बलता बच्चों में परिलक्षित होगी। और स्त्रियाँ चूँकि निर्णय के लिए अपने पतियों पर निर्भर रहने की ही शिक्षा प्राप्त करती हैं, इसका परिणाम सदैव यही होगा, क्योंकि अर्द्धांश द्वारा समझदारी को कतई उन्नत नहीं बनाया जाता, और न ही अनुकरण से कोई प्राणी बुद्धिमान ढंग से कार्य कर सकता है, कारण, जीवन की प्रत्येक परिस्थिति में एक प्रकार की वैयक्तिकता विद्यमान रहती है, जो सामान्य नियमों के रूपान्तरण के लिए निर्णयक्षमता के उद्यम की माँग करती है। वह प्राणी जो एक लीक पर उचित ढंग से विचार कर सकता है, शीघ्र ही अपने बौद्धिक साम्राज्य का विस्तार कर लेगा; और जो अपने बच्चों को सँभालने योग्य पर्याप्त निर्णय क्षमता से सम्पन्न होगी, अपने पति की उचित या अनुचित अधीनता और उन नियमों को स्वीकार नहीं करेगी जो पत्नी को एक अस्तित्वहीन वस्तु में रूपान्तरित कर देते हैं।

राज्य संचालित विद्यालयों में स्त्रियों को, अज्ञान की त्रुटियों से सुरक्षित करने के लिए, शरीररचना शास्त्र और औषधि विज्ञान की प्रारम्भिक शिक्षा दी जानी चाहिए, जिससे उन्हें अपने स्वास्थ्य का उचित ध्यान रखने के योग्य ही नहीं बनाया जा सके अपितु वे अपने शिशुओं, माता-पिताओं और पतियों की बुद्धिसम्पन्न उपचारिकाएँ भी बनाई जा सकें, क्योंकि उन हठधर्मी बूढ़ी स्त्रियों की भीषण चूकों से, जो मनुष्य संरचना के सम्बन्ध में कुछ भी जाने बिना स्वयं अपनी नीमहकीमी औषधि से उपचार करती हैं, मृतकों की सूची लम्बी हो जाती है। इसी प्रकार यह उचित होगा, मात्र

पारिवारिक दृष्टिकोण से, कि प्रत्येक कार्य निष्पादन में दोनों ही जातियों को एक साथ सम्मिलित होने के अवसर देकर और कला व विज्ञान में मानव-बोध क्षमता की प्रगति के प्रेक्षण की दिशा में प्रवृत्त करने के द्वारा स्त्रियों को मस्तिष्क की संरचना विज्ञान से भी परिचित कराया जाए। इसमें नैतिकता के विज्ञान और मनुष्य के राजनीतिक इतिहास के अध्ययन को भी भुलाया नहीं जाना चाहिए।

मनुष्य को लघु विश्व-प्रतिरूप कहा गया है और परिवार को भी शासन का एक रूप कहा जा सकता है। शासन, यह सत्य है कि अधिकांशतः ऐसी कलाओं द्वारा नियंत्रित हुए हैं जो मनुष्य के चरित्र को अवमानित करती हैं और एक न्यायोचित संरचना व एकरूप नियमों का अभाव, विद्वानों की धारणाओं को इतना उलझा देता है कि वे मानवता के अधिकार हेतु संघर्ष की युक्तियुक्तता पर ही प्रश्नचिह्न खड़ा करने लगते हैं। इस प्रकार राष्ट्रीय जलाशय में प्रदूषित नैतिकता से राज्य शासन के संघटक अवयवों को भ्रष्ट बनानेवाली दुराचार की धाराएँ निकलती हैं, परन्तु यदि अधिक उदात्त बल्कि अधिक न्यायोचित सिद्धान्त उन नियमों को नियंत्रित करती, जिसे समाज की शासन-व्यवस्था का नियामक होना चाहिए, तो कर्तव्य वैयक्तिक आचरण का नियम बन सकता था।

इसके अतिरिक्त स्त्रियों को अपनी काया और मस्तिष्क के प्रयोग द्वारा वह मानसिक क्रियाशीलता अर्जित करनी चाहिए जो मातृ चरित्र के लिए इतनी अधिक आवश्यक होता है, उसके साथ संयुक्त वह धैर्य भी, जो दुर्बलता के अड़ियल दुराग्रह से आचरण के सन्तुलन को पृथक् करता है। अकर्मण्य व्यक्तियों को सन्तुलित रहने का सुझाव देना घातक होगा, क्योंकि वे तत्क्षण कर्मठ बन जाते हैं और स्वयं को संकट से बचाने हेतु उन दोषों के लिए कठोरता से दण्ड देते हैं जिसे तर्कबुद्धि के सहिष्णु धैर्य ने होने ही नहीं दिया होता।

परन्तु धैर्य मस्तिष्क की दृढ़ता को पूर्वशर्त स्वीकार करता है और क्या मस्तिष्क की दृढ़ता अकर्मण्य मौन सम्मति द्वारा अर्जित की जा सकती है? अपनी निर्णय क्षमता को प्रयोग में लाने की बजाय क्या सलाह माँगने के द्वारा? क्या धैर्य, जिसकी हम सबको आवश्यकता पड़ती है, के बजाय भयवश आज्ञापालन से इसे अर्जित किया जा सकता है? जो निष्कर्ष मैं निकालने की इच्छुक हूँ, वह स्पष्ट है, स्त्रियों को विवेकवान प्राणी और स्वतंत्र नागरिक में रूपान्तरित करना होगा और वे तत्काल अच्छी पत्नियाँ और माताएँ बन जाएँगी, ऐसा तब होगा जब पुरुष पतियों और पिताओं के कर्तव्य से मुँह नहीं मोड़ेंगे।

उन लाभों की चर्चा करते हुए, जिन्हें एक निजी और सार्वजनिक शिक्षा के संयुक्त रूप से, जैसा कि मैंने चित्रित किया है, तर्कपरकता के साथ उत्पन्न करने की अपेक्षा की जा सकती है, मैंने अधिकतम उस पर विचार किया है जो विशिष्टतया स्त्री-जगत्

से सम्बन्धित है, क्योंकि मैं स्त्री-संसार को पददलित मानती हूँ, इसके बावजूद यह सड़न, जिसे दमन द्वारा उत्पन्न दुष्प्रवृत्तियों ने जन्म दिया है, मात्र रुग्ण अंग तक सीमित नहीं है बल्कि समाज में बड़े पैमाने पर व्याप्त है, फलतः जब मैं अपनी जाति को नैतिक कर्ताओं में रूपान्तरित होते देखने की इच्छा करती हूँ तो मेरा हृदय उस उदात्त सन्तोष के सामान्य विस्तार के पूर्वाभास से, जिसे मात्र नैतिकता प्रकीर्णित कर सकती है, बल्लियों उछलने लगता है।

टिप्पणियाँ

1. लन्दन और उसके बाहर की अनगिनत अकादेमियों और इस महान नगर के तिजारती हिस्से के व्यवहार की ओर मैंने विशेष रूप से इंगित किया है।
2. मुझे एक ऐसी स्थिति का स्मरण है जो स्वयं मेरे ध्यान में एक बार आई थी और मेरे क्षोभ को भड़का दिया था। मैं एक छोटे बच्चे से मिलने विद्यालय गई जहाँ नन्हे-मुन्ने ऊँची कक्षाओं के लिए तैयार किए जाते थे। अध्यापक मुझे विद्यालय कक्ष इत्यादि जगहों पर ले गया परन्तु जब मैं बजरी बिछा चौड़े मार्ग से गुजर रही थी, मैं इस पर ध्यान दिये बिना नहीं रह सकी कि मेरे दोनों ओर घनी घास फैली हुई थी। मैंने तत्काल बच्चे से कुछ प्रश्न पूछा और यह पाया कि उन बेचारे बच्चों को उस मार्ग पर चलने-फिरने की अनुमति नहीं थी और अध्यापक कभी-कभार अछूती घास को कतरने के लिए भेड़ों को घुसा लेता था। इस राज्य का निरंकुश शासक एक खिड़की पर आसीन रहता था, जिससे उस बन्दीगृह का प्राँगण दिखाई देता था। एक ऐसा कोना था जहाँ वे अभागे बच्चे उन्मुक्त होकर खेल सकते थे, पर उसने घेर कर उसमें आलू रोप दिया था। उसकी पत्नी भी इसी प्रकार, बच्चों को सुव्यवस्थित रखने के लिए उतनी ही उत्सुक रहती थी कि कहीं वे अपने कपड़ों को गन्दा न कर लें अथवा फाड़ न डालें।
3. फ्रांस
4. विषय के इस अंश पर विचार करते समय मैंने सार्वजनिक शिक्षा पर ऑटन के दिवंगत बिशप द्वारा लिखी गई एक अत्यन्त विवेकपूर्ण पुस्तिका से कुछ संकेतों को उधार लिया है।
5. ऑटन के बिशप

अध्याय तेरह

स्त्रियों के अज्ञान से उत्पन्न मूर्खता के कुछ उदाहरण, साथ ही उस नैतिक सुधार पर निष्कर्षमूलक विचार जो स्त्रियोचित व्यवहार में क्रान्ति से स्वाभाविक रूप से अपेक्षित है

ऐसी अनेक मूर्खताएँ हैं, जो किसी अंश तक, स्त्रियों के लिए विशिष्ट होती हैं; कई तरह की गलतियाँ और चूकें होती हैं, परन्तु सभी अज्ञान अथवा पूर्वग्रह से उपजती हैं। मैं मात्र उन्हीं को इंगित करूँगी जो उनके नैतिक चरित्र के लिए विशेष रूप से अनिष्टकारी प्रतीत होती हैं और उन पर टिप्पणी करते समय मैं विशेष रूप से यह प्रमाणित करने की इच्छुक हूँ, कि शरीर और मस्तिष्क की दुर्बलता, जिसे विभिन्न प्रयोजनों से प्रेरित होकर, पुरुषों ने जारी रखने का उद्यम किया है, उन्हें अपनी जाति सम्बन्धी विशिष्ट कर्तव्य की पूर्ति से रुद्ध करता है, क्योंकि जब शरीर की दुर्बलता उन्हें अपने सन्तानों को स्तनपान कराने की आज्ञा नहीं देती और मस्तिष्क की दुर्बलता उनके मनोभाव को भ्रष्ट कर देती है, तब क्या एक स्त्री स्वाभाविक अवस्था में होगी?

एक

दुर्बलता का एक ज्वलन्त उदाहरण जो अज्ञान से उत्पन्न होता है, सबसे पहले ध्यान खींचता है और कठोर भर्त्सना की माँग करता है।

इस महानगर में घात में बैठी कितनी ही जोंकें स्त्रियों के विश्वास के साथ छल करते हुए घृणित ढंग से जीविका अर्जित करती हैं; और अनेक स्त्रियाँ, जो अपनी पद-प्रतिष्ठा और धन से गौरवान्वित जनसाधारण को प्रभुसत्तासम्पन्न तिरस्कार के साथ देखती हैं, ऐसे भोलेपन द्वारा यह प्रदर्शित करती हैं कि यह अन्तर मनमाना

है, और इन सामान्य पूर्वग्रहों से ऊपर उठने के निमित्त उन्होंने अपने मस्तिष्क को यथेष्ट रूप से परिष्कृत नहीं किया है। स्त्रियों को चूँकि कर्तव्य-ज्ञान को एक ऐसी चीज के रूप में जिसके सम्बन्ध में जानना आवश्यक हो, विचार करने अथवा वर्तमान में इसका पालन करते हुए जीने की ओर प्रवृत्त नहीं किया गया है, यह जानने के लिए कि उन्हें जीवन को दिलचस्प बनाने अथवा अज्ञान की शून्यता को तोड़ने के उद्देश्य से क्या अपेक्षा करनी होगी, भविष्य में झाँकने के लिए अत्यन्त उत्सुक होती हैं।

मुझे भद्र स्त्रियों से, जो इन अकर्मक अनुसन्धानों में रुचि रखती हैं, गम्भीरतापूर्वक विरोध प्रकट करने की अनुमति दी जानी चाहिए, क्योंकि घर-परिवार की स्वामिनी, ये भद्र महिलाएँ स्वयं अपनी बग्घी चलाकर धूर्त व्यक्ति की चौखट तक जाने में लज्जित नहीं होतीं।[1] और उनमें से कोई यदि इस कार्य में संलग्न रहती है तो मैं उससे निम्नलिखित प्रश्नों का उत्तर अपने अन्तर्मन से देने का अनुरोध करूँगी :

क्या तुम्हें विश्वास है कि ईश्वर सिर्फ एक है और यह कि वह शक्तिशाली, बुद्धिमान और भला है?

क्या तुम्हें भरोसा है कि समस्त चीजों की सृष्टि उसके द्वारा हुई है और कि सभी प्राणी उसके आश्रित हैं?

क्या तुम्हें उसकी बुद्धिमानी पर भरोसा है, उसकी कृतियों और स्वयं तुम्हारे स्वरूप में जो इतना सुस्पष्ट है; और क्या तुम यह विश्वास करती हो कि अपनी अभिकल्पना को रूप देने के लिए उसने समस्त चीजों को, जो तुम्हारे लिए इन्द्रियगोचर नहीं है, उसी निर्दोष तालमेल में संचालित होने का निर्देश दिया है?

ओ मूर्ख स्त्री! यह मत कह कि ये प्रश्न सहजबुद्धि के लिए अपमानजनक हैं, क्योंकि यह स्वयं तेरा आचरण है, जो तेरी जाति पर कीचड़ उछालता है! और इन विचारों से तुम्हें अपनी विचारहीनता व विवेकहीन भक्ति पर थरथरा उठना चाहिए। क्योंकि मैं यह नहीं मानती कि तुम सभी अपने धर्म को, जैसा भी वह है, उन रहस्यमय घरों में प्रवेश करते समय किनारे कर देती हो। तथापि, चूँकि मैंने निरन्तर अज्ञानी स्त्रियों से संवाद करने की कल्पना की है और इस शब्द के प्रबल अर्थों में तू अज्ञानी ही है, अतः परम ज्ञानी ने जिसे ढँक रखा है, उसे जान लेने की इच्छा की इस घोर मूर्खता पर तुझे समझाना बेतुका होगा।

सम्भवतः तुम मुझे समझ नहीं सकोगी यदि मैं तुम्हें यह प्रदर्शित करने का प्रयत्न करूँ कि जीवन के महान उद्देश्य से, यानी मनुष्य को बुद्धिसम्पन्न और सदाचारी बनाने से, यह नितान्त असंगत होगा और यदि ईश्वर ऐसा करने की अनुमति दे तो यह सृष्टि में स्थापित व्यवस्था को भंग कर देगा, और यदि ईश्वर द्वारा स्वीकृति नहीं मिलती है तो क्या तुम सत्य सुनना चाहोगी? क्या घटनाओं की भविष्यवाणी की जा

सकती है, वे घटनाएँ जिन्होंने अभी तक वह आकार ग्रहण नहीं किया होता है कि नश्वर प्राणियों के निरीक्षण की विषयवस्तु बन जाए, क्या एक पापी सांसारिक जीव द्वारा जो नासमझ प्राणियों को शिकार बना कर अपनी क्षुधा को पोषित करता है, उनका पूर्व ज्ञान पाया जा सकता है?

इन विभ्रमों से और भी अधिक अधुनातन छल छद्म में, सम्मोहक वशीकरणकर्ता व्यक्तित्व के समग्र समुदाय द्वारा व्यवहृत, रूपान्तरण अत्यन्त स्वाभाविक होता है। उनके सम्बन्ध में भी स्त्रियों से कतिपय प्रश्न पूछना आवश्यक होगा।

क्या मनुष्य ढाँचे की बनावट के विषय में तुम्हें कुछ ज्ञात है? यदि नहीं तो यह उचित होगा कि तुम्हें वह बताया जाए, जिसे प्रत्येक बच्चे को जानना चाहिए, कि जब इसकी उपाचय व्यवस्था असंयम अथवा अकर्मण्यता से अस्त-व्यस्त हो जाती है, मैं प्रचण्ड व्यतिक्रम की बात नहीं करती, बल्कि दीर्घकालीन रोगों की बात कर रही हूँ, तो इसे क्रमशः स्वस्थ दशा में लाया जा सकता है; और यदि जीवन की क्रियाओं को सारभूत रूप में क्षति न पहुँची हो, तो नियम-संयम, खुली हवा, व्यायाम और ऐसे व्यक्तियों द्वारा निर्धारित औषधि, जिन्होंने मानव शरीररचना का अध्ययन किया है, इस अमूल्य वरदान, स्वास्थ्य को पुनः प्राप्त करने का, अभी तक खोजा गया एकमात्र मानवीय उपाय है।

क्या फिर तुम्हें यह विश्वास है कि ये वशीकरणकर्ता जो तंत्रमंत्र के करतबों द्वारा चमत्कार करने का ढोंग करते हैं, ईश्वर द्वारा प्रतिनिधि नियुक्त होते हैं अथवा इस प्रकार की सभी कठिनाइयों के समाधानकर्ता, शैतान, द्वारा सहायता प्रदत्त होते हैं।

जिस समय वे उन रोगों को, जिसने औषधि की शक्तियों को निष्फल कर दिया होता है, छू-मन्तर कर देते हैं तब क्या वे विवेक की दृष्टि से संगति कार्य करते हैं? अथवा वे यह अद्भुत उपचार अलौकिक सहायता से सम्पन्न करते हैं?

कोई चतुर व्यक्ति कह सकता है कि वे आत्माओं की दुनिया से सम्पर्क के द्वारा उत्तर प्राप्त करते हैं। यह एक उदार विशेषाधिकार माना जा सकता है। कुछ प्राचीन लोग पारिवारिक जिन्नों की चर्चा करते हैं जो उस समय उन्हें खतरों से प्राकृतिक संकेत देकर, किस विधि से इसका हमें अनुमान नहीं है, बचाते थे, जब कोई संकट आसन्न रहता था अथवा यह इंगित करते थे कि उन्हें किस कार्य में हाथ डालना चाहिए। वे व्यक्ति जो इस विशेषाधिकार का दावा करते थे, इस बात पर बल देते थे कि यह उच्च संयम और पवित्रता का फल है। परन्तु वर्तमान जादूगर उच्च संयम अथवा पवित्रता द्वारा अपने संगियों से ऊपर नहीं उठते हैं। वे ईश्वर के प्रति प्रेम के निमित्त नहीं बल्कि धन के लिए उपचार करते हैं। ये नीमहकीमी के पुरोहित होते हैं। यद्यपि यह सत्य है कि उनके पास आत्मा के शुद्धिकरण के लिए प्रार्थनासभाओं का व्यापार करने की कोई सुविधाजनक युक्ति नहीं होती और न ही गिरजाघर, जहाँ वे

ऐसी बैसाखियों और पैरों के नमूनों को, जो स्पर्श अथवा आदेश से बजने लगते हैं, प्रदर्शित कर सकें।

मैं इन तकनीकी शब्दावलियों से परिचित अथवा रहस्यमयी क्रियाओं में दीक्षित नहीं हूँ, अतः अनुपयुक्त ढंग से ही अपनी बातें मैं कह पाऊँगी : परन्तु यह स्पष्ट है कि ऐसे व्यक्ति जो विवेक का पालन नहीं करते और सत्यनिष्ठा के साथ अपना जीविकोपार्जन नहीं करते, इन उपकारी प्रेतात्माओं से परिचय करके अत्यन्त भाग्यशाली सिद्ध होते हैं।

बहरहाल, ऐसी शक्तियों का ढोंग करना करीब-करीब ईश-निन्दा ही है।

विधाता के विधान की समग्र गति से संयत विवेक को यह स्पष्ट हो जाता है कि निश्चित दुराचार का सुनिश्चित प्रभाव पड़ता है, और क्या कोई भी, इतनी अश्लीलता के साथ परमेश्वर के ज्ञान का अपमान कर सकता है कि असंयमी और दुराचारियों को रोग से मुक्त करने देने के लिए यह कल्पना भी की जाए कि किसी चमत्कार को उसके नियमों में व्यवधान डालने की अनुमति दी जाएगी, मात्र इसलिए कि उन्हें उसी गति के अनुरूप अदण्डित रहकर संचालित करते रहने दिया जाए? ईशु ने कहा है, सम्पूर्ण इकाई बनो और पाप से विमुख रहो। और क्या उनके द्वारा महान चमत्कार प्रदर्शित किए जा सकते हैं जो उसके पदचिह्नों का अनुकरण नहीं करते जो मन-चेतना तक पहुँचने के लिए काया को निरोगी बनाता है?

इन घृणित पाखण्डियों के उपरान्त ईशु मसीह के नाम की चर्चा से मेरे किंचित् पाठक अप्रसन्न हो उठेंगे। मैं उनके आवेश का सम्मान करती हूँ परन्तु उन्हें यह नहीं विस्मृत करना चाहिए कि इन विभ्रमों के समर्थक उसका नाम धारण करते हैं और उसके अनुयायी होने का दावा करते हैं, जिसने यह कहा था कि किसी की क्रियाओं द्वारा ही हम यह जान सकेंगे कि कौन ईश्वर की सन्तान है और कौन पाप के अनुचर। मैं स्वीकार करती हूँ कि एक सन्त की काया का स्पर्श करना अथवा वशीकरण के प्रभाव में आना अपनी तृष्णा पर प्रतिबन्ध लगाने या भावावेगों को नियंत्रित करने से अधिक सरल होता है; परन्तु शरीर और मन को इन्हीं उपायों द्वारा रोग-मुक्त किया जा सकता है अन्यथा हम परम न्यायकर्ता को ही पक्षपाती और प्रतिशोधी बना देते हैं।

यहाँ हमारे प्रश्नों पर विराम लगा दिया जाता है, परन्तु मैं अपनी भावनाओं को क्यों अप्रकट रखूँ, ईश्वर के गुणों को देखते हुए, मुझे विश्वास है कि जो भी दण्ड मिलता है, सुधार के उद्देश्य से व्याधि के परिताप के समान, पापाचार की सांघातिकता को प्रदर्शित करने की ओर उन्मुख होता है। वह निश्चयात्मक दण्ड, जिसे उसकी समस्त सृष्टि और स्वयं हमारे विवेक में अन्वेषित किया जा सकता है, परमपिता परमेश्वर की प्रकृति के इतना प्रतिकूल प्रतीत होता है कि मुझे शीघ्र ही यह भरोसा हो

जाएगा कि अधिदेव मनुष्य के आचरण पर कतई ध्यान नहीं देते, सिवाय इसके कि वे सुधार के किसी सदय उद्देश्य से रहित होकर दण्ड आरोपित करते हैं।

दो

चरित्र की स्त्रियोचित दुर्बलता का, बहुधा सीमित शिक्षा द्वारा उत्पन्न, एक अन्य उदाहरण मन का वह रूमानी घुमाव पेंच है जिसे अत्यन्त उपयुक्त नाम दिया गया है— *भावुकता*।

स्त्रियाँ अज्ञान द्वारा अपने इन्द्रिय संवेदनों के अधीन बना दी जाने, और मात्र प्रेम में ही सुख खोजने की शिक्षा पाने के कारण विषयासक्तिपूर्ण अनुभूतियों से संस्कारित होती हैं और इस उत्कट भावावेग के सम्बन्ध में अतीन्द्रिय धारणाएँ अपना लेती हैं, जो उन्हें जीवन के कर्तव्यों की लज्जाहीन ढंग से उपेक्षा करने की ओर प्रवृत्त करता है, और बहुधा ही इन लोकोत्तर संस्कारों के मध्य वे वास्तविक पापाचार में औंधे मुँह जा गिरती हैं।

ये वे स्त्रियाँ होती हैं जो उन मूर्ख आख्यानकारों के दिवास्वप्नों से मनोरंजन पाती हैं, मानव प्रकृति से कदाचित् ही परिचित जो घिसी-पिटी कथाएँ गढ़ते हैं और अत्यालंकृत दृश्यों का वर्णन करते हैं, सभी एक ऐसी अतिभावुकतापूर्ण बकवास में विस्तार पाते हुए जो उसी समानता के साथ आस्वाद को कुरूचिपूर्ण बनाता है और हृदय को दैनन्दिन कर्तव्यों से विमुख कर देता है। मैं बोधक्षमता का उल्लेख नहीं करूँगी क्योंकि कभी व्यवहार में न लाये जाने के कारण इसकी सुषुप्त ऊर्जस्विता निष्क्रिय पड़ी रहती है, उसी प्रकार जैसे अग्नि के प्रच्छन्न कण जो द्रव्यभूत में सार्वभौमिक रूप से व्याप्त माने जाते हैं।

स्त्रियाँ वस्तुतः समस्त राजनीतिक विशेषाधिकारों से वंचित, और विवाहिताओं के समान, आपराधिक प्रसंगों को छोड़कर, एक नागरिक जीवन के लिए निषिद्ध सहज ही समग्र मानव समुदाय के हित से विमुख होकर अपना ध्यान लघु अंशों में संलग्न पाती हैं, यद्यपि समाज के किसी सदस्य का वैयक्तिक कर्तव्य जब व्यापक कल्याण से सन्नद्ध नहीं रहता तो अत्यन्त अपूर्ण ढंग से ही निष्पन्न हो सकता है। स्त्री जीवन का विराट कर्म आनन्द देना है और अधिक महत्त्वपूर्ण संलग्नताओं में प्रवेश से राजनीतिक और नागरिक दबावों द्वारा प्रतिबन्धित होने के कारण, भावनाएँ वृत्तान्त बन जाते हैं, व विचार उस चीज को और गहन कर देते हैं जिसका उन्हें उन्मूलन कर देना चाहिए, और वह कर भी देते, यदि बोधक्षमता को व्यापक आयाम ग्रहण करने की अनुमति दी गई होती।

परन्तु तुच्छ कार्यों तक सीमित, वे सहज रूप से उन धारणाओं को हृदयंगम कर

लेती हैं जिसे एक निश्छल निस्सार मस्तिष्क को आकर्षित करने के ही आशय से गढ़ा गया लेखन उत्प्रेरित कर सकता है। किसी महान चीज को आत्मसात् करने में अक्षम, क्या यह आश्चर्यजनक है कि वे इतिहास के अध्ययन को एक अत्यन्त शुष्क कार्य और समझ को सम्बोधित प्रबन्ध को असह्य रूप से क्लान्तिकर और लगभग अबोधगम्य पाती हैं? इस प्रकार वे मनोविनोद के लिए अनिवार्य रूप से उपन्यासकार पर निर्भर रहती हैं। जब मैं उपन्यासों का विरोध करती हूँ, तो मेरा आशय उन रचनाओं के सापेक्ष होता है जो बोधक्षमता को प्रयोग में लाने देती हैं और मनोविलास को नियंत्रित करती हैं। किसी भी प्रकार का पठन, मैं एक रिक्तता को रिक्त ही छोड़ देने की अपेक्षा, श्रेयस्कर समझती हूँ क्योंकि मस्तिष्क को अपनी चिन्तन क्षमता के सामान्य प्रयोग द्वारा एक अंश तक व्यापकता ग्रहण करनी चाहिए। इसके अतिरिक्त वे रचनाएँ भी, जो मात्र कल्पना-विलास को सम्बोधित होती हैं, पाठक को वासनाओं की स्थूल तृप्ति से कुछ ऊपर उठाती हैं।

यह प्रेक्षण अनुभव की निष्पत्ति है। मैं ऐसी अनेक प्रतिष्ठित स्त्रियों से परिचित हूँ। इनमें से एक बहुत भली स्त्री थी, इतनी भली जितना उसका संकीर्ण मस्तिष्क अनुमति देता था, जो इस बात के प्रति सचेत रहती थी कि उसकी पुत्रियाँ (संख्या में तीन) कभी कोई उपन्यास देख भी न सकें। वह चूँकि एक आधुनिक और धन-ऐश्वर्य से सम्पन्न स्त्री थी, अतः उनकी सेवा में अनेक शिक्षक और उन पर चौकसी रखने के लिए एक उपचारिका थी। वे अपने शिक्षकों से यह सीखती थीं कि मेजों, कुर्सियों इत्यादि को फ्रांसीसी व इतालवी भाषा में क्या कहा जाता है, परन्तु उनकी दृष्टि में आई कतिपय पुस्तकें या तो उनकी क्षमताओं से कहीं ऊपर थीं अथवा धार्मिक थीं। अतः वे न तो विचार ग्रहण कर सकीं और न ही भावनाएँ, तथा जिस समय शब्दों को दोहराने के लिए वे बाध्य नहीं की जा रही होती, एक-दूसरे से लड़ने-झगड़ने, साज-शृंगार करने अथवा चोरी-छिपे अपनी नौकरानियों से बतकही करने में अपना समय व्यतीत किया करती थीं, जब तक विवाह योग्य कन्या के रूप में उन्हें समाज में नहीं ले जाया जाने लगा।

उनकी माँ, एक विधवा, इसी बीच अपने सम्पर्क बढ़ाने के कार्य में व्यस्त रही, जिससे कि उसकी लड़कियों को व्यापक समाज में उपयुक्त परिचय का टोटा न पड़ जाए। और इन भद्र युवतियों ने शब्द के सम्पूर्ण अर्थों में अश्लील अपने मस्तिष्क व बिगड़े मिजाज के साथ जीवन में प्रवेश किया, स्वयंभू धारणाओं से भरी और उन्हें हेय दृष्टि से देखती हुई जो वेशभूषा तथा प्रदर्शन में उनसे होड़ नहीं ले सकती थीं।

प्रेम के विषय में, प्रकृति, और उनकी उपचारिकाओं ने उन्हें शब्द का दैहिक अर्थ सिखाया था और उनके पास बातचीत के लिए कुछ ही विषय व भावनाओं में अपेक्षाकृत और भी कम परिष्कृति थी। अतः विवाह की उन्मुक्तता के साथ बातें करते हुए वे

अपनी स्थूल कामनाओं को भोंडे ढंग से व्यक्त करती थीं।

क्या ये लड़कियों पर उपन्यासों का बुरा असर हुआ था? इनमें से एक के चरित्र का एक रूप तो मैं लगभग भूल ही गई थी; वह मूर्खता के सीमान्त पर पहुँची सरलता का ढोंग करती और एक फूहड़ कृत्रिम मुस्कान के साथ उन अत्यन्त अश्लील बातों व प्रश्नों को उच्चारित करती जिसके सम्पूर्ण अभिप्राय को उसने समाज से पृथक्कृत रहने के दौरान सीख लिया था और जिसे अपनी माँ की उपस्थिति में बोलने से भय खाती; जबकि माँ को स्वयं पर अभिमान था कि वे सर्वाधिक अनुकरणीय ढंग से शिक्षित-दीक्षित की गई हैं, और अल्पाहार के पूर्व बाइबल और स्त्रोतों का पाठ करती हैं, और कभी वाहियात उपन्यासों को हाथ तक नहीं लगाती।

यह मात्र एक उदाहरण है, परन्तु मुझे ऐसी अनेक स्त्रियों की स्मृति है, जो क्रमिक रूप से उपयुक्त अध्ययन की ओर प्रवृत्त न किए जाने और अपने लिए चुनाव करने की अनुमति न पाने के कारण, वस्तुतः अतिवर्द्धित बच्ची ही बनी रही हैं। अथवा समाज में घुलने-मिलने के कारण उन्होंने सहज बुद्धि का एक अंश अर्जित किया है; परन्तु जिसे वास्तव में बुद्धि का नाम दिया जा सकता है, यानी व्यापक अथवा अमूर्त विचारों, यहाँ तक कि औसत विचारों को भी ग्रहण करने का सामर्थ्य, वह उनकी पहुँच से बाहर ही रहा। उनका मस्तिष्क निश्चल रहता है, और जब वे भावुकतापूर्ण विषयों और कार्यों से प्रेरित नहीं होतीं तो निष्क्रिय पड़ी रहतीं, रोती-झींकती या सो जाती थीं।

अतः जब मैं अपनी जाति को सारहीन रचनाएँ न पढ़ने का सुझाव देती हूँ तो इसका उद्‌देश्य उन्हें कुछ श्रेष्ठ पढ़ने की प्रेरणा देना होता है, क्योंकि एक ऐसे दूर-दृष्टिसम्पन्न व्यक्ति की धारणा से मेरी सम्मति है, जिसने, अपनी देखरेख में पल रही अपनी पुत्री और भतीजी के लिए अलग-अलग भिन्न योजनाएँ लागू की थीं।

वह भतीजी, जो काफी क्षमतावान थीं, उनके अभिभावकत्व में छोड़े जाने से पूर्व असम्बद्ध ढंग से कुछ भी पढ़ने में रस लिया करती थी। उसे इतिहास और नीतिविषयक निबन्धों की ओर उन्मुख करने का उसने प्रयास किया और इसमें सफल रहा; परन्तु अपनी पुत्री को, जिसे एक लाड़-दुलार करनेवाली दुर्बलचित्त माता ने बिगाड़ दिया था, और फलतः अध्यवसाय की माँग करनेवाली हर चीज से जिसे अरुचि हो गई थी, उसने उपन्यास पढ़ने दिये; और अपने व्यवहार को यह कहकर औचित्यपूर्ण ठहराया कि यदि उन्हें पढ़ने में उसकी रुचि जाग्रत हुई तो उसके पास उस पर काम करने का आधार होगा। उसका कहना था कि कोई धारणा ही न होने से बेहतर है भ्रान्त धारणाएँ होना।

वस्तुतः स्त्री मस्तिष्क को इतना उपेक्षित किया गया है कि ऐसे दूषित स्रोत से ही ज्ञान अर्जित किया जा सकता है जब तक कि श्रेष्ठ प्रतिभाओं से सम्पन्न कतिपय स्त्रियों को उपन्यास पढ़ने से विरक्ति न हो जाए।

उपन्यासों के प्रति आसक्ति को दुरुस्त करने की सबसे उत्तम विधि जो अपनाई

जा सकती है, वह है उनकी खिल्ली उड़ाना; अन्धाधुन्ध ढंग से नहीं, क्योंकि तब इससे ज्यादा प्रभाव नहीं पड़ेगा; बल्कि, यदि एक विवेकवान व्यक्ति, कतिपय परिहास का रूप देकर, एक युवा लड़की के समक्ष विविध उपन्यासों का पाठ करेगा और स्वर-शैली तथा दुखद घटनाओं व पराक्रमी चरित्रों के उपयुक्त सादृश्य निरूपण, दोनों ही विधियों द्वारा यह इंगित करेगा कि कितनी मूर्खता और हास्यास्पद ढंग से वे मानव प्रकृति का विद्रूप चित्र खींचते हैं, जो रोमानी अतिरंजित भावनाओं को हटाकर यथोचित धारणाएँ स्थापित की जा सकती हैं।

बहरहाल, एक सन्दर्भ में दोनों ही जातियों के बहुसंख्य लोगों में समानता है और वे समान रूप से सुरुचिसम्पन्नता व शालीनता के अभाव को प्रदर्शित करते हैं। ज्ञानशून्य स्त्रियाँ, अपनी प्रतिष्ठा को सुरक्षित रखने के उद्‌देश्य से शीलवती बनने के लिए बाध्य किए जाने के कारण, इतिहास की गरिमा और गम्भीर लालित्य को नीरस बनाकर मटियामेट करनेवाले आजकल के उपन्यास लेखकों द्वारा चित्रित अनैसर्गिक व अत्यलंकृत दृश्यों में अपनी कल्पना को भटकने देती हैं।[2] जबकि पुरुष जीवन में वही विकृत रुचि धारण करते हैं और मनोरंजन के लिए, सद्‌गुण के निष्कपट आकर्षण व बुद्धि की गम्भीर सम्मानीयता से विमुख होकर मनोरंजन के लिए तुच्छताओं की ओर भागते हैं।

इसके अतिरिक्त, उपन्यासों का परिशीलन स्त्रियों, विशेषतया आधुनिक रंग-ढंग की महिलाओं में बातचीत के दौरान भड़कीली अभिव्यक्तियों व अतिशयोक्तियों के प्रयोग के प्रति अत्यन्त चाव पैदा करता है, और यद्यपि जो विलासपूर्ण कृत्रिम जीवन वे व्यतीत करती हैं, वह उन्हें कोई वास्तविक भावावेग हृदय में सँजोये रखने से रोकता है, पर उनकी जिह्वा से आवेगपूर्ण भावों की भाषा पाखण्डभरे स्वर-शैली में निर्बाध गति से अनवरत फिसलती रहती है, और प्रत्येक चुहलबाजी ऐसी स्फुरदीप्त चमक उत्पन्न करती है जो अन्धकार में भावावेग की ज्वाला का मात्र भोंडा प्रहसन प्रस्तुत कर सकती है।

तीन

अज्ञान और भ्रामक धूर्तता जिसे प्रकृति दुर्बल मस्तिष्क में आत्मसुरक्षा के सिद्धान्त के रूप में तीक्ष्ण बना देती है, स्त्रियों में श्रृंगार-अलंकार के प्रति अत्यन्त चाव उत्पन्न करता है और उन समस्त आडम्बरों को जन्म देती है जिसे इस प्रकार की अनुरक्ति द्वारा स्वाभाविक रूप से पैदा करने की अपेक्षा की जा सकती है, प्रतिस्पर्धा और औदार्य के बहिष्करण की सीमा तक।

मैं रूसो से सहमत हूँ कि रिझाने की कला का भौतिक पक्ष आभूषणों में निहित

होता है और मात्र इसी कारण से मैं शृंगार अलंकार के प्रति संक्रामक चाव से, जो दुर्बलचित्त स्त्रियों में अत्यन्त सामान्य है, किशोरियों को सुरक्षित रखना चाहती हूँ, ताकि वे भौतिक पक्ष पर आश्रित न रह सकें। तथापि दुर्बल ही होती हैं वे स्त्रियाँ जो यह कल्पना करती हैं कि वे दीर्घकाल तक मस्तिष्क के सहयोग के बिना अथवा दूसरे शब्दों में रिझाने की नैतिक कला से रहित होकर रह सकती हैं। परन्तु यह नैतिक कला, लालित्य की ओर, जो सद्गुण की निष्पत्ति होती है, कार्य का प्रयोजन नहीं, इंगित करते समय, अज्ञान के साथ कदापि पाई नहीं जा सकती; निश्छलता की चुहलबाजी, जो दोनों ही जातियों के परिष्कृत व्यसनियों के लिए इतनी आनन्दकर है, इस श्रेष्ठ लालित्य से अपनी सारवस्तु में व्यापक रूप से भिन्न होती है।

बाह्य अलंकरणों के प्रति प्रबल आकर्षण आदिम अवस्थाओं में भी दृष्टिगत होता है। स्त्रियाँ नहीं बल्कि केवल पुरुष स्वयं को सुसज्जित करते थे; अब इस रूप में समाज ने सभ्यता की ओर कम-से-कम एक कदम आगे बढ़ाया है कि स्त्रियों को कम-से-कम इस मामले में पुरुषों की बराबरी करने का मौका मिला है।

अतः साज-शृंगार के प्रति ध्यान देना, जिसे एक यौनिक प्रवृत्ति माना गया है, मेरे विचार से मानव-जाति के लिए नैसर्गिक है। परन्तु मुझे स्वयं को और अधिक सटीकता के साथ अभिव्यक्त करना चाहिए। जब मस्तिष्क चिन्तन-मनन में आनन्द ग्रहण करने के लिए यथेष्ट रूप से खुला नहीं होगा तो काया ही श्रमसाध्य चिन्ता के साथ सज्जित अलंकृत की जाएगी, और आकांक्षा उसे गोदाने और रंग-रोगन लगाने के रूप में प्रकट होगी।

यह प्रथम आकर्षण इतना आगे तक जाता है कि दासता का नारकीय जुवा भी प्रशंसा पाने की उस आदिम आकांक्षा का गला नहीं घोंट सकता, जिसे काले नायक अपने माता-पिता दोनों से उत्तराधिकार में ग्रहण करते हैं, क्योंकि एक दास का कठिनाई से बचाया गया धन छोटे-मोटे भड़कीले अलंकरण में सामान्यतः व्यय हो जाता है। और मैं कदाचित् ही अच्छे रंग-ढंग के किसी ऐसे स्त्री व पुरुष सेवक को जानती हूँ जो वेशभूषा का चाव न रखता हो, उनके वस्त्र ही उनकर सम्पत्ति होते हैं और इस सादृश्य निरूपण के बल पर मैं यह तर्क देना चाहती हूँ कि अलंकार-शृंगार के प्रति यह चाव, जो स्त्रियों में इतना असंयमित है, उसी कारण से जन्म लेता है, यानी मस्तिष्क का विकसित न होना। जब पुरुष मिलते हैं तो वे व्यवसाय, राजनीति अथवा साहित्य के विषय में वार्तालाप करते हैं परन्तु जैसा कि स्विफ्ट कहते हैं, "स्त्रियाँ कितने सहज ढंग से एक-दूसरे के झालर और पल्लू पर हाथ लगा सकती हैं।" और यह अति सहज ही होगा, क्योंकि उनके पास उनकी रुचि योग्य कोई कार्य नहीं होता, साहित्य में उन्हें रस नहीं मिलता और राजनीति को वे शुष्क पाती हैं, कारण उन्होंने उस महान लक्ष्य की ओर अपने विचारों को अभिप्रेरित कर, जो मानव सभ्यता को उन्नत बनाता है न

व्यापक सुख को प्रोत्साहित करता है, मनुष्य जाति के प्रति प्रेम अर्जित नहीं किया है।

इसके अतिरिक्त सत्ता और कीर्ति तक पहुँचने के अनेक मार्ग होते हैं जिसमें संयोग से अथवा स्वेच्छा से पुरुष संलग्न हो जाते हैं और यद्यपि वे एक-दूसरे को धक्का देते रहते हैं, क्योंकि एक ही पेशे के पुरुष कदाचित् ही मित्र हो पाते हैं, तथापि इससे कहीं अधिक उनके साथी मित्रों की एक ऐसी संख्या होती है जिनके साथ उनकी कभी टकराहट नहीं होती। परन्तु स्त्रियाँ एक-दूसरे के साथ अत्यन्त भिन्न स्थिति में होती हैं, वे सभी एक-दूसरे की प्रतिद्वन्द्वी हैं।

परिणय के पूर्व उनका यह काम होता है कि पुरुषों को प्रसन्न रखें और उसके पश्चात भी, कतिपय अपवादों सहित, वे सहज बुद्धि की समस्त श्रमसाध्य हठधर्मिता के साथ उसी निर्देश का पालन करती हैं; यहाँ तक कि सदाचारी स्त्रियाँ भी मण्डली में अपनी यौनिकता कभी नहीं विस्मृत करतीं क्योंकि वे सदैव स्वयं को प्रीतिकर बनाने की चेष्टा में लगी रहती हैं। एक सुन्दरी और एक हाजिरजवाब पुरुष समूह का ध्यान अपनी ओर आकर्षित करने के लिए समान रूप से उत्सुक प्रतीत होते हैं।

क्या यह आश्चर्यजनक होगा कि जब स्त्री की एक मात्र आकांक्षा का केन्द्र सौन्दर्य हो, और स्व-हित आडम्बर को अतिरिक्त बल प्रदान करता हो, तो परिणाम सतत प्रतिद्वन्द्विता हो? वे सभी एक दौड़ में सम्मिलित होती हैं और अगर वे एक-दूसरे को आशंका और ईर्ष्या की दृष्टि से न देखें तो नश्वर मनुष्य से ऊपर उठ जाएँगी।

साज-शृंगार और आनन्द के प्रति अमर्यादित चाव बर्बरों के भावावेग होते हैं, ऐसी भावोत्कटता जो उन असभ्य प्राणियों पर दखल रखती हैं जिन्होंने अभी तक मस्तिष्क के राज्य का विस्तार नहीं किया है, अथवा विचारों को अमूर्त क्रम के क्रमबद्ध करने के लिए अनिवार्य ऊर्जस्विता के साथ सोचना तक नहीं सीखा है जो सिद्धान्तों को जन्म देती है। और इस बात का कि स्त्रियाँ अपनी शिक्षा और सभ्य जीवन की वर्तमान अवस्था से, समान स्थिति में हैं, मैं समझती हूँ कि, प्रतिवाद नहीं किया जा सकता। अतः उनकी खिल्ली उड़ाना, अथवा एक ऐसे प्राणी की मूर्खताओं का उपहास करना जिसे स्वयं अपने विवेक के प्रकाश में उन्मुक्तता के साथ कभी कार्य नहीं करने दिया गया हो, बेतुका भी है और क्रूर भी; कारण यह तथ्य कि जिन्हें आँख मूँदकर सत्ता के आज्ञापालन की शिक्षा दी गई हो, वे इससे चतुराई के साथ बच निकलने का प्रयत्न करेंगी, अत्यन्त नैसर्गिक और सुनिश्चित है।

इसके बावजूद यदि यह प्रमाणित हो जाए कि उन्हें पुरुष की आज्ञा का पालन निर्विवाद रूप से करना चाहिए तो मैं अविलम्ब इससे सहमत हो जाऊँगी कि प्रसन्न करने के उद्देश्य से, और स्वयं अपनी सुरक्षा के लिए कपट करने की एक प्रवृत्ति के रूप में, साज-शृंगार के प्रति चाव विकसित करना स्त्री का कर्तव्य है।

बहरहाल, वे सद्गुण जिन्हें अज्ञान का अवलम्ब मिलता है, डँवाडोल रहते हैं, रेत

की भीत पर निर्मित भवन चक्रवात को नहीं झेल सकता। यह निष्कर्ष निगमित करना कतई अनावश्यक है कि यदि स्त्रियों को सत्ता के द्वारा ही सदाचारी बनाया जाना है, तो उन्हें अन्तःपुर में कैद हो जाना चाहिए और सतर्क दृष्टि की चौकसी में रहना चाहिए। डरो मत कि उनकी आत्माओं में निष्ठुरता का प्रवेश हो जाएगा, क्योंकि वे हृदय जो इस प्रकार का बर्ताव सहन कर सकते हैं, समर्पणकारी उपादानों से निर्मित होते हैं, मात्र उतने ही चैतन्य जितना काया के जीवन-संचार करने के लिए पर्याप्त हो। "वह भौतिक द्रव्य, चिरकालिक चिह्न धारण करने के लिए अति सुकुमार होता है, और कृष्ण, श्याम अथवा गौर वर्ण के द्वारा जो सर्वोत्तम ढंग से पहचाना जाता है।" क्रूरतापूर्ण घाव भी निस्सन्देह शीघ्र ही भर जाएँगे और वे संसार को फिर भी आबाद करती रहेंगी, पुरुषों को रिझाने के लिए साज-शृंगार भी करेंगी; उन समस्त प्रयोजनों को पूरा करेंगी जिसके लिए कतिपय लब्धप्रतिष्ठ लेखकों के अनुसार उनकी सृष्टि हुई है।

चार

स्त्रियाँ पुरुषों की अपेक्षा अधिक संवेदनशीलता और मानवता से सम्पन्न हुई मानी जाती हैं, और उनकी प्रगाढ़ अनुरक्ति व करुणा की स्वतःस्फूर्ति भावनाओं को प्रमाण के रूप में प्रस्तुत किया जाता है; परन्तु अज्ञानता का स्नेह कदाचित् ही स्वयं में उदात्त होता है और अधिकांशतः स्वार्थपरता और साथ ही बच्चों व पशुओं के प्रति झुकाव में विघटित होता है। मैं ऐसी अनेक दुर्बलचित्त स्त्रियों से परिचित रही हूँ जिनकी संवेदनशीलता पूर्णतया उनके पतियों में तल्लीन हो जाती थी; और जहाँ तक मानवता की बात है, यह वस्तुतः अत्यन्त क्षीण थी, बल्कि यूँ कहें कि यह करुणा का मात्र एक क्षणभंगुर मनोभाव होता था। मानवता 'धर्मभीरु कानों' में निहित नहीं होती जैसा कि एक विख्यात प्रवक्ता कहता है, "यह मस्तिष्क और साथ-साथ स्नायु से भी सम्बन्ध रखती है।"

परन्तु इस प्रकार का अनन्य अनुराग, यद्यपि यह व्यष्टि को प्रतिष्ठावनत करता है, स्त्री-जाति की हीनता के प्रभाव के रूप में प्रस्तुत नहीं किया जाना चाहिए, क्योंकि यह सीमाबद्ध दृष्टिकोण की नैसर्गिक निष्पत्ति होती है; कारण श्रेष्ठ बुद्धि से सम्पन्न स्त्रियाँ भी तुच्छ कार्य-व्यवस्था और निजी युक्तियों की ओर ध्यानोन्मुखता के कारण बिरले ही नायकत्व तक उठती हैं, जब तक कि प्रेम द्वारा प्रोत्साहित नहीं की जातीं; और प्रेम नायकोचित भावावेग के रूप में प्रतिभाशाली व्यक्ति के समान युग में मात्र एक बार प्रकट होता है। अतः मैं उन नैतिकतावादियों से सहमत हूँ जो यह जोर देकर कहते हैं कि 'स्त्रियाँ कदाचित् ही उतनी उदारता से सम्पन्न होती हैं जितने कि पुरुष' और कि उनके संकीर्ण अनुराग जिसके लिए बहुधा न्याय और मनुष्यता की बलि चढ़ा दी जाती

है, स्त्रीत्व को प्रकटतः अधीनस्थ बना देते हैं, विशेषकर जब वे सामान्यतया पुरुषों द्वारा प्रेरित की जाती हैं, परन्तु मेरा यह दावा है कि समझदारी जैसे-जैसे शक्ति अर्जित करेगी हृदय विशाल होता जाएगा—यदि स्त्रियाँ पालने से ही दमित न की जाती रहें।

मैं जानती हूँ कि थोड़ी-सी संवेदनशीलता और बहुत अधिक दुर्बलचित्तता एक प्रबल यौनिक अनुरक्ति को जन्म देगी, और कि विवेक ही मित्रता को दृढ़ता प्रदान कर सकता है; फलतः मैं यह स्वीकार करती हूँ कि स्त्री-जगत् की अपेक्षा पुरुषों में मित्रताभाव अधिक पाया जाता है और कि पुरुष न्यायबोध से अधिक सम्पन्न होते हैं। स्त्रियों का अनन्य अनुराग वस्तुतः अपने देश के प्रति केटो के सर्वाधिक अनुचित प्रेम के सदृश है। वह कार्थेज को कुचल देना चाहता था, रोम की रक्षा हेतु नहीं; बल्कि मिथ्या अंहकार के लिए। और सामान्यतः ऐसे ही सिद्धान्तों पर मनुष्यता को बलिदान कर दिया जाता है क्योंकि सच्चे कर्तव्य एक-दूसरे को अवलम्ब देते हैं।

इसके अतिरिक्त, स्त्रियाँ भला क्यों न्यायी अथवा उदार हो सकती हैं, जब कि वे अन्याय की चाकर होती हैं?

पाँच

स्त्रियों के विशिष्ट लक्ष्य के रूप में, बच्चों का पालन-पोषण अर्थात् उदीयमान पीढ़ी की काया और मस्तिष्क दोनों की अच्छी सेहत की नींव रखने पर चूँकि उचित ही बल दिया गया है, अतः वह अज्ञान जो उन्हें पंगु बना देता है, उपयुक्त व्यवस्था के प्रतिकूल होगा। और मैं तर्क करना चाहूँगी कि उनका मस्तिष्क कहीं अधिक ग्रहण कर सकता है, और उसे ऐसा करना चाहिए अन्यथा वे कभी भी समझदार माताएँ नहीं बन पाएँगी। अनेक पुरुष घोड़े पालने पर ध्यान देते हैं और अस्तबल की प्रबन्ध-व्यवस्था सँभालते हैं, पर बच्चों की नर्सरी की ओर ध्यान देने में हेठी महसूस करते हैं। बुद्धि और भावना की कैसी बलिहारी है! इसके बावजूद कितने बच्चों को स्त्रियों की अज्ञानता से प्राण गँवाने पड़ते हैं! परन्तु जो बच जाते हैं तथा न अस्वाभाविक उपेक्षा से और न ही विवेकशून्य लाड़-दुलार से बर्बाद हुए रहते हैं, तो भी कितने कम ऐसे हैं, जिनकी, देखभाल उचित रूप से की जाती है। वह इस प्रकार कि, उत्साह को खण्डित करने और चैन से दुर्व्यसनी बनने देने के लिए, एक बच्चे को विद्यालय भेज दिया जाता है और वहाँ जो उपाय दिये जाते हैं, जो एक साथ इतने बच्चों को अनुशासन में रखने के लिए आवश्यक होते हैं, वे प्रायः प्रत्येक प्रकार की दुष्प्रवृत्ति के बीज इस अनछुई मिट्टी में बिखेर देते हैं।

मैं कभी-कभी इन बेचारे बच्चों के संघर्ष की, जिन्हें कभी कैद की अनुभूति नहीं होनी चाहिए थी, और न ही होती, यदि उन्हें सदैव सन्तुलित हाथों से सँभाला गया

होता, एक ऐसी उत्साही बछेड़ी की निराशापूर्ण उछलकूद से तुलना करती हूँ जिसे समुद्रतट पर मैंने सधाये जाते देखा है; उसके पैर रेत में हर बार गहरे और गहरे धँसते जाते हैं जब वह अपने सवार को फेंकने का यत्न करती है, जब तक कि अन्ततः वह बदमिजाजी से अधीनता स्वीकार नहीं कर लेती।

मैंने सदैव घोड़ों को, एक ऐसा पशु जिसके प्रति मेरा लगाव रहा है, उस समय अत्यन्त विनीत पाया है जब उनके साथ मनुष्यता और धैर्य का व्यवहार किया जाता है। अतः मुझे यह आशंका रहती है कि जो उग्र उपाय उन्हें सधाने के लिए प्रयोग में लाये जाते हैं, उन्हें अनिवार्यतः क्षति नहीं पहुँचाएँ; मैं, बहरहाल इस बात पर दृढ़ हूँ कि एक बच्चे को इसके उपरान्त कि वह अविवेकपूर्ण ढंग से अनियंत्रित छोड़ दिया गया हो, कभी इस प्रकार बलपूर्वक वश में नहीं किया जाना चाहिए; क्योंकि बच्चों के साथ व्यवहार में न्याय और विवेक का प्रत्येक उल्लंघन, उनकी तर्कबुद्धि को शक्तिहीन बनाता है। और आरम्भ में ही वे ऐसा चरित्र ग्रहण कर लेते हैं कि नैतिक चरित्र की नींव, सातवें वर्ष के पूर्व ही जड़ पकड़ लेती है, वह अवधि जिसमें बच्चों की सम्पूर्ण देखभाल की जिम्मेवारी स्त्रियों को दी गई होती है। कालान्तर में बहुधा ऐसा होता है कि शिक्षा का आधा कार्यक्रम उन दोषों को सुधारना होता है, और वह भी अत्यन्त अपूर्ण ढंग से, यदि शीघ्रता में क्रिया गया हो, जिसे उन्होंने कभी ग्रहण नहीं किया होता यदि उनकी माताएँ अधिक समझदारी से सम्पन्न होतीं।

स्त्रियों की मूर्खता का एक ऐसा ज्वलन्त उदाहरण है जिसकी उपेक्षा नहीं की जा सकती, वह शैली जिसमें वे बच्चों की उपस्थिति में सेवकों के साथ व्यवहार करती हैं, उन्हें यह सोचने देने की अनुमति देते हुए कि उन्हें उनकी सेवा में खड़े रहना चाहिए और उनकी बदमिजाजी को सहन करना चाहिए। एक बच्चे को किसी स्त्री अथवा पुरुष से सदैव अनुग्रह के रूप में सहायता प्राप्त करने देना चाहिए, और स्वतंत्रता के प्रथम पाठ के रूप में उन्हें अपनी माता के दृष्टान्त द्वारा व्यवहारतः किसी निजी परिचर्या की माँग न करने की शिक्षा दी जानी चाहिए, निरोग रहने पर जिसकी माँग करना मानवता का अपमान होता है तथा श्रेष्ठता का आडम्बरप्रिय रंग-ढंग धारण करने की ओर प्रवृत्त करने की अपेक्षा स्वयं अपनी दुर्बलता के बोध से उन्हें मनुष्यों के बीच प्राकृतिक समानता का प्रथमतया अनुभव होने देना चाहिए। इसके बावजूद बहुधा कितनी ही बार मैंने अत्यन्त क्षोभ के साथ, बच्चों को सुलाने हेतु ले जाने के लिए अनुचरों को उजड्ड ढंग से बुलाये जाते और बार-बार वापस भेजते देखा है, क्योंकि वह श्रीमानजी अथवा कुमारीजी थोड़ी और देर तक अपनी माँ के पास मँडराते रहते थे। इस प्रकार नन्हे राजदुलारे की परिचर्या में दासोचित ढंग से बाध्य किए जाने पर, वे समस्त विरक्तिपूर्ण मिजाज परिलक्षित होते जो बिगड़े हुए बच्चे की अभिलाक्षणिकता बनते थे।

संक्षेप में, अधिकांश माताएँ अपने बच्चों को पूर्णतया सेवकों की देखरेख में छोड़ देती हैं या फिर चूँकि वे उनके अपने बच्चे होते हैं इसलिए उनके साथ ऐसा व्यवहार करती हैं मानो वे नन्हें अवतार हों, यद्यपि मैंने सदैव यह देखा है कि वे स्त्रियाँ जो इस प्रकार अपने बच्चों को देवतुल्य बना देती हैं, कदाचित् ही अनुचरों के प्रति समान मनुष्यता प्रदर्शित करती हैं अथवा अपने बच्चों के अतिरिक्त शायद ही किसी अन्य बच्चे के प्रति कोमल भाव अनुभव करती हैं।

बहरहाल ये वे अनन्य अनुराग और अज्ञान द्वारा प्रस्तुत चीजों को वैयक्तिक ढंग से देखने की वह दृष्टि है जो उन्नयन के सन्दर्भ में, स्त्रियों को सदैव जड़ बनाए रखती है और अनेक को अपने बच्चों के प्रति अपना जीवन समर्पित करने के लिए तत्पर बनाती भी है, तो मात्र उनकी काया को दुर्बल बनाने और उनके मिजाज को बिगाड़ने के निमित्त, शिक्षा की ऐसी किसी भी योजना को विफल बनाते हुए जिसे एक अधिक विवेकशील पिता चुन सकता है; क्योंकि जब तक माता सहयोग नहीं देती वह पिता जो प्रतिबन्ध आरोपित करता है सदैव एक निरंकुश शासक ही समझा जाएगा।

बल्कि, माता के कर्तव्यों का पालन करते हुए भी, एक स्वस्थ स्त्री, अपनी काया को नियमनिष्ठ ढंग से स्वच्छ रख सकती है और अपने परिवार को, यदि आवश्यकता पड़ी तो, सम्पोषित करने में सहायता दे सकती है अथवा स्त्री-पुरुष दोनों ही के साथ, वार्तालाप और पठन-पाठन के द्वारा अपने मस्तिष्क को उन्नत बना सकती है। प्रकृति ने इतने सुसंगत ढंग से व्यवस्था की है कि यदि स्त्रियाँ अपने बच्चों को स्तनपान करातीं, तो वे स्वयं अपने स्वास्थ्य को संरक्षित रख सकती थीं, और प्रत्येक बच्चे के जन्म के मध्य इतना अन्तराल होता कि घर कदाचित् ही शिशुओं से भरा होता। यदि वे एक योजना के अनुसार कार्य करतीं और वेशभूषा की आधुनिकतापूर्ण सनक के पीछे नहीं भागतीं, तो गृह-सम्बन्धी व्यवस्था और बच्चों की देखभाल उनके लिए साहित्य के दरवाजे बन्द नहीं करती और न ही उन्हें विज्ञान से उस धीर दृष्टि के साथ स्वयं को संलग्न होने से, जो मस्तिष्क को दृढ़ता प्रदान करती है, अथवा ललित कलाओं के अभ्यास से जो सुरुचिसम्पन्नता विकसित करती है, रोक पातीं।

सज-धज के प्रदर्शन के लिए की गई मुलाकातों, ताश के खेल नाच पार्टियाँ और प्रातःकालीन तुच्छताओं की आलस्यपूर्ण हलचलें स्त्रियों को अपने कर्तव्य से विमुख करती हैं, उन्हें नगण्य बनाने के लिए, उन्हें अपने पति के सिवाय प्रत्येक पुरुष की खातिर प्रीतिकर बनाने के लिए। आनन्द के नित्यकर्म जिसमें प्रेमचर्या का अभाव रहता है। समझदारी को उन्नत बनानेवाले नहीं कहे जा सकते हैं, भले ही इसे दुनियादारी कहा जाए; इसके बावजूद इस प्रकार के संज्ञाहीन संसर्ग से, जो आदत के कारण उस समय भी आवश्यक रहता है जब वह मनोरंजन करना बन्द कर देता है, हृदय कर्तव्य के प्रति सर्द और विरक्त बना रहता है।

परन्तु समाज में जब तक और अधिक समानता स्थापित नहीं होगी, जब तक श्रेणियाँ खत्म और स्त्रियाँ मुक्त नहीं होंगी, हमें वह गरिमायुक्त पारिवारिक सुख दृष्टिगोचर नहीं होगा, जिसके सच्चे वैभव का आनन्द अज्ञानी अथवा दूषित मस्तिष्क द्वारा नहीं उठाया जा सकता; और न ही शिक्षा का महत्त्वपूर्ण कार्य कभी उचित रूप से प्रारम्भ किया जा सकेगा जब तक एक स्त्री के शरीर को उसके मस्तिष्क की अपेक्षा श्रेयस्कर मानना बन्द नहीं हो जाएगा, क्योंकि एक मूढ़मति अज्ञानी स्त्री के एक अच्छी माता होने की आशा वैसा ही होगा जैसा कि मोंठ से मक्का अथवा बबूल से आम की अपेक्षा करना।

छह

सुधी पाठकों को यह बताना आवश्यक नहीं होगा, अब मैं अपने विचारों को समेटना आरम्भ कर रही हूँ, कि इस विषय की चर्चा मात्र कतिपय सिद्धान्तों को उद्घाटित करने और उस कूड़ा-कड़कट को साफ करने में जो इन्हें धूमिल बनाते थे, निहित है। परन्तु सभी पाठक दूरदृष्टि सम्पन्न नहीं होते। अतः इस विषय को बोधगम्य बनाने के लिए मुझे कतिपय व्याख्यात्मक टिप्पणियों को जोड़ने की अनुमति दी जाए। उस सुस्त बोधक्षमता के लिए, जो विश्वास पर अकर्मण्यतापूर्वक धारणाएँ ग्रहण करता है और स्वयं को चिन्तन-क्रिया के परिश्रम से बचाये रखने के लिए उनका हठधर्मितापूर्वक समर्थन करती है।

नैतिकतावादी निर्विवाद रूप से इस पर सहमत हैं कि सद्गुण जब तक स्वाधीनता द्वारा पोषित नहीं होगा, यह उपयुक्त शक्ति कदापि अर्जित नहीं कर सकेगा, और जो वह मनुष्य के विषय में कहते हैं, मैं मानवजाति तक विस्तारित कर देती हूँ, इस बात पर बल देते हुए कि सभी प्रसंगों में नैतिक आचार को अपरिवर्तनीय सिद्धान्तों पर अडिग होना चाहिए, और यह कि वह प्राणी कदापि विवेकवान अथवा सदाचारी नहीं कहा जाएगा, जो तर्कबुद्धि के अतिरिक्त किसी अन्य सत्ता का आदेश मानता हो।

स्त्रियों को समाज का वास्तविक रूप में सार्थक सदस्य बनाने के लिए, मैं यह तर्क देना चाहूँगी कि उनकी बोधक्षमता को व्यापक स्तर पर विकसित कर, उन्हें अपने देश के प्रति एक विवेकसम्मत प्रेम, जो ज्ञान पर आधारित हो, अर्जित करने की ओर प्रवृत्त किया जाना चाहिए, कारण स्पष्ट है कि जो हम समझते नहीं, उसमें किंचित् ही हमारी रुचि होती है। इस सामान्य ज्ञान को अपेक्षित महत्त्व प्रदान करने के लिए मैंने यह दिखाने का प्रयास किया है कि निजी कर्तव्यों का उचित ढंग से कदापि निर्वाह नहीं किया जा सकता जब तक समझदारी हृदय को विशाल नहीं बना देती; और यह कि सामाजिक सद्गुण निजी सद्गुणों का समुच्चय मात्र होता है। परन्तु समाज में स्थापित

भेद दुर्गुण के ठोस स्वर्ण पर निरन्तर प्रहार करती हैं जब तक कि वह चपटा होकर दुर्गुण के लिए स्वर्ण-पन्नी का आवरण नहीं बन जाता, इस प्रकार वे दोनों प्रकार के सद्गुण को मूलोच्छेदित कर देती हैं; क्योंकि जब धन-ऐश्वर्य सद्गुण की अपेक्षा मनुष्य को अधिक सम्मानीय बनाता है, तो सदाचार के पूर्व धन-वैभव की कामना की जाएगी, और जब तक स्त्री की काया का लाड़-दुलार होगा, जब कि बचकानी खींसे निपोरनेवाली मुस्कुराहट मस्तिष्क विहीनता को प्रकट करती रहेगी, तब तक मस्तिष्क बंजर ही पड़ा रहेगा। और फिर भी, वास्तविक इन्द्रियभोग तो मस्तिष्क से उत्पन्न होना चाहिए—परस्पर सम्मान द्वारा समर्थित, परस्पर प्रेम से उत्पन्न ऐन्द्रिकता के समकक्ष भला क्या चीज ठहर सकती है? उदात्त उन्नत कल्पना और एक पवित्र हृदय के सलज्ज छलकते भाव प्रवाह की तुलना में तृष्णा का यह भावशून्य अथवा ज्वरग्रस्त स्पर्श पापाचार के अतिरिक्त भला क्या हो सकता है? हाँ, मुझे कल्पनाविलासी इन्द्रियभोगियों को बताने दीजिए कि जब वह स्त्री में निहित समझदारी से घृणा करते हैं, कि वह मस्तिष्क जिसका वह अनादर करते हैं, ऐसे उफनते प्रेम को जीवन देता है जिससे आनन्दोत्कर्ष, भले ही क्षणभंगुर होता हो, प्रवाहित हो सकता है। और यह कि सदाचार से रहित एक कामान्ध अनुरक्ति उसी प्रकार अन्त को प्राप्त होती है जिस प्रकार, असहनीय जुगुप्सा उत्पन्न करती, आले में रखी एक चरबीवाली मोमबत्ती। इसे प्रमाणित करने के लिए मुझे मात्र इस पर ध्यान देने की आवश्यकता होगी, कि वे पुरुष जिन्होंने अपने जीवन का अधिकांश भाग स्त्रियों के सान्निध्य में नष्ट किया है, और जिसमें उन्होंने आतुर तृष्णा के साथ आनन्द की खोज की है, इस जाति के विषय में क्षुद्रतम धारणा हृदय में रखते हैं। सद्गुण, आनन्द के सच्चे परिष्कारक! यदि मूर्ख मनुष्य अपनी समस्त तृष्णाओं को नियंत्रण मुक्त कर खुला छोड़ देने के उद्देश्य से, तुझे पृथ्वी त्यागने के लिए भयभीत करने पर उतारू हो जाएँगे, तो कोई सुरुचिसम्पन्न विषयासक्त प्राणी आनन्द को चटख बनाने के लिए, तुझे वापस आमंत्रित करने स्वर्गलोक तक चला जाएगा।

वर्तमान समय में स्त्रियाँ अज्ञान द्वारा मूढ़मति और कदाचारी बना दी गई हैं, मैं समझती हूँ, यह विवाद से परे है, और यह कि मानव-जाति को उन्नति की ओर प्रवृत्त करनेवाले सर्वाधिक हितकारी प्रभाव स्त्रियोचित आचार-व्यवहार में *क्रान्ति* से अपेक्षित हैं, यह बात प्रेक्षण के धरातल से ऊपर उठकर कम-से-कम सम्भाव्यता की शक्ल में प्रकट होती दिखाई पड़ती है। विवाह को चूँकि उन प्रीतिकर सद्भावों का जनक कहा गया है जो मनुष्य को पशु झुण्ड से विलग करते हैं अतः वह दूषित संयोग जिसे धन ऐश्वर्य, अकर्मण्यता और मूर्खता दोनों जातियों के मध्य पैदा करती है, मानव जाति की, सामूहिक रूप से देखा जाए तो, अन्य समस्त दुष्प्रवृत्तियों की अपेक्षा नैतिकता के लिए सर्वत्र अधिक घातक होता है। परस्त्रीगामी कामातुरता के लिए सर्वाधिक पवित्र कर्तव्यों की बलि चढ़ा दी जाती है, क्योंकि परिणय के पूर्व ही पुरुष स्त्रियों के साथ स्वच्छन्द-सम्भोगी

प्रगाढ़ता के द्वारा प्रेम को स्वार्थपूर्ण तृप्ति के रूप में देखना सीख लेते हैं, सम्मान भावना से ही नहीं बल्कि उस स्नेह भावना से भी इसे विलग करना सीख लेते हैं जो मात्र आदत पर निर्मित होती है, जिसमें मानवता का पुट होता है। न्याय और मित्रता को भी चुनौती दी जाती है, और रुचि की वह पवित्रता दूषित हो जाती है जो मनुष्य को पाखण्डपूर्ण रंगढंग के स्थान पर अनुराग के अकृत्रिम प्रदर्शन में आनन्द लेने के लिए नैसर्गिक रूप से प्रवृत्त करता है। परन्तु अनुराग की वह उदात्त सरलता, जो अनलंकृत प्रकट होने का साहस दिखाती है, कामाचारियों के लिए किंचित् ही आकर्षण रखती है, भले ही यह वह सम्मोहन हो, जो परिणय बन्धन को दृढ़ता प्रदान कर, आवश्यक अभिभावकीय देखभाल में रूपान्तरण के द्वारा ऊष्मापूर्ण भावावेग की धरोहर को सुरक्षित बनाता है, क्योंकि बच्चे उचित रूप से कदापि शिक्षित नहीं किए जा सकते जब तक माता-पिता के बीच मित्रता कायम न हो। सद्गुण उस परिवार से पलायन कर जाता है जो स्वयं विभाजित हो, और शैतानों की समूची सेना वहाँ अपना बसेरा बना लेती है।

पति-पत्नी का प्रेम पवित्र नहीं हो सकता जब उनकी इतनी कम भावनाएँ उभयनिष्ठ हों और परिवार में इतना कम विश्वास स्थापित हो, और यही होगा जब उनके लक्ष्य इतने भिन्न होंगे; वह प्रगाढ़ता, जिससे सहृदयता प्रवाहित होती है, दुराचारियों के मध्य जीवित नहीं रह सकती।

अतः यह तर्क करते हुए कि यौनिक भेद जिस पर पुरुषों ने इतनी उत्कटता से बल दिया है, स्वेच्छाचारी है, मैंने एक ऐसे प्रेक्षण पर विचार-विमर्श किया है जिसे अनेक समझदार पुरुष जिनके साथ मैंने इस विषय पर बात की है, दृढ़तापूर्वक स्वीकार करते हैं; और मात्र इतनी-सी बात है कि पुरुषों में यदि किंचित् भी यौन शुचिता पाई जाती है, तो शालीनता का परिणामी अनादर दोनों ही जातियों को प्रतिष्ठावनत करने की ओर प्रवृत्त कर देगा : और स्त्रियों की शालीनता, जैसा कि वर्णित है, पवित्रता का नैसर्गिक प्रतिबिम्ब होने के स्थान पर बहुधा तब तक व्यभिचार का मात्र छद्मपूर्ण आवरण बना रहेगा जब तक शालीनता को सार्वभौमिक रूप से सम्मान नहीं प्राप्त हो जाता।

पुरुष की निरंकुशता से, मुझे दृढ़ विश्वास है, अधिकांशतः स्त्रियोचित मूर्खताएँ निकलती हैं और वह धूर्तता, जो मैं मानती हूँ कि आज उनके चरित्र का एक अंग है, मैंने यह सिद्ध करने का बारम्बार प्रयास किया है कि दमन से उत्पन्न होती है।

उदाहरण के लिए, क्या कठोर सत्यनिष्ठा से सम्पन्न भिन्न मतावलम्बी ऐसे व्यक्तियों का समूह नहीं थे जिन्हें धूर्त के रूप में चित्रित किया जाता था? और क्या यह सिद्ध करने के लिए मुझे इस तथ्य पर बल नहीं देना चाहिए कि, जब विवेक के अतिरिक्त अन्य कोई शक्ति मनुष्य की स्वाधीन आत्मा पर रोक लगाती है तो ढोंग-पाखण्ड

व्यवहृत होने लगता है और कला-कौशल की विभिन्न युक्तियाँ सहज ही सोची जाने लगती हैं? मैं समष्टिगत रूप से बात कर रही हूँ क्योंकि मैं जानती हूँ कि मानव प्रकृति के कितने ही आडम्बरी व्यक्ति सम्प्रदायवादियों में नामांकित हो चुके हैं, तथापि, मैं दृढ़तापूर्वक यह कहना चाहती हूँ कि अपने पंथ के प्रति वही संकीर्ण पूर्वग्रह, जो स्त्रियों का अपने परिवार के प्रति होता है, समाज के भिन्न मतावलम्बी हिस्से पर हावी है, भले ही अन्य सन्दर्भों में मूल्यवान ही क्यों न हो; और यह भी, कि एक समान कातर विवेक अथवा हठधर्मी प्रयास बहुधा दोनों के उद्यमों को अवमानित कर देता है। उत्पीड़न ने उनके चरित्र की अनेक अभिलाक्षणिकताएँ तय की हैं जो मानव जाति के उत्पीड़ित अर्द्धांश की विशेषताओं से मेल खाती हैं। क्या यह कुख्यात नहीं है कि भिन्न मतावलम्बी, स्त्रियों की भाँति, एक साथ विचारविमर्श करना और एक-दूसरे का सुझाव माँगना पसन्द करते हैं, जब तक कि छोटी-छोटी युक्तियों की जटिलता के उपरान्त, कोई अदना-सा नतीजा नहीं निकल जाता? भिन्न मतावलम्बी और स्त्री-जगत में अपनी मान-प्रतिष्ठा की सुरक्षा के प्रति समान सावधानी स्पष्ट है, और समान कारण से है।

पुरुषों के साथ उभयनिष्ठ, उन अधिकारों पर बल देते हुए, जिनके लिए स्त्रियों को संघर्ष करना चाहिए, मैंने उनके दोषों को हल्का करने का यत्न नहीं किया है बल्कि उसे उनकी शिक्षा और सामाजिक स्थिति की स्वाभाविक निष्पत्ति के रूप में प्रमाणित करने का प्रयास किया है। यदि ऐसा है, तो यह मानना तर्कसंगत होगा कि वे अपने चरित्र में बदलाव ला सकती हैं और अपनी दुष्प्रवृत्तियों व मूर्खताओं को दुरुस्त कर सकती हैं यदि उन्हें भौतिक, नैतिक व सामाजिक अर्थों में मुक्त कर दिया जाए।[3]

स्त्री को अधिकारों में साझेदारी करने दी जाए और पुरुष-सद्गुणों के साथ वह होड़ लेने की चेष्टा करने लगेगी क्योंकि मुक्त होने के साथ ही उसे अधिक पूर्ण बनना होगा वरना वह उस सत्ता को औचित्यपूर्ण ठहराएगी जो एक ऐसे दुर्बल प्राणी को उसके कर्तव्य से बाँध देती है। यदि बाद वाली बात सही हो तो, कोड़ों का व्यापार शुरू कर देना चाहिए। यह एक ऐसा उपहार हो जिसे एक पिता को अपने जमाता को विवाह के दिन पर सदैव भेंट करना चाहिए जिससे कि पति अपने सम्पूर्ण परिवार को उसी से अनुशासित रख सके और इस राजदण्ड के नियंत्रण से, घर का वह एकमात्र स्वामी, न्याय को भंग किए बिना शासन कर सके, क्योंकि वही एकमात्र प्राणी है जिसमें विवेकबुद्धि होती है। वह दिव्य, अलोप्य ऐहिक प्रभुसत्ता, जिससे इस जगत का स्वामी पुरुष को अनुप्राणित करता है। यदि इस स्थिति को स्वीकार किया जाए तो स्त्रियों के पास दावा करने के लिए ऐसा कोई अन्तर्निहित अधिकार नहीं होता, और इसी नियम के अनुरूप उसके कर्तव्य भी विलुप्त हो जाते हैं क्योंकि अधिकार और कर्तव्य अपृथक्करणीय होते हैं।

तो न्यायी बन, अरे ओ प्रज्ञावान पुरुष! और स्त्रियाँ त्रुटि करती भी हैं तो उसे

उन बछेड़े और खच्चरों की दुष्टतापूर्ण चालबाजियों से, जिसके लिए तू चारे का प्रबन्ध करता है, अधिक कठोरता से लक्ष्य मत कर और उसे अज्ञान का विशेषाधिकार पाने की अनुमति दे जिसे तूने विवेक के अधिकार से वंचित कर रखा है, अन्यथा तू मिस्रवासी दास-स्वामी से भी बदतर बन जाएगा, जहाँ प्रकृति ने समझ नहीं प्रदान की है वहाँ सद्गुण की अपेक्षा करेगा!

टिप्पणियाँ

1. मैं एक बार इस प्रकार के एक पुरुष के, एक सुदर्शन पुरुष के, पड़ोस में निवास किया करती थी और मैंने आश्चर्य और क्षोभ के साथ यह देखा कि स्त्रियाँ, जिनका रूपरंग और सेवा-परिचर्या उस वर्ग का संकेत दे रहे थे जिसमें उनके उच्चतर शिक्षा ग्रहण करने की अपेक्षा की जाती है, उसकी चौखट पर ताँता लगाये रहती थीं।
2. मैं अब मस्तिष्क की उस श्रेष्ठता की ओर इंगित नहीं कर रही जो आदर्श सौन्दर्य की सृष्टि की ओर प्रवृत्त करती है, जब कि जीवन, यदि भेदक दृष्टि से सर्वेक्षण किया जाए तो, एक त्रासद सुखान्तिकी प्रतीत होता है, जहाँ कल्पना-विलास के बिना हृदय की तृप्ति के लिए किंचित् ही कुछ दृष्टिगोचर होता है।
3. मैंने उन लाभों को और विस्तृत किया है, जिसे समाज की आम उन्नयन की दिशा में, स्त्री आचार-व्यवहार के सुधार से युक्तियुक्त ढंग से फलीभूत होने की अपेक्षा की जा सकती थी, परन्तु मुझे यह प्रतीत हुआ कि इस प्रकार के विचार अधिक उचित ढंग से अन्तिम खण्ड का उपसंहार करेंगे।

●●●